Prekarität in deutschsprachigen Romanen der Gegenwart

LITERATUR — KULTUR — ÖKONOMIE
LITERATURE — CULTURE — ECONOMY

Herausgegeben von / Edited by
Christine Künzel, Axel Haunschild, Birger P. Priddat,
Thomas Rommel, Franziska Schößler und Yvette Sánchez

BD. / VOL. 10

Zu Qualitätssicherung und Peer Review der vorliegenden Publikation

Die Qualität der in dieser Reihe erscheinenden Arbeiten wird vor der Publikation durch externe, von der Herausgeberschaft benannte Gutachter/innen im Double Blind Verfahren geprüft. Dabei ist der/die Autor/in der Arbeit den Gutachter/innen während der Prüfung namentlich nicht bekannt; die Gutachter/innen bleiben anonym.

Notes on the quality assurance and peer review of this publication

Prior to publication, the quality of the work published in this series is double blind reviewed by external referees appointed by the editorship. The referees are not aware of the author's name when performing the review; the referees' names are not disclosed.

Till Mischko

Prekarität in deutschsprachigen Romanen der Gegenwart

PETER LANG

Bibliografische Information der Deutschen Nationalbibliothek
Die Deutsche Nationalbibliothek verzeichnet diese Publikation in der Deutschen Nationalbibliografie; detaillierte bibliografische Daten sind im Internet über http://dnb.d-nb.de abrufbar.

Zugl.: Trier, Univ., Diss., 2021

Umschlagabbildung:
© Dmitry Kutlayev / shutterstock.com

Autor und Verlag danken der Hans-Böckler-Stiftung für die Unterstützung der Publikation und der ihr zugrundeliegenden Forschung.

D 385
ISSN 2364-1304
ISBN 978-3-631-86302-2 (Print)
E-ISBN 978-3-631-87546-9 (E-Book)
E-ISBN 978-3-631-87569-8 (EPUB)
DOI 10.3726/b19595

Peter Lang – Berlin · Bern · Bruxelles ·
New York · Oxford · Warszawa · Wien

Diese Publikation wurde begutachtet.

www.peterlang.com

Dank

Die Dissertation ist am Fachbereich II: Sprach-, Literatur-, und Medienwissenschaften der Universität Trier entstanden. Mein Dank gilt Prof. Dr. Franziska Schößler und Prof. Dr. Axel Haunschild für ihre Betreuung und Unterstützung.

Inhalt

1 Einleitung

In der vom Berliner Verbrecherverlag publizierten Literaturzeitschrift „Metamorphosen" schreibt der Schriftsteller Jens Steiner mit Blick auf die Zumutungen, denen die Arbeitssubjekte in den westlichen Kapitalismen der Gegenwart ausgesetzt sind: „Man könnte weniger, aber wer traut sich schon? Man könnte ein bisschen lockerer, aber wer hat noch die Kraft dazu? Man könnte gar nicht mehr, aber die Angst."[1] Die Beobachtungen des Autors beschreiben ein allgegenwärtiges Lebensgefühl, das von Unsicherheit und Erschöpfung geprägt ist und das auf keine spezifische Berufs- oder Personengruppe bezogen werden kann.

Bereits Ende der 1990er-Jahre wies Pierre Bourdieu in seinem viel zitierten Vortrag „Prekarität ist überall"[2] darauf hin, dass unsichere Lebens- und Arbeitsverhältnisse zum „allgemeinen Dauerzustand"[3] geworden sind. Dabei fasst Bourdieu Prekarität nicht synonym zu Armut oder Arbeitslosigkeit auf, wie es in Alltagsdiskursen häufig der Fall ist, vielmehr betrachtet er sie als „Teil einer neuartigen *Herrschaftsform*"[4], die zu Entsolidarisierung und Selbstausbeutung unter den Akteur_innen führt. Folgt man Bourdieu, dann ist Prekarität allgegenwärtig und durchdringt sowohl die privaten Lebenszusammenhänge als auch nahezu sämtliche Berufsfelder.[5] Die „tiefgreifende[n] Auswirkungen"[6], denen Betroffene infolge prekärer Lebens- und Arbeitsverhältnisse ausgesetzt sind, nehmen ihnen „jede rationale Vorwegnahme der Zukunft und vor allen Dingen jenes Mindestmaß an Hoffnung und Glauben an die Zukunft, das für eine vor allem kollektive Auflehnung gegen eine noch so unerträgliche Gegenwart notwendig ist."[7]

---

1 Steiner, Jens: „Variationen der Unfreiheit. Arbeit in der Gegenwartsliteratur". In: *Metamorphosen. Magazin für Literatur und Kultur* 15 (3), 2017, S. 7.

2 Bourdieu, Pierre: „Prekarität ist überall". In: ders.: *Gegenfeuer*, herausgegeben von Franz Schultheis und Louis Pinto (= édition discours, Bd. 37). UVK: Konstanz 2004, S. 107–113.

3 Ebd., S. 111.

4 Ebd.

5 Vgl. Ebd., S.107 f.

6 Ebd., S. 108.

7 Ebd.

Dabei übt Prekarität einen disziplinierenden Effekt auch auf jene aus, so Bourdieu weiter, die in scheinbar gesicherten Verhältnissen leben, indem sie ihnen permanent vor Augen führt, „keineswegs unersetzbar zu sein“[8], wodurch eine Festanstellung als „zerbrechliches und bedrohtes Privileg“[9] erscheint.

Die hier beschriebenen Prekarisierungsprozesse fußen maßgeblich auf politischen und institutionellen Transformationen, die in den 1970er-Jahren ihren Anfang genommen haben und als neoliberales Modell populär wurden. Der Ansatz geht davon aus, dass wirtschaftliches Wachstum vor allem über Konkurrenz und Wettbewerb generiert wird, wozu staatliche Regulationsmöglichkeiten weitgehend eingeschränkt werden müssen. Diese Vorstellungen gingen in der Realität mit einer weitgehenden Flexibilisierung der Arbeitsmärkte einher,[10] die u. a. auf der Entkräftung von arbeitsrechtlichen Absicherungen sowie der Etablierung sogenannter atypischer Beschäftigungsverhältnisse gründete.[11] Folgt man Klaus Dörre, der Prekarisierungsprozesse vor dem Hintergrund des an Überlegungen Rosa Luxemburgs angelehnten Konzepts der kapitalistischen Landnahme[12] betrachtet, dann erscheint die häufig beklagte Entgrenzung von Arbeit und Freizeit, der Zwang zu Flexibilität sowie die Ausübung berufsfremder Tätigkeiten als Kommodifizierung bisher unbesetzter Tätigkeitspotentiale, die als „Gratisressourcen“[13] von den Arbeitgeber_innen in Anspruch genommen

---

8 Ebd.

9 Ebd.

10 Vgl. Standing, Guy: *Prekariat. Die neue explosive Klasse*. Unrast Verlag: Münster 2015, S. 9 u. S. 44.

11 Vgl. Schultheis, Franz: „Précarité und Prekarität: Zur Thematisierung der sozialen Frage des 21. Jahrhunderts im deutsch-französischen Vergleich“. In: Busch, Michael / Jeskow, Jan / Stutz, Rüdiger (Hrsg.): *Zwischen Prekarisierung und Protest: Die Lebenslagen und Generationsbilder von Jugendlichen in Ost und West*. Transcript: Bielefeld 2010, S. 266.

12 Siehe hierzu: Luxemburg, Rosa: „Die Akkumulation des Kapitals. Ein Beitrag zur ökonomischen Erklärung des Imperialismus“. In: o. Hrsg.: *Rosa Luxemburg. Gesammelte Werke*. Band 5: *Ökonomische Schriften*. Karl Dietz Verlag: Berlin 1985, S. 6–411.

13 Dörre, Klaus / Haubner, Tine: „Landnahme durch Bewährungsproben – Ein Konzept für die Arbeitssoziologie“. In: Dörre, Klaus / Sauer, Dieter / Wittke, Volker (Hrsg.): *Kapitalismustheorie und Arbeit. Neue Ansätze soziologischer*

werden. Für Lohnabhängige wie für Freiberufler_innen bedeutet der daraus resultierende Konkurrenzkampf und die erhöhten Leistungsanforderungen, dass sie gezwungen sind sich selbst zu disziplinieren, um dem Druck der Arbeitswelt standhalten zu können.[14]

Vor diesem Hintergrund sehen sich die Arbeitssubjekte gegenwärtig mit einem „System permanenter Bewährungsproben“[15] konfrontiert, das den Zugang zu gesellschaftlichen Positionen regelt.[16] Diese Auswahlprüfungen, auf die ich im theoretischen Teil meiner Untersuchung noch einmal ausführlich eingehen werde, fallen in den postfordistischen Arbeitsgesellschaften zumeist uneindeutig aus. Häufig wissen Arbeitnehmer_innen nicht, welche Erwartungen an sie gerichtet werden, damit sie ihren sozialen Status sichern können oder unter welchen Bedingungen ihnen ein beruflicher Aufstieg möglich ist. Schließlich gibt es keine Gewährleistung dafür, dass das unbezahlte Praktikum, in dem über Wochen oder Monate Überstunden geleistet werden ein Schritt auf der Karriereleiter nach oben ist oder ob eine Festanstellung in Aussicht steht, wenn nur genügend Arbeitseifer an den Tag gelegt wird. Demgegenüber sehen sich Arbeitslose einem bürokratisch-disziplinierenden System ausgeliefert, in dem schon die Antragsstellung auf sozialstaatliche Leistungen zu einer Bewährungssituation für sie wird. Hinzu kommen häufig reproduktive Anforderungen, die zu zusätzlichen Belastungen führen.[17] Wo jeder für sich selbst kämpft, ist es ein Risiko, für

---

Kritik (= International Labour Studies – Internationale Arbeitsstudien, Bd. 1), Campus: Frankfurt am Main 2012, S. 87.

14 Vgl. Ebd., S. 79 ff.

15 Dörre, Klaus: „Prekarität als Konzept kritischer Gesellschaftsanalyse – Zwischenbilanz und Ausblick“. In: *Ethik und Gesellschaft. Ökumenische Zeitschrift für Sozialethik* 8 (2), 2014, S. 12. Online abrufbar unter: http://www.ethik-und-gesellschaft.de/ojs/index.php/eug/article/view/2-2014-art-1, zuletzt geprüft am 01.02.2021.

16 Vgl. Ebd., S. 13.

17 Vgl. Dörre, Klaus: „Prekarität und Macht. Disziplinierung im System der Auswahlprüfungen“. In: *WSI Mitteilungen. Monatszeitschrift des Wirtschafts- und Sozialwissenschaftlichen Instituts in der Hans-Böckler-Stiftung* 64 (8), 2011, S. 395 ff. Online abrufbar unter: https://www.boeckler.de/data/wsimit_2011_08_doerre.pdf, zuletzt geprüft am 01.01.2021.

eine Verbesserung der Arbeits- und Lebensbedingungen einzutreten, das mit dem Verlust symbolischen Kapitals sanktioniert werden kann.[18]

Das „Wechselspiel von Disziplinierung und Selbstdisziplinierung“[19], das bis hinein in den privaten Bereich dringt und den „Herrschaftscharakter von Prekarisierungsprozessen“[20] verdeckt, findet sich als zentrales Narrativ in zahlreichen literarischen Texten der Gegenwart wieder. So handeln von den Literatur- und Kulturwissenschaften häufig untersuchte Texte wie Marlene Steeruwitz‘ „Jessica, 30“[21] (2004), Kathrin Rögglas „wir schlafen nicht“[22] (2004) oder Ernst-Wilhelm Händlers „Wenn wir sterben“[23] (2002) von der Ökonomisierung sämtlicher Lebensbereiche und permanentem Wettbewerbsdruck. Stehen bei diesen Romanen vor allem Protagonist_innen der hochqualifizierten Arbeitsmarktsegmente im Vordergrund, die um das nächste Projekt oder die Verbesserung ihres sozialen Status streiten, handeln andere Texte, wie Volker Brauns „Machwerk oder Das Schichtbuch des Flick von Lauchhammer“[24] (2008) oder Robert Kischs „Möbelhaus“[25] (2015), von Arbeitslosigkeit und sozialer Desintegration.

Im Mittelpunkt meiner Untersuchung, die sich mit der literarischen Verhandlung prekärer Lebens- und Arbeitsverhältnisse beschäftigt, stehen Romane, „also *die* ‚Leitgattung‘ kulturwissenschaftlicher Untersuchungen“[26], so Franziska Schößler, „die durch ihre Referentialität und ‚epische Breite‘ kontextualisierenden Bemühungen entgegenkommt.“[27] Die Auswahl des Analysematerials folgt der bereits skizzierten These, dass prekäre Lebens- und Arbeitsverhältnisse den gesamten Gesellschaftszusammenhang

---

18 Vgl. Dörre / Haubner, Landnahme, S. 87.
19 Dörre, Prekarität, S. 16.
20 Ebd.
21 Steeruwitz, Marlene: *Jessica, 30*. Fischer: Frankfurt am Main 2004.
22 Röggla, Kathrin: *wir schlafen nicht*. Fischer: Frankfurt am Main 2004.
23 Händler, Ernst-Wilhelm: *Wenn wir sterben*. Fischer: Frankfurt am Main 2002.
24 Braun, Volker: *Machwerk oder das Schichtbuch des Flick von Lauchhammer*. Suhrkamp: Frankfurt am Main 2008
25 Kisch, Robert: *Möbelhaus. Ein Tatsachenroman*. Droemer Knaur: München 2015.
26 Schößler, Franziska: *Femina Oeconomica: Arbeit, Konsum und Geschlecht. Von Goethe bis Händler* (= Literatur – Kultur – Ökonomie, Bd. 1). Peter Lang: Frankfurt am Main / Bern /Bruxelles / New York / Oxford / Warszawa / Wien 2017, S. 34.
27 Ebd.

durchdringen. Dabei schließe ich mich der Kritik der Geschlechter- und Migrationsforschung an, die den arbeits- und industriesoziologischen Prekaritätsdiskurs dahingegen kritisiert, dass dort, so Alexandra Manske und Katharina Pühl, vor allem „Erwerbsarbeitskonstellationen weißer, männlicher Lohnarbeiter, wie sie im Fordismus prägend waren, als normativer, empirischer und politischer Ansatzpunkt von Analysen gewählt werden."[28] Auf diese Weise werden jedoch, so die Kritik der Autor_innen, „grundlegende Dimensionen der Geschlechterverhältnisse wie der Zusammenhang von bezahlter Erwerbsarbeit und unbezahlter Care-Arbeit aus der Wissenschaft förmlich herausgeschrieben."[29] Auch wird die Situation von Fluchtmigrant_innen, die häufig von Arbeitslosigkeit und instabilen Beschäftigungsverhältnissen bedroht sind, vor dem Hintergrund nationalstaatlicher Steuerungsprozesse in der Arbeits- und Industriesoziologie nicht in ihrer Komplexität erfasst.[30]

Der Analysekorpus meiner Untersuchung setzt sich aus vier Romanen zusammen, deren Protagonist_innen unterschiedliche soziale Positionen besetzen und sich hinsichtlich ihres Geschlechtes, ihrer Ethnie und ihrer sozialen Klasse voneinander unterscheiden. Trotz ihrer sozioökonomischen Ungleichheiten ist den Figuren gemeinsam, dass sie in den jeweiligen Narrationen einen sozialen Abstieg durchleben, der zu Ohnmacht und psychischen Belastungen führt: So handelt Heike Geißlers vermeintlicher Tatsachenroman „Saisonarbeit"[31] (2014) von einer freiberuflichen Übersetzerin und Mutter, die aus finanzieller Not in einem Leipziger Warenlager des

28 Manske, Alexandra / Pühl, Katharina: „Zur Einleitung". In: dies. (Hrsg.): *Prekarisierung zwischen Anomie und Normalisierung. Geschlechtertheoretische Bestimmungen* (= Schriftenreihe der Sektion Frauen- und Geschlechterforschung in der deutschen Gesellschaft für Soziologie, Bd 28). Westfälisches Dampfboot: Münster 2010, S. 8.

29 Ebd.; Vgl. auch: Aulenbacher, Brigitte: „Die soziale Frage neu gestellt – Gesellschaftsanalysen der Prekarisierungs- und Geschlechterforschung". In: Castel, Robert / Dörre, Klaus (Hrsg.): *Prekarität, Abstieg, Ausgrenzung. Die soziale Frage am Beginn des 21. Jahrhunderts.* Campus: Frankfurt am Main / New Yorck 2009, S. 65 – 77.

30 Hierzu: Jungwirth, Ingrid / Scherschel, Karin: „Ungleich prekär – zum Verhältnis von Arbeit, Migration und Geschlecht". In: Manske / Pühl (Hrsg.): *Prekarisierung*, S. 115.

31 Geißler, Heike: *Saisonarbeit.* Spector Books: Leipzig 2014.

globalen Großkonzerns Amazon arbeiten muss. In Joachim Zelters dystopischem Roman „Schule der Arbeitslosen“[32] (2006) sollen Beschäftigungslose von der Bundesagentur für Arbeit in einem abgelegenen Arbeitshaus zu optimierten und totalen Arbeitssubjekten erzogen werden. In Abbas Khiders Migrationsroman „Ohrfeige“[33] durchläuft ein junger Iraker das bürokratische und von institutionalisiertem Rassismus geprägte Asylsystem, um eine Aufenthaltserlaubnis zu erhalten. Kristine Bilkaus „Die Glücklichen“[34] (2017) handelt von einem jungen Elternpaar der urbanen Mittelschicht, das einen sozialen Abstieg erlebt, der zu einer ernsthaften Beziehungskrise führt.

Die genannten Texte können zeitlich der jüngsten Gegenwartsliteratur zugeordnet werden. Ohne an dieser Stelle ausführlich auf die Problematiken des Begriffs eingehen zu können, ist er in seiner Unbestimmtheit erklärungsbedürftig. „Über die Gegenwartsliteratur zu schreiben“[35], so konstatiert etwa Jan Röhnert, „ist ein in jeder Hinsicht tückisches Unterfangen, denn epochentypologisch ist nichts so wenig fixierbar wie das, was man, dem dauernden Wechsel ihrer räumlichen und zeitlichen Bezugspunkte unterworfen, jeweils unter Gegenwartsliteratur versteht bzw. verstanden hat.“[36] Welche Zeitspanne der Gegenwartsbegriff umfasst, hängt maßgeblich „von den Prämissen ab, mit denen er [...] von seinen Betrachtern versehen wird.“[37] Eine Schwierigkeit besteht darin, dass die Gegenwart sich in einem unabgeschlossenen Prozess befindet, wodurch sie als „vorläufiges Konstrukt“[38] erscheint. Leonard Herrmann und Silke Horstkotte sprechen vor diesem Hintergrund auch von „Gegenwart als Epoche“[39]. Der Begriff der

---

32 Zelter, Joachim: *Schule der Arbeitslosen*. Klöpfer & Meyer: Tübingen 2006.

33 Khider, Abbas: *Ohrfeige*. btb: München 2016.

34 Bilkau, Kristine: *Die Glücklichen*, 3. Auflage. Luchterhand: München 2015.

35 Röhnert, Jan: „‚Gleichzeitig unkonzentriert, aber auch bereit, sich irgendwo zu fixieren‘. Gegenwartsdiskurse in der deutschsprachigen Gegenwartsliteratur“. In: Di Rosa, Valentina / Röhnert, Jan (Hrsg.): *Im Hier und Jetzt. Konstellationen der Gegenwart in der deutschsprachigen Literatur seit 2000*. Böhlau: Köln 2019, S. 13.

36 Ebd.

37 Ebd.

38 Ebd., S. 13.

39 Herrmann, Leonhard / Horstkotte, Silke: *Gegenwartsliteratur. Eine Einführung*. Metzler: Stuttgart 2016, S. 1.

Gegenwartsliteratur bezieht sich in diesem Zusammenhang auf „Konstellationen aus literarischen Texten, Diskursen und äußeren Rahmenbedingungen“[40], die von den Rezipient_innen

> auch dann als ‚gegenwärtig‘ empfunden (und nicht etwa der Vergangenheit zugerechnet) werden, wenn zwischen der eigenen ‚Jetztzeit‘ und der Erstpublikation der Texte einige Jahre vergangen sind. Denn die Diskurse und Rahmenbedingungen, auf die sie verweisen, sind über einen längeren Zeitraum relativ stabil.[41]

Legt man diese Maßstäbe bei der Untersuchung von Prekaritätsnarrativen an, erscheint es vor dem Hintergrund spezifischer ökonomischer und politischer Prozesse sinnvoll, einige Eingrenzungen bei der Auswahl des Analysematerials vorzunehmen. Die von mir analysierten Romane beschäftigen sich mit Prekarisierungsprozessen in Deutschland und sind in einem Zeitabschnitt zwischen den Jahren 2006 und 2017 erschienen. So führte der Anpassungsdruck eines globalen Marktes zu Beginn der 2000er-Jahre zu einem wohlfahrtsstaatlichen Paradigmenwechsel in Deutschland, dessen negative Auswirkungen bis heute spürbar sind. Mit dem Reformprogramm „Agenda 2010“ wurde unter der damaligen Regierung von Bundeskanzler Schröder der Arbeitsmarkt weitgehend flexibilisiert, wodurch ein neuer Niedriglohnsektor geschaffen wurde. Zugleich wurden Sozialleistungen an sanktionierbare Bedingungen geknüpft.[42] In den Prekaritätsverhandlungen der deutschen Gegenwartsliteratur sind die Folgen des Reformprogramms unübersehbar: Ungesicherte Arbeitsverträge, Zeitarbeit und nicht zuletzt „Hartz IV“ sind Bestandteile ihrer Narrationen und bilden die strukturellen Rahmenbedingungen, in denen sich die Protagonist_innen bewegen.

Neben diesen ökonomischen und wohlfahrtsstaatlichen Transformationen, auf die die Texte verweisen, kann das Interesse der Gegenwartsliteratur an Prekaritätsnarrativen auch erzählökonomisch begründet werden, wie Torsten Erdbrügger konstatiert, denn „gelingende Arbeit, Normalarbeitsverhältnisse, Alltäglichkeit scheinen kaum narrationswürdig“[43], wohingegen

---

40 Ebd.

41 Ebd.

42 Vgl. Ebd., S. 138.

43 Vgl. Erdbrügger, Torsten: „Von welcher Arbeit erzählt die Literatur(wissenschaft)?“. In: Erdbrügger, Torsten / Nagelschmidt, Ilse / Probst, Inga (Hrsg.): *Arbeit als Narration. Ein interdisziplinärer Werkstattbericht*. Klartext: Essen 2015, S. 123.

„Narrative des Kampfes“[44], beispielsweise gegen die Konkurrenz oder den sozialen Abstieg, Spannung bei den Rezipient_innen hervorrufen. Fasst man soziologische Theorien ebenfalls als Erzählungen auf, die über eine selektierende Erzählinstanz verfügen,[45] dann weisen die darin enthaltenen Narrative von Verlust, Kampf und Bedrohung Übereinstimmungen zu literarischen Erzählungen auf.[46] Ausgehend von der Prämisse, dass Erzählen, so Albrecht Koschorke, „keine Sonderwelt neben der wirklichen Welt hervorbringt“[47], sondern vielmehr „in die gesellschaftliche Praxis hineinwirkt und selbst ein bestimmendes Element dieser Praxis ist“[48], positionieren sich soziologische Prekaritätsnarrative gewissermaßen als Gegenerzählungen zu den Erzählungen des postfordistischen Kapitalismus, der, so Georg Seeßlen und Markus Metz, eine „Verschiebung vom Soziologischen zum Anthropologischen“[49] repräsentiert:

> Nicht Verhältnisse, nicht Machtbeziehungen sind ‚schuld‘ daran, dass es zwar Fortschritt, aber keine Besserung gibt, sondern: *der Mensch*. Daher sind, was selbst kritischere Zeitgenossen sehr rasch zu bestätigen bereit sind, an einer Finanzkrise nicht Gesetze, nicht Machtverhältnisse und nicht Verhaltensweisen schuld, sondern: ‚die Gier‘.[50]

Zwar liegt auf der wechselseitigen Beeinflussung literarischer und soziologischer Diskurse nicht das Hauptaugenmerk meiner Untersuchung, es ist jedoch auffällig, dass die eingangs mit Dörre angeführten Bewährungsproben als handlungsleitendes Muster der hier untersuchten Romane fungieren: Die Protagonist_innen kämpfen sich durch bürokratische Strukturen, verausgaben sich in Büros und Fabriken oder reiben sich an mühsamen Bewerbungsverfahren auf, immer in der Hoffnung, einen Ausweg aus ihrer prekären Lage zu finden, ohne dabei jedoch zu wissen, ob ihre Bemühungen erfolgreich sein werden. Das Bewährungsnarrativ erinnert aus einem

---

44 Ebd.

45 dies.: „Arbeit als Narration – Zur Einleitung“. In: Erdbrügger, Torsten / Nagelschmidt, Ilse / Probst, Inga (Hrsg.): *Arbeit*, S. 8.

46 Erdbrügger, Arbeit, S. 123 u. S. 129.

47 Koschorke, Albrecht: *Wahrheit und Erfindung. Grundzüge einer allgemeinen Erzähltheorie*. Fischer: Frankfurt am Main 2012, S. 25.

48 Ebd.

49 Metz, Markus / Seeßlen, Georg: *Kapitalistischer (Sur)realismus. Neoliberalismus als Ästhetik* (= Kapital&Krise, Bd. 5). Bertz + Fischer: Berlin 2018, S. 10

50 Ebd.

erzähltheoretischen Blickwinkel an russische Zaubermärchen, in denen die Helden eine Reihe von Prüfungen absolvieren müssen, um einen Mangel in ihrem Leben zu beseitigen.[51] Ist der Protagonist im Mythos den Determinanten einer starren Ordnung ausgeliefert, kann der Märchenheld durch seine Taten sein Schicksal selbst in die Hand nehmen. Nachdem der Protagonist eine Reihe von Prüfungen überstanden hat, kehrt er heim, um ein glückliches Leben zu führen.[52]

Erinnert die Handlungslogik des Zaubermärchens eher an postfordistische Erfolgsnarrative, wie sie in der Manager- und Ratgeberliteratur zu finden sind, steht am Ende literarischer Prekaritätserzählungen zumeist Ernüchterung. Anders als die Helden der Zaubermärchen kommen die Protagonist_innen nicht vom Fleck, sondern stehen nach ihren Bemühungen wieder dort, wo sie angefangen haben: vor einer ungewissen und problembehafteten Zukunft. Vor diesem Hintergrund weisen die Texte eher Parallelen zu dem im 19. Jahrhundert populär gewordenen Desillusionsroman auf, bei dem die von Hoffnungen getriebenen Protagonist_innen an den Bedingungen der Außenwelt scheitern und resignieren.[53]

Darüber hinaus ist nicht zu übersehen, dass Autor_innen häufig eigene Erfahrungen sozialer Unsicherheit in ihren Texten verarbeiten. So ist das literarische Feld einem zunehmenden ökonomischen Druck ausgesetzt, wodurch Verlagsbindungen und Honorare für Autor_innen eng an den kommerziellen Erfolg ihres Schreibens geknüpft sind. Zudem sind Nebentätigkeiten wie Lektorats- oder Übersetzungsarbeiten, die im Literaturbetrieb angesiedelt sind, häufig unsicher und instabil, wodurch es für Autor_innen schwierig ist, sich ein zweites finanzielles Standbein aufzubauen.[54]

---

51 Vgl. Schreiber, Dominik: *Narrative der Globalisierung. Gerechtigkeit und Konkurrenz in faktualen und fiktionalen Erzählungen*. Springer: Wiesbaden 2015, S. 156.

52 Freise, Matthias: *Slawistische Literaturwissenschaft. Eine Einführung*. Narr Verlag: Tübingen 2012, S. 133 f.

53 Siehe hierzu: Lukács, Georg: *Die Theorie des Romans*. Luchterhand: München 1965.

54 Vgl. Amlinger, Carolin: „AutorIn sein: schriftstellerische Arbeitsidentitäten im gegenwärtigen deutschen literarischen Feld“. In: *Schwiezerische Gesellschaft für Soziologie: Swiss Journal of Sociology* 43 (2), 2017, S: 406 f. Online abrufbar unter: https://halbwahrheiten.philhist.unibas.ch/fileadmin/user_upload/halbwahrheiten/Amlinger_Being_an_Author_Literary_Identities_of_Work_in_the_Contemporary_German_Literary_Field_2017.pdf, zuletzt geprüft am 01.02.2021.

Zahlreiche Autor_innen, die sich des Themenspektrums prekärer Lebens- und Arbeitsverhältnisse in ihren Texten angenommen haben, berichten in Interviews über eigene Prekaritätserfahrungen, die mit ihrer Tätigkeit zusammenhängen und auf die ich in den einleitenden Teilen der Analysen jeweils kurz eingehen werde.

Das theoretische Gerüst meiner Untersuchung, das zur Präzisierung und Kontextualisierung der in den Texten dargestellten Prekaritätsphänomene dient, bilden Modelle und Erkenntnisse der arbeits- und industriesoziologischen Forschung, die um kritische Perspektiven der Migrations- und Geschlechterforschung ergänzt werden. Ein weiterer Fokus liegt auf der Untersuchung poetologischer Verfahren, die in den Romanen zum Tragen kommen. Dabei steht die Frage im Zentrum, inwiefern soziale Unsicherheit, Ohnmacht und der Verlust der Handlungskontrolle zum Bestandteil der spezifischen Schreibweisen der Texte werden. Die Grundlage für die Analysen bilden kontextorientierte erzähltheoretische Ansätze, die sich interdisziplinär verknüpfen lassen und Erzählformen selbst als Bedeutungsträger identifizieren.[55] Dabei stehen Handlungs- und Figurenanalyse sowie Fragen der erzählerischen Vermittlung im Vordergrund. Ein weiteres Augenmerk liegt auf literaturhistorischen Bezugnahmen der Prekaritätstexte, die vor allem auf die Literatur der Weimarer Republik, insbesondere des Angestelltenromans der Neuen Sachlichkeit und die Literatur der Arbeitswelt der Bundesrepublik Deutschland, verweisen.

Vor diesem Hintergrund steht auch immer die Frage nach der kritischen Positionierung der Texte im Raum. Erst der Blick auf den Modus der Narration, so Erdbrügger,

> ermöglicht es schließlich, ihren Aussagewert über die bloße Abbildfunktion hinaus zu bestimmen. Sicherlich kann Literatur, indem sie die komplexen Verschiebungen im Feld der Erwerbsarbeit am komplexen Fall exemplifiziert, viel zu deren Verständnis beitragen. Die Exemplifikation allein begründet aber noch nicht den kritischen Gehalt literarischer Auseinandersetzungen mit der Arbeitswelt. [...] Insofern ist die narratologische Analyse, die nach der Art der Vermittlung von Inhalt fragt, unabdingbar, um der ebenso reflexhaften wie weitverbreiteten

---

55 Vgl. Nünning, Vera / Nünning, Ansgar: „Von der feministischen Narratologie zur gender-orientierten Erzähltextanalyse“. In: Nünning, Vera / Nünning, Ansgar (Hrsg.): *Erzähltextanalyse und Gender Studies* (Sammlung Metzler, Bd. 344). Metzler: Stuttgart / Weimar 2004., S. 11 f.

> Grundannahme entgegenzuwirken, literarische Texte nähmen per se eine kritische Haltung gegenüber gegenwärtig hegemonialen Arbeitsweisen und Arbeitsbedingungen ein.[56]

Ob ein Text dabei mehr leistet, als den ökonomischen Diskurs literarisch zu ästhetisieren und von der affirmierten Ausweglosigkeit zu einer literarischen Gegenposition gelangt, ist immer auch von seiner spezifischen Schreibweise abhängig, die maßgeblich an Kategorien wie „Erzähler, Erzählhaltung, Modus und Fokalisierung, aber auch an Genrekonventionen“[57] gekoppelt ist. Welche Alternativerzählungen etablieren die Texte, wie es beispielsweise durch multiperspektivisches Erzählen möglich ist, „zu den soziologischen Masternarratives“[58]?

Die Frage nach einem „literarischen Kontrapunkt“[59] stellt sich dabei auch ganz konkret auf der inhaltlichen Ebene der Romane als „diskursubvertierende, gegenhegemoniale Konzepte“[60]. Welche Strategien entwickeln die Protagonist_innen, um die Bewährungsproben prekärer Lebens- und Arbeitsverhältnisse zu überstehen? Spielt organisierte Sozialkritik, beispielsweise in Form gewerkschaftlicher Arbeit, eine Rolle? Kommt es in den Texten zu radikalen Aufständen prekarisierter Gruppen? Oder folgen die Romane eher einem „kapitalistischen Realismus“[61], den der Kulturtheoretiker Marc Fisher als „das weitverbreitete Gefühl“[62] bezeichnet, „dass der Kapitalismus nicht nur das einzig gültige politische und ökonomische System darstellt, sondern dass es mittlerweile fast unmöglich geworden ist sich eine kohärente Alternative überhaupt *vorzustellen*.“[63]

Die vorliegende Untersuchung gliedert sich in zwei Teile. So werde ich im folgenden Kapitel zunächst auf Perspektiven und Tendenzen der literatur- und kulturwissenschaftlichen Forschung eingehen, die sich innerhalb des Forschungsfeldes „Literatur und Ökonomie“ mit postfordistischen

56 Erdbrügger, Arbeit, S. 130 f.
57 Ebd., S. 131.
58 Ebd.
59 Ebd.
60 Ebd.
61 Vgl. Fisher, Mark: *Kapitalistischer Realismus ohne Alternative?* VSA: Hamburg 2013.
62 Ebd., S. 8.
63 Ebd.

Lebens- und Arbeitsverhältnissen beschäftigt. Daran anschließend werde ich die theoretischen und methodischen Implikationen meiner Arbeit skizzieren, die die Grundlage meiner Analysen bilden. Abschließend werde ich schlaglichtartig auf die literarhistorischen Entwicklungslinien deutscher Prekaritätsromane eingehen. Im Hauptteil meiner Untersuchung stehen die jeweiligen Romane im Mittelpunkt, die ich mittels eines kontextorientierten *Close-Reading* Verfahrens lesen werde, um die in diesem Abschnitt exemplifizierten Fragestellungen beantworten zu können. Da das Forschungsfeld zu dem hier beschriebenen Themenkomplex noch jung ist, möchte ich im folgenden Kapitel einen Überblick zu aktuellen Untersuchungen und Forschungspositionen geben.

I Prekäre Lebens- und Arbeitsverhältnisse in der deutschsprachigen Gegenwartsliteratur

2 Perspektiven und Tendenzen der gegenwärtigen Forschung

Literarische Texte, die sich mit postfordistischen Lebens- und Arbeitsrealitäten beschäftigen, werden seit einigen Jahren von den deutschsprachigen Literatur- und Kulturwissenschaften innerhalb des Forschungsfeldes Literatur und Ökonomie entlang der Diskurslinien um Arbeit und Armut untersucht. Da es mit Ausnahme von Torsten Erdbrüggers Beitrag mit dem Titel „Von welcher Arbeit erzählt (Literatur)Wissenschaft"[64] (2015) bisher keine umfangreichere Überblicksdarstellung gibt, möchte ich nachfolgend anhand exemplarisch angeführter Untersuchungen das Forschungsgebiet kurz skizzieren. Darüber hinaus sollen einige Fragen und Perspektiven der gegenwärtigen Forschung kritisch diskutiert werden.

2.1 Literatur und Ökonomie

Das Interesse der deutschsprachigen Literaturwissenschaften an ökonomischen Themen[65] entwickelte sich sukzessive in den 1970er-Jahren.[66] Der Fokus der Forschung richtete sich beispielsweise auf „Arbeit"[67] und „Geld"[68], während sich in den 1980er-Jahren das Interesse auf die

---

64 Erdbrügger, Arbeit, S. 115–132.

65 Noch aufgeschlossener zeigt sich die Forschung seit den 1960er-Jahren in den angelsächsischen Ländern, wo das Forschungsfeld „Literatur und Ökonomie" eine Vielzahl an Untersuchungen zu verschiedenen ökonomischen Fragestellungen hervorgebracht hat. Vgl. Hempel, Dirk / Künzel, Christine: „Einleitung". In: Hempel, Dirk / Künzel, Christine (Hrsg.): *Denn wovon lebt der Mensch? Literatur und Wirtschaft*. Peter Lang: Frankfurt am Main 2009, S. 9 f.

66 Vgl. Balint, Iuditha: „Einleitung I. Was ist literarische Ökonomik? Wesensbestimmung und Entwicklung einer Methode". In: Balint, Iuditha / Zilles, Sebastian (Hrsg.): *Literarische Ökonomik*. Wilhelm Fink: Paderborn 2014, S. 9.

67 Die hier und im Folgenden gennannten Forschungsbeispiele lassen sich auch dem zitierten Aufsatz von Balint entnehmen. So z. B. Wiedemann, Konrad: *Arbeit und Bürgertum. Die Entwicklung des Arbeitsbegriffs in der Literatur Deutschlands an der Wende zur Neuzeit*. Winter: Heidelberg 1979.

68 z. B. Hoofacker, Gabriele: *Avaritia radix omnium malorum. Barocke Bildlichkeit um Geld und Eigennutz in Flugschriften, Flugblättern und benachbarter Literatur der Kipper- und Wipperzeit (1620 - 1625)* (= Beiträge zur

Sozialfigur des „Homo Oeconomicus"[69] sowie auf die „Relevanz der ökonomischen Kategorie ‚Arbeit' hinsichtlich der menschlichen Identität"[70] erweiterte, wie Iuditha Balint konstatiert. In den 1990er-Jahren erregten dann auch die komplexen Zusammenhänge von „Sprache, Geld und Literatur bzw. Wirtschaft und Glaube"[71] das Interesse des Forschungszweiges; sukzessive erweiterte sich der Gegenstandsbereich von der „Realwirtschaft auf die Finanzsphäre"[72]. Impulse erhielten die deutschsprachigen Literatur- und Kulturwissenschaften nicht zuletzt durch das Aufkommen des angloamerikanischen *New Economic Criticism*[73], der sich, so Christine Künzel und Dirk Hempel, „aus einer Unzufriedenheit mit der Vorherrschaft des Ökonomischen seit den 1980er-Jahren formierte, und eine stärker kulturwissenschaftliche Beschäftigung mit den Zusammenhängen zwischen Kultur und Wirtschaft"[74] etablierte. Infolge der destruktiven wirtschaftlichen Folgen der Finanzkrise von 2008 fokussiert die Forschung auch mehr und mehr kapitalismuskritische Aspekte der Literatur und untersucht „die real existierende wie literarisch-ästhetisch dargestellte Abstraktheit der Finanzmärkte"[75], so Balint.

Zweifellos wird vor dem hier nur grob skizzierten forschungsgeschichtlichen Hintergrund deutlich, dass in Anbetracht der vielfältigen Interessen und Schwerpunkte, die sich hinter der Forschungsfeldbezeichnung „Literatur und Ökonomie" verbergen, keinesfalls von methodischer und

Literaturwissenschaft und Bedeutungsforschung, Bd. 19). Peter Lang: Frankfurt am Main / Bern / New York / Paris.

69 z. B. Wunderlich, Werner (Hrsg.): *Der literarische homo oeconomicus. Vom Märchenhelden zum Manager. Beiträge zum Ökonomieverständnis in der Literatur*. Haupt: Bern / Stuttgart 1989.

70 Balint, Einleitung, S. 9; z. B. Osterkamp, Barbara: *Arbeit und Identität. Studien zur Erzählkunst des bürgerlichen Realismus*. Königshausen und Neumann: Würzburg 1983.

71 Balint, Einleitung, S. 10.

72 Ebd.

73 Vgl. hierzu Osteen, Marc / Woodmansee, Martha (Hrsg.): *The New Economic Criticism. Studies at the intersection of literature and economics*. Routledge: London / New York 1999.

74 Hempel / Künzel, Einleitung, S. 11.

75 Balint, Einleitung, S. 10; siehe z. B. Vogl, Joseph: *Das Gespenst des Kapitals*. Diaphanes: Zürich 2010.

thematischer Homogenität die Rede sein kann. Zum Zwecke einer Differenzierung teilen Hempel und Künzel das Feld in die Bereiche „*Wirtschaft >in der< Literatur*“[76] und „*Literatur >als< Wirtschaft*“[77] bzw. „*Wirtschaft >als< Literatur*“[78] ein. Steht bei ersterem Ansatz die „literarische Darstellung von wirtschaftlichen Zusammenhängen und Problemen“[79] im Fokus, zielt zweiterer auf Verschränkungen zwischen literarischen und wirtschaftlichen Diskursen, wobei hier beispielsweise die „Ökonomisierung von Sprech- und Schreibprozessen in literarischen und wissenschaftlichen Diskursen“[80] untersucht wird.[81]

Diese Einteilung erweiternd, können mit Balint verschiedene Teilbereiche des Forschungsfeldes analytisch voneinander unterschieden werden. Dabei kann die Autorin zum einen Untersuchungen identifizieren, die primär wirtschaftswissenschaftliche Theorien und Texte in den Blick nehmen und diese beispielsweise hinsichtlich sprachlicher Aspekte untersuchen:

> In diesem Fall stellt die Forschung entweder Überlegungen über die Verwendung und die Wirkung bestimmter rhetorischer Mittel oder Sprachbilder in solchen Textsorten an (hierzu gehören auch politische Reden oder Artikel aus Wirtschaftsmagazinen bzw. Tages- und Wochenzeitungen), beleuchtet also ihre stilistischen, poetischen, rhetorischen und semantischen Aspekte – oder sie untersucht die intertextuellen, die fiktionale Literatur betreffenden Bezüge dieser Werke. Auf diese Weise werden ökonomische Texte als Literatur gelesen. Nicht nur das Wissen der Literatur über ökonomische Ordnungen ist somit von Bedeutung, sondern auch das Wissen der Ökonomie bzw. Ökonomik über rhetorische, literarische und literaturwissenschaftliche Strategien.[82]

Darüber hinaus beleuchten neuere Studien ökonomische Annahmen im Interesse der Wirtschaftswissenschaften, um „*Theorien bzw. ökonomisch[e] Phänomene mithilfe des literaturwissenschaftlichen Instrumentariums*“[83]

76 Hempel / Künzel, Einleitung, S. 16.
77 Ebd., S. 17.
78 Ebd.
79 Ebd., S. 16.
80 Ebd.
81 Vgl. Ebd., S. 16 f.
82 Balint, Einleitung, S. 13; siehe. auch. Rommel, Thomas: *Das Selbstinteresse von Mandeville bis Smith. Ökonomisches Denken in ausgewählten Texten des 18. Jahrhunderts.* Winter: Heidelberg 2006.
83 Balint, Einleitung, S. 13.

zu untersuchen und auf diese Weise mangelhafte Aspekte aufzudecken und gegebenenfalls zu verbessern.[84]

Zum anderen stehen – in weitaus größerem Maße – literarische Texte im Fokus der Forschung. Untersucht wird hier beispielsweise „welche *Theorien und Methoden der Wirtschaftswissenschaft* von der Literatur aufgegriffen werden, wie dies geschieht und welche (Meta)Aussagen die Literatur über die Ökonomik macht."[85] Die Literatur wird auf diese Weise als Mittel der „Berichtigung und Erweiterung ökonomischen Wissens"[86] verstanden. Von diesem noch jungen Forschungszweig unterscheidet Balint zudem Studien, die die Wirtschaft als Metapher interpretieren:

> Untersucht wird hier einerseits, auf welche Weise welche ökonomischen Konzepte in andere Bereiche eingehen. Andererseits wird danach gefragt, welche anderen gesellschaftlichen Bereiche diese Übertragung ökonomischer Zusammenhänge betrifft, sprich: welche anderen Bereiche von ökonomischen Konzepten durchdrungen werden. [...] Geleitet von einem pragmatischen Metaphernverständnis geht man hier von der Prämisse aus, dass Metaphern nicht nur dazu beitragen, Erkenntnisprozesse, Realität und Erfahrung zu deuten und zu strukturieren. Vielmehr bewirken sie aufgrund ihrer formenden Kraft die Umdeutung und Umstrukturierung von Realität, Erkenntnis und Erfahrung. Daher werden nicht allein die übertragenen Inhalte oder der Übertragungsmodus untersucht, sondern auch die literarisch präsentierten Auswirkungen dieser Übertragungsmomente auf die jeweiligen Lebens- und Denkbereiche.[87]

---

84 Vgl. Ebd.; siehe z.B. Priddat, Birger: „Ökonomie als Produktion von Literatur? Wissen und Nichtwissen im Literatur-Ökonomie Spannungsfeld". In: Balint / Zilles (Hrsg.), Ökonomik, S. 159–175.

85 Balint, Einleitung, S. 12; siehe z.B. Otte, Max: „Fiktion und Realität im Finanzwesen". In: Künzel, Christine / Hempel, Dirk (Hrsg.): *Finanzen und Fiktionen. Grenzgänge zwischen Literatur und Wirtschaft.* Campus: Frankfurt am Main / New Yorck 2011, S. 27–43.

86 Balint, Einleitung, S. 12.

87 Ebd., S. 11 f.; siehe zum Metaphernverständnis auf dem hier beschriebenen Forschungsfeld auch: Barkhausen, Jochen: „Ökonomische Metaphern in der englischen Literatur der Aufklärung". In: Stemmler, Theo (Hrsg.): *Ökonomie. Sprachliche und literarische Aspekte eines 2000 Jahre alten Begriffs*. Gunter Narr: Tübingen 1985, S. 69–83; Vgl. exemplarisch zum Forschungsschwerpunkt: von Braun, Christina: *Der Preis des Geldes. Eine Kulturgeschichte*. Aufbau: Berlin 2012.

Am stärksten jedoch, so die Autorin, „geht die Literaturwissenschaft der Frage nach der Wahrnehmung der Wirtschaft durch die Literatur nach, konzentriert sich also auf die literarische Darstellung *der Ökonomie als gesellschaftliche Sphäre.*“[88] War dieser Teil des Forschungsfeldes lange Zeit vornehmlich von marxistischen Untersuchungen dominiert, gerät er nun zunehmend in den Fokus einer kulturwissenschaftlich orientierten Literaturwissenschaft, „die sich immer stärker in der Pflicht sieht, Literatur als Teil der gesamtgesellschaftlichen Wirklichkeit zu betrachten und dementsprechend zu interpretieren“[89]:

> Konkreter Untersuchungsgegenstand ist in diesem Bereich das Wissen der Literatur über ökonomische Kategorien, wie etwa Arbeit, Armut, Arbeitslosigkeit, Geld, Lohn, Korruption, Waren oder Marken, aber auch ihr Wissen über Akteure der Wirtschaft, seien es Unternehmen, Firmen oder Fabriken, oder eben Handlungssubjekte, wie Angestellte, Arbeiter, Bauern oder Spekulanten.[90]

Balint ordnet diesem Bereich auch motiv- und stoffgeschichtliche Untersuchungen zu, die literarische Darstellungen auch außerhalb spezifischer Kontexte untersuchen und auf diachroner Ebene historischen Transformationsprozessen nachspüren. Auch Studien, die sich literarischen „Darstellungs- und Inszenierungstechniken in Bezug auf die Wirtschaft“[91] widmen, verortet die Autorin in diesem dominanten Teilbereich des Forschungsgebietes.

2.2 Sammelbände: „Repräsentationen von Arbeit“ und „Ökonomien der Armut“

In jüngerer und jüngster Vergangenheit sind zahlreiche Konferenzen und Symposien abgehalten worden[92], die sich dem Themenkomplex Arbeit

88 Ebd., S. 11.

89 Ebd.

90 Ebd.

91 Ebd.; Vgl. z. B. Mein, Georg / Schößler, Franziska (Hrsg.): *Tauschprozesse. Kulturwissenschaftliche Verhandlungen des Ökonomischen.* Transcript: Bielefeld 2005.

92 In diesem Zusammenhang konstatiert Annemarie Matthies: „Das wieder erwachte Interesse an künstlerischen Bezugnahmen auf die Ökonomie wird auch an der Häufung von Veranstaltungen zu diesem Thema ersichtlich; neben der 10. Erlanger Graduiertenkonferenz […], war im vergangenen Jahr im *Leipziger Haus der Geschichte* eine Ausstellung unter dem Titel *Hauptsache Arbeit* zu

angenähert haben und aus denen häufig Konferenz- und Sammelbände hervorgegangen sind. Anzuführen sei an dieser Stelle exemplarisch der Band „Repräsentationen der Arbeit – Transdisziplinäre Analysen und künstlerische Produktionen" (2013), herausgegeben von Susanna Brogi, Carolin Freier, Ulf Freier-Otten und Katja Hartosch, der in seiner offenen Konzeption auf die Tendenz der gegenwärtigen Forschung hinweist, den Gegenstand über mediale, historische und disziplinäre Grenzen hinweg zu erforschen: Der Band versammelt, so die Herausgeber_innen, „nicht nur Aufsätze, die sich konkreten literarischen oder filmischen Repräsentationen von Arbeit widmen, sondern [...] auch soziologische Analysen sowie Interviews mit Kulturschaffenden."[93] Thematisiert werden unterschiedliche Aspekte des Forschungsgegenstandes, die beispielsweise historische Aspekte von Arbeit beleuchten, unbezahlte Reproduktionstätigkeiten hinterfragen oder Entfremdungsaspekte untersuchen.[94] Das Konzept der Arbeit wird dabei nicht als „stabile Kategorie"[95] betrachtet, sondern vielmehr als „historisch und gesellschaftlich variierende Deutungen von Handlungen"[96] definiert. Dabei erscheint die postfordistische Gegenwart als Fluchtpunkt, wo

sehen; im Januar 2006 fand im Berliner Literaturhaus eine Tagung zum Thema *Literarische Kritik der ökonomischen Kultur: Zur Rückkehr der Arbeitswelt in die Literatur* statt; im Frühjahr 2007 gab es an der Universität Hamburg eine Vortragsreihe mit dem Titel *Denn wovon lebt der Mensch? Literatur und Wirtschaft: Eine Bestandsaufnahme*; und vom Juni 2009 bis zum April 2010 war im Deutschen Hygiene-Museum Dresden in Kooperation mit der Kulturstiftung des Bundes eine Ausstellung zum Thema *Arbeit. Sinn und Sorge* zu sehen. Matthies, Annemarie: „Defizitmeldungen, Desillusionierungen und Dekonstruktionen. Der kritische Blick auf die Arbeitswelt in der Gegenwartsliteratur". In: Brogi, Susanna / Freier, Carolin / Freier-Otten, Ulf / Hartosch, Katja (Hrsg.): *Repräsentationen von Arbeit. Transdisziplinäre Analysen und künstlerische Produktionen* (= Gesellschaft der Unterschiede, Bd. 11). Transcript: Bielefeld 2013, S. 331. Weiterhin zu nennen ist beispielsweise die 2018 veranstaltete Konferenz „Ordnung(en) der Arbeit", die von den Mitgliedern des Promotionskollegs „Die Arbeit und ihre Subjekte" an der Universität Duisburg-Essen organisiert wurde.

93 Brogi, Susanna / Freier, Carolin / Freier-Otten, Ulf / Hartosch, Katja: „Arbeit und ihre Repräsentation". In: dies. (Hrsg.), *Repräsentationen*, S. 13.

94 Vgl. Ebd.

95 Ebd.

96 Ebd.

Kultur- und Kreativarbeiter_innen eine besondere Rolle beigemessen wird. So zeigen sich, wie die Herausgeber_innen konstatieren,

> die Arbeitswelten Kulturschaffender schon länger projektgebunden, orientiert an Netzwerken und in zeitlich begrenzter Zusammenarbeit, wie dies, basierend auf der Analyse von Managementliteratur, Luc Boltanski und Ève Chiapello als Zeitdiagnose für die gesamte heutige Arbeitswelt in *Der neue Geist des Kapitalismus* (2006) ausgewiesen haben. Insofern ist es nicht verwunderlich, dass sowohl die Sozial- als auch die Kulturwissenschaften dieses verbindende Movens aufgreifen und untersuchen, wie die Interaktionen und auch die Bedingungen für den Genuss aller durch die Arbeitsproduktion aussehen könnten und wie sich das Individuum in der Welt subjektiviert beziehungsweise einfindet.[97]

Ein größerer Teil der Untersuchungen, die in dem Band versammelt werden, widmet sich gegenwartsliterarischen Verhandlungen postfordistischer Lebens- und Arbeitsrealitäten,[98] wobei vor allem Subjektivierungs- und Entgrenzungserscheinungen sowie Fragen der Sinnhaftigkeit von Arbeit im Mittelpunkt des Forschungsinteresses stehen[99]. Entsprechend der kulturwissenschaftlichen Auffassung, Literatur als Bestandteil der gesellschaftlichen Wirklichkeit zu betrachten, werden die Texte zumeist anhand sozialwissenschaftlicher Theorien und Modelle kontextualisiert. Damit zusammenhängend stellt sich häufig auch die Frage nach dem kritischen Potenzial der Gegenwartsliteratur, Alternativen oder subversive Handlungsoptionen mit Blick auf die meist als negativ empfundenen sozioökonomischen Verhältnisse aufzeigen zu können.[100]

Weiterhin zu nennen sind an dieser Stelle beispielgebend die Bände „Omnia vincit labor? Narrative der Arbeit – Arbeitskulturen in medialer Reflexion“ (2013) und „Arbeit als Narration. Ein interdisziplinärer Werkstattbericht“ (2015), die jeweils von Ilse Nagelschmidt, Inga Probst und

---

97 Ebd., S. 14.

98 z. B. Öchsner, Florian: „Subjekte der Arbeit in der Gegenwartsliteratur. Enno Stahls *Diese Seelen* und Wilhelm Genazinos *Das Glück in glücksfernen Zeiten*“. In: Brogi et al. (Hrsg.), *Repräsentationen*, S. 347–364; Vöing, Nerea: „Zwischen Affirmation und Leerstelle. Richard Sennets Theorem des ‚Drift‘ in der Gegenwartsliteratur“. In: Brogi et al. (Hrsg.), *Repräsentationen*, S. 365–382.

99 z. B. Hilpert, Stefan: „‚Das ist doch keine Arbeit.‘ The Negotiation of Work in Christian Petzold’s Die Beischlafdiebin“. In: Brogi et al. (Hrsg.), *Repräsentationen*, S. 433–448.

100 z. B. Matthies, Defizitmeldungen, S. 331–346.

Torsten Erdbrügger herausgegeben wurden und ihren Fokus auf narratologische Aspekte des Themenkomplexes legen. Während ersterer Band „die Interdependenz von Arbeit und Text sowie die Textualität der Arbeit und ihre Lesbarkeit“[101] vornehmlich in der Literatur untersucht, werden bei zweiterem die Begriffe Narration und Narrativität „aus der literaturwissenschaftlichen Erzähltheorie herausgelöst und interdisziplinär geöffnet.“[102] Untersucht werden vor diesem Hintergrund beispielsweise „Arbeitsnarrative in den Wirtschaftswissenschaften und in der Arbeitswissenschaft“[103] oder auch „Narrative der Arbeit in Museen“[104]. Der Band „Arbeit – Kultur – Identität“ (2007), herausgegeben von Dagmar Kift und Hanneliese Palm, geht wiederum den Veränderungen der Arbeitswelt in der Literatur auf diachroner Ebene nach. So werden beispielsweise Texte der Weimarer Republik[105], der Arbeiterliteratur der 1950er-Jahre[106] sowie der Gegenwartsliteratur[107] untersucht.

---

101 Probst, Inga: „Überwindet Arbeit alles oder wird sie überwunden? Narrative der Arbeit – aktuelle Forschungsperspektiven“. In: Erdbrügger, Torsten / Nagelschmidt, Ilse / Probst, Inga (Hrsg.): *Omnia vincit labor? Narrative der Arbeit – Arbeitskulturen in medialer Reflexion* (= Literaturwissenschaft, Bd. 32). Frank & Timme: Berlin 2013, S. 19.

102 Erdbrügger / Probst, Einleitung, S. 7.

103 Haunschild, Axel: „Erzählungen wider Willen. Arbeitsnarrative in den Wirtschaftswissenschaften und in der Arbeitswissenschaft. In: Erdbrügger et al. (Hrsg.), *Arbeit*, S. 77–88.

104 Bönig, Jürgen: „Narrative der Arbeit in Museen“. In: Erdbrügger et al. (Hrsg.), *Arbeit*, S. 63–76.

105 Unger, Thorsten: „Arbeit, Arbeitslosigkeit und Arbeitsverweigerung in der proletarischen Literatur der Weimarer Republik am Beispiel von Rudolf Braunes *Der Kampf auf der Kille* und ausgewählter Arbeiterlyrik.“ In: Kift, Dagmar / Palm, Hanneliese (Hrsg.): *Arbeit – Kultur – Identität. Zur Transformation von Arbeitslandschaften in der Literatur. Tagungsband. Symposium des Fritz-Hüser-Instituts und des LWL-Industriemuseums 23.-25. März 2006* (= Schriften des Fritz-Hüser-Instituts für deutsche und ausländische Arbeiterliteratur, Bd. 15.). Klartext: Essen, S. 37–54.

106 Kift, Dagmar: „Über die Klassengrenzen hinweg. Arbeiterkultur im Ruhrbergbau der 1950er Jahre“. In: Kift / Palm (Hrsg.), *Arbeit*, S. 115–134.

107 z.B. Bertschik, Julia: „‚Junge Talente‘. Über Jobs und Müßiggang in der Gegenwartsliteratur“. In: Kift / Palm (Hrsg.), *Arbeit*, S. 69–84.

Demgegenüber finden sich in kleinerem Umfang literatur- und kulturwissenschaftliche Untersuchungen, die sich mit den Diskursen um Armut und Exklusion beschäftigen. Dem Thema Armut widmen sich beispielsweise die Bände „Armut: Zur Darstellung von Zeitgeschichte in deutschsprachiger Gegenwartsliteratur"[108] (2012) herausgegeben von Martin Hellström und Edgar Platen sowie „Ökonomien der Armut. Soziale Verhältnisse in der Literatur"[109] (2008), der von Elke Brüns herausgegeben wurde, wobei erstere Publikation ihren Schwerpunkt vor allem auf gegenwartsliterarische Darstellungen[110] legt, während zweitere Beiträge zu verschiedenen Literaturepochen beinhaltet. Zu nennen sei an dieser Stelle auch der Band „Das nennen Sie Arbeit? Der Produktivitätsdiskurs und seine Anschlüsse" (2013), herausgegeben von Franziska Schößler und Nicole Colin, der sich der Unterscheidung zwischen Produktivität und Nicht-Produktivität widmet, die in entscheidendem Maße Einfluss darauf nimmt, wer von der sozialen Welt ein- bzw. ausgeschlossen wird.[111]

In weitaus kleinerem Maße sind Untersuchungen zum Thema Armut in den deutschsprachigen Literatur- und Kulturwissenschaften vorhanden. Wie exemplarisch an Elke Brüns Beitrag „Szenarien des Sozialen. Armut und Exklusion in der Gegenwartsliteratur" (2012) gezeigt werden kann, lassen sich, ähnlich wie bei den hier angeführten Untersuchungen zum Arbeitskomplex, die meisten dieser Forschungsarbeiten dem von Balint abgegrenzten Teilbereich der „Ökonomie als gesellschaftliche Sphäre" zuordnen. In ihrer Analyse zu Texten von Ulla Hahn, Katharina Hacker,

---

108 Hellström, Martin / Platen, Edgar (Hrsg.): *Armut. Zur Darstellung von Zeitgeschichte in deutschsprachiger Gegenwartsliteratur* (VII). Iudicum: München 2012.

109 Brüns, Elke (Hrsg.): *Ökonomien der Armut. Soziale Verhältnisse in der Literatur*. Wilhelm Fink: München 2008.

110 z.B. Meier, Albert: „Realismus als Unterhaltung. Romane der Generation Praktikum". In: Hellström / Platen (Hrsg.): *Armut*, S. 161–166 sowie Opitz-Wiemers, Carola: „‚Ich kann nur Postbote' Jakob Heins *Herr Jensen steigt aus* als Roman einer Desillusionierung". In: Hellström / Platen (Hrsg.): *Armut*, S. 167–176.

111 Vgl. hierzu Colin, Nicole / Schößler, Franziska: „Das nennen Sie Arbeit? Der Produktivitätsdiskurs und seine Ausschlüsse. Einleitung." In: Colin, Nicole / Schößler, Franziska (Hrsg.): *Das nennen Sie Arbeit? Der Produktivitätsdiskurs und seine Ausschlüsse*. Synchron: Heidelberg 2013, S. 7–28.

Clemens Meyer und Frédéric Valin, die sich auf unterschiedliche Weise mit Armut und Exklusion befassen, stützt sich Brüns theoretisch auf die jeweiligen sozialwissenschaftlichen Konzepte, ohne diese jedoch simplifizierend übernehmen zu wollen:

> Die Begriffe Armut, Exklusion oder auch soziale Mobilität markieren dabei die gesellschaftlichen Diskursfelder, anhand derer die Texte kontextualisiert werden könnten, ohne dass es sich deshalb um eine Übersetzung soziologischer Terminologie in die Literatur handelte. Literatur fungiert hier vielmehr als Wissensordnung des Sozialen, die eigene Deutungsmuster entwirft und damit zum Selbstdeutungshorizont der Gesellschaft beiträgt.[112]

Den vielfältigen Aspekten des Themas Armut widmeten sich zudem Forscher_innen verschiedener Disziplinen im Zeitraum von 2002 bis 2012 innerhalb des „Sonderforschungsbereichs 600. Fremdheit und Armut. Wandel von Inklusions- und Exklusionsformen von der Antike bis zur Gegenwart“[113] an der Universität Trier. 2011 gipfelte diese Zusammenarbeit einerseits in der Ausstellung „Armut – Perspektiven in Kunst und Gesellschaft“, die u. a. im Rheinischen Landesmuseum Trier abgehalten wurde[114], andererseits in dem Sammelband „Armut. Perspektiven in Kunst und Gesellschaft“[115] (2011), der von Herbert Uerlings, Nina Trauth und Lukas Clemens herausgegeben wurde.

2.3 Monografien: Kreativität, Geschlecht, Sprache

Seit 2010 sind zudem verschiedene Monografien erschienen, die sich mit dem Thema Arbeit mit Blick auf postfordistische Transformationsprozesse beschäftigen und die an dieser Stelle kurz vorgestellt werden sollen. Eine erste umfangreiche Darstellung legt Susanne Heimburger mit ihrer

---

112 Brüns, Elke: „Szenarien des Sozialen. Armut und Exklusion in der Gegenwartsliteratur“. In: Hellström / Platen (Hrsg.): *Armut*, S. 11.

113 Vgl. Neyses, Heidi: „Spitzenforschung und Nachwuchsförderung an der Uni Trier“. Online abrufbar unter: https://idw-online.de/de/news?print=1&id=293683 [12.12.2008], zuletzt geprüft am 01.10.2018.

114 Vgl. Hoppe, Verena: „Armut – Perspektiven in Kunst und Gesellschaft“. Online abrufbar unter: https://www.hsozkult.de/event/id/termine-15867 [01.03.2011], zuletzt geprüft am 01.02.2021.

115 Uerlings, Herbert / Trauth, Nina / Clemens, Lukas (Hrsg.): *Armut. Perspektiven in Kunst und Gesellschaft*. Primus: Darmstadt 2011.

Untersuchung „Kapitalistischer Geist und literarische Kritik. Arbeitswelten in deutschsprachigen Gegenwartstexten" (2010) vor. Die Autorin untersucht darin einen „mehr oder weniger synchronen Querschnitt von literarischen Texten der unmittelbaren Gegenwartsliteratur"[116], der sowohl Erzähltexte als auch Theatertexte in einer Zeitspanne zwischen 1995 und 2006 umfasst.[117] Im Zentrum steht die von Luc Boltanski und Ève Chiapello vertretene These, dass „die einstmals künstlerische Subversion […] inzwischen zur ökonomischen Produktivkraft geworden"[118] ist. Für Heimburger stellt sich in diesem Zusammenhang die Frage, wie Schriftsteller_innen auf das postfordistische Arbeitsregime literarisch „reagieren"[119], „stehen sie doch selbst in ihrer Arbeit prototypisch für die neuen Arbeitsverhältnisse ein"[120]. Damit einhergehend versucht die Autorin auch Antworten darauf zu finden, „inwiefern dieses ‚Dilemma' in den literarischen Text hineingetragen wird und in welcher Form eine Art ‚Kritik' am kapitalistischen Geist noch möglich ist."[121] Bleibt die methodische Perspektive, mit der Heimburger die entsprechenden Texte analysiert, bisweilen noch unscharf,[122] leistet die Autorin mit ihrem thematisch fundierten Überblick über die „neue ‚Literatur der Arbeitswelt'"[123] herausragende Pionierarbeit auf dem hier skizzierten Forschungsfeld.

Ebenfalls auf Gegenwartstexte ausgerichtet ist Annemarie Matthies' Untersuchung „Spielbälle. Neuverhandlungen der Arbeitswelt im Medium der Literatur" (2017), mit der die Autorin einen Beitrag an der „disziplinären Schnittstelle von Sozial- und Literaturwissenschaft"[124] leisten möchte,

---

116 Heimburger, Susanne: *Kapitalistischer Geist und literarische Kritik. Arbeitswelten in deutschsprachigen Gegenwartstexten.* edition text + kritik: München 2010, S. 12.

117 Vgl. Ebd.

118 Ebd., S. 83.

119 Ebd.

120 Ebd.

121 Ebd.

122 Vgl. Balint, Iuditha: *Erzählte Entgrenzungen. Narrationen von Arbeit zu Beginn des 21. Jahrhunderts* (= Szenen / Schnittstellen, Bd. 4). Wilhelm Fink: Paderborn 2017, S. 10, Fn. 3.

123 Heimburger, Geist, S. 69.

124 Matthies, Annemarie: *Spielbälle. Neuverhandlungen der Arbeitswelt im Medium Literatur.* Herbert von Halem Verlag: Köln 2017, S. 38.

„über die es zwar zahlreiche theoretische Reflexionen, an der entlang es aber nach wie vor wenige am konkreten Gegenstand durchgeführte Arbeiten gibt."[125] In ihrer Untersuchung geht Matthies der Frage nach, „was die fiktionale Literatur zwischen 1990 und 2009 über die Arbeitswelt weiß und was sie an Beschreibungen und inhaltlichen Befunden liefert, das aufgrund ihres exklusiven Charakters tatsächlich als besonderes Wissen gelten kann."[126] Ein herausragendes Merkmal des methodischen Vorgehens der Autorin gegenüber vielen anderen Untersuchungen besteht darin, dass sie sich in ihrer Analyse sowohl der „hermeneutische[n] Feinanalyse ästhetischer und narrativer Mittel"[127] als auch dem „inhaltsanalytischen Bezug zu Empirie und Diskurs der Arbeitswelt gemäß der jeweiligen literarischen Verhandlung"[128] widmet. Dabei ist hervorzuheben, dass für die Autorin aber vor allem die Frage im Vordergrund steht, „welchen Ertrag die Analyse von Literatur für die Soziologie"[129]haben kann.

Aus einer geschlechterkritischen Perspektive untersucht Franziska Schößler in ihrer Studie „Femina Oeconomica: Arbeit, Konsum und Geschlecht. Von Goethe bis Händler" (2017)

> die Kopplung von Arbeit mit dem sich im 19. Jahrhundert durchsetzenden relationalen System von (essentialisierter) Männlichkeit und Weiblichkeit, das Akteur/innen auf wenige Eigenschaften festlegt, also eine deutliche Komplexitätsreduktion vornimmt. Es geht mithin um Normalisierungs- und Domestizierungsprozesse, um die Durchsetzung binärer Geschlechterstrukturen und deren performative Reproduktion.[130]

Schößler betrachtet den Gegenstand aus einer diachronen Perspektive, wobei auch ihre Arbeit interdisziplinär angelegt ist und „eine kulturwissenschaftliche Kontextualisierung literarischer Texte durch zeitgenössische Debatten, sozialgeschichtliches Wissen und historisch informierte Theoriemodelle, die zuweilen ihrerseits im Sinne der ‚Verhandlungen' Stephen Greenblatts von literarischen Texten inspiriert sind"[131] fokussiert. Um der

125 Ebd.
126 Ebd., S. 18.
127 Ebd., S. 37.
128 Ebd.
129 Ebd., S. 38.
130 Schößler, Oeconomica, S. 28 f.
131 Ebd., S. 35.

Komplexität literarischer Texte gerecht zu werden, ist es zudem ein zentrales Anliegen der Autorin, „die Texte auch in ihrer ästhetischen Eigenlogik zum Sprechen zu bringen."[132] Um das Phänomen weiblicher Arbeit im Konnex von Arbeit und Geschlecht zu präzisieren, greift Schößler auf sozialwissenschaftliche Konzepte wie ästhetische und emotionale Arbeit zurück.[133] Der Analysefokus der Untersuchung ist breit gefächert und umfasst englische, deutsche und französische Werke. Vor diesem Hintergrund kann Schößler zeigen, so konstatiert Thomas Wortmann, „dass der Konnex von Weiblichkeit und Ökonomie nicht marginal ist, sondern die Literatur in ihrer ganzen Breite betrifft."[134]

Gegenüber den hier genannten Untersuchungen, die vor allem dem Bereich der Ökonomie als gesellschaftliche Sphäre zuzuordnen sind, widmet sich Iuditha Balint in ihrer Untersuchung „Erzählte Entgrenzungen. Narrationen von Arbeit zu Beginn des 21. Jahrhunderts" (2017) der Ökonomie auch als Metapher. Die Autorin bezieht sich in ihrer Analyse auf das arbeitssoziologische Konzept der Entgrenzung, das die Trennlinien von Arbeits- und Privatsphäre untersucht. Doch beruft sich, so Balint, die Arbeitssoziologie primär auf die Arbeit als „ökonomischen Produktionsfaktor"[135], lautet die These der Autorin darüber hinausgehend, dass „die Entgrenzung der Arbeit nicht auf diese ökonomische Dimension beschränkt werden kann."[136] Folgt man Balint, dann lassen sich in den von ihr untersuchten Erzähltexten Hinweise darauf finden, dass arbeitsweltliche Entgrenzungsprozesse auf mehreren Ebenen stattfinden:[137]

> Erstens hält das Vokabular der Arbeitswelt in die poetische und die Alltagssprache Einzug und überträgt somit nicht nur Strukturen und Inhalte, sondern auch Semantiken der Arbeitswelt in andere Lebensbereiche; und zweitens fungiert

---

132 Ebd.

133 Vgl. Ebd., S. 25.

134 Wortmann, Thomas: „Eine andere Literaturgeschichte der Moderne". In: *Literaturkritik.de* 21 (5), 2019. Online abrufbar unter: https://literaturkritik.de/eine-andere-literaturgeschichte-moderne-franziska-schoessler-folgt-konnex-literatur-oekonomie-geschlecht-texten-1800-bis-2000,25553.html, zuletzt geprüft am 01.02.2021.

135 Balint, Entgrenzungen, S. 8

136 Ebd., S. 8 f.

137 Vgl. Ebd., S. 9.

> Arbeit häufig als verstehensrelevanter Wissensrahmen, durch den die narrative Kohärenz und das Verständnis von Texten bzw. Aussagen über andere Lebensbereiche überhaupt erst gewährleistet werden kann. Die vorliegende Studie hebt entlang der Analyse von literarischen Essays, Erzählungen, Reportagen, Romanen sowie Interviews mit Managern aus dem deutschsprachigen Raum hervor, dass die Entgrenzung der Arbeit eine dreifache ist: marktökonomisch, metaphorisch und epistemisch. Diese dreifache Entgrenzung der Arbeit verdeutlicht, dass und auf welche Weise genau lexikalische und semantische Aspekte der Entgrenzung der Arbeit ihre bislang erforschten marktökonomischen Dynamiken und Auswirkungen potenzieren – und aus der Sphäre des Handelns in die Sphären der Sprachen und des Denkens transportieren.[138]

Die in den vorangegangenen zwei Abschnitten exemplarisch angeführten Sammelbände und Monografien zum (postfordistischen) Arbeits- und Armutskomplex belegen ein thematisch und disziplinär breit gefächertes Interesse der gegenwärtigen Forschung, das sich mit Blick auf Untersuchungen zur Gegenwartsliteratur vor allem am Teilbereich der „Ökonomie als gesellschaftliche Sphäre" orientiert: Im Mittelpunkt der Untersuchungen steht die Kontextualisierung der Texte anhand sozialwissenschaftlicher Diskurse, gefragt wird nach Wissen und Interventionsmöglichkeiten der Gegenwartsliteratur an den häufig als negativ ausgewiesenen sozialen und ökonomischen Verhältnissen. Nachfolgend möchte ich an diesen kursorischen Überblick über das Forschungsgebiet anschließen und auf einige Tendenzen und Perspektiven der Forschung eingehen, die mir besonders dringlich erscheinen.

2.4 Arbeit und Armut bzw. Exklusion als Desiderat in der Literatur(wissenschaft)?

Häufig wurde in der Forschung die Frage diskutiert, inwieweit Themen wie Arbeit und Armut bzw. Exklusion überhaupt eine Rolle in der Gegenwartsliteratur spielen. Noch 2007 stellte der Autor und Germanist Enno Stahl fest, dass Arbeit und Arbeitslosigkeit im Angesicht zunehmend prekärer Beschäftigungsverhältnisse, die längst auch die Mittelschichten betreffen, „Zentralbegriffe unserer Epoche"[139] geworden

---

138 Ebd.

139 Stahl, Enno: „Kneipen-Jobber und Kulturschaffende. Pseudo-dokumentarische Lebens- und Arbeitsentwürfe in der deutschen Gegenwartsliteratur".

sind.[140] Stahl zeigt sich angesichts der großen Bedeutung des Themenkomplexes für die Gegenwartsgesellschaft verwundert darüber, „wie wenig er sich in der aktuellen deutschen Erzählliteratur niederschlägt."[141] Die Kritik des Autors ist vor dem Hintergrund zahlreicher literarischer Produktionen, die sich mit postfordistischen Lebens- und Arbeitsverhältnissen beschäftigen, umstritten.[142] Wenngleich, wie Erdbrügger kritisch bemerkt, Befunde über das Vorhandensein bzw. Nichtvorhandensein von Arbeitsrealitäten in der deutschsprachigen Gegenwartsliteratur, wie die meisten Einschätzungen zum aktuellen Status literarischer Produktion, in erster Linie von subjektiven Einschätzungen abhängig sind,[143] herrscht mittlerweile Konsens in der Forschung darüber, dass Themen wie Arbeit und Arbeitslosigkeit in der Gegenwartsliteratur seit Ende der 1990er-Jahre ein Wiederaufleben erfahren haben.[144] Die „neue ‚Literatur der Arbeitswelt' "[145], so konstatiert Erdbrügger, „die die entgrenzten, subjektivierten und/oder prekären Arbeitsbedingungen im neoliberalen Kapitalismus reflektiert"[146], fand Ende der 1990er-Jahre zunächst in Theatertexten Verbreitung.[147] Dieses Interesse ist nicht zuletzt auf wirtschaftliche Problemlagen an deutschen Theatern zurückzuführen, die zu Schließungen und ausbleibendem Publikum führten. Dies ist mit ein Grund dafür, so stellt Schößler fest, dass ökonomische Stoffe

---

In: ders.: *Diskurs-Pogo. Über Literatur und Gesellschaft*. Verbrecher-Verlag: Berlin 2013, S. 57.

140 Vgl. Ebd.

141 Ebd.

142 Siehe z. B. Erdbrügger, Arbeit, S. 116 ff.

143 Vgl. Ebd., S. 116. Fn. 3.

144 z. B. Probst, Inga: „Überwindet Arbeit alles oder wird sie überwunden? Narrative der Arbeit – aktuelle Forschungsperspektiven eines virulenten Themas". In: Erdbrügger et al. (Hrsg.), *Narrative*, S. 17–47; Hermann, Leonhard / Horstkotte, Silke: *Gegenwartsliteratur. Eine Einführung*. Metzler: Stuttgart 2016, S. 138 – 143.; Matthies, Defizitmeldungen, S. 331–346.; Opitz, Michael / Opitz-Wiemers, Carola: „Tendenzen in der deutschsprachigen Gegenwartsliteratur seit 1989". In: Beutlin, Wolfgang et al. (Hrsg.): *Deutsche Literaturgeschichte. Von den Anfängen bis zur Gegenwart*. 8., aktualisierte und erweiterte Auflage. Metzler: Stuttgart/Weimar 2013, S. 669–756.

145 Heimburger, Geist, S. 69 und Erdbrügger, Arbeit, S. 126.

146 Erdbrügger, Arbeit, S. 126.

147 Vgl. Ebd.

vermehrt Einzug auf deutschsprachigen Bühnen fanden und Themen wie Prekarität und postfordistische Selbstdisziplinierung fokussierten:[148]

> Seit etwa 1997 entsteht eine große Zahl an ‚Wirtschaftsdramen' – genannt werden können neben vielen anderen Urs Widmers *Top Dogs*, Falk Richters Zyklus *Unter Eis*, Kathrin Rögglas Theatertexte *draußen tobt die dunkelziffer* sowie *wir schlafen nicht*, Moritz Rinkes auch verfilmte *Republik Vineta*, Gesine Danckwarts *Täglich Brot*, John von Düffels *Elite 1.1* und Roland Schimmelpfennigs *Push Up 1-3*. Diese Stücke grenzen sich in der Regel von der Mitleidsdramaturgie der 1960er Jahre ab und rücken neue Gruppen ins Zentrum: Sie fokussieren den Dienstleistungssektor, Praktikant_innen, die New Economy, den Arbeitskraftunternehmer, arbeitslose Manager_innen und Akademiker_innen, nur vereinzelt aber Börsianer; der alte Konflikt zwischen Kapital und Arbeit scheint ausgedient zu haben.[149]

Daran anschließend hat sich später auch die Erzählliteratur der postfordistischen Lebens- und Arbeitsproblematik angenommen, ein Vorgang, so Erdbrügger, „der bis heute nicht abgeschlossen ist."[150] Ähnlich wie Schößler für Theatertexte, stellt Erhard Schütz mit Blick auf einen größeren Korpus deutschsprachiger Gegenwartsromane fest, dass diese hauptsächlich mit „studentischem Milieu, mit Akademikern, Werbe-, Medienberuflern und Bankangestellten oder eben *arbeitslosen* Akademikern, Werbe-, Medienberuflern und Bankangestellten"[151] besetzt sind. Das Figurenrepertoire der Texte, so der Autor, verkörpert das, „was man inzwischen ‚Prekariat' zu nennen pflegt, also all jene, die in nur temporären, unsicheren oder unterbezahlten, eben prekären Beschäftigungsverhältnissen stehen, in Ich-AGs, als

---

148 Vgl. Schößler, Franziska: *Drama und Theater nach 1989. Prekär, interkulturell, intermedial.* Wehrhahn: Erlangen 2013, S. 19. Vgl. zur wirtschaftlichen Krise des Theaters auch: Lehmann, Hans Thies: „Die Gegenwart des Theaters". In: Fischer-Lichte, Erika / Kolesch, Doris / Weiler, Christel (Hrsg.): *Transformationen. Theater der neunziger Jahre* (= Recherchen, Bd. 2). Theater der Zeit Verlag: Berlin 1999, S. 13–26.

149 Ebd., S. 19. Vgl. dazu auch Blaschke, Bernd: „‚McKinseys Killerkommandos. Subventioniertes Abgruscheln' Kleine Morphologie (Tool Box) zur Darstellung aktueller Wirtschaftsweisen im Theater". In: Bähr, Christine / Schößler, Franziska (Hrsg.): *Ökonomie im Theater der Gegenwart. Ästhetik, Produktion, Institution*. Transcript: Bielefeld 2009, S. 209–224.

150 Erdbrügger, Arbeit, S. 126.

151 Schütz, Erhard: „Literatur – Museum der Arbeit?" In: Kift /Palm (Hrsg.), *Arbeit*, S. 18.

Praktikum, Leiharbeiter, Projektmitarbeiter, Zwangsteilzeitler oder ähnlich tätig sind."[152]

Ist es vor diesem Hintergrund sinnvoll, gegenwartsliterarische Verhandlungen postfordistischer Lebens- und Arbeitsverhältnisse in der literatur- und kulturwissenschaftlichen Forschung so dominant am Thema Arbeit auszurichten, wie es derzeitig der Fall ist? Die Frage kann dahingegen beantwortet werden, als dass die Literatur nur selten den Arbeitsprozess selbst fokussiert,[153] sondern ausleuchtet, so Erdbrügger, „wie sich das Subjekt zu gesellschaftlichen Denkmustern über Arbeit positioniert, wie es ihnen ausgesetzt ist, sie verinnerlicht, sich ihnen anpasst oder gegen sie opponiert."[154] Im Vordergrund des literarischen Interesses stehen psychische Belastungssituationen[155], die sich in Folge sozialer Ohnmachts- und Verlusterfahrungen auf sämtliche Lebensbereiche der Protagonist_innen auswirken. Vor diesem Hintergrund lässt sich „Prekarität als das gegenwärtig dominierende Hauptnarrativ"[156] der Gegenwartsliteratur ausmachen.

Ein Blick auf die meisten Untersuchungen zum postfordistischen Arbeits- und Armutskomplex zeigt, dass der Prekaritätsbegriff in den Analysen eher unscharf verwendet wird. Häufig wird er mit befristeten und unsicheren Beschäftigungsverhältnissen gleichgesetzt, bisweilen wird er nicht deutlich genug von Armut und Exklusion differenziert. Wie ich im theoretischen Teil meiner Studie zeigen werde, lohnt ein informierender Blick auf den arbeits- und industriesoziologischen Prekaritätsdiskurs, um die entsprechenden Phänomene in der literatur- und kulturwissenschaftlichen Analyse präzisieren zu können. Folgt man an dieser Stelle Dörre, ist Prekarität dabei „weder mit vollständiger Ausgrenzung aus dem Erwerbssystem und absoluter Armut, noch mit totaler sozialer Isolation und erzwungener politischer Apathie identisch, wenngleich der Begriff solche Phänomene einschließen

---

152 Ebd., S. 19.

153 Vgl. Ebd., S. 17.

154 Erdbrügger, Arbeit, S. 117.

155 Vgl. auch: Erdbrügger, Torsten / Probst, Inga: „Arbeitsplätze, die neuste Literatur betreffend. Von den (Stahl-)Hütten in die (Glas-)Paläste. Online abrufbar unter: https://gegenblende.dgb.de/artikel/++co++509a0560-9337-11e3-8223-52540066f352, zuletzt geprüft am 01.02.2021.

156 Erdbrügger, Arbeit, S. 115.

kann."[157] Versteht man ihn demgegenüber als „zeitdiagnostische Kategorie"[158], können mithilfe des Prekaritätskonzepts Konnexionen zwischen den hier genannten Phänomenen veranschaulicht werden, wie ich im theoretischen Teil meiner Untersuchung deutlich machen werden.[159]

2.5 Die Rolle der (Kapitalismus)kritik

Eine weitere Frage, die häufig in der literatur- und kulturwissenschaftlichen Forschung zum postfordistischen Arbeits- und Armutskomplex gestellt wird, betrifft das (kapitalismus)kritische Potenzial der untersuchten Texte. Vielfach kommen die Forscher_innen zu dem Ergebnis, dass die deutschsprachige Gegenwartsliteratur kaum als künstlerischer Gegendiskurs zum Ökonomischen betrachtet werden kann. So stellen beispielsweise Probst und Erdbrügger fest, dass sich die Gegenwartsliteratur auf die „Zurichtung von Arbeitnehmern und Arbeitslosen"[160] fokussiert, wobei sie „die psychischen Auswirkungen einer Ausrichtung des Lebens auf eine Erwerbsbiographie im Zeichen der Prekarität"[161] thematisiert, jedoch „nur selten Alternativkonstruktionen"[162] anbietet. In ähnlicher Weise interpretiert Viviana Chilese die einschlägigen Texte als „nüchterne Bestandsaufnahme"[163] neoliberaler Lebens- und Arbeitsverhältnisse und auch Heimburger resümiert, dass die Gegenwartsliteratur keine „ausdrücklich[e] Protestposition"[164] einzunehmen weiß, sondern vor allem mit der „Darstellung von Ambivalenzen und Widersprüchen"[165] arbeitet.

---

157 Dörre, Prekarität, S. 6.
158 Ebd., S. 4.
159 Vgl. Ebd.
160 Probst / Erdbrügger, Arbeitsplätze.
161 Ebd.
162 Ebd.
163 Chilese, Viviana: „Menschen im Büro: Zur Arbeitswelt in der deutschen Gegenwartsliteratur". In: Cambi, Fabrizio (Hrsg.): *Gedächtnis und Identität. Die deutsche Literatur nach der Vereinigung*. Königshausen und Neumann: Würzburg 2008, S. 295.
164 Heimburger, Geist, S. 358.
165 Ebd.

Der „Rolle der Kapitalismuskritik als offenkundig popularisiertes und realitätskonstitutives Wissen"[166] geht Alexander Preisinger nach. Die Untersuchungen des Autors zum Neoliberalismusdiskurs in der Gegenwartsliteratur beziehen sich methodisch auf erzähltheoretische Konzepte und verknüpfen diese mit den theoretischen Implikationen der Interdiskurstheorie, die untersucht, wie „im Rahmen einer arbeitsteiligen Gesellschaft komplexe (spezialdiskursive) Wissensbestände allgemein verständlich"[167]aufbereitet werden.

Vor diesem theoretischen und methodischen Hintergrund kann Preisinger beispielsweise in der Untersuchung sogenannter Praktikantenromane zeigen, dass es sich bei den Texten um eine „interdiskursive Form stark subjektapplizierenden Charakters (Figurativisierung von Diskursen über Praktikanten)"[168] handelt, „durch die Ökonomiekritik in allgemeinverständlicher Form dargestellt wird."[169] Der Autor kommt dabei zu dem Schluss, dass dem kritischen Wissen über den Kapitalismus in den untersuchten Texten eine wichtige Rolle zukommt:

> Wie die Analyse zeigen konnte, lässt sich der Praktikantenroman als literarische Formation wiederkehrender Elemente beschreiben. Die weitgehende Ähnlichkeit kann als Hinweis auf ein Tableau kollektiv geteilten – kritischen – Wissens verstanden werden, dass die exemplarischen Erwerbsbiographien im Modus des Literarischen strukturiert. Dazu gehören etwa Formen der (Selbst-)Ökonomisierung, das uneingelöste Versprechen wirtschaftlicher Prosperität und der Erfahrungsbruch zwischen >altem< und >neuem< Kapitalismus.[170]

Auch Matthies resümiert in ähnlichem Zusammenhang, dass gegenwartsliterarische Verhandlungen postfordistischer Lebens- und Arbeitsverhältnisse auf die Inhalte sozialwissenschaftlicher Spezialdiskurse zurückgreifen:

---

166 Preisinger, Alexander: Preisinger, Alexander: „‚Der ganze Haufen las sich wie eine Zeitrafferreise in Richtung Desillusionierung'. Kapitalismuskritik als diskursive Formation am Beispiel des Genres Praktikantenroman". In: Brogi et al. (Hrsg.): *Repräsentationen*, S. 417.

167 Preisinger, Alexander: *Neoliberale Ökonomie erzählen. Eine narratologisch-diskursanalytische Untersuchung der Kapitalismuskritik in der deutschsprachigen Literatur der 2000er Jahre* (= Diskursivitäten, Bd. 20). Synchron: Heidelberg 2015, S. 13.

168 Preisinger, Kapitalismuskritik, S. 417.

169 Ebd.

170 Ebd., S. 430.

> Im Kontext der vorliegenden Arbeit etwa zeigt sich, dass soziologisches Wissen von der Literatur durchaus zur Kenntnis genommen wird. Festgehalten werden kann hier ferner, dass in Bezug auf die Arbeitswelt kritische Wissensbestände – aufschlussreich auch im Vergleich zu anderen Medien gesellschaftlicher Selbstbeschreibungen – insgesamt überwiegen. Zugleich zeigt die Literaturanalyse, und auch das ist von soziologischem Interesse, welches Wissen *nicht* mehr existiert: Erzählerische Überhöhungen von Arbeit gibt es in der öffentlich sichtbaren Literatur nach dem Systemumbruch ebenso wenig wie Veranschaulichungen antagonistischer Produktionsverhältnisse im marxistischen Sinne. Allgemein kann konstatiert werden, dass die Literatur sich als sowohl ‚unpolitische' wie auch als kaum mehr moralische Instanz versteht, ihr gesellschaftliches Selbstverständnis sich zumindest in Bezug auf den Gegenstand Arbeitswelt fundamental geändert hat.[171]

Den gegenwärtigen Positionierungs- und Interventionsmöglichkeiten literarischen Schreibens widmet sich der im Jahr 2016 erschienene Symposiums-Band „Richtige Literatur im Falschen? Schriftsteller – Kapitalismus – Kritik“[172]. Unter den Teilnehmer_innen der Veranstaltung, die im Berliner Brecht-Haus stattfand, befanden sich sowohl Autor_innen wie Ann Cotten, Kathrin Röggla, Enno Stahl und Thomas Meinecke, als auch Forscher wie der Literaturhistoriker Helmut Peitsch oder der Sozialwissenschaftler Ingar Solty. Diskutiert wurden sozialemanzipatorische Formen realistischer Ästhetik, wobei in diesem Zusammenhang auch die sozialen und ökonomischen Bedingungen, unter denen literarisches Schreiben gegenwärtig stattfindet, zur Debatte gestellt wurden. Nicht zuletzt versuchten die Teilnehmer_innen eine Antwort auf die Frage zu finden, inwieweit Schriftstellerzusammenschlüsse, wie sie sich beispielsweise in der „Dortmunder Gruppe 61“ formierten, heute noch sinnvoll erscheinen.[173]

Dass die Frage nach dem (kapitalismus)kritischen Potenzial der deutschsprachigen Gegenwartsliteratur in hohem Maße mit aktuellen gesellschaftlichen Entwicklungen und Diskursen korrespondiert, konnte beispielsweise die Veranstaltung „Linker Populismus. Kritisches Schreiben für die Masse?“

---

171 Matthies, Spielbälle, S. 304.

172 Stahl, Enno / Solty, Ingar: *Richtige Literatur im Falschen? Schriftsteller – Kapitalismus - Kritik*. Verbrecher-Verlag: Berlin 2016.

173 Vgl. Ohne Autor_innenangabe: „Richtige Literatur im Falschen? Schriftsteller – Kapitalismus – Kritik“. Online abrufbar unter: http://lfbrecht.de/wp-content/uploads/2015/01/Richtige_Literatur_web.pdf, zuletzt geprüft am 01.02.2021.

zeigen, die 2018 im Rahmen der Veranstaltungsreihe „Richtige Literatur im Falschen“ stattfand. Anlässlich des zunehmenden Rechtsrucks in der deutschen (und aus einer weiteren Perspektive: europäischen) Gesellschaft[174] stand die Notwendigkeit eines linken Populismus in der Gegenwartsliteratur zur Diskussion. Dabei heißt es im Einladungstext der Veranstaltung:

> Die Vokabel ‚Populismus' ist in aller Munde. Gemeinhin besitzt dieser Begriff einen negativen Beigeschmack, zumal er heute meist mit völkischem Unterton daherkommt. So erfolgreich die politische Rechte momentan Stammtischparolen für ihre Zwecke einzusetzen versteht, so ratlos zeigt sich bislang die Mehrheitsgesellschaft gegenüber dieser Strategie der Vereinfachung politischer und gesellschaftlicher Sachverhalte. Wäre es daher Zeit für einen Populismus von links, um die maßgeblichen Themen der Zeit auf eine fassliche Weise zu erklären, Begriffe wie Volk und Heimat umzudeuten oder auszuhebeln und damit die scheinbare Diskurshoheit der Rechten zu durchbrechen? Und was bedeutet das für die Literatur? Könnte auch Literatur als probates Instrument der massenhaften Aufklärung dienen, indem sie ihren ästhetischen Anspruch im Zweifelsfall senkt und ebenso verständlich wie unterhaltend die zentralen politischen Kernbotschaften unters Volk bringt? Oder verriete sie damit ihre Integrität?[175]

Als Ausgangsthese linkspopulistischer Bestrebungen kann die durch den Soziologen und Bourdieu-Schüler Didier Eribon bekannt gewordene Annahme gelten, dass die politische Linke es im Zuge ihrer intensiven Beschäftigung mit identitätspolitischen Fragestellungen versäumt hat, sich mit klassenpolitischen Problematiken zu beschäftigen, wie sie sich beispielsweise in prekären Lebens- und Arbeitsverhältnissen von Zeitarbeiter_innen niederschlagen.[176] Vor dem Hintergrund linkspopulistischer Bestrebungen innerhalb der Partei „Die Linke“, die von der ehemaligen Parteivorsitzenden Sahra Wagenknecht initiiert wurden, hat sich Eribon jedoch von einer

---

174 Siehe z. B. Zick, Andreas / Küpper, Beate / Berghan, Wilhelm: *Verlorene Mitte – Feindselige Zustände. Rechtsextreme Einstellungen in Deutschland 2018/19*, herausgegeben für die Friedrich-Ebert-Stiftung von Franziska Schröter. Dietz: Bonn 2019.

175 Ohne Autor_innenangabe: „Linker Populismus. Kritisches Schreiben für die Masse? Rundtischgespräch mit Input-Vortrag und Statements. Reihe: Richtige Literatur im Falschen“. Online abrufbar unter: https://www.rosalux.de/veranstaltung/es_detail/news_39060/linker-populismus-kritisches-schreiben-fuer-die-masse/, zuletzt geprüft am 17.10.2018.

176 Siehe Eribon, Didier: *Rückkehr nach Reims*. Lizenzausgabe für die Bundeszentrale für politische Bildung: Bonn 2016.

Vereinfachung seiner Aussagen distanziert. „Wenn sie [Sahra Wagenknecht] jetzt das Thema der verratenen Arbeiterklasse auf den Tisch bringen will, hat sie völlig recht“[177], so Eribon in einem Interview mit der „Frankfurter Allgemeinen Zeitung“. „Aber wenn sie mein Buch richtig lesen“[178], so Eribon weiter,

> stellen sie fest, dass ich keinen Gegensatz zwischen den Interessen der Arbeiterklasse und denen des Feminismus, Antirassismus, der LGBT-Bewegung und der Ökologie aufmache. Alles ist miteinander verknüpft. Menschen kommen aus fernen Ländern zu uns, weil der Klimawandel unsere Lebensgrundlagen zerstört.[179]

Auf Resonanz konnte etwa Elke Brüns‘ Forderung nach einem „social turn“[180] in den Literatur- und Kulturwissenschaften stoßen[181]. In ihrem Aufruf konstatiert die Autorin, dass „das Verhältnis von ökonomischer Armut und literaturwissenschaftlicher Analyse […] weitestgehend inexistent“[182] ist. Die Relevanz des Themas scheint Brüns im Angesicht postfordistischer Lebens- und Arbeitsverhältnisse kaum erklärungsbedürftig, denn schließlich handelt es sich bei Armut, so die Autorin, vor allem um ein „Wahrnehmungsproblem“[183]. Die Forderung nach einem „social turn“ in den Literatur- und Kulturwissenschaften konnte Brüns 2017 in dem Band „Der Social Turn – Keiner unter vielen?“, herausgegeben von Haimo Stiemer, Dominik Bümer und Esteban Sanchino Martinez, aktualisieren:

> Die neuen gesellschaftlichen Wirklichkeiten – Prekarisierung, Zunahme von Armutslagen und gesellschaftlicher Ungleichheit, Entsolidarisierung – erzeugen Angst und Unsicherheit. Der ‚neosoziale Umbau‘ (Lessenich) der Gesellschaft betrifft damit alle. Damit steht auch in Frage, *welchen Begriff des Sozialen* die Literaturwissenschaft dem *social turn* zugrunde legen will. Ein an

---

177 Ohne Autor_innenangabe: „Interview mit Didier Eribon. Wir erleben eine Art Aufstand der unteren Schichten“ Online abrufbar unter: https://www.faz.net/aktuell/feuilleton/debatten/franzoesischer-bestseller-autor-didier-eribon-im-interview-15813024.html, zuletzt geprüft am 01.02.2021.

178 Ebd.

179 Ebd.

180 Vgl. Brüns, Elke: „Einleitung. Plädoyer für einen *social turn* in der Literaturwissenschaft“. In: Brüns, Elke (Hrsg.): *Ökonomien der Armut. Soziale Verhältnisse in der Literatur*. Wilhelm Fink: München 2008, S. 7–21.

181 Siehe z.B. Probst, Arbeit, S. 20 ff.

182 Brüns, Einleitung, S. 8.

183 Ebd., S. 7.

den Transformationen des Sozialen interessierter literaturwissenschaftlicher Fragehorizont ist jedenfalls ein Desiderat. Denn im gegenwärtigen Unbehagen an einer durch ›kulturalistische Übertreibungen‹ geprägten Literaturwissenschaft artikuliert sich nicht ausschließlich der Umschlag in andere theoretische Parameter und Paradigmen, die forschungskonjunkturell in steter Regelmäßigkeit erfolgen. Vielmehr artikuliert sich hier auch der Wunsch nach gesellschaftlicher Relevanz – die Absicht, aus der eigenen Disziplin heraus etwas zum literarischen Umgang mit gesellschaftlichen Realitäten sagen zu können. Ein *social turn* in der Literaturwissenschaft könnte ein Instrumentarium bilden, um die Vielfältigkeit literarischer Darstellungsweisen mit den gegenwärtigen sozialen Transformationsprozessen in ein Verhältnis zu setzen.[184]

So richtig die feldinternen Forderungen nach einer verstärkten Beschäftigung mit sozialen und ökonomischen Ungleichheiten in der Literatur zunächst erscheinen mögen, so sehr besteht hierbei auch immer die Gefahr, der sozioökonomischen Komplexität des Themas nicht gerecht zu werden. Eine zu einseitig vorgenommene Hinwendung zu einer Untersuchung von Klassenverhältnissen in der Literatur beispielsweise verschleierte nur allzu leicht, dass die postfordistische Lebens- und Arbeitsproblematik zugleich in engem Zusammenhang mit Fragen von (u. a.) Geschlecht und Ethnie stehen: Armutsgefährdet sind noch immer vor allem Frauen[185] und ein Großteil besonders prekärer Tätigkeiten wird von Migrant_innen verrichtet.[186] Besonders dramatisch ist die Lage unter Fluchtmigrant_innen, die in hohem Maße von Armut und Ausgrenzung in der deutschen Gesellschaft betroffen sind.[187]

---

184 Brüns, Elke: „Der Social Turn - Keiner unter vielen?" In: Stiemer, Haimo / Büker, Dominik / Sanchino Martinez, Esteban (Hrsg.): *Social turn? Das Soziale in der gegenwärtigen Literatur(wissenschaft)*. Velbrück: Weilerswist 2017, S. 25.

185 Siehe z.B. Ohne Autor_innenangabe: „Armutsgefährdungsquote in Deutschland nach Geschlecht im Jahr 2019". Online abrufbar unter: https://de.statista.com/statistik/daten/studie/436178/umfrage/armutsgefaehrdungsquote-in-deutschland-nach-geschlecht/, zuletzt geprüft am 01.02.2021.

186 Vgl. z.B. Manske / Pühl, Einleitung, S. 15.

187 Vgl. Seils, Eric / Höhne, Jutta: „Einkommensarmut in Deutschland erreicht neuen Höchststand. Eine Kurzauswertung aktueller Daten des Mikrozensus 2017". In: Wirtschafts- und Sozialwissenschaftliches Institut der Hans-Böckler-Stiftung. Policy Brief WSI, Nr. 26, 08/2018, S. 3. Online abrufbar unter: https://www.boeckler.de/pdf/p_wsi_pb_26_2018.pdf, zuletzt geprüft am 01.02.2021.

2.6 Transnationale und interkulturelle Perspektiven

Aus einer transnationalen Perspektive betrachtet, steht die Beschäftigung der gegenwärtigen deutschsprachigen Literatur mit den problematischen Aspekten postfordistischer Lebens- und Arbeitsverhältnisse im Kontext global-ökonomischer Transformationsprozesse. Von dieser Warte aus gesehen, lässt sich feststellen, dass die Auseinandersetzung mit Prekarität ein weitverbreitetes Narrativ der Gegenwartsliteratur ist: französische Autor_innen wie Émmanuelle Heidsieck[188] beschäftigen sich in ihren Texten mit sozialstaatlichen Erosionsprozessen und der Ausweitung der Wettkampflogik auf sämtliche Bereiche der Arbeitswelt. In Südeuropa, das in hohem Maße unter den Folgen der globalen Finanzkrise von 2008 zu leiden hat, nehmen sich Autor_innen wie Niccolò Ammanitis[189], Michela Murgia[190] oder Silvia Avallones[191] Themen wie Arbeitslosigkeit und Klassenproblematiken an. Angloamerikanische Autoren wie Paul Auster[192] oder Willy Vlautin[193] setzen sich kritisch mit den Folgen von Gentrifizierungsprozessen und Armut auseinander.

Ein besonders ausdifferenziertes Feld stellt vor diesem Hintergrund die japanische Gegenwartsliteratur dar: In den japanologischen Literatur- und Kulturwissenschaften wird die postfordistische Lebens- und Arbeitsproblematik vor dem Hintergrund verschiedener Subgenres, wie diesem des Freeter-[194] oder des NEET-[195] Romans, unter dem Oberbegriff „Japanisch[e] Prekariatsliteratur“[196] untersucht. Dabei können, wie die Japanologin Lisette Gebhardt feststellt, trotz aller sozioökonomischen Verschiedenheiten durchaus Parallelen zu vielen deutschsprachigen Texten gezogen

188 Heidsieck, Émmanuelle: *Notre aimable clientèle*. Denoël: Paris 2005; Ders.: *Il risque de pleuvoir*. Le Seuil: Montrouge 2008.
189 Ammaniti, Niccolò: *Wie es Gott gefällt*. Fischer: Frankfurt am Main 2008.
190 Murgia, Michela: *Camilla im Callcenterland*. Klaus Wagenbach: Berlin 2012.
191 Avalone, Silvia: *Marina Bellezza*. Klett-Cotta: Stuttgart 2014.
192 Auster, Paul: *Sunset Park*. Rowohlt: Reinbek 2014.
193 Vlautin, Willy: *Lean On Pete. BtB: Berlin 2010.*
194 z. B. Natsuo, Kirino: *Metabola*. Asahi Shinbunsha: Tokyo 2007.
195 z. B. Itoyama, Akiko: *Nīto*. Kadokawa Shoten: Tokyo 2005.
196 Gebhardt, Lisette: *„Nach Einbruch der Dunkelheit“. Zeitgenössische japanische Literatur im Zeichen des Prekären*. EB-Verlag Dr. Brandt: Berlin 2010, S. 10.

werden: Hier wie dort stehen nicht „[v]eritable ‚Armutsfiguren' und Repräsentanten eines Niedergangs wie Gestrandete, Ausgestoßene, Bettler, Hausierer, Obdachlose, Langzeitarbeitslose und Tagelöhner“[197] im Mittelpunkt des Geschehens, sondern vielmehr „die nach unten gestoßenen, die sich ihrer Chancen beraubt sehen und die – im Bewusstsein des Verlustes – ihr verlorenes Glück beklagen.“[198] Und auch die japanische Literatur scheint, so Gebhardt vergleichend, unfähig, Protestformen zu artikulieren, die in den Texten höchstens als „passive Aggression der Verweigerung“[199] Gestalt annehmen:

> Suburbia-Melancholie, die Niederlagen und Depressionen der Eltern, der Druck, den die Normen einer Leistungsgesellschaft und das offenbar immer noch machtvoll wirkende japanische Kollektiv ausüben, und eben die Erkenntnis, dass sich selbst die größten Anstrengungen nicht mehr lohnen werden, sind Grund für das prekäre, ‚lichtlose' Seelenleben der jüngeren Generationen, deren Problemlagen in der japanischen Freeter-Literatur als eine der Facetten der Prekariatsliteratur gesichtet werden. Die kraft- und mutlosen Freeter aus der Mittelschicht erscheinen dabei zeitweise sogar prekärer als ein ‚Unterschichtscharakter' wie die Mörderin Aiko.[200]

Bisweilen diffundieren vermeintlich kultur- und gesellschaftsspezifische Prekaritätsphänomene in die deutschsprachige Literatur, wie es sich insbesondere anhand der japanischen Sozialfigur des isolierten und vernachlässigten „Hikikomori“[201], ein modernes „Taugenichts-Konzept mit psychopathologischer Dimension“[202], wie Gebhardt konstatiert, zeigen ließe.[203] Ein Überblick kann an dieser Stelle allenfalls kursorisch ausfallen, denn die vorliegende Untersuchung konzentriert sich ausschließlich auf einen Korpus deutschsprachiger Texte. Festgestellt werden kann jedoch,

---

197 Ebd., S: 263.
198 Ebd.
199 Ebd., S. 247.
200 Ebd., S. 264.
201 z. B. Kuhn, Kevin: *Hikikomori*. Bloomsbury: Berlin 2012; Michiko Flašar, Milena: *Ich nannte ihn Krawatte*. Klett-Sprachen: Berlin 2014.
202 Gebhardt, Lisette: „Nach Murakami. Neue Literatur aus Japan“. In: Literaturkritik.de 20 (6), 2018, Online abrufbar unter: https://literaturkritik.de/nach-murakami-neue-literatur-aus-japan,24543.html, zuletzt geprüft am 01.02.2021.
203 Vgl. auch Ebd.

dass die deutschsprachigen Literatur- und Kulturwissenschaften den hier grob skizzierten transnationalen Aspekten des Themenkomplexes bisher kaum Rechnung getragen haben. Beispielsweise wären künftig interdisziplinär informierte, komparatistische Studien denkbar, die ästhetischen und thematischen Gemeinsamkeiten und Differenzen literarischer Verhandlungen postfordistischer Lebens- und Arbeitsverhältnisse nachgehen.

Ebenfalls kaum von den deutschsprachigen Literatur- und Kulturwissenschaften wahrgenommen werden auf dem hier umrissenen Forschungsfeld interkulturelle, deutschsprachige Texte, die sich mit Prekaritätsphänomenen beschäftigen, welche in engem Zusammenhang mit Rassifizierungsprozessen und Migrationsregimen stehen. Dieser Literatur, so stellen Stahl und Solty fest, ist jedoch Beachtung zu schenken,

> denn sie untergräbt die Vorstellung von ethnisch homogenen, statischen Gesellschaften. Für die Vielfältigkeit der Migrationsverhältnisse stehen etwa Autorinnen wie die 1984 in Aserbaidschan geborene Olga Grjasnowa (»Gott ist nicht schüchtern«, 2017), die 1969 in Ulm geborene Imran Ayata (»Mein Name ist Revolution«, 2011), der deutsch-irakische Schriftsteller Abbas Khider, der zuletzt in »Ohrfeige« (2016) das Angstleben in deutschen Asylbewerberunterkünften ästhetisch sichtbar und nachfühlbar gemacht hat, oder auch das Berliner »Box-Freiraum«-Projekt, das den geflüchteten Menschen aus dem Nahen und Mittleren Osten eine Stimme gibt.[204]

Im folgenden Kapitel, in dem der arbeits- und industriesoziologische Prekaritätsdiskurs näher beleuchtet wird, soll vor diesem Hintergrund auch deutlich werden, warum die postfordistische Lebens- und Arbeitsproblematik nicht auf die Erosion dessen beschränkt werden kann, was gemeinhin als ‚Normalität‘ gilt. Prekaritätserfahrungen stehen häufig in Wechselwirkung mit Ethnizitäts- und Geschlechterkonstruktionen, die sich negativ verstärkend auf die soziale Lage der Akteur_innen auswirken.

---

204 Stahl, Enno / Solty, Ingar: „Am Puls der Zeit“. Online abrufbar unter: https://www.jungewelt.de/artikel/333610.am-puls-der-zeit.html, zuletzt geprüft am 01.02.2021.

3 Sozialwissenschaftlicher Prekaritätsdiskurs

Eine literatur- und kulturwissenschaftliche Beschäftigung mit literarischen Prekaritätsnarrativen setzt eine informierende Auseinandersetzung mit dem Fachwissen der Arbeits- und Industriesoziologie voraus, um die in den Erzähltexten dargestellten Phänomene analytisch präzisieren und einordnen zu können. In diesem Kapitel werde ich zunächst die wirtschaftshistorischen Rahmenbedingungen skizzieren, die als Ausgangspunkt für eine Zunahme prekärer Lebens- und Arbeitsverhältnisse gelten können. Anschließend sollen zentrale Kategorien und Konzepte des Prekaritätsdiskurses, die sich für die literatur- und kulturwissenschaftliche Analyse als nützlich erweisen, vorgestellt werden. Da sich die vorliegende Studie an einer intersektionalen Perspektive orientiert, werde ich darüber hinaus zentrale Kritikpunkte der Geschlechter- und Migrationsforschung am arbeits- und industriesoziologischen Prekaritätsdiskurs aufgreifen und in das Analyseraster implementieren.

3.1 Aktivierende Arbeitsmarktpolitik

Die kurze Zeitspanne zwischen 1950 und 1973 bezeichnet Oliver Nachtwey in seiner Untersuchung „Die Abstiegsgesellschaft. Über das Aufbegehren in der regressiven Moderne“ (2016) als „soziale Moderne“[205]. Aus der Rückschau betrachtet, ist diese Zeit sowohl ökonomisch als auch sozialpolitisch von einer historisch singulären Situation geprägt gewesen.[206] So folgte auf die krisenhafte Weimarer Republik und die sich daran anschließende faschistische Diktatur der Nationalsozialisten mit der bundesrepublikanischen Nachkriegsgesellschaft „eine relativ stabile und vor allem sozial abgesicherte Demokratie.“[207]

---

205 Nachtwey, Oliver: *Die Abstiegsgesellschaft. Über das Aufbegehren in der regressiven Moderne*, 6. Auflage (= edition suhrkamp 2682). Suhrkamp: Frankfurt am Main 2017, S. 17.

206 Vgl. Ebd.

207 Ebd.

Das jährliche Wirtschaftswachstum, das in Westeuropa zu dieser Zeit durchschnittlich 4,8 Prozent betrug,[208] fungierte dabei, so Werner Abelshauser, als „Leitmotiv der westdeutschen Nachkriegsgeschichte"[209]. Die herausragende ökonomische Lage führte zu umfassenden kulturellen, ökonomischen und politischen Transformationsprozessen, die sich auf sämtliche Bereiche der Gesellschaft auswirkten.[210] Doch ist vor einer einseitigen Glorifizierung dieser Periode in Anbetracht parallel bestehender globaler Ungleichheiten, anhaltender Klassenkonflikte und eines unterschiedlich verteilten Zugangs zu Bildung und Kultur zu warnen.[211] Schon 1959 äußerte Theodor W. Adorno seine Skepsis über die Verheißungen des wirtschaftlichen Aufschwungs. Mit Blick auf Deutschland konstatierte er im nationalen „Bewußtsein des Wie tüchtig wir sind"[212] eine teilweise Wiederherstellung des nach dem Zweiten Weltkrieg beschädigten „kollektiven Narzißmus"[213]. Auch betrachtete Adorno die sozialpsychologischen Auswirkungen des so bezeichneten Wirtschaftswunders mit Skepsis. „Noch inmitten der Prosperität"[214], so Adorno, „fühlt insgeheim wahrscheinlich die Mehrheit der Menschen sich als potentielle Arbeitslose, Empfänger von Wohltaten und eben damit erst recht als Objekte, nicht als Subjekte der Gesellschaft: das ist der überaus legitime und vernünftige Grund ihres Mißbehagens."[215]

Das fordistische Wirtschaftsmodell, das sich in den Nachkriegsjahrzehnten in den entwickelten kapitalistischen[216] Ländern hegemonialisierte,

---

208 Ebd.

209 Abelshauser, Werner: *Deutsche Wirtschaftsgeschichte seit 1945*, Originalausgabe, Sonderauflage für die Landeszentralen für politische Bildung. C. H. Beck: München 2004, S. 275.

210 Vgl. Ebd.; Vgl. auch Nachtwey, Abstiegsgesellschaft, S. 17.

211 Vgl. Castel, Robert: *Die Krise der Arbeit. Neue Unsicherheiten und die Zukunft des Individuums*. Hamburger Edition: Hamburg 2011, S. 165 f.

212 Adorno W., Theodor: „Was bedeutet: Aufarbeitung der Vergangenheit" In: ders.: *Erziehung zur Mündigkeit. Vorträge und Gespräche mit Helmut Becker 1959 – 1969*, herausgegeben von Gerd Kadelbach (= suhrkamp taschenbuch 11). Suhrkamp: Frankfurt am Main 1971, S. 20.

213 Ebd., S. 19.

214 Ebd., S. 20.

215 Ebd., S. 20 f.

216 Luc Boltanski und Ève Chiapello verwenden eine Minimaldefinition für den Begriff des Kapitalismus, die *„eine Forderung nach unbegrenzter Kapitalakkumulation durch den Einsatz formell friedlicher Mittel* als zentral erachtet."

gründete sich auf drei Säulen:[217] Erstens, so führt Alain Liepitz aus, auf „einer dominanten Form der Arbeitsorganisation nach ‚tayloristischen' Prinzipien der Trennung von Planung und Ausführung"[218], zweitens auf „einem Akkumulationsregime, das ein Wachstum des Massenkonsums und folglich der Absatzmärkte parallel zu den Produktivitätszuwächsen implizierte"[219] und drittens auf „einem Ensemble von Regulationsformen, das sowohl die Arbeitgeber wie die Arbeitnehmer zur Anpassung an dieses Modell führte."[220] In Westdeutschland etablierte sich das sogenannte männliche Familienernährermodell, das auf Basis eines versorgenden Sozialstaates ein weitreichendes Netz sozialer Sicherheiten garantieren sollte und das in hohem Maße mit Erwerbsarbeit verbunden war.[221] Während Männern in diesem Modell die Erwerbssphäre zugeteilt war, waren Frauen auf Reproduktionstätigkeiten zurückgesetzt, wozu zum Beispiel die Kindererziehung und unvergütete Haushaltstätigkeiten gehören. Frauen gingen dabei in der Regel höchstens einer niedrig entlohnten Beschäftigung nach.[222]

Anfang der 1970er-Jahre geriet die internationale Währungs- und Handelsordnung in eine umfassende ökonomische Krise. Auch die deutsche Wirtschaft war betroffen,[223] was nicht zuletzt anhand der steigenden Arbeitslosenzahlen deutlich wurde.[224] Im Jahr 1975 kam es in Europa und Deutschland zur größten Rezession seit dem Ende des Zweiten Weltkrieges.[225] Bereits zu Beginn der 1980er-Jahre geriet vor diesem Hintergrund

---

Boltanski, Luc / Chiapello, Ève: *Der neue Geist des Kapitalismus*, herausgegeben von Franz Schultheis (= édition discours, Bd. 38.). UVK: Konstanz 2006, S. 39.

217 Vgl. Liepitz, Alain: „Demokratie nach dem Fordismus". In *Das Argument* 33 (6), 1991, S. 680.

218 Ebd.

219 Ebd.

220 Ebd.

221 Vgl. Motakef, Mona: *Prekarisierung*. Transcript: Bielefeld 2015, S. 12.

222 Vgl. Ebd., S. 7.

223 Vgl. Nachtwey, Abstiegsgesellschaft, S. 48.

224 Vgl. Littig, Beate / Spitzer, Markus: *Arbeit neu. Erweiterte Arbeitskonzepte im Vergleich. Literaturstudie zum Stand der Debatte um erweiterte Arbeitskonzepte*. Arbeitspapier 229, herausgegeben von der Hans-Böckler-Stiftung. Düsseldorf 2011, S. 26. Online abrufbar unter: https://www.boeckler.de/pdf/p_arbp_229.pdf, zuletzt geprüft am 01.02.2021.

225 Vgl. Nachtwey, Abstiegsgesellschaft, S. 48.

auch der versorgende Sozialstaat in die Kritik. Einer der Vorwürfe lautete, dass er mit seiner nationalen Ausrichtung für den internationalen Wettbewerb kaum gerüstet sei. Zudem, so kritische Stimmen, fördere er durch sein unverhältnismäßig stark ausgeprägtes System sozialer Rechte unproduktives Verhalten von Langzeitarbeitslosen.[226] Angegriffen wurde zudem seine bürokratische Organisationsform, bei der auf individuelle Lebenslagen keine Rücksicht genommen sei.[227] Eine deutliche Verschärfung ökonomischer Problemlagen zeichnete sich im Zuge der deutschen Wiedervereinigung in den 1990er-Jahren ab. Das Ziel einer wirtschaftlichen Angleichung der neuen Bundesländer an die alten gestaltete sich überaus problematisch.[228] Einer der Gründe hierfür bestand darin, dass die Produktionsrate ostdeutscher Unternehmen nur schleppend stieg. Die immensen Kosten, die die Wiedervereinigung insgesamt verursachte sowie der globale Wettbewerbsdruck führten zu einem weitreichenden Umbau des deutschen Produktionsmodells.[229]

Im Zuge ihrer Lissabon-Strategie rief die Europäische Union zu Beginn des neuen Jahrtausends das Leitbild des *Adult Workers*[230] aus, um den globalen ökonomischen und politischen Entwicklungen gewachsen sein zu können. Jeder und jede Erwachsene sollte von nun an in die Erwerbssphäre eingebunden werden. Neue Steuerungsmodelle nach Vorbild Großbritanniens sollten auch in Deutschland implementiert werden.[231] Innerhalb von zehn Jahren sollte die Europäische Union „zum wettbewerbsfähigsten und

226 Vgl. Motakef, Prekarisierung, S. 12.
227 Vgl. Castel, Krise, S. 173.
228 Vgl. Abelshauser, Wirtschaftsgeschichte, S. 448.
229 Haas, Tobias: *Die politische Ökonomie der Energiewende. Deutschland und Spanien im Kontext multipler Krisendynamiken in Europa*. Springer VS: Wiesbaden 2017, S. 150 f.
230 Vgl. hierzu z.B. Lewis, Jane: „Auf dem Weg zur >Zwei-Erwerbstätigen<-Familie“. In: Leitner, Sigrid / Ostner, Ilona / Schratzenstaller, Margit (Hrsg.): *Wohlfahrtsstaat und Geschlechterverhältnis im Umbruch. Was kommt nach dem Ernährermodell?* (= Jahrbuch für Europa- und Nordamerikastudien, Bd. 7). VS Verlag für Sozialwissenschaften: Wiesbaden 2004, S. 62–84.
231 Vgl. Motakef, Prekarisierung, S. 12.

dynamischsten wissensbasierten Wirtschaftsraum in der Welt“[232] werden, wie es in einem Papier des Europäischen Parlaments heißt. Der von 1998 bis 2005 amtierende Bundeskanzler Gerhard Schröder (SPD) und sein britischer Kollege Tony Blair (Labour) stehen signifikant für den Umbau des Sozialstaates.[233] Aus einer „passiven Arbeitsmarktpolitik“[234], die auf materielle Sicherungsmaßnahmen im Falle der Arbeitslosigkeit abzielt, wird eine „aktive Arbeitsmarktpolitik“[235], die, so Frank Pilz, „mit arbeitsmarktpolitischen Maßnahmen auf die Beseitigung von Ungleichgewichten am Arbeitsmarkt“[236] hinarbeitet. In Schröders Regierungserklärung aus dem Jahr 2003, die programmatisch unter dem Motto „Mut zur Veränderung“[237] steht, werden die Ziele des Paradigmenwechsels klar benannt. „Niemandem“[238], so Schröder, „wird künftig gestattet sein, sich zulasten der Gemeinschaft zurückzulehnen. Wer zumutbare Arbeit ablehnt – wir werden die Zumutbarkeitskriterien verändern –, der wird mit Sanktionen rechnen müssen.“[239]

Die Ziele des neuen Arbeitsmarktparadigmas setzen, so fasst Kai Marquardsen kritisch zusammen, einerseits „die Bereitschaft der Arbeitslosen zur Annahme einer Beschäftigung (Verfügbarkeit)“[240] voraus, zum anderen fordern sie „die aktive Verwertung der eigenen Arbeitskraft

---

232 Ohne Autor_innenangabe: „23. und 24. März 2000. Lissabon. Schlussfolgerungen des Vorsitzes“. Online abrufbar unter: http://www.europarl.europa.eu/summits/lis1_de.htm, zuletzt geprüft am 01.02.2020.

233 Vgl. Motakef, Prekarisierung, S. 12.

234 Pilz, Frank: *Der Sozialstaat. Ausbau – Kontroversen – Umbau* (= Schriftenreihe, Bd. 452). bpb: Bonn / Berlin 2004, S. 146.

235 Ebd.

236 Ebd.

237 Ohne Autor_innenangabe:„Regierungserklärung Agenda 2010“. Online abrufbar unter: http://gerhard-schroeder.de/2003/03/14/regierungserklarung-agenda-2010/, zuletzt geprüft am 01.02.2021.

238 Ebd.

239 Ebd.

240 Marquardsen, Kai: „Was ist ‚Aktivierung‘ in der Arbeitsmarktpolitik?“ In: *WSI-Mitteilungen. Monatszeitschrift des Wirtschafts- und Sozialwissenschaftlichen Instituts in der Hans-Böckler-Stiftung* 60 (5), 2007, S. 259. Online abrufbar unter: https://www.wsi.de/data/wsimit_2007_05_marquardsen.pdf, zuletzt geprüft am 01.02.2021.

(Eigenverantwortung) und die (Wieder-) Herstellung bzw. de[n] Erhalt von Arbeitsmarktnähe (Beschäftigungsfähigkeit)."[241] Mit den Gesetzen „Moderne Dienstleistungen am Arbeitsmarkt" kommt es zu Beginn des neuen Jahrtausends in Deutschland zu einer Deregulierung niedrig entlohnter Tätigkeiten und der Leiharbeit.[242] Aktivierung, Flexibilisierung und Selbstverantwortung gelten fortan als neuer Standard deutscher Arbeitsmarktpolitik.[243]

Wie Liepitz und Spitzer konstatieren, sind es in neueren arbeitssoziologischen Untersuchungen vor allem die arbeitsweltlichen Phänomene „Subjektivierung" und „Entgrenzung", die bei der Analyse postfordistischer Transformationsprozesse im arbeits- und industriesoziologischen Diskurs hervorzuheben sind:[244]

> Subjektivierung der Arbeit beschreibt den Bruch mit gängigen tayloristischen Rationalisierungsprinzipien, weg von Fremdkontrolle durch Vorgesetzte, Standardisierung und Arbeitsteilung hin zu Selbstorganisation und einem verstärkten Zugriff auf vorher weitgehend ungenutzte Fähigkeiten der Arbeitssubjekte wie Empathie, Kommunikation, Selbststeuerung und Flexibilität. Entgrenzung bezeichnet zum einen betriebliche Reorganisations- und Rationalisierungsstrategien und zugleich die Erosion der so genannten Normalarbeit durch zeitliche, räumliche und inhaltliche Flexibilisierung von Arbeit. Die Folgen einer weitgehend flexibilisierten Erwerbsarbeit (Zeitarbeit, Teleheimarbeit, Teilzeitarbeit, zeitweilige Arbeitslosigkeit usw.) für die private Lebensführung und Lebensqualität werden dabei besonders in den wissenschaftlichen Blick genommen. Auf einen erweiterten Arbeitsbegriff wird vor allem bei der Problematisierung der mangelhaften Work-Life-Balance Bezug genommen.[245]

Fokussiert der arbeits- und industriesoziologische Diskurs um Subjektivierung und Entgrenzung vor allem die neuen Anforderungen, die an das postfordistische Arbeitssubjekt gestellt werden, wird mit dem aus Frankreich importierten Konzept der Prekarität bzw. der Prekarisierung, das mit dem neuen Jahrtausend auch im deutschsprachigen Raum seine Verbreitung gefunden hat,[246] eine Debatte weitergeführt, deren Ursprünge mit

241 Ebd.
242 Vgl. Nachtwey, Abstiegsgesellschaft, S. 100.
243 Vgl. Motakef, Prekarisierung, S. 13.
244 Vgl. Littig / Spitzer, Arbeitskonzepte, S. 4.
245 Ebd.
246 Vgl. Schultheis / Herold, Précarité, S. 244.

dem Konzept der Exklusion in der Ungleichheitsforschung liegen.[247] Soziale Ungleichheit wird in der Prekaritätsdebatte jedoch nicht mehr anhand sozialer Ein- und Ausschlüsse verhandelt, vielmehr geht man davon aus, dass sich die Erwerbssphäre in Zonen verschiedener Sicherheitsniveaus differenzieren lässt.[248] Die hier genannten Phänomene stellen die Arbeits- und Industriesoziologie vor neue Herausforderungen, wie mit Axel Haunschild zusammenfassend konstatiert werden kann:

> Wirtschaftliche Risiken werden in die Organisation verlagert und an das Individuum weitergegeben. Vor diesem Hintergrund lassen sich Outsourcing, Near- und Offshoring, Centerbildung, outputorientierte Vergütung, Projektarbeit und befristete Arbeitsverhältnisse als Facetten einer Unverbindlichkeit lesen, die in ihren Konsequenzen weit über die unmittelbare betriebliche Ebene hinausreicht und das Individuum vor eine Zerreißprobe stellt. Mit entgrenzter Arbeit, Selbstgefährdung, Arbeitsverdichtung und Präsentismus sind neue Formen der individuellen Belastung verbunden, die im Rahmen bestehender Schutzrechte nur schwer zu adressieren sind.[249]

3.2 Prekarität bzw. Prekarisierung in der Arbeits- und Industriesoziologie

Folgt man dem Duden, dann bedeutet prekär „widerruflich“, „unsicher“ oder „heikel“.[250] Etymologisch lässt sich der Begriff auf das lateinische *precarium* zurückführen.[251] Im Römischen Recht bezeichnet das Prekarium den widerrufbaren Verleih einer Sache oder eines Rechtes.[252] Beispielsweise handelte es sich dabei um Land, das ein Grundbesitzer einem Bauern überließ.

---

247 Vgl. Motakef, Prekarisierung, S. 13.

248 Vgl. auch Ebd., S. 14.

249 Haunschild, Axel: „Vorwort“. In: Vedder, Günther / Pieck, Nadine / Schlichting, Brit / Schubert, Andrea / Krause, Florian (Hrsg.): *Befristete Beziehungen. Menschengerechte Gestaltung von Arbeit in Zeiten der Unverbindlichkeit.* Rainer Hammp Verlag: München / Mering 2014, S. 3.

250 Vgl. Kunkel-Razum, Kathrin / Scholze-Stubenrecht, Werner / Werme, Matthias: *Duden. Deutsches Universalwörterbuch*, herausgegeben von der Dudenredaktion. Dudenverlag: Mannheim 2007, S. 1314.

251 Vgl. Dörre, Prekarität, S. 1.

252 Vgl. Dernburg, Heinrich: *Pandekten. Zweiter Band.* Verlag von H. W. Müller: Berlin 1886, S. 236.

Allerdings, so Sabine Vogel, oblag es dem Eigentümer jederzeit, sein Land zurückzuverlangen:[253]

> Ein Prekarium nahmen nur diejenigen in Anspruch, die keine Aussicht auf eigenen Grundbesitz hatten. Die Situation der sogenannten Prekarier oder Prekaristen war also insofern von Ungewissheit und Willkür geprägt, als sie viel Zeit und Arbeit in das Land investierten, aber jederzeit damit rechnen mussten, alles wieder zu verlieren. Oftmals war dies aber der einzige Weg, um sich besserzustellen und freier leben zu können. Bis heute hat der Begriff im Wesentlichen seine Bedeutung beibehalten. Prekär zu sein heißt: unfreiwillig einer Situation ausgesetzt zu sein, die mit Planungsunsicherheit und einem niedrigen arbeitsrechtlichen oder staatsbürgerschaftlichen Status verbunden ist.[254]

Im arbeits- und industriesoziologischen Diskurs werden mit Prekarität vor allem ungesicherte Lebens- und Arbeitsverhältnisse bezeichnet. Dabei können mit Dörre zwei Verwendungsweisen des Prekaritätsbegriffs unterschieden werden. Demnach thematisiert Prekarität in zeitdiagnostischer Verwendungsweise die Auswirkungen sozialpolitischer und arbeitsweltlicher Transformationen, die sich im Zuge des postfordistischen Umbaus der Gesellschaft in den letzten Jahrzehnten vollzogen haben.[255] Wie Alain Ehrenberg konstatiert, handelt es sich bei Prekarität so verstanden um ein „kollektives Gefühl, eine Einstellung, einen Geisteszustand, der die Gesamtheit von Argumenten gegen einen Gegner vereinigt, der das ‚Böse' verkörpert: der Neoliberalismus."[256] Gerade hinter dieser Unbestimmtheit des Begriffs, der jedoch auf einen eindeutigen Gegner verweist, kann die Popularität des Prekaritätskonzepts vermutet werden. Von dieser weiten Verwendungsweise unterscheidet Dörre empirisch ausgerichtete Definitionen, die Prekarität als eine „Spezialform atypischer Beschäftigung"[257],

253 Vgl. Vogel, Sabine: *Jenseits der Prekarität. Materialien für politische Bildung und linke Politik,* herausgegeben von der Rosa-Luxemburg-Stiftung. Berlin 2015, S. 6. Online abrufbar unter: https://www.rosalux.de/publikation/id/3919/jenseits-der-prekaritaet/, zuletzt geprüft am 01.02.2021.

254 Ebd.

255 Dörre, Prekarität, S. 1 ff.

256 Alain, Ehrenberg: *Das Unbehagen in der Gesellschaft.* Suhrkamp: Berlin 2011, S. 366; Vgl. auch Dörre, Prekarität, S. 3.

257 Dörre, Prekarität, S. 4; siehe z.B. Keller, Berndt / Seifert, Hartmut (Hrsg.): *Atypische Beschäftigung. Flexibilisierung und soziale Risiken.* edition sigma: Berlin 2007.

als soziale Lage „zwischen Armut und Normalität“[258], als „Externalisierung am Arbeitsmarkt“[259] oder als eine „Form sozialer Verwundbarkeit“[260] konzeptualisieren.[261]

Als wichtige Impulsgeber der arbeits- und industriesoziologischen Prekaritätsforschung gelten Pierre Bourdieu und Robert Castel.[262] Bourdieu konstatiert in seinem eindringlichen Plädoyer „Prekarität ist überall“, dass prekäre Lebens- und Arbeitsverhältnisse zur Normalität geworden sind und einen disziplinierenden Effekt auf die Arbeitssubjekte ausüben.[263] Auch das Gemeinschaftswerk „Das Elend der Welt“[264] formuliert eindeutige Kritik an den destruktiven Auswirkungen postfordistischer Wirtschaftspolitik. In mehr als 40 Interviews, die einer verstehenden Perspektive folgen, wird scheinbar individuelles Leid als sozialbedingt offenbar.[265]

Ist es eines der zentralen Verdienste Bourdieus, Prekarisierungsprozesse in kritischer Absicht als neuartige Herrschaftsform konzeptualisiert und vor allem auf ihre destruktiven sozialen Konsequenzen hingewiesen zu haben,[266] stellen Castels Untersuchungen konkrete Analyseinstrumente bereit, die von der Prekaritätsforschung vielfach aufgegriffen werden. Folgt man Castel,

---

258 Ebd.; siehe z. B. Kraemer, Klaus: „Prekarisierung – jenseits von Stand und Klasse?“ In: Castel, Robert / Dörre, Klaus: *Prekariat, Abstieg, Ausgrenzung. Die soziale Frage am Beginn des 21. Jahrhunderts. Campus:* Frankfurt am Main / New Yorck 2009, S. 241–252.

259 Ebd.; siehe z.B. Bartelheimer, Peter: „Unsichere Erwerbsbeteiligung und Prekarität“, in: *WSI-Mitteilungen. Monatszeitschrift des Wirtschafts- und Sozialwissenschaftlichen Instituts in der Hans-Böckler-Stiftung* 64 (8), 2011. Online abrufbar unter: https://www.wsi.de/data/wsimit_2011_08_bartelheimer.pdf, zuletzt geprüft am 01.02.2021.

260 Ebd.; Siehe. z.B. Vogel, Berthold: *Wohlstandskonflikte. Soziale Fragen, die aus der Mitte kommen.* Hamburger Edition: Hamburg 2009.

261 Vgl. Ebd., S. 3 f.

262 Vgl. Motakef, Prekarisierung, S. 6.

263 Vgl. Bourdieu, Prekarität, S. 107–116.

264 Siehe Bourdieu, Pierre et al.: *Das Elend der Welt. Zeugnisse und Diagnosen alltäglichen Leidens an der Gesellschaft*, herausgegeben von Franz Schultheis und Louis Pinto (= édition discours, Bd. 9). UVK: Konstanz 2002.

265 Vgl. Motakef, Prekarisierung, S. 30 ff.

266 Vgl. Ebd., S. 35.

dann teilen sich die postfordistischen Gesellschaften des globalen Nordens in Zonen verschiedener Sicherheitsniveaus auf.[267] Dabei bildet das Paar

> stabiles Arbeitsverhältnis-solides Eingegliedertsein in soziale Beziehungen' [...] die Zone der Integration. Umgekehrt addieren sich die negativen Auswirkungen des Fehlens jeglicher produktiver Tätigkeit und der Mangel an gesellschaftlichen Beziehungen zu sozialer Ausgrenzung [...] eher zu ‚Entkopplung'. Die soziale Verwundbarkeit stellt eine instabile Zwischenzone dar, welche ein prekäres Verhältnis zur Arbeit mit einer fragilen Unterstützung durch die nächste Umgebung kombiniert.[268]

Mit Blick auf Castels Hypothese lässt sich ein „historisch neuer Typus von Prekarität erahnen"[269], der sich, so Dörre, „ausschließlich in wohlfahrtsstaatlich regulierten Kapitalismen herausgebildet hat."[270] Auf diese Weise entgeht Castel einerseits einer zu weiten und pessimistischen Verwendungsweise des Prekaritätsbegriffs, andererseits grenzt er sich von der Exklusionsforschung ab, die Prekaritätsphänomene mit der Einschränkung regulärer Erwerbsarbeitsverhältnisse gleichsetzt.[271]

Brinkman et al. haben vor dem Hintergrund von Castels Studien eine Typologie subjektiver Verarbeitungsformen von Prekarität in Deutschland entwickelt. Ein wesentlicher Befund dabei lautet, dass die mit Castel klassifizierten Zonen in der Wahrnehmung der Arbeitssubjekte existent sind, ohne dass sich diese dabei jedoch subjektiv klar voneinander abgrenzen.[272]

---

267 Vgl. Dörre, Prekarität, S. 2.

268 Castel, Robert: *Die Metamorphose der sozialen Frage. Eine Chronik der Lohnarbeit*, herausgegeben von Franz Schultheis (= édition discours, Bd. 44). UVK: Konstanz 2008, S. 13.

269 Dörre, Prekarität, S. 2.

270 Ebd.

271 Vgl. Ebd., S. 2 f.

272 Vgl. Brinkman, Ulrich / Dörre, Klaus / Röbenack, Silke: *Prekäre Arbeit. Ursachen, Ausmaß, soziale Folgen und subjektive Verarbeitungsformen unsicherer Beschäftigungsverhältnisse* (gemeinsam mit Klaus Kraemer und Frederic Speidel), herausgegeben vom Wirtschafts- und sozialpolitischen Forschungs- und Beratungszentrum der Friedrich-Ebert-Stiftung Abteilung Arbeit und Sozialpolitik. Bonn 2006, S. 55.

(Des-) Integrationspotentiale von Erwerbsarbeit[273]

Zone der Integration

1. Gesicherte Integration („Die Gesicherten")
2. Atypische Integration („Die Unkonventionellen" oder „Selbstmanager")
3. Unsichere Integration („Die Verunsicherten")
4. Gefährdete Integration („Die Abstiegsbedrohten")

Zone der Prekarität

5. Prekäre Beschäftigung als Chance / temporäre Integration („Die Hoffenden")
6. Prekäre Beschäftigung als dauerhaftes Arrangement („Die Realistischen")
7. Entschärfte Prekarität („Die Zufriedenen")

Zone der Entkopplung

8. Überwindbare Ausgrenzung („Die Veränderungswilligen")
9. Kontrollierte Ausgrenzung / inszenierte Integration („Die Abgehängten")

Brinkmann et al. schlagen darüber hinaus vor, die Begriffe Prekarisierung und prekäre Beschäftigung voneinander zu unterscheiden. Das Ziel der Forscher_innengruppe ist es dabei, neben strukturellen Kriterien auch die „*subjektiven Verarbeitungsformen unsicherer Beschäftigung*"[274] in die Analyse zu integrieren, um auf diese Weise die Dynamik „mit der die Prekarisierung von Arbeitsverhältnissen in den entwickelten Kapitalismen voranschreitet"[275], analytisch erfassen zu können.[276] Demzufolge ist ein Beschäftigungsverhältnis prekär, wenn Beschäftigte

> aufgrund ihrer Tätigkeiten deutlich unter ein Einkommens-, Schutz-, und soziales Integrationsniveau sinken, das in der Gegenwartsgesellschaft als Standard definiert und mehrheitlich anerkannt wird. Und prekär ist Erwerbsarbeit auch, sofern sie subjektiv mit Sinnverlusten, Anerkennungsdefiziten und Planungsunsicherheit in einem Ausmaß verbunden ist, das gesellschaftliche Standards deutlich zu Ungunsten der Beschäftigten korrigiert. Nach dieser Definition ist Prekarität nicht identisch mit vollständiger Ausgrenzung aus dem Erwerbssystem, absoluter Armut, totaler sozialer Isolation und erzwungener politischer Apathie. Vielmehr

273 Brinkman et al., Arbeit, S. 55.
274 Ebd., S. 17.
275 Ebd.
276 Vgl. Ebd.

> handelt es sich um eine relationale Kategorie, deren Aussagekraft wesentlich von der Definition gesellschaftlicher Normalitätsstandards abhängt.[277]

Der Begriff der Prekarisierung bezeichnet demgegenüber den sozialen Prozess, „über den die Erosion von Normalitätsstandards auf die Integrierten zurückwirkt.“[278] Dieser Prozess generiert nicht nur eine Zone verwundbarer Beschäftigungsverhältnisse, sondern wirkt trotz seiner „unbestreitbaren Desintegrationspotentiale auch restrukturierend auf die gesamte Arbeitsgesellschaft zurück.“[279]

3.2.1 Geschlecht, Ethnie und Sexualität

Liegt der Fokus der Arbeitssoziologie auf der Ausweitung atypischer Beschäftigungsverhältnisse[280] unter Auflösung des männlichen Normalarbeitsverhältnisses, werden prekäre Lebens- und Arbeitsverhältnisse in der Geschlechterforschung nicht als neue Erscheinung betrachtet.[281] Verschwiegen wird, so Motakef, die grundlegenden Aspekte der Debatte zusammenfassend,

> dass sich Frauen bereits im männlichen Ernährermodell in prekären Lebenslagen befanden. […] Frauen waren entweder gar nicht oder geringfügig beschäftigt. Seit den 1970er Jahren erodiert das männliche Ernährermodell – zumindest in Westdeutschland. Frauen werden dort häufiger erwerbstätig, allerdings überwiegend in atypischen Beschäftigungsformen wie Teilzeit. Somit findet gegenwärtig eine Ausweitung von unsicheren Beschäftigungsverhältnissen statt, die historisch Frauen zugewiesen wurden.[282]

Sabine Hark und Susanne Völker sprechen in diesem Zusammenhang auch von einer „zunehmenden Verallgemeinerung von Prekarität“[283]. Deren Grundlage

---

277 Ebd.

278 Ebd.

279 Ebd.

280 Abweichend vom Normalarbeitsverhältnis (Vollzeit, tariflich abgesichert, sozialversicherungspflichtig, unbefristeter Arbeitsvertrag) lassen sich Teilzeitarbeit, geringfügige Beschäftigung, befristete Beschäftigung sowie Leiharbeit als Formen atypischer Beschäftigung definieren. Vgl. Stephan, Robert Paul / Ludwig-Mayerhofer, Wolfgang: „Atypische Beschäftigung“. In: *Gesellschaft – Wirtschaft – Politik* 64 (3), 2014, S. 380.

281 Vgl. Motakef, Prekarisierung, S. 7 u. S. 70.

282 Ebd., S. 7 f.

283 Vgl. Hark, Sabine / Völker, Susanne: „Feministische Perspektiven auf Prekarisierung: Ein ‚Aufstand auf der Ebene der Ontologie‘“. In: Manske, Alexandra /

ist jedoch nicht das männliche Familieneinkommen, sondern eine Reihe unsicherer Beschäftigungsverhältnisse, die sich zum Einkommen der Familie addieren – wobei Männer immer noch die höheren Gehälter erzielen:[284]

> Die gesellschaftlich gestützte heteronormative familiäre Lebensform muss insofern praktisch zunehmend ohne männlichen Familienernährer funktionieren. Mit anderen Worten: Die nahezu identischen Phänomene und die mitunter identisch erlebten Lebenslagen verweisen nicht auf gesellschaftsanalytisch identische Konstellationen. Wir haben es sowohl mit ‚Kontinuität' von ‚prekären' Erwerbsformen für Frauen und mit einem strukturell und lebensweltlich geschlechterdifferenzierenden ‚Erbe' zu tun, als auch mit Umbrüchen, in denen die Prekarisierung eine für das Geschlechterverhältnis neue Dynamik beschreibt.[285]

Der Fokus der Prekarisierungsforschung auf den Zerfall des männlichen Ernährermodells verdeckt darüber hinaus, dass unsichere Lebenslagen in hohem Maße mit Rassifizierungs- und Migrationsphänomenen zusammenhängen.[286] So konstatieren Brinkman et al., dass sich Migrant_innen in Deutschland häufiger als Menschen ohne Migrationshintergrund in Teilzeit bzw. geringfügiger Beschäftigung befinden. Auch der Anteil der Sozialhilfeempfänger_innen unter Migrant_innen ist in Deutschland überproportional hoch.[287] Wie eine Auswertung des Wirtschafts- und sozialwissenschaftlichen Instituts der Hans-Böckler-Stiftung zeigt, ist die Situation unter Eingewanderten, die in den letzten Jahren nach Deutschland gekommen sind, besonders problematisch. So ist die Armutsquote dieser Gruppe im Jahr 2017 auf über 30 Prozent gestiegen.[288] Mit Blick auf Untersuchungen, die die Situation von Fluchtmigrant_innen dokumentieren, kommen Ingrid Jungwirth und Karin Scherschel zu dem Schluss, dass die „zonale Position"[289] von Geflüchteten vor dem Hintergrund von Castels Zonenmodell als „‚verordnete Überzählige'"[290]

Pühl, Katharina (Hrsg.): *Prekarisierung zwischen Anomie und Normalisierung. Geschlechtertheoretische Bestimmungen* (= Schriftenreihe der Sektion Frauen- und Geschlechterforschung in der deutschen Gesellschaft für Soziologie, Bd. 28). Westfälisches Dampfboot: Münster 2010, S. 30.

284 Vgl. Ebd.

285 Ebd., S. 30 f.

286 Vgl. Motakef, Prekarisierung, S. 8.

287 Vgl. Brinkman et al., Arbeit, S. 44.

288 Vgl. Seils / Höhne, Einkommensarmut, S. 3.

289 Jungwirth / Scherschel, Ungleich, S. 117.

290 Ebd.

und „‚verordnete Prekarier‘“[291] beschrieben werden kann, da sie temporär keiner geregelten Erwerbsarbeit nachgehen dürfen. Mit Blick auf die Situation von Fluchtmigrant_innen zeigt sich, dass der Zugang zum Arbeitsmarkt nationalstaatlichen Regelungen unterliegt, die an Aufenthaltstitel geknüpft sind, die die Integration in die verschiedenen sozialen Zonen mitbestimmen.[292] Bezieht man in die Untersuchung von Arbeitsmarktprozessen auch Migrationspolitiken mit ein, so stellen die Autorinnen fest, „kann aufgezeigt werden, dass Prekarisierung im Kontext von Migration sich von prekären Arbeits- und Lebenssituationen Autochtoner unterscheidet. Es werden Verhältnisse des Überzähligen und des Prekären sichtbar.“[293]

Einen weiteren Komplex, der im Fokus der Arbeits- und Industriesoziologie auf die Erosion des männlichen Normalarbeitsverhältnisses zu wenig Beachtung findet, bildet Sexualität.[294] So konstatiert Volker Woltersdorff, „dass Heteronormativität ebenso sehr von den sich historisch verändernden Produktionsweisen strukturiert wird, wie sie diese strukturiert.“[295] Vor diesem Hintergrund kommt der Autor zu dem Ergebnis,

> dass Prekarisierung von Erwerbsarbeit im neoliberalen Kapitalismus mit einer Prekarisierung von Heteronormativität einhergeht. Beide Entwicklungen sind durch fundamentale Paradoxien gekennzeichnet. Im selben Maße, wie das Normalarbeitsverhältnis zugunsten entgarantierter Arbeitsverhältnisse schwindet, seinen idealen Status einzubüßen, geht auch die Verbindlichkeit geschlechtlicher und sexueller Normen zurück, ohne dass diese dadurch bereits ihre Gültigkeit verlieren.[296]

So gelten homosexuelle Männer, folgt man medialen Darstellungen, als ökonomisch starke und konsumaffine Gruppe, die sich besonders durch ihren flexiblen Lebensstil auszeichnet[297] und mehrheitlich als „ideale Subjekte einer Konsum- und Dienstleistungsgesellschaft“[298] gilt. Gleichzeitig,

---

291 Ebd.
292 Vgl. Ebd.
293 Ebd.
294 Vgl. Motakef, Prekarisierung, S. 9.
295 Woltersdorff, Volker: „Prekarisierung der Heteronormativität von Erwerbsarbeit? Queertheoretische Überlegungen zum Verhältnis von Sexualität, Arbeit und Neoliberalismus“ In: Manske / Pühl (Hrsg.), *Prekarisierung*, S. 245.
296 Ebd.
297 Vgl. Ebd., S. 244 f.
298 Ebd., S. 245.

so Woltersdorf, „werden besonders Lesben zunehmend als verantwortungsvolle Fürsorgespenderinnen in sogenannten ‚Regenbogenfamilien‘ adressiert.“[299] Beide Darstellungen schreiben einerseits heteronormative Annahmen geschlechtlicher Arbeitsteilung fort, wie sie andererseits heteronormative Festschreibungen konterkarieren.[300] Mit Blick auf die Prekarisierungsforschung plädiert Woltersdorff dafür, auch Heteronormativität als Privilegienstruktur neben weiteren in die Analyse von Prekaritätsphänomenen zu integrieren, denn in den postfordistischen Kapitalismen sind Individualisierung, Entnormalisierung und Prekarisierungsprozesse von unauflösbaren Interdependenzen gekennzeichnet.[301]

Aus historischer und globaler Perspektive, so wendet Motakef schließlich ein, „wird deutlich, dass prekäre Arbeits- und Lebenslagen nur dann als besondere Phänomene erscheinen können, wenn sie auf der Folie spezifischer Normalitätskonstruktionen betrachtet werden.“[302] So gesehen, erscheint der fordistische Sozialstaat, wie Isabell Lorey resümiert, „als historische Ausnahme, als begrenzte Phase eines besonderen Normalen“[303] und Prekarität „als eine diese Phase überdauernde Norm kapitalistischer Verhältnisse“[304].

3.3 „Prekarität als System permanenter Bewährungsproben“[305]

Wie aber können die genannten Kritikpunkte in eine „soziologisch aussagekräftige Prekarisierungsforschung“[306] implementiert werden, ohne dass das ohnehin unscharfe und vielfältige Konzept der Prekarität bzw. Prekarisierung an Diagnosefähigkeit verliert?[307] Dörre plädiert vor diesem

299 Ebd.
300 Vgl. Ebd.
301 Vgl. Ebd., S. 247.
302 Motakef, Prekarisierung, S. 10.
303 Lorey, Isabel: *Die Regierung der Prekären* (es kommt darauf an, Bd. 14). Turia + Kant: Wien 2012, S. 91.
304 Ebd.
305 Dörre, Prekarität, S. 12.
306 Ebd.
307 Vgl. Ebd., S. 10.

Hintergrund für die Entwicklung integrativer Analysekonzepte in der Arbeits- und Industriesoziologie, die „metatheoretische Überlegungen und Zeitdiagnostik mit feldspezifischen empirischen Forschungen“[308] verbinden.

Wie später noch zu zeigen sein wird, lässt sich das im Folgenden skizzierte Prekaritätskonzept der Bewährungsproben, mit dem Dörre den Versuch unternimmt, den hier gestellten Anforderungen gerecht zu werden, bei der literatur- und kulturwissenschaftlichen Untersuchung von Prekaritätsnarrativen der Gegenwartsliteratur auf sinnvolle Weise mit narratologischen Analysekonzepten verknüpfen. Darüber hinaus ist es in hohem Maße anschlussfähig für weitere arbeits- und industriesoziologische Erklärungsmodelle, wie sie in diesem Kapitel beispielsweise um die Themenkomplexe „Entgrenzung“ und „Subjektivierung“ skizziert wurden.

In ihrer Untersuchung „Der neue Geist des Kapitalismus“ gehen Luc Boltanski und Ève Chiapello der Frage nach, warum vor dem Hintergrund der postfordistischen Transformationsprozesse der letzten Jahrzehnte, die für viele Menschen eine Verschlechterung ihrer sozialen und wirtschaftlichen Lebensbedingungen mit sich gebracht haben, nur unzureichend Kritik geübt wird.[309] Zur Beantwortung dieser Frage gehen die Autor_innen von verschiedenen sozialen RechtfertigunganSätzen aus, die als Bewährungsproben in die Gesellschaft integriert sind.[310] Ein soziales Gefüge, folgt man Boltanski und Chiapello, kann „durch die Natur der von ihr begründeten Bewährungsproben definiert werden […], durch die die soziale Auslese der Personen erfolgt, sowie durch die Konflikte, die sich am Gerechtigkeitsgehalt dieser Bewährungsproben entzünden.“[311] So werden Individuen, aber auch Gruppen von Individuen immer wieder dazu angehalten, in Wettkämpfen ihre Kräfte zu messen, um sich auf diese Weise für bestimmte gesellschaftliche Positionen zu qualifizieren.[312] Bei Kraftproben geht es um den Einsatz von Machtressourcen, der von keiner moralischen Instanz kontrolliert wird, wodurch soziale Machtverhältnisse gegebenenfalls verfestigt werden können. In Gesellschaften, in denen Kräfteverhältnisse jedoch einer

308 Ebd.
309 Vgl. Boltanski / Chiapello, Geist, S. 21 f.
310 Vgl. Motakef, Prekarisierung, S. 38 f.
311 Boltanski / Chiapello, Geist, S. 74.
312 Vgl. Dörre, Prekarität, S. 13.

Rechtfertigung bedürfen, wird in legitimen Bewährungsproben anhand bestimmter Gerechtigkeitsprinzipien über den sozialen Status von Akteur_innen geurteilt.[313]

So beinhalten letztere „soziale Identifizierungs- und Qualifizierungsbemühungen"[314], in denen die verfügbaren Ressourcen offenbart werden müssen, um sie auf diese Weise unterscheidbar zu machen. Um aus einer Gerechtigkeitsperspektive differenzierbar zu sein, so Boltanski und Chiapello, muss zunächst das Format der Bewährungsprobe festgelegt werden:[315]

> Es muss sich um eine *spezifische* Prüfungssituation handeln, um eine bestimmte Tätigkeit, ein Wettrennen z. B. oder eine Lateinprüfung. Sie darf nicht unbestimmt bleiben und muss die Möglichkeit ausschließen, dass beliebig gefasste Einheiten mit nicht näher bestimmten Ressourcen aufeinandertreffen (was eines der möglichen Definitionskriterien von Gewalt sein könnte). Wenn das, was auf die Probe gestellt wird, nicht im Vorfeld festgelegt worden ist, wird die Bewährungsprobe als nicht sehr zuverlässig erachtet werden. Ihre Ergebnisse wären dann fragwürdig.[316]

Im Gegensatz zur Kraftprobe, bei der „Kräfte aufeinandertreffen, sich zusammenschließen und verschieben und dabei nur von Gegenkräften beschränkt werden"[317], kann die Wertigkeitsprüfung nur dann als gerecht angesehen werden, wenn gleiche Ressourcen zum Einsatz kommen.[318] Dabei liegt es in der Hand von Institutionen,[319] Bewährungsproben „eine Form zu geben, ihren Ablauf zu kontrollieren und so dem illegitimen Einsatz externer Ressourcen vorzubeugen."[320] In einer Gesellschaft, in der viele Bewährungsproben den Restriktionen der legitimen Bewährungsproben unterliegen, „wird die Stärke der Starken gemindert"[321]. So ist es beispielsweise nicht möglich, als Verwandter eines ranghohen Politikers ein entsprechendes Amt in dessen Umfeld zu besetzen. Auch scheint es nur schwer

313 Vgl. Ebd.
314 Boltanski / Chiapello, Geist, S. 72.
315 Vgl. Ebd., S. 72 f.
316 Boltanski / Chiapello, Geist, S. 73.
317 Ebd.
318 Vgl. Ebd.
319 Vgl. Dörre, Prekarität, S. 13.
320 Boltanski / Chiapello, Geist, S. 73.
321 Ebd.

umsetzbar, Journalisten dafür zu bezahlen, um als anerkannter Schriftsteller zu gelten.[322] Kraftprobe und legitime Bewährungsprobe können jedoch nicht streng voneinander getrennt werden, denn die Vorstellung darüber, was als gerecht gilt, muss immer wieder neu ausgehandelt werden, wenn z. B. innerhalb schulischer Bewährungsproben auf die unterschiedlichen sozialen Hintergründe der Schüler_innen hingewiesen wird, die die Ergebnisse des Auswahlverfahrens signifikant beeinflussen.[323]

Im Kontext der Prekarisierungsforschung ist das Konzept vor allem dazu nützlich, die Kommodifizierungsprozesse auf verschiedenen sozialen Ebenen aus der Subjektperspektive zu untersuchen, wie Dörre postuliert:[324]

> Der hier exemplarisch unterbreitete Vorschlag lautet, die Kategorie des Wettkampfsystems bzw. der Auswahlprüfung/Bewährungsprobe analytisch zu nutzen, ohne Boltanskis Überlegungen in Gänze zu übernehmen. Zeitgenössische Formen von Prekarität resultieren wesentlich aus dem Bemühen, widersprüchlichen Interessen und Handlungsanforderungen von Unternehmen zu entsprechen. Angesichts der Anforderungen volatiler Märkte laufen solche Bemühungen im Grunde auf eine Quadratur des Kreises hinaus. Einerseits gibt es ein Interesse exportorientierter Unternehmen, loyale, qualifizierte Stammbeschäftigte zu binden, andererseits sollen Renditen stabil gehalten, Anforderungen von Analysten und Eigentümern bedient und gegebenenfalls auch Entlassungskosten vermieden werden. Solche Widersprüchlichkeit sucht das Management seit jeher mittels einer Konstruktion von Sondergruppen zu meistern.[325]

Neu für das postfordistische Arbeitsregime ist jedoch nicht die ökonomische Ausbeutung von Frauen und Migrant_innen, als vielmehr die Erzeugung „diskriminierender Prekarität“[326], die einen „zuvor unbekannten Sonderstatus“[327] erzeugt. Die entsprechenden Auswahlprüfungen regeln dabei innerhalb der Gesellschaft den Zugang zu ausreichenden Löhnen und passablen Lebensbedingungen.[328] Diese „Quasi-

322 Vgl. Ebd.
323 Vgl. Ebd.
324 Vgl. Dörre, Prekarität, S. 13; Kommodifizierung bedeutet in diesem Verständnis, „dass dominante soziale Akteure neue, feldspezifische Bewährungsproben schaffen oder zumindest die Formate bereits institutionalisierter Wettkampfsysteme verändern.“ Vgl. Dörre / Haubner, Landnahme, S. 69.
325 Dörre, Prekarität, S. 14.
326 Ebd., S. 15.
327 Dörre, Macht, S. 395.
328 Vgl. Dörre, Prekarität, S. 14 f.

Institutionalisierung“[329] von Prüfungsformaten ist Ergebnis postfordistischer Ökonomisierungsprozesse, durch die vormals bestehende Verbindungen von Lohnarbeit und sozialen Schutzmaßnahmen sukzessive aufgebrochen wurden. Die damit zusammenhängenden Flexibilisierungsforderungen der Arbeitgeber_innen erfolgen zumeist informell und werden nicht zertifiziert.[330]

Mit Dörre können in diesem Zusammenhang drei grundsätzliche Typen von Bewährungsproben differenziert werden: Erstens, die „*betrieblichen Auswahlprüfungen* an der Schnittstelle von Stammbelegschaft und flexibel Beschäftigten“[331], zweitens die primär staatlich beschlossenen „*Auswahlprüfungen* an der Schnittstelle von Beschäftigungssystem und Erwerbslosigkeit“[332] und drittens die „*Auswahlprüfungen des Lebenslaufregimes* an der Schnittstelle von Erwerbsarbeit und Reproduktionsarbeit“[333].

Nachfolgend sollen anhand des Typus der betrieblichen Auswahlprüfungen die wesentlichen Wirkungsweisen von Bewährungsproben im Sinne Dörres exemplifiziert werden. Die Beschreibung weiterer Typen von Auswahlprüfungen soll im Analyseteil meiner Untersuchung zum Tragen kommen. Da Bewährungsproben und kritische Interventionen eng miteinander verwoben sind[334], soll darüber hinaus in einem weiteren Abschnitt auch auf diesen Aspekt eingegangen werden.

3.3.1 Beispiel: Betriebliche Auswahlprüfungen

Die flexibel beschäftigten Gruppen, von denen hier die Rede ist, können innerhalb der „Zone der Prekarität“ (Typ 5, 6, 7: Hoffende, Realisten, Zufriedene) lokalisiert werden, wozu beispielsweise Teilzeitkräfte oder Leiharbeiter_innen gehören. Diese Akteur_innen gehen einer Beschäftigung nach, die die „eigene Existenz permanent verwundbar macht.“[335] Sieht die

---

329 Dörre, Macht, S. 395.
330 Vgl. Ebd.
331 Ebd.
332 Ebd.
333 Ebd.
334 Vgl. Boltanski / Chiapello, Geist, S. 74.
335 Dörre, Klaus: „Prekarisierung und Geschlecht. Ein Versuch über unsichere Beschäftigung und männliche Herrschaft in nachfordistischen Arbeitsgesellschaften“. In: Aulenbacher, Brigitte, Funder, Maria / Völker, Susanne /

Gruppe der Hoffenden, zumeist jüngere und gut ausgebildete Akteur_innen, ihre prekäre Tätigkeit als Chance, in gesicherte Arbeitsverhältnisse zu gelangen, sind die Realisten und die Zufriedenen gezwungen, Verhaltensweisen zu entwickeln, um im Zustand der sozialen Ungewissheit bestehen zu können. Dies kann beispielsweise über Einsparungen im Alltag geschehen oder auch durch die subjektive Linderung der prekären Lebenslage,[336] wie beispielsweise durch die „(Wieder-) Belebung klassischer Formen geschlechterspezifischer Arbeitsteilung“[337], wenn etwa „berufstätige Frauen in prekären Jobs sich selbst als Zuverdienerinnen definieren, obwohl ihre Männer längst nicht mehr die Rolle des gesicherten Ernährers der Familie auszufüllen vermögen.“[338]

Mit Blick auf die Geschlechterverhältnisse sind Frauen überproportional häufig in unsicheren Tätigkeitsfeldern vertreten. Dabei werden sie zunehmend männlicher Konkurrenz ausgesetzt, was als neues Phänomen der kapitalistischen Arbeitsgesellschaft gewertet werden kann.[339] Vor dem Hintergrund von Bourdieus Analysen zur männlichen Herrschaft[340], kommt Dörre zu dem Schluss, dass dieses neue Konkurrenzverhältnis aus der männlichen Perspektive eine „Einmündung in quasi feminisierte Strukturen des Arbeitsmarktes“[341] bedeutet, was „im sozialen Nahbereich eine Vielzahl symbolischer Kämpfe und Grenzziehungen provoziert.“[342]

Jacobsen, Heike (Hrsg.): *Arbeit und Geschlecht im Umbruch der modernen Gesellschaft. Forschung im Dialog* (= Geschlecht & Gesellschaft, Bd. 40). VS: Wiesbaden 2007, S. 291.

336 Vgl. Ebd., 292.

337 Ebd.

338 Ebd.

339 Vgl. Ebd., S. 295 f.

340 Vgl. Siehe hierzu Bourdieu, Pierre: *Die männliche Herrschaft*, 2. Auflage (= suhrkamp taschenbuch wissenschaft 2031). Suhrkamp: Frankfurt am Main 2013.

341 Dörre, Geschlecht, S. 296.

342 Ebd.; Dörre unterscheidet vor dem Hintergrund empirischer Studien primär die Verarbeitungsmuster der „Entweiblichung“ und der „Zwangsfeminisierung“: „Im Vergleich belegen die skizzierten Verarbeitungsmuster die ungebrochene Wirksamkeit eines geschlechtlichen Habitus, der auf subtile Weise mit Vorstellungen von typisch männlicher und typisch weiblicher Arbeit korrespondiert. Unstete, gering qualifizierte, schlecht bezahlte und wenig anerkannte Arbeit gilt Leiharbeiterinnen wie Einzelhändlerinnen als ‚feminin‘. Dieser

Die in diesem Abschnitt exemplifizierten betrieblichen Auswahlprüfungen verlaufen maßgeblich zwischen der Stammbelegschaft (Zone der Integration) und den flexibel Beschäftigten eines Unternehmens. Letztere versprechen sich in der Regel durch ihren Arbeitseifer die Chance auf eine Festanstellung.[343] Die Entscheidung darüber, wer sein Ziel erreicht, liegt dabei hauptsächlich bei der Unternehmensleitung. Nicht selten sind es aber auch festangestellte Akteur_innen bzw. deren „organisierte Repräsentanten"[344], die an den Auswahlprüfungen partizipieren. Dörre konstatiert, dass sich die hier angeführten Bewährungsproben oftmals durch etwas „Unbestimmtes, Diffuses, Unkalkulierbares"[345] auszeichnen und von den eindeutigen Formaten legitimer Bewährungsproben abweichen. Denn zumeist ist weder klar, unter welchen Bedingungen der Schritt in sichere Beschäftigungsverhältnisse gelingen soll, noch welche Ressourcen in den Auswahlprüfungen zum Einsatz kommen.[346] In diesen Auswahlprüfungen sind die fachlichen Qualifikationen allein nicht ausreichend, vielmehr werden Flexibilität und hohe Arbeitsleistungen bei schlechter Vergütung gefordert.[347]

---

bis in die Sprache der Befragten hinein gleichsam als ‚natürlich' dargestellte Unterschied löst jedoch höchst gegensätzliche Verhaltensstrategien aus. Zu ‚wirklicher' Männlichkeit gehört für die befragten Leiharbeiter, dass sie alles daransetzen, solche Arbeitsverhältnisse tunlichst zu meiden. Fügt man sich in eine prekäre oder nicht qualifikationsgerechte Erwerbstätigkeit, ist das gleichbedeutend mit dem Verlust der Männlichkeit. Kontrastierend dazu beruht das weibliche Arrangement mit prekärer Beschäftigung bei den Einzelhandelsangestellten auf der Möglichkeit zu einer subjektiven Verarbeitungsform, die vom naturalisierenden Männlichkeitsideal gerade ausgeschlossen wird, auf dem Ausweichen in die Alternativrolle der Hausfrau und Mutter. Die Wahl einer prekären Beschäftigung erfolgt bei den Einzelhändlerinnen keineswegs aus freien Stücken; doch die subjektive Aufwertung der Alternativrolle ermöglicht es, aus der objektiven Not eine subjektive Tugend zu machen. Nicht die prekäre Arbeit an sich, sondern Willkür des Managements und die fehlende individuelle Zeitsouveränität, die ihnen die Flexibilitätsvorteile einer Teilzeitbeschäftigung nimmt, erscheint den Verkäuferinnen als Kardinalproblem." Dörre, Geschlecht, S. 297.

343 Vgl. Dörre, Macht, S. 395.

344 Ebd.

345 Ebd.

346 Vgl. Ebd.

347 Vgl. Ebd.

Zwar sind formale Prüfungen wie beispielsweise Einstellungsgespräche vorhanden, die Bewährungszeit der flexibel Beschäftigten ist jedoch unbegrenzt. In solchen prekären Anstellungsverhältnissen wird generell probehalber gearbeitet. Innerhalb der betrieblichen Auswahlprüfungen können vor diesem Hintergrund verschiedene Disziplinierungsmechanismen festgestellt werden. Durch die schlechten Chancen, die prekär beschäftigte Gruppen auf eine Festanstellung haben, avancieren die Bewährungsproben zu einem „permanenten Wettrennen“[348], bei dem sämtliche verfügbaren Ressourcen eingesetzt werden müssen, um das Ziel einer sicheren Beschäftigung zu erreichen. Dabei geht es letztlich um den Anschluss an Normalitätsstandards, „die noch immer von den Stammbeschäftigten und vor allem von den verantwortlichen Vorgesetzten definiert werden.“[349] Die Hoffnungen der Akteur_innen auf ein akzeptables Leben werden auf diese Weise genutzt, um sie zu gewinnbringenden Arbeitsleistungen zu motivieren, wobei ihre Wünsche nur selten erfüllt werden.[350]

Da festangestellte Gruppen häufig direkt oder indirekt in die Auswahlprüfungen involviert sind und auf diese Weise über Entscheidungsmacht verfügen, müssen prekär Beschäftigte mit jedem neuen Arbeitsplatz- oder Betriebswechsel um das Wohlwollen ihrer Vorgesetzten und Kolleg_innen streiten, wodurch von ihnen hohe Anpassungsleistungen verlangt werden.[351] Als Folge der Uneindeutigkeit dieses Typus von Bewährungsproben bilden sich wiederum innerhalb der integrierten Gruppen häufig Formen „exklusive[r] Solidarität“[352] heraus, durch die die Gefahr, die prekär Beschäftigte für den Status dieser Gruppen darstellen, eingedämmt werden soll:[353]

> Die Herstellung von Ungewissheit ist der Part, den prekarisierte Gruppen in betrieblichen Machtspielen ausüben. Teilweise beruht diese ‚Macht in der Ohnmacht‘ auf unmittelbarer Konkurrenz, etwa wenn eine mit Leiharbeitern besetzte Schicht immer wieder die Akkordleistung der Festangestelltenschicht übertrifft und so den informellen Konsens zur Leistungsregulation sprengt. Der

---

348 Ebd.

349 Ebd., S. 396.

350 Vgl. Ebd., S. 395 f; Vgl. auch Dörre / Haubner, Landnahme, S. 84 f.

351 Vgl. Ebd., S. 396.

352 Ebd.

353 Vgl. Ebd.

> Disziplinierungseffekt findet sich jedoch auch bei betrieblichen Statusgruppen, die von der unmittelbaren Konkurrenz gar nicht betroffen sind. Ihnen wird immer wieder vor Augen geführt, wie mit betrieblichen ‚Minderheiten‘ umgesprungen werden kann, die trotz aller Gefügigkeit stets zu den ersten gehören, wenn Entlassungen auszusprechen oder unangenehme Jobs zu verteilen sind.[354]

So neigen auch integrierte Gruppen zur Selbstdisziplinierung, um den privilegierten Status der Festanstellung aufrechtzuerhalten. Die Lage der prekär Beschäftigten vor Augen, wächst ihre Akzeptanz, sich immer neuen Bewährungssituationen zu unterwerfen. Auf diese Weise sehen sich auch integrierte Gruppen gezwungen, besondere Flexibilisierungsleistungen, wie etwa Kurzarbeit, zu erbringen, um sich auch weiterhin für die Festanstellung als tauglich zu erweisen, denn diese besteht immer nur unter Vorbehalt.[355] Zwar erscheint eine Entlassung als unwahrscheinlich, so Dörre, „aber weder die Tätigkeit noch der Einsatzort, die Abteilung, die Arbeitszeit oder die Entlohnung sind dauerhaft im Sinne eines erwünschten Optimums gesichert.“[356]

3.3.2 Subjektivierung und Entgrenzung

Wie das Beispiel der betrieblichen Auswahlprüfungen zeigt, gehen prekäre Lebens- und Arbeitsverhältnisse oft mit Subjektivierungs- und Entgrenzungsphänomenen einher, die den Akteur_innen in den jeweiligen Bewährungssituationen aufgebürdet werden. So werden beispielsweise in der Leiharbeit häufig die Arbeitsorte gewechselt und bei Soloselbstständigen verschwimmt die Trennlinie zwischen Arbeits- und Privatsphäre.[357]

Die hier genannten Kategorien können hilfreich sein, um entsprechende Phänomene, wie sie in der Gegenwartsliteratur häufig als Strategien der Selbstoptimierung oder der Selbstvermarktung verhandelt werden, analytisch zu erfassen. So formuliert Voß thesenhaft drei Merkmale des „Arbeitskraftunternehmers“, den er als postfordistischen „*Idealtypus*“[358] charakterisiert.

---

354 Dörre, Macht, S. 396.

355 Vgl. Dörre, Macht, S. 396.

356 Ebd.

357 Vgl. Motakef, Prekarisierung, S. 44.

358 G. Voß, Günter: „Subjektivierung von Arbeit und Arbeitskraft. Die Zukunft der Beruflichkeit und die Dimension Gender als Beispiel“. In: Aulenbacher et al. (Hrsg.), *Arbeit*, S. 99.

Dabei ist zum einen die Fähigkeit zur Selbstkontrolle gefordert, die von den Arbeitskräften verlangt, sich ihre Arbeitsstrukturen selbst aufzubauen und die notwendigen Ressourcen aktiv einzuholen. Zum anderen müssen sie sich eigenständig ökonomisieren, also marktorientiert handeln und ihre Arbeitskraft „systematisch [...] vermarkten"[359]. Damit einhergehend ist auch selbstrationalisierendes Handeln gefordert, den alltäglichen Lebenszusammenhang aktiv zu gestalten und zielgerichtet auf Effizienz und Leistungsbereitschaft hin auszurichten.[360]

Ulrich Bröcklings „unternehmerisches Selbst" stellt im Gegensatz zu Voß` „Arbeitskraftunternehmer", so Ulrich Bröckling, „keine heuristische Kategorie dar [...], sondern benennt die makropolitische Ratio, auf welche die zeitgenössischen Technologien der Selbst- und Fremdführung zulaufen."[361] Vor dem Hintergrund von Foucaults Konzept der Gouvernementalität bezeichnet Bröcklings Modell explizit keine „empirische beobachtbare Entität, sondern die Weise, in der Individuen als Personen adressiert werden, und zugleich die Richtung, in der sie verändert werden und sich verändern sollen."[362]:

> In der Figur des unternehmerischen Selbst verdichten sich sowohl normatives Menschenbild wie eine Vielzahl gegenwärtiger Selbst- und Sozialtechnologien, deren gemeinsamen Fluchtpunkt die Ausrichtung am Verhaltensmodell der Entrepreneurship bildet. Der Topos bündelt nicht nur einen Kanon an Handlungsmaximen, sondern definiert auch die Wissensformen, in denen Individuen die Wahrheit über sich erkennen, die Kontroll- und Regulationsmechanismen, denen sie ausgesetzt sind, sowie die Praktiken, mit denen sie auf sich selbst einwirken. Anders ausgedrückt: Ein unternehmerisches Selbst ist man nicht, man soll es werden. Und man kann es nur werden, weil man immer schon als solches angesprochen ist.[363]

Motakef weist darauf hin, dass eine Auseinandersetzung mit den hier gezeigten Phänomenen durch die Prekarisierungsforschung bisher vernachlässigt wurde. Allerdings können Prekarisierungsprozesse dahingehend beschrieben werden, dass sie Entgrenzungs- und Subjektivierungsprozesse

---

359 Ebd.
360 Vgl. Ebd., S. 99.
361 Bröckling, Selbst, S. 48.
362 Ebd., S. 46.
363 Ebd., S. 47.

mit der Flexibilisierung des Arbeitsmarktes erst ermöglicht haben. Auf der anderen Seite können die hier beschriebenen Dynamiken der Entgrenzung und Subjektivierung in die Zone der Prekarität führen, wenn sie mit einer unzureichenden Ressourcenlage korrelieren.[364]

Wie nachfolgend zu zeigen sein wird, stehen Erwerbslose und prekär Beschäftigte der ökonomischen Wettkampflogik jedoch nicht passiv gegenüber, denn ihre Kritik bleibt für die Rechtfertigungsordnungen der Bewährungsproben nicht wirkungslos.[365] Diese verschiedenen Formen der Kritik, die nachfolgend analytisch getrennt werden sollen, stellen „eine praktische Grenze der Wettkämpfe dar.“[366]

3.3.3 Sozialkritik und Künstlerkritik

Folgt man Boltanski und Chiapello, dann sind wesentliche Aspekte, aus denen sich die Kritik am Kapitalismus speist, in den letzten beiden Jahrhunderten gleichgeblieben. Vier Gesichtspunkte können die Autor_innen vor diesem Hintergrund differenzieren:[367]

(a) Der Kapitalismus wird als Quelle der *Entzauberung* und der *fehlenden Authentizität* der Dinge, Menschen, Gefühle und in einem allgemeineren Sinne der damit verbundenen Lebensform betrachtet.

(b) Der Kapitalismus wird als Quelle der *Unterdrückung* betrachtet. Er beeinträchtigt Freiheit, Autonomie und Kreativität. In seinem Geltungsbereich sind die Menschen zum einen der Herrschaft des Marktes ausgesetzt, der als anonyme Instanz die Preise festsetzt und über die erwünschten und unerwünschten Mitarbeiter und Dienstleistungsprodukte entscheidet. Zum anderen unterliegen sie den Abhängigkeitsformen abhängiger Beschäftigung (Betriebsdisziplin, strenge Kontrolle durch die Vorgesetzten und Vorgaben in Form von Vorschriften und Verfahren).

---

364 Vgl. Motakef, Prekarisierung, S. 45.

365 Vgl. Dörre, Klaus / Scherschel, Karin / Booth, Melanie / Haubner, Tine / Marquardsen, Kai / Schierhorn, Karin.: *Bewährungsproben für die Unterschicht? Soziale Folgen aktivierender Arbeitsmarktpolitik* (= International Labour Studies – Internationale Arbeitsstudien, Bd. 3). Campus: Frankfurt am Main / New Yorck 2013, S. 387.

366 Ebd.

367 Vgl. Boltanski / Chiapello, Kapitalismus, S. 80.

(c) Der Kapitalismus wird als Quelle der *Armut* in der Arbeiterschaft und als Quelle der *Ungleichheiten* in einem zuvor ungeahnten Ausmaß betrachtet.
(d) Der Kapitalismus fördert als Quelle von *Opportunismus* und *Egoismus* allein die Eigeninteressen für den gesellschaftlichen Zusammenhalt und die gemeinschaftliche Solidarität, insbesondere die Minimalsolidarität zwischen Reichen und Armen.[368]

Die hier genannten Kritikformen lassen sich verschiedenen Akteursgruppen zuordnen, „die in bestimmten historischen Situationen oftmals Seite an Seite standen."[369] Boltanski und Chiapello unterscheiden dabei zwischen Künstlerkritik und Sozialkritik. Die Künstlerkritik hat ihren Ausgangspunkt in den Kreisen der historischen Bohème und greift primär Aspekte der ersten beiden Empörungsquellen auf.[370] So speisen sie sich „zum einen aus der Entzauberung und fehlenden Authentizität, zum anderen aus der Unterdrückung, wie sie für die Welt der Bourgeoisie, die den Aufstieg des Kapitalismus begleitet, charakteristisch sind."[371] Die Sozialkritik hingegen, die vor allem von sozialistischen bzw. marxistischen Akteursgruppen getragen wird, richtet sich demgegenüber konkret gegen die Ausbeutung der unteren Klassen innerhalb kapitalistischer Verwertungslogiken. Diese Form der Kritik weist den Individualismus der Künstler_innen, der häufig aufgrund seiner moralischen Inkonsistenz abgelehnt wird, zurück.[372]

Dörre insistiert darauf, dass bei den von ihm untersuchten Prekaritätsphänomenen sowohl die auf Ausbeutung abzielende Sozialkritik als auch die auf Entfremdung gerichtete Künstlerkritik anwendbar sind. Nachfolgendes Beispiel, das der Autor zur Konkretisierung anführt, zielt auf den in hohem Maße von unsicheren Beschäftigungsverhältnissen betroffenen Care-Sektor ab, der durch niedrige Löhne und Flexibilisierungsanspüche seitens der Arbeitgeber_innen gekennzeichnet ist:[373]

368 Ebd.
369 Ebd., S. 81.
370 Vgl. Ebd.
371 Ebd., S. 81.
372 Vgl. Ebd., S. 82.
373 Vgl. Dörre / Haubner, Landnahme, S. 93.

> Die Tatsache, dass sich die reale Tätigkeit in der Branche immer weiter vom pflegerischen Ethos entfernt und die Möglichkeiten zur Selbstentfaltung im Beruf massiv eingeschränkt werden, ist ein Entfremdungsphänomen. Kritische wissenschaftliche Interventionen, wollen sie Wirkung entfalten, dürfen daher nicht den einen Kritikmodus gegen den anderen ausspielen.[374]

Gegenwärtig können vor diesem Hintergrund drei Formen der Kritik auf Resonanz stoßen. So richtet sich die immanente Kritik auf das Alltägliche „eines (Über-)Lebens in prekären Verhältnissen und fragt nach Fähigkeiten und Kompetenzen, die ein solches Leben ermöglichen."[375] Dörre et al. konkretisieren die Kritikvariante der immanenten Kritik am Beispiel von Leistungsbezieher_innen des Arbeitsmarktregimes, die durch eigensinnige Handlungen auf eine Veränderung der Wettkampfpraxis abzielen. Eigensinn bedeutet in diesem Kontext, dass die alltäglichen Handlungen der Arbeitslosen der Prüfungssituation bisweilen zuwiderlaufen. So brechen beispielsweise manche Leistungsbezieher_innen durch unerlaubte Schwarzarbeit mit den Regularien der Arbeitsämter und Jobcenter oder verschweigen gemeinsame Haushalte, um deren Kontrollen zu unterlaufen:[376]

> Erwerbslose setzen sich zur Wehr, wenn sie glauben, als ‚Menschen zweiter Klasse' behandelt zu werden. Eigensinn wird hier zur Widerspenstigkeit, die unterschiedliche Formen annehmen kann. Soloselbstständige im Leistungsbezug nutzen ihren ‚Unternehmerstatus', um den – vermeintlichen oder realen – Bürokratismus der Arbeitsverwaltung anzuprangern. In einigen, jedoch seltenen, Fällen geht die Eskalation sogar so weit, dass Ordnungskräfte hinzugezogen werden müssen. Häufiger ist indessen der Versuch, sich legal auf dem Klageweg recht zu verschaffen. [...] Sie setzen den alltäglichen Versuchen der Behörde, das Wettkampfsystem zu verallgemeinern, praktische Grenzen.[377]

Paradoxerweise fügen sich die verschiedenen Formen der immanenten Kritik in das bürokratische Regelwerk ein.[378] „Ihr wichtigster Effekt"[379], so Dörre, „ist eine gewisse Professionalisierung und Pazifizierung des Wettkampfsystems. Eine unüberschaubare Zahl kleiner und kleinster kritischer

374 Ebd.
375 Dörre et al., Bewährungsproben, S. 388.
376 Vgl. Ebd.
377 Ebd., S. 389.
378 Vgl. Ebd.
379 Ebd.

Interventionen trägt dazu bei, dass die Wettkämpfe begrenzt werden, weshalb das System letztendlich funktioniert."[380]

Von der immanenten Kritik kann die pragmatisch orientierte Kritik unterschieden werden, die z. B. von Gewerkschaften vertreten wird und mit ihrer Fokussierung auf strukturelle Aspekte prekärer Lebens- und Arbeitsverhältnisse auf eine Verbesserung der Lebens- und Arbeitsverhältnisse abzielt:[381]

> Mit gesetzlichen Mindestlöhnen und Equal-Pay-Regelungen beabsichtigt sie, uneindeutige in legitime Bewährungsproben zu verwandeln. Weil sie im Reproduktionssektor, aber auch in Branchen mit hohen Frauenanteilen wie dem Pflege- und Gesundheitssektor, kaum verankert ist, muss sie häufig an die ‚Starken' appellieren, um den ‚schwachen', prekarisierten Gruppen zu helfen. Unklar bleibt bislang, ob diese Variante der Sozialkritik überhaupt zu einer Sprache findet, die es ihr erlaubt, die Schranken einer lediglich kompetitiven Solidarität noch halbwegs geschützter Beschäftigtengruppen zu überschreiten.[382]

Demgegenüber verstehen sich radikale Formen der Sozialkritik explizit als Kritik an den herrschenden Verhältnissen. Prekarisierte Akteur_innen erscheinen hier, so Dörre „weder als kreative Überlebenskünstler noch als Adressaten einer erneuerten Wohlfahrtsstaatlichkeit, sondern als potenzielle Antagonisten des Disziplinarregimes der Prekarisierung."[383] „Gegenwärtig"[384], so konstatiert Boltanski,

> nehmen sie meistens die Form unüberlegten Ausrastens an, gewaltsamen körperlichen Einsatzes – zumal wenn die einsetzbaren Ressourcen nur unwesentlich über die hinausgehen, die der eigene Körper bietet –, oder aber sie äußern sich als Absetzbewegungen, besonders dann, wenn der Besitz einer schulisch beglaubigten Kompetenz das materielle Überleben am Rande der anerkannten Prüfungspisten, wenn auch in der Prekarität, ermöglicht.[385]

Das in diesem Kapitel umrissene theoretische Fundament, soll im Folgenden durch die Darlegung methodischer Implikationen bei der literatur- und kulturwissenschaftlichen Textanalyse ergänzt werden.

---

380 Ebd.
381 Vgl. Dörre, Macht, S. 400.
382 Ebd.
383 Dörre, Bewährungsproben, S. 391.
384 Vgl. Boltanski, Luc: *Soziologie und Sozialkritik. Frankfurter Adorno-Vorlesungen 2008*. Suhrkamp: Berlin 2010, S. 226.
385 Ebd.

4 Methodik: Prekarität erzählen

Ein Problemfeld der noch jungen literatur- und kulturwissenschaftlichen Forschung, die sich mit postfordistischen Lebens- und Arbeitsverhältnissen beschäftigt, betrifft vor allem Fragen der Methodik. Torsten Erdbrügger bemerkt hierzu, dass sich die Untersuchungen der einschlägigen Texte vornehmlich an interdisziplinär „gut zu verschlagwortende[n] (Sozial-) Figuren“[386] orientieren. So konzentrieren sich Literatur- und Kulturwissenschaftler_innen bei ihren Analysen häufig auf den von Günther Voß und Hans Prognatz beschriebenen sich selbst ökonomisierenden „Arbeitskraftunternehmer“[387], Ulrich Bröcklings „unternehmerisches Selbst“ und Richard Sennets „flexiblen Menschen“[388]. Einigen Untersuchungen liegen dabei „Widerspiegelungsvorstellungen“[389] zugrunde, wie Alexander Preisinger kritisch ausführt, die eine realistisch-mimetische Vorstellung literarischer Darstellungen andeuten.[390] Für Erdbrügger stellt sich vor diesem Hintergrund die Frage,

> inwieweit literaturwissenschaftliche Arbeiten zum Arbeitskomplex eine Legitimation für die Beschäftigung mit der Kategorie Arbeit darin suchen, in der Literatur möglichst die bekannten soziologischen Mainstreambefunde bestätigt zu finden. In diesem Sinne wird die Literatur in eine sekundäre Position gesetzt, die lediglich dazu angetan scheint, die Erzählungen der Wissenschaften über die Gesellschaft am Fallbeispiel zu subjektivieren und noch einmal zugespitzt zu erzählen.[391]

Der Autor räumt in diesem Zusammenhang jedoch ein, dass auf eine informierende sozialwissenschaftliche Auseinandersetzung mit dem Themenkomplex in der Forschung kaum verzichtet werden kann, weil die literatur- und kulturwissenschaftliche Forschung zu postfordistischen

---

386 Erdbrügger, Arbeit, S. 129.

387 Voß, Gerd-Günter / Pongratz, Hans-Jürgen: „Der Arbeitskraftunternehmer. Eine neue Grundform der Ware Arbeitskraft?“ In: *Kölner Zeitschrift für Soziologie und Sozialpsychologie* 50 (1), 1998, S. 131–158.

388 Vgl. Sennet, Richard: *Der flexible Mensch. Die Kultur des neuen Kapitalismus*. Siedler: München 2000.

389 Preisinger, Kapitalismuskritik, S. 415.

390 Vgl. Ebd.

391 Erdbrügger, Arbeit, S. 130.

Lebens- und Arbeitsverhältnissen noch am Anfang steht.[392] Demnach kann Literatur, „indem sie die komplexen Verschiebungen im Feld der Erwerbsarbeit am konkreten Fall exemplifiziert, viel zu deren Verständnis beitragen“[393], wie der Autor konstatiert. Die Gefahr der Herabsetzung der Texte zum „(Stell-)Vertreter populärer oder wissenschaftlicher Diskurse“[394] sieht Erdbrügger nur dann gegeben, wenn „die Analyse von Faktoren (postfordistischer) Arbeitsregime mit einer Preisgabe narratologischer Analysemethoden korrespondiert.“[395]

Die berechtigte Kritik des Autors geht dabei jedoch über das Forschungsfeld hinaus und betrifft aus einer weiteren Perspektive das noch immer ungeklärte Verhältnis zwischen dezidiert auf den Kontext fokussierten, kulturwissenschaftlich orientierten Literaturanalysen und textimmanenten Verfahren. In meiner Studie unternehme ich den Versuch einer begründeten methodischen Zusammenführung. Im Fokus steht dabei zum einen die kulturwissenschaftliche Kontextualisierung der Texte anhand arbeits- und industriesoziologischer Modelle sowie sozialpolitischer Debatten, die zum Teil selbst von literarischen Texten beeinflusst wurden.[396] Zum anderen sollen die Romane meines Analysekorpus hinsichtlich erzählerischer Aspekte untersucht werden. Hierfür werde ich zunächst auf das Text-Kontext-Modell des *New Historicism* zu sprechen kommen und darauf aufbauend auf eine kulturwissenschaftlich orientierte, narratologische Textanalyse insistieren, die interdisziplinär anschlussfähig ist. Anschließend sollen zentrale Kategorien meiner Analysen erörtert werden, die für die Untersuchung literarischer Prekaritätsdarstellungen von besonderer Relevanz sind.

4.1 Text und Kontext

Wie Wolfgang Hallet in seiner Auseinandersetzung mit den literatur- und kulturwissenschaftlichen Konzepten *Close Reading* und *Wide Reading* feststellt, kann gegenwärtig nicht von einem „gesicherten Repertoire

---

392 Vgl. Ebd.
393 Ebd., S. 131.
394 Ebd., S. 130.
395 Ebd.
396 Vgl. auch Schößler, Oeconomica, S. 35.

kulturwissenschaftlicher Methoden der Literaturanalyse“[397] gesprochen werden. Der Kulminationspunkt all dieser methodischen Ansätze soll hier mit Schößler vor allem darin gesehen werden, „dass sie radikal mit der Vorstellung eines autonomen Kunstwerks jenseits sozialer Kontexte brechen.“[398] Vor diesem Hintergrund sieht sich jede kulturwissenschaftliche Analyse, so auch die vorliegende, mit zwei Problemen konfrontiert, wie Hallet deutlich macht:

> Wie muss eine literaturanalytische Methodik aussehen, die mit der Lektüre des literarischen Textes zugleich dessen kulturelle Dimension erfasst? Wie können, um es intertextualitätstheoretisch zu wenden, mit und in der Lektüre eines literarischen Textes zugleich die vielfältigen Stimmen, Bilder und Denkweisen, Vorstellungen und kulturellen Referenzen, die in ihn Eingang gefunden haben und Bestandteil des Textes selbst sind oder auf die der Text antwortet, gelesen werden?[399]

Zur Beantwortung dieser Fragen ist es sinnvoll, zunächst einen kurzen Blick auf die grundlegenden Implikationen eines der zentralen Vertreter des *cultural turn* in den Literaturwissenschaften zu werfen. Seit den 1980er-Jahren ist der *New Historicism* zu einem der einflussreichsten literatur- und kulturwissenschaftlichen Theorieansätze avanciert. Dabei zog er einerseits gegen den zu dieser Zeit noch immer vorherrschenden *New Criticism* ins Feld, der seinen Fokus vor allem auf formale Aspekte seines Untersuchungsgegenstandes richtete, andererseits positionierte er sich gegen den ahistorischen Dekonstruktivismus. Gemein ist den verschiedenen Ansätzen, die sich unter dem Begriff *New Historicism* versammeln, dass sie darauf insistieren, Literatur und historische Realität in ihren komplexen Zusammenhängen zu untersuchen. Was für die neueren Literatur- und Kulturwissenschaften als signifikantes Merkmal gilt, geht maßgeblich auf den *New Historicism* zurück, wie Michael Basseler hervorhebt:[400]

---

397 Hallet, Wolfgang: „Methoden kulturwissenschaftlicher Ansätze: *Close Reading* und *Wide Reading*“. In: Nünning, Vera / Nünning, Ansgar (Hrsg.). *Methoden der literatur- und kulturwissenschaftlichen Textanalyse.* Metzler: Stuttgart / Weimar 2010, S. 293.

398 Schößler, Franziska: *Literaturwissenschaft als Kulturwissenschaft. Eine Einführung.* Francke: Tübingen 2006, S. IX.

399 Hallet, Methoden, S. 293.

400 Vgl. Basseler, Michael: „Methoden des New Historicism und der Kulturpoetik“. In: Nünning / Nünning, (Hrsg.), *Methoden,* S. 225 ff.

> Er kann wohl kaum als ›Methode‹ im engeren Sinne bezeichnet werden oder *eine* bestimmte Methode nach sich ziehen. Gerade im Bereich der lehr- und lernbaren, konkreten Verfahren und Handlungsschemata zur wissenschaftlich ›objektiven‹ Analyse von (literarischen) Texten besteht für New Historicism und Kulturpoetik noch recht wenig Einheit und Systematik.[401]

Anhaltspunkte dafür, wie eine mögliche Methodik im Sinne des *New Historicism* aussehen kann, lassen sich jedoch bei Stephen Greenblatt finden, der als einer der zentralen Begründer des Ansatzes gilt.[402] Mit Blick auf das Verhältnis von Kunst und Gesellschaft bzw. „zwischen der diskursiven Praxis eines institutionell abgegrenzten Bereichs und eines anderen"[403] unterzieht Greenblatt in seinem programmatischen Aufsatz „Grundzüge einer Poetik der Kultur"[404] marxistische und poststrukturalistische Kapitalismuskonzepte einer kritischen Begutachtung. Zum einen erscheint der Kapitalismus in den von Greenblatt untersuchten Texten als „Instanz der repressiven Differenzierung"[405], zum anderen konträr dazu als „Instanz der monologischen Totalisierung"[406]. Eine Untersuchung kapitalistischer Kulturen und ihrer Kunstproduktionen muss jedoch beiden Perspektiven gerecht werden, um einer simplifizierenden Perspektive zu entgehen, wie Greenblatt hervorhebt:[407]

> Denn der Kapitalismus hat charakteristischerweise weder Herrschaftsformen hervorgerufen, in denen alle Diskurse miteinander koordiniert zu sein scheinen, noch solche, in denen sie radikal voneinander isoliert oder diskontinuierlich zu sein scheinen. Er hat vielmehr Herrschaftsformen ins Leben gerufen, in denen die Tendenz der Differenzierung und die der monologischen Organisation gleichzeitig wirksam sind, zumindest einander so schnell abwechseln, dass der Eindruck der Gleichzeitigkeit entsteht.[408]

---

401 Ebd., S. 225.
402 Vgl. Ebd.
403 Greenblatt, Stephen: „Grundzüge einer Poetik der Kultur". In: ders.: *Schmutzige Riten. Betrachtungen zwischen Weltbildern.* Wagenbach: Berlin 1991, S. 112.
404 Vgl. Ebd., S. 107–122.
405 Ebd.
406 Ebd.
407 Vgl. Ebd.
408 Ebd., S. 112 f.

Greenblatt entwirft vor diesem Hintergrund ein „flexibles Kapitalismusmodell“[409], in dem verschiedene Felder wie Religion, Medizin, Kunst und Ökonomie in permanenten Austauschprozessen miteinander stehen, sie gleichzeitig aber voneinander abgegrenzt bleiben.[410] Das „schwindelerregende und scheinbar unerschöpfliche Hin und Her“[411] zwischen „diskontinuierliche[n] Diskursen“[412] auf der einen Seite und „monologische[r] Vereinnahmung“[413] auf der anderen Seite sieht der Autor dabei als Alleinstellungsmerkmal kapitalistischer Kulturen an. Greenblatt geht davon aus, dass auch Bereiche, die ästhetischen Feldern fernzustehen scheinen, von diesen beeinflusst werden. „Soziale Praktiken“[414], so Schößler auf das Konzept rekurrierend, „gehen in künstlerische Artefakte ein, und der ästhetische Diskurs wirkt seinerseits auf soziale Bereiche zurück, was sich unter anderem daran zeigt, dass auch nicht-literarische Texte bzw. Praktiken mit ästhetischen Strategien arbeiten.“[415]

Der *New Historicism* fokussiert demnach einen weitgefassten Textbegriff, bei dem auch nicht-literarische Texterzeugnisse gleichermaßen im Interesse der Forschung stehen.[416] Dem *New Historicism* geht es dabei nicht, so Basseler, „um ein bloßes historisches Kontextualisieren literarischer Texte“[417], wie es zuvor in sozial- und ideengeschichtlichen Ansätzen praktiziert wurde, „sondern um die gegenseitige Durchdringung von Literatur und Geschichte bzw. Literatur und Kultur.“[418] Auf diese Weise geht er nicht von einer simplen Widerspieglung von Realität in den Texten aus, stattdessen legt er seinen Fokus auf „Wechselwirkungen und Austauschprozesse“[419]. Dies bedeutet jedoch nicht, dass die Untersuchung formaler Aspekte literarischer Texte

409 Schößler, Literaturwissenschaft, S. 80.
410 Vgl. Ebd.
411 Greenblatt, Grundzüge, S. 115.
412 Ebd.
413 Ebd.
414 Schößler, Literaturwissenschaft, S. 81.
415 Ebd.
416 Vgl. Ebd., S. 84 f.
417 Basseler, Methoden, S. 229.
418 Ebd.
419 Ebd.

obsolet geworden ist, wie Greenblatt verdeutlicht. Eine kulturwissenschaftliche Analyse, so der Autor,

> hat von der sorgfältigen Formanalyse literarischer Texte viel zu lernen, denn diese Texte sind nicht bloß dadurch auf Kultur bezogen, daß sie auf die Welt jenseits ihrer selbst *referieren,* sie sind kulturbezogen vermöge der sozialen Werte und Kontexte, die sie selbst erfolgreich in sich *aufgenommen* haben [...] Eine kulturbezogene Analyse ist folglich nicht per definitionem eine nicht-immanente Analyse im Gegensatz zu einer immanenten Formanalyse von Kunstwerken.[420]

Die Untersuchung literarischer Darstellungstechniken, „mit denen dieses Material formal zusammengefügt und artikuliert wird“[421], ist notwendig, folgt man dem Autor, „will man die *kulturelle Leistung* verstehen, die der Text vollbringt.“[422] Claudia Jünke plädiert vor dem Hintergrund von Greenblatts Äußerungen auf postklassische, narratologische Analysemethoden, die „das begriffliche Instrumentarium für die ‚sorgfältige Formanalyse‘ zur Verfügung stellen“[423]. Wie nachfolgend zu zeigen sein wird, erweist sich der Ansatz als ausgesprochen fruchtbar, um Texten in der kulturwissenschaftlich orientierten Analyse auch in ihrer ästhetischen Eigenlogik Geltung zu verschaffen.

4.2 Postklassische Narratologie

Verlor die Narratologie seit den 1980er-Jahren infolge ihrer poststrukturalistischen und dekonstruktivistischen Nebenbuhler an Bedeutung, kann in Folge ihrer kulturwissenschaftlichen Neuorientierung seit den 2000er-Jahren von einer Renaissance gesprochen werden.[424] Die postklassische Erzählforschung ist dezidiert kontextorientiert, im Fokus ihres Interesses stehen, so Roy Sommer, „die soziokulturellen, rhetorischen, ethischen und

---

420 Greenblatt, Stephen: „Kultur“. In: Baßler, Moritz (Hrsg.): *New Historicism*, S. 51.

421 Ebd., S. 57

422 Ebd.

423 Jünke, Claudia: „Kulturwissenschaft und Erzähltheorie. Zur Kulturkritik in Juan Goytisolos *Señas de identidad*“. In: Jünke, Claudia / Zaiser, Rainer / Geyer, Paul: *Romanistische Kulturwissenschaft?* Königshausen & Neumann: Würzburg 2004, S. 259.

424 Vgl. Sommer, Roy: „Methoden strukturalistischer und narratologischer Ansätze“ In: Nünning / Nünning (Hrsg.): *Methoden*, S. 94.

epistemologischen Funktionen des Erzählens als Mittel der Identitätsbildung, Kommunikation, Sinnstiftung oder Welterzeugung (*ways of worldmaking*).“[425] Im Gegensatz zu den Methoden strukturalistischer Schulen, wie sie vor allem der Russische Formalismus hervorgebracht hat, werden dabei nicht nur erzählerische Schemata untersucht, vielmehr dient die Narratologie der postklassischen Erzählforschung als zweckdienliches Werkzeug bei der Textanalyse:[426]

> Die postklassische Erzählforschung rückt von dem strukturalistischen Projekt einer narrativen Grammatik bzw. einer universal gültigen Poetik des Narrativen ab. Theoriebildung wird vom zentralen Ziel zu einem Nebeneffekt, die primäre Aufgabe der Theorie besteht darin, Kategorien für die Textanalyse bereitzustellen. Die in der postklassischen Narratologie häufig verwendete Metapher des Werkzeugkastens (*tool-kit* oder *tool-box*) bringt das gewandelte Verständnis von Theorie als erkenntnisleitendes Hilfsmittel zum Ausdruck.[427]

Im Fokus postklassischer Erzählforschung stehen kulturwissenschaftliche Erkenntnisinteressen, die auch geschichtliche Kontexte sowie soziale Differenzkategorien in die Analyse mit einbeziehen. Die Erzählinstanz eines Textes und dessen literarische Figuren werden vor diesem Hintergrund nicht mehr bloß als sprachliche Konstrukte behandelt, sondern beispielsweise auch hinsichtlich ihrer sozialen Klasse, ihrer Ethnie oder ihres Geschlechts untersucht.[428] Die theoretische Voraussetzung hierfür bildet, so Ansgar Nünning, eine „narrativistische Theorie der Kultur“[429] bzw. ein „narrativistische[r] Kulturbegriff“[430], der davon ausgeht, dass Kulturen nicht nur material konstituiert sind, sondern auch mental und sozial.[431] Kultur kann auf diese Weise mit Nünning „als der von Menschen erzeugte Gesamtkomplex von Vorstellungen, Denkformen, Empfindungsweisen,

425 Ebd., S. 95.
426 Vgl. Ebd., S. 91 ff.
427 Ebd., S. 95.
428 Nünning, Ansgar: „Wie Erzählungen Kulturen erzeugen. Prämissen, Konzepte und Perspektiven für eine kulturwissenschaftliche Narratologie“. In: Strohmaier, Alexandra (Hrsg.): *Kultur – Wissen – Narration. Perspektiven transdisziplinärer Erzählforschung für die Kulturwissenschaften*. Transcript: Bielefeld 2013, S. 27.
429 Ebd.
430 Ebd.
431 Vgl. Ebd., S. 28.

Werten und Bedeutungen“[432] aufgefasst werden. Zielt die soziale Dimension auf Akteur_innen als Zeichenbenutzer einer Gesellschaft, schließt die mentale Dimension beispielsweise Mentalitäten sowie Normen und Werte ein, die sich in den Texten manifestieren. Zu der materialen Ebene einer Kultur gehören beispielsweise Objekte wie Bauten, Kunstgemälde oder auch literarische Texte.[433]

Da die drei hier genannten kulturellen Dimensionen in einem permanenten Wechselverhältnis miteinander stehen, können Texte nicht als autonome Werke verstanden werden,[434] vielmehr sind sie, so Nünning, „unauflöslich mit sozialen Trägern verknüpft [...], die sie in historisch und kulturell variablen Erzählkontexten und Institutionen überhaupt erst aktualisieren.“[435] Kultur ist somit immer erzählend, der literarische Text, so Wolfgang Müller-Funk, erscheint vor diesem Hintergrund als „Sonderfall einer generellen Praxis [...], die sich ubiquitär in allen Bereichen des gesellschaftlichen kulturellen Lebens wiederfindet.“[436] Aus dieser Perspektive sind es vor allem Narrative, die kollektive Erinnerungen hervorbringen und „Politiken der Identität bzw. der Differenz konstituieren“[437]. An diese Annahmen anknüpfend leitet Nünning verschiedene methodische Prämissen für eine kulturwissenschaftlich orientierte Narratologie ab:

> Wenn man >Kultur(en)< als das Zusammenwirken materialer, sozialer und mentaler Phänomene definiert, dann kann die Analyse der thematischen Selektionen und der narrativen Formen, die für eine bestimmte Kultur oder Epoche kennzeichnend sind, Aufschluss über die mentalen Dispositionen einer Gesellschaft oder Zeit liefern. Die mentale Kultur einer Gesellschaft mit narratologischen Methoden zu erforschen heißt somit, durch die Analyse der Formen und Funktionen des Erzählens kulturell geprägte Werte, Normen, Weltbilder und Kollektivvorstellungen zu rekonstruieren, die sich in verdichteter Form in narrativen Texten, also der materialen Kultur, manifestieren. Daher können kulturwissenschaftlich

---

432 Ebd.
433 Vgl. Hallet, Methoden, S. 297.
434 Vgl. Nünning, Erzählungen, S. 28.
435 Ebd.
436 Müller-Funk, Wolfgang: *Die Kultur und ihre Narrative. Eine Einführung.* Springer: Wien 2002, S. 14.
437 Ebd.

ausgerichtete Konzeptionen von Narratologie wichtige Beiträge zur Erforschung von Kulturen liefern.[438]

Eine weitere zentrale Annahme kulturwissenschaftlicher Erzähltheorie geht davon aus, dass literarische Formen semantisiert sind und selbst Bedeutungen in sich tragen, die bei der Rezeption eines Textes eine essenzielle Rolle spielen.[439] Mit Nünning gesprochen, handelt es sich bei Erzähltechniken um „hochgradig semantisierte narrative Modi, die aktiv an der Konstruktion von kollektiven Identitäten und Normen beteiligt sind."[440] Der Autor verweist in diesem Zusammenhang auf Untersuchungen Fredric Jamesons, die an Überlegungen Theodor W. Adornos anknüpfen und darauf insistieren, Erzählformen selber als Ideologie zu betrachten:[441]

> What must now be stressed is that this level ‚form' is apprehended as content. The study of the ideology of form is no doubt grounded on a technical and formalistic analysis in the narrower sense, even though, unlike much traditional formal analysis, it seeks to reveal the active presence within the text of a number of discontinous and heterogeneous formal processes. But at the level of analysis in question here, a dialectical reversal has taken play in which it has become possible to grasp such formal processes as sedimented content in their own right, as carrying ideological messages of their own, distinct from the ostensible or manifest content of the works; […][442]

Versteht man formale Aspekte eines Textes als „‚sedimentierter Inhalt' "[443], wird ersichtlich, warum eine Fusion zwischen kulturwissenschaftlichen Analysemethoden und textimmanenten Konzepten sinnvoll erscheinen,[444] denn „Inhalt und Form, Ethik und Ästhetik"[445], so Ansgar und Vera Nünning,

---

438 Nünning, Ansgar: „Wie Erzählungen Kulturen erzeugen. Prämissen, Konzepte und Perspektiven für eine kulturwissenschaftliche Narratologie". In: Strohmaier, Alexandra (Hrsg.): *Kultur – Wissen – Narration. Perspektiven transdisziplinärer Erzählforschung für die Kulturwissenschaften*. Transcript: Bielefeld 2013, S. 29.

439 Vgl. Ebd.

440 Ebd.

441 Vgl. Ebd.

442 Jameson, Fredric: *The Political Unconscious: Narrative as a Socially Symbolik Act*. Cornell University Press: London 1981, S. 99.

443 Nünning, Erzählungen, S. 30.

444 Vgl., Ebd.

445 Nünning / Nünning, Narratologie, S. 11.

> erweisen sich als aufs engste verknüpft: Gesellschafts- und sozialpolitische oder ethische Fragen schlagen sich nämlich nicht nur in den erzählten Inhalten und Themen nieder, sondern auch und gerade in der Art und Weise, wie diese literarisch dargestellt werden, in Fragen der Repräsentation also: Wer spricht bzw. wer repräsentiert wen? Wer fungiert als sprechendes oder wahrnehmendes Subjekt und wer als wahrgenommenes und sprachloses Objekt? Wie hängen diese Formen der Repräsentation mit den Werten und Normen von Klassen, Gruppen, Gemeinschaften und Nationen zusammen?[446]

Diese Fragen lassen sich auch auf die Untersuchung von Prekaritätsnarrativen übertragen und um weitere Perspektiven ergänzen, um auch den erzählerischen Aspekten der Texte gerecht werden zu können.

4.3 Analyserahmen

Vor dem Hintergrund der theoretischen literatur- und kulturwissenschaftlichen Überlegungen, die ich in den vorausgegangenen Abschnitten erörtert habe, möchte ich nachfolgend auf die konkreten methodischen Schritte zu sprechen kommen, denen ich bei meiner Untersuchung folgen werde. Den Analysen geht dabei zunächst ein kontextualisierender Teil voraus, in dem die Texte in ihren sozialpolitischen Dimensionen beleuchtet werden, um diese dann anhand der im vorausgegangenen Kapitel umrissenen sozialwissenschaftlichen Diskurse kritisch zu diskutieren. Daran anschließend werde ich die Romane meines Analysekorpus hinsichtlich erzählerischer Darstellungsverfahren untersuchen. Das Ziel einer kulturwissenschaftlich orientierten, narratologischen Untersuchung kann es dabei selbstverständlich nicht sein, sämtliche Konzepte der Erzähltextanalyse auf den jeweiligen Untersuchungsgegenstand anzuwenden. Die Aufgabe besteht vielmehr darin, so Sommer, „die im jeweiligen Text signifikanten bzw. für die jeweilige Fragestellung relevanten Aspekte herauszuarbeiten.“[447] Die Auswahl narratologischer Analysekategorien richtet sich demnach primär nach der Untersuchungsperspektive und der Komplexität des Gegenstandes.[448] Dabei sollen Erzähl- und Gattungsmuster untersucht werden sowie auf Besonderheiten der Erzählperspektive und des Figurenrepertoires eingegangen

---

446 Ebd., S. 11 f.
447 Sommer, Methoden, S. 98.
448 Vgl. Ebd.

werden. Die Analysen sind grundsätzlich intersektional ausgerichtet und berücksichtigen somit auch Differenzkategorien wie *race*, *class* und *gender*. Vorab werde ich in einem einleitenden Teil meiner Analysen auf inhaltliche Aspekte der jeweiligen Romane eingehen und gegebenenfalls Prekaritätserfahrungen der jeweiligen Autor_innen beleuchten, die bisweilen mit in ihr Schreiben eingeflossen sind. Im Folgenden werde ich die hier skizzierten erzähltheoretischen Eckpfeiler meiner Romananalysen hinsichtlich ihrer theoretisch-methodischen Ausrichtung explizieren.

4.3.1 Erzähl- und Gattungsmuster

Wie Nünning mit Blick auf die methodischen Annahmen einer kulturwissenschaftlich ausgerichteten Erzähltextforschung konstatiert, ist davon auszugehen, „dass Kulturen über ein Repertoire an Erzählmustern und Plots verfügen, mithilfe derer sie sich selbst beschreiben, Bedeutungen aushandeln und Konflikte lösen."[449] Vor diesem Hintergrund scheint das Konzept der „kulturell bedingten und verfügbaren Plots"[450] vielversprechend, das sowohl die „Auswahl- wie Selektionsstruktur als auch die narrative Konfiguration des Erzählten auf der syntagmatischen Achse der Kombination"[451] betrifft. Mit Fokus auf literarische Texte ist das Konzept vor allem für die Analyse von Romanen von Interesse, bei denen es sich, so Jochen Vogt zusammenfassend, um eine „vergleichsweise stark auf Realität ausgerichtete und eine poetologisch bzw. formal so gut wie regellose Literaturgattung"[452] handelt, die „selbst einem historischen Wandlungsprozeß"[453] ausgesetzt ist, „der nicht nur Themen und Stoffe, sondern eben auch die Erzählform und ihre einzelnen Techniken betrifft."[454]

Anknüpfend an literatur- und kulturwissenschaftliche Untersuchungen Preisingers zum postfordistischen Lebens- und Arbeitskomplex sind Erzähl- und Gattungskonventionen für die Romananalysen meiner Studie

449 Nünning, Erzählungen, S. 36.
450 Ebd., S. 37.
451 Ebd.
452 Vogt, Jochen: *Aspekte erzählender Prosa*, 11. Aktualisierte Auflage. Wilhelm Fink: München 2014, S. 195.
453 Ebd.
454 Ebd.

in zweierlei Hinsicht relevant: So kann Preisinger zum einen feststellen, dass Romane, die sich mit postfordistischen Lebens- und Arbeitsverhältnissen beschäftigen, häufig auf tradierte Erzählmuster zurückgreifen, wobei auffällig ist, „dass der Neue Kapitalismus auch mit einer spezifischen Modifikation dieser Konvention einhergeht."[455] Diesen Wandel kann der Autor anschaulich anhand erzählerischer Modifikationen des Angestelltenromans auf einer diachronen Ebene verdeutlichen:

> Während der Angestelltenroman der Weimarer Republik, etwa Martin Kessels ‚Herrn Brechers Fiasko', oder jener der 1970er- und 1980er-Jahre, etwa Walter E. Richartz' ‚Büroroman', der die Ästhetik einer peniblen Buchhaltung alltäglicher Phänomene und einer beruflich inszenierten Privatheit in den Mittelpunkt stellt, so herrscht in der Gegenwartsliteratur die Betriebsamkeit eines sozialdarwinistischen Verdrängungswettkampfes vor. Konkurrenzsituationen werden zu den dominanten handlungsmotivierenden Elementen: Rainer Kloubert Roman ‚Angestellte' erzählt von Sieg und Niederlage im fernen China, Helene Uri von der Selbstzerfleischung der Mitarbeiter eines linguistischen Instituts (‚Nur die Stärksten überleben') und Laurent Quintreau (‚Und morgen bin ich dran. Das Meeting') über die Hierarchiekämpfe in der Führungsetage.[456]

Die Beispiele, die Preisinger anführt, zeigen, wie ein Wandel der sozialen und mentalen Dimension des kulturellen Rahmens auf die materiale Dimension, in diesem Fall literarische Erzeugnisse, zurückwirkt. Die literarhistorischen Entwicklungslinien deutscher Prekaritätsnarrative werde ich in einem gesonderten Kapitel noch einmal genauer beleuchten. Ungeachtet des jeweiligen Genres kann jedoch mit Preisinger konstatiert werden, dass die Texte zumeist einer ähnlichen Handlungsstruktur folgen, wie der Autor anhand des Subgenres des Praktikantenromans belegt, in dem meist junge, akademisch gebildete Protagonist_innen in uneindeutigen Bewährungsproben um eine Verbesserung ihrer sozialen Position streiten.

Die Handlungsstruktur weist dabei auf der Oberflächenebene der Romane Parallelen zu russischen Zaubermärchen auf, bei deren Untersuchung der strukturalistische Erzählforscher Wladimir Propp feststellte, dass die Figuren der Texte die immer gleiche Funktion für die Erzählung erfüllen,

---

455 Preisinger, Alexander: „Ökonomie als Poetologie. Der literarische Realismus des Neuen Kapitalismus". In: *Literaturkritik.de* 11 (5), 2009. Online abrufbar unter: https://literaturkritik.de/id/13089, zuletzt geprüft am 01.02.2021.

456 Ebd.

obgleich sie sich hinsichtlich ihres Namens und ihrer Eigenschaften voneinander unterscheiden. Untersuchungen Algirdas Julien Greimas‘ knüpfen an diese Überlegungen an und stellen fest, dass Propps Handlungsschema verschiedene Prüfungen zugrundeliegen.[457] So wird dem Helden beispielsweise in der qualifizierenden Prüfung ein Helfer an die Seite gestellt, während die Hauptprüfung den siegreichen Kampf des Helden beinhaltet, der dadurch einen erlittenen Mangel aus der Welt schafft.[458]

Von Greimas‘ Überlegungen abstrahierend konstatiert Preisinger für das Subgenre des Praktikantenromans:

> Im universalistischen erzähltheoretischen Schema der Pariser Schule lässt sich die Handlung als eine Reihe von Prüfungen zur Erlangung des Wunschobjekts und Bestehen der abschließenden Prüfung beschreiben. In der Praktikantenliteratur besteht diese Prüfungsstruktur an der Textoberfläche aus wirtschaftlichen Situationen (Arbeitsalltag, Bewerbungen etc.), deren Kohärenz im Kontext der positiven sozio-ökonomischen Evaluierung sichergestellt wird.[459]

Die Handlung strukturiert sich vor diesem Hintergrund maßgeblich durch Bewerbungs- und Konkurrenzsituationen:[460]

> In Christs Roman gibt etwa der Chef Jans Konzept an einen Kollegen weiter, bei Liere löscht die Antagonistin Olivia Aufnahmebänder, und Kelins sich bewerbende Protagonistin Pia konkurriert mit ihren Mitbewerbern. Die Handlungsdynamik entsteht daher wesentlich aus innerbetrieblichen Konkurrenzsituationen, was wiederum eine Kritik an der Arbeitswelt aktualisiert.[461]

Das signifikante erzählerische Moment des Praktikantenromans ist darin zu finden, dass die Protagonist_innen trotz des Bestehens der einzelnen Prüfungen und der damit verbundenen Strapazen am Ende immer leer ausgehen: Trotz aller Anstrengungen werden sie von ihren Vorgesetzten negativ bewertet und stehen wieder am Anfang ihrer Karrierebestrebungen.

---

457 Vgl. von Rotz, Ruth: „Zur Darstellung des Identitätsfindungsprozesses in Patrick Kokontis‘ Erzählung ‚Entgleisungen‘ “. In: Käser, Rudolf / Schappach, Beate (Hrsg.): *Krank geschrieben. Gesundheit und Krankheit im Diskursfeld von Literatur, Geschlecht und Medizin*. Transcript: Bielefeld 2014, S. 321.

458 Vgl. Greimas, Algirdas Julien: *Strukturale Semantik. Methodologische Untersuchungen*. Friedrich Viehweg+Sohn: Braunschweig 1971, S. 182.

459 Vgl. Preisinger, Kapitalismuskritik, S. 419.

460 Vgl. Ebd., S. 422.

461 Ebd.

Eine Festanstellung bekommen hier nur jene Figuren zugesichert, die zwar schlechtere Qualifikationen aufweisen, aber durch ihr soziales Kapital und persönliche Bindungen mit ihren Vorgesetzten gut gestellt sind.[462]

Anknüpfend an Preisingers Überlegungen kann vor dem Hintergrund des im vorigen Kapitel vorgestellten Prekaritätskonzepts der Bewährungsproben die These aufgestellt werden, dass die Kritik der Texte implizit auf Gerechtigkeitsvorstellungen uneindeutiger Bewährungsproben abzielt. Was an dieser Stelle mit Preisinger exemplarisch anhand von Praktikantenromanen skizziert wurde, trifft mit Blick auf die Handlungsstruktur deutschsprachiger Texte, die sich mit prekären Lebens- und Arbeitsverhältnissen beschäftigen, auch in einem genreübergreifenden Rahmen zu. Vor diesem Hintergrund werde ich in den jeweiligen Analysen einerseits zentrale Prekaritätsphänomene sozialwissenschaftlich präzisieren, andererseits wird mit Blick auf poetologische Aspekte auch danach zu fragen sein, inwieweit die Romane das Handlungsmuster der Bewährungsproben unterlaufen und so zu einer eigenen literarischen Position gelangen, die über den sozialwissenschaftlichen Diskurs hinausreicht.

4.3.2 Figuren

Neben diesen handlungsstrukturierenden Aspekten liegt ein weiterer Fokus meiner Analysen auf den Figuren der Texte. Folgt man den Annahmen der postklassischen Erzählforschung, dann handelt es sich bei diesen nicht nur um Handlungsträger, sondern auch um fiktionale Konstrukte, die durch die Informationen, die der Text über sie preisgibt, kognitiv bei den Leser_innen Gestalt annehmen. In diesem Zusammenhang besteht immer auch die Gefahr, ihnen Eigenschaften zuzuschreiben, die über den Text hinausgehen,[463] wie Göran Nieragden ausführt:

> Wie allzu psychologisierende Deutungen á la >How many children had Lady Macbeth?< die Textgrenzen jeder literarischen Figur sprengen und in den Irrgarten nicht verifizierbarer Spekulationen führen, so läßt die bereits zu Lektürebeginn aufgesetzte ›Brille‹ der Aktanten und Plotfunktionen [...] die vielfältigen,

462 Vgl. Ebd., S. 422 f.

463 Vgl. Gymnich, Marion: „Konzepte literarischer Figuren und Figurencharakterisierung". In: Nünning / Nünning (Hrsg.): *Erzähltextanalyse*, S. 126 ff.

> durchaus psychologisch überzeugend gestalteten Seinsweisen von Figuren unberücksichtigt.[464]

Da für die Untersuchung literarischer Prekaritätserzählungen vor allem die Akteursperpektive interessant erscheint, werde ich mich bei der narratologischen Analyse der Figurenebene an kulturwissenschaftlich orientierten Figurenkonzepten orientieren, die den Versuch unternehmen, so Marion Gymnich, „eine Brücke zwischen Ansätzen zu einer dominant strukturorientierten Auseinandersetzung mit literarischen Figuren einerseits und soziokulturellen Analysekategorien“[465] andererseits zu schlagen. Von dieser Warte aus betrachtet, erscheinen Figuren in Analogie zu realen Personen, wie beispielsweise Mieke Bal verdeutlicht:[466] „The Character is not a human being, but it resembles one. It has no real psyche, personality, ideology, or competence to act, but it does possess charakteristics which make psychological and ideological descriptions possible.“[467] In Anlehnung an Untersuchungen von James Phelan[468] können mit Silke Lahn und Jan Christoph Meister in ähnlichem Zusammenhang drei funktionale Dimensionen literarischer Figuren analytisch differenziert werden:

> Mimetische Dimension: die Figur erscheint als Abbildung einer Person,
> Thematische Dimension: jede Figur repräsentiert zugleich eine oder mehrere Gruppen oder Handlungsfunktionen, die im Dienste des thematischen Anliegens der Erzählung stehen,
> Synthetische Dimension: die Figur spielt eine besondere Rolle bei der Konstruktion der Erzählung als Artefakt.[469]

Die mimetische Dimension einer Figur, der in dieser Untersuchung die größte Aufmerksamkeit zuteil wird, basiert dabei u. a. auf textuellen

---

464 Nieragden, Göran: *Figuren im Roman. Eine narratologische Systematik am Beispiel von David Lodges ‚Changing Places‘ und Ian McEwans ‚The Child in Time‘*. WVT: Trier 1995, S. 21.

465 Gymnich, Konzepte, S. 124.

466 Vgl. Ebd., S. 128.

467 Bal, Mieke: *Narratology: Introduction to the Theory of Narrative. Third Edition*. University of Toronto Press: Toronto / Buffalo / London 2009, S. 113.

468 Vgl. Phelan, James: *Narrative as Rhetoric. Technique, Audiences, Ethics, Ideology*. Ohio State University Press: Columbus 1996, S. 29 ff.

469 Lahn, Silke / Meister, Jan Christoph: *Einführung in die Erzähltextanalyse*. Metzler: Stuttgart 2016, S. 237.

Informationen, die von der Figur selbst hervorgebracht werden oder ihr von anderen Figuren bzw. der Erzählinstanz eines Textes zugeschrieben wird.

Neben Aspekten der charakterisierenden Figurenrede ist vor allem die Darstellung von Bewusstseinsinhalten von Interesse, in denen beispielsweise Widerstände gegen soziale Anforderungen und Zwänge zum Ausdruck kommen können, die aus den Handlungen einer Figur nicht ersichtlich werden. So können derartige Widersprüche auf soziale Kontrollmechanismen hinweisen, über die Verstöße gegen unangemessene Handlungen sanktioniert werden.[470] Aspekte wie diese, die die mimetische Dimension betreffen, sind vor allem hinsichtlich der disziplinierenden Aspekte prekärer Lebens- und Arbeitsverhältnisse für meine Untersuchung von Interesse. In diesem Kontext ist auch nach strukturellen Privilegien zu fragen, nach Diskriminierungen und Gewalterfahrungen bzw. -ausübungen, die wiederum von Kategorien wie Geschlecht, sozialer Klasse oder Ethnie bestimmt werden. Wie Maja Suderland im Anschluss an Bourdieus Kapital-, Feld- und Habitustheorie ausführt unterscheiden sich die Weltsichten literarischer Figuren

> in Abhängigkeit von deren unterschiedlichen Positionen im sozialen Raum, d. h. sie entsprechen jeweils den objektiven Unterschieden des sozialen Raumes und finden ihren Niederschlag auf allen Ebenen sozialen Handelns und des Lebensstils. Ebenso wie die sozialen Akteure in der realen Welt kommentieren die fiktionalen Akteure in der literarischen Welt Ereignisse, Personen und Erwartungen aus ihrer jeweiligen Position heraus.[471]

Aus dieser Perspektive betrachtet, geht es bei den Analysen meiner Untersuchung immer auch um eine relationale Untersuchung der Figuren innerhalb des sozialen Gefüges der Textwelt. Dabei werden vor allem widerständige Handlungen auf der Figurenebene fokussiert, die dazu dienen, die jeweiligen Bewährungsproben zu unterlaufen bzw. lebbar zu gestalten.

---

470 Vgl. Gymnich, Konzepte, S. 136.

471 Suderland, Maja: „Habitus und Literatur: Literarische Texte in Bourdieus Soziologie“. In: Lenger, Alexander / Schneickert, Christian / Schumacher, Florian (Hrsg.): *Pierre Bourdieus Konzeption des Habitus. Grundlagen, Zugänge, Forschungsperspektiven*. Springer: Wiesbaden 2013, S. 331.

4.3.3 Erzählperspektive

Was für die Figuren eines literarischen Textes gilt, kann auch für dessen Erzählinstanz angenommen werden. So kann ihr meist subjektiver Standpunkt, der die Handlung kommentierend begleitet, leicht zu einer anthromorphisierenden Auffassung führen.[472] Die Erzählinstanz, so ist an dieser Stelle jedoch mit Lahn und Meister hervorzuheben, ist dabei zunächst aber als Konstrukt zu verstehen, „das vom Autor entworfen und eingesetzt wird, um einen spezifischen Wissenshorizont abzustecken und den narrativen Informationsprozess zu steuern."[473] Ähnlich wie im Falle literarischer Figuren, kann die Erzählinstanz jedoch in Analogie zu realen Personen untersucht werden, wenn dabei ihre Funktion für den Erzähltext nicht aus dem Blick verloren wird. Von Interesse für das Thema meiner Studie ist auch die Einstellung der Erzählinstanz zum erzählten Geschehen, die Fragen der ideologischen Bewertung betreffen. Wolf Schmid fasst Aspekte wie diese anschaulich unter dem Begriff der ideologischen Erzählperspektive zusammen, unter der er unterschiedliche Wahrnehmungsweisen zusammenfasst,

> die das subjektive Verhältnis des Beobachters zu einer Erscheinung bestimmen: das Wissen, die Denkweise, die Wertungshaltung, den geistigen Horizont. Abhängig von diesen Faktoren werden Beobachter je andere Momente des Geschehens fokussieren und infolgedessen unterschiedliche Geschichten bilden. So ist das Erfassen geprägt vom Wissen. Ein junger Mann, der sich mit Automobilen und Verkehrsregeln bestens auskennt, wird in einem Verkehrsunfall andere Details und Aspekte erfassen als eine ältere Dame, die nie ein Automobil gelenkt hat. Das Erfassen ist natürlich auch von der *Wertungshaltung* beeinflusst. Zwei junge Leute, die gleiches Wissen um Automobile und Verkehrsregeln haben, aber unterschiedlicher verkehrspolitischer Ansichten sind, werden aufgrund ihrer unterschiedlichen Wertungshaltungen unterschiedliche Facetten desselben Unfallgeschehens erfassen und die Beteiligung von Fußgängern, Radfahrern und Autofahrern am Unfallgeschehen unterschiedlich wahrnehmen.[474]

Mit Blick auf das Erzählen von prekären Lebens- und Arbeitsverhältnissen kommt der Untersuchung der ideologischen Perspektive ein besonderes Gewicht zu. Bereits zu Zeiten fordistischer Produktion äußerte sich

---

472 Vgl. Lahn / Meister, Einführung, S. 116.

473 Ebd.

474 Schmid, Wolf: *Elemente der Narratologie*. De Gruyter: Berlin / Boston 2014, S. 123.

beispielsweise Adorno kritisch zum Anspruch der Wahrhaftigkeit des Dargestellten, wie er in seinem Aufsatz „Standort des Erzählers im zeitgenössischen Roman" ausführt. Dabei vertritt Adorno die Ansicht, dass die Erzählinstanz unter spätkapitalistischen Bedingungen selbst als Produkt gesellschaftlicher Rahmenbedingungen anzusehen ist und folglich in ihrer Betrachtungsweise und ihren Wertungen von diesen unwillkürlich geprägt ist:[475]

> Etwas erzählen heißt ja: etwas *Besonderes* zu sagen haben und gerade das wird von der verwalteten Welt, von Standardisierung und Immergleichheit verhindert. Vor jeder inhaltlich ideologischen Aussage ist ideologisch schon der Anspruch des Erzählers, als wäre der Weltlauf wesentlich noch einer der Individuation, als reichte das Individuum mit seinen Regungen und Gefühlen ans Verhängnis noch heran, als vermöchte unmittelbar das Innere des Einzelnen noch etwas [...].[476]

In den postfordistischen Disziplinargesellschaften westlicher Kapitalismen, die sich maßgeblich über soziale Unsicherheiten und den Zwang zur Selbstvermarktung bestimmen lassen, stellt sich die Frage nach einer Aktualisierung der von Adorno hervorgebrachten Kritik. Infolge von Prekarisierungsprozessen verlieren Akteur_innen die Handlungskontrolle über ihre Tätigkeiten und ihre Lebenszusammenhänge.[477] Dies geht häufig mit dem Verfall sozialer Bindungen, dem Verlust verlässlicher Orientierungen für die Zukunftsplanung sowie einer Minderung symbolischen Kapitals einher.[478] Vor dem Hintergrund erodierender Gewissheiten stellt sich die Frage, inwieweit die Erzählinstanzen der in meiner Studie untersuchten Romane selbst als prekär anzusehen sind. So ist beispielsweise zu untersuchen, inwieweit sie sich affirmativ zum Geschehen verhalten oder es ironisierend kommentieren und bewerten. Darüber hinaus ist vor dem Hintergrund

---

475 Vgl. Adorno, Theodor W.: „Standort des Erzählers im zeitgenössischen Roman". In: ders.: *Noten zur Literatur*. Theodor W. Adorno. Gesammelte Schriften, herausgegeben von Rolf Tiedemann, Band 11, 6. Auflage (= suhrkamp taschenbuch wissenschaft 1711). Suhrkamp: Frankfurt am Main 2017, S. 42.

476 Ebd.

477 Vgl. Hepp, Rolf: „Einleitung oder das Drama des Prekären". In: Hepp, Rolf / Riesinger, Robert / Kergel, David: *Verunsicherte Gesellschaft. Prekarisierung auf dem Weg in das Zentrum*. Springer: Wiesbaden 2016, S. 10.

478 Vgl. Schultheis / Herold, Préracité, S. 266.

sozialer Auflösungsprozesse und der damit einhergehenden Destrukturierung von Lebens- und Arbeitszusammenhängen zu fragen, inwieweit die Erzählinstanzen der jeweiligen Texte als zuverlässig gelten können, ob also die Informationen, die sie den Rezipient_innen über Ort, Zeit und Figuren zur Verfügung stellen, Inkonsistenzen aufweisen und auf diese Weise mit den Bedingungen der Textwelt korrelieren.

Damit zusammenhängend ist es für meine Studie von Interesse, ob die Texte eine erzählerische Gegenposition etablieren können, die über eine beschreibende Darstellung prekärer Lebens- und Arbeitsverhältnisse hinausreicht, was maßgeblich mit der Position der Erzählinstanz korreliert. Dabei stellt sich mit Erdbrügger die Frage, wie „Arbeit durch Figurenhandlung, Figurenrede und Erzählerrede erzählt wird, ob sie mono- oder multiperspektivisch, monologisch oder dialogisch erzählt wird, um möglichen Verabsolutierungen entgegenzuwirken."[479] Ein literarischer Gegenentwurf, wie er „(nicht nur) im multiperspektivischen, von mehreren Erzählern getragenen Roman möglich wäre"[480], würde dabei über die literarische Ästhetisierung des Ökonomischen hinausführen und möglicherweise zu einem Gegendiskurs führen.[481]

4.3.4 Produktionskontext

Sowohl bei den stärker narratologisch orientierten als auch bei den mehr auf den ökonomischen Kontext fokussierten Untersuchungen findet der Produktionskontext gegenwärtiger Prekaritätsnarrative nur wenig Berücksichtigung. Auch in der vorliegenden Untersuchung wird der Schwerpunkt maßgeblich auf poetologischen und kontextualisierenden Aspekten liegen und weniger auf den sozioökonomischen Rahmenbedingungen, denen Autor_innen gegenwärtig ausgesetzt sind. Jedoch möchte ich in diesem Abschnitt sowie einleitend zu den jeweiligen Analysen auf Zusammenhänge zwischen Prekaritätserfahrungen von Schriftsteller_innen und ihren literarischen Produkten hinweisen. So stellt beispielsweise Hellström in seinem

479 Erdbrügger, Arbeit, S. 131.
480 Ebd.
481 Vgl. Ebd.

Vorwort für den Sammelband „Armut. Zur Darstellung von Zeitgeschichte in deutschsprachiger Gegenwartsliteratur“ fest:

> In jedem Fall fällt auf, das deutschsprachige ‚Armutsromane‘ der Gegenwart häufig ein Privileg von ehemals Wohlhabenden sind, die in eine ‚prekäre‘ Lage gerieten. [...] Häufig steht das Thema sogar als Anlass eines Debüts, das die eigenkulturelle Situation behandelt. Und längst nicht mehr wie die Literatur der späten 1960 bzw. 1970er Jahre vorwiegend auf den sogenannten Dritte-Welt-Diskurs beschränkt ist.[482]

Hellström deutet auf diese Weise eine gegenseitige Beeinflussung zwischen den Bedingungen des literarischen Feldes und den Themen an, die Schriftsteller_innen für ihre Texte wählen. Diese Perspektive, die die Autor_inneninstanz für die Analyse gewissermaßen wiederbelebt, wird beispielsweise innerhalb des *New Economic Criticism* vertreten, wie Marc Osteen und Martha Woodmansee ausführen:

> But if New Historicism sometimes neglects the intratextual in favor of extratextual economies, formalist economic criticism has been marred by its universalist, even ahistorical assumptions about the relationships between authors and social milieux. Thus the most successful economic criticism must combine several angles of attack, eschewing both narrow formalism and the indiscriminate connections an generalities of New Historicism. By Combining these methods, a critic can mint unprecedented riches from texts, and at the same time show how microcosm mirrors macrocosm by correctly demonstrating the dense imbrication of cultural artifacts within a society. For example, a critic approaching a work like James Joyce`s *Ulysses* would try to elucidate not only how that massive novel depicts in staggering documentary detail the economy of turn-of-the-century Ireland, but also how its textual economy mirrors Irish economic conditions. This critic might argue (as Osteen does) that the text betrays a constant fluctuation between control and extravagance, or saving and spending, that mimics the economic ambivalences of its author and of the real life Irish living in 1904 under a fractured colonial economy.[483]

Vor dem Hintergrund dieser Ausführungen soll im Folgenden kurz die gesellschaftliche und ökonomische Position von Schriftsteller_innen unter

---

482 Hellström, Martin / Platen, Edgar: „Vorwort“. In: dies. (Hrsg.): *Armut: Zur Darstellung von Zeitgeschichte in deutschsprachiger Gegenwartsliteratur* (VII) (= Perspektiven. Nordeuropäische Studien zur deutschsprachigen Literatur und Kultur, Band 10). Lucidium: München 2012, S. 9.

483 Osteen, Mark / Woodmansee, Martha: „Taking account of the New Economic Criticism. An historical introduction“ In: dies. (Hrsg.).: *Criticism*, S. 36.

postfordistischen Lebens- und Arbeitsverhältnissen umrissen werden. Mit Blick auf gegenwärtige Entwicklungen des literarischen Feldes konstatiert Heribert Tommek, dass sich infolge neoliberaler Produktionslogiken, der Vereinnahmung der Künstlerkritik und damit einhergehender Prekarisierungsprozesse ein „ökonomisierter und medialisierter Mittelbereich“[484] innerhalb des literarischen Feldes entwickelt hat:[485]

> Dessen Expansion verlief parallel zur Ausbildung eines *neuen Geistes des Kapitalismus* (Boltanski, Chiapello) seit den sechziger Jahren, der kulturelle Werte, die bislang außerhalb der Marktlogik standen – wie >subjektive Authentizität<, >Originalität< und >individuelle Freiheit< – in die ökonomische Produktion einbindet. Dabei wurde einerseits die künstlerische Produktion ökonomisiert, andererseits der Kapitalismus >kulturalisiert<, indem er künstlerisch-schöpferische Prinzipien übernahm.[486]

Künstlerische Tätigkeiten und die Anforderungen der Arbeitswelt stehen sich in den postfordistischen Kapitalismen des Westens nun nicht mehr antagonistisch gegenüber, vielmehr gelten Künstler_innen als Idealbild flexibler und leistungsfähiger Arbeitssubjekte.[487] In den „*expandierenden Ungewissheitszonen der kreativen Arbeit*“[488] herrscht eine erhöhte Konkurrenz um Verkaufszahlen und symbolisches Kapital.[489] In der Regel, so stellt Caroline Amlinger fest, befinden sich Schriftsteller_innen in prekären Lebens- und Arbeitsverhältnissen, in der ihre instabile soziale und ökonomische Lage mit ästhetischen Unsicherheiten einhergeht[490]: „Weder ist der Erwerb langfristig gesichert, noch unterliegt die auf Innovation verpflichtete (Schreib-)Arbeit standardisierenden Produktionsästhetiken.“[491] Dabei haben es vor allem

---

484 Tommek, Heribert: *Der lange Weg in die Gegenwartsliteratur. Studien zur Geschichte des literarischen Feldes in Deutschland von 1960 bis 2000* (= Studien und Texte zur Sozialgeschichte der Literatur, Bd. 140). De Gruyter: Berlin/München/Boston 2015, S. 217.

485 Vgl. Ebd.

486 Ebd.

487 Vgl. hierzu auch: Reckwitz, Andreas: *Die Erfindung der Kreativität. Zum Prozess gesellschaftlicher Ästhetisierung* (= suhrkamp taschenbuch wissenschaft 1995). Suhrkamp: Frankfurt am Main 2012.

488 Ebd.

489 Vgl. Ebd.

490 Vgl. Amlinger, AutorIn, S. 404.

491 Ebd.

noch nicht etablierte Autor_innen schwer, sich auf dem literarischen Feld zu beweisen, wie Amlinger ausführt:

> Während den etablierten Autoren das ständische System der wechselseitigen Reputationszuweisung ihre exklusive Position sichert, ist es für Bestseller-Autoren umgekehrt der Marktmechanismus, der als Befreiung aus dem ständischen Literaturbetrieb erlebt wird. Die beiden übrigen Autorengruppen werden hingegen mit gesteigerten Anpassungsaufforderungen an externe Vorgaben konfrontiert. Es scheint eine paradoxe Folge der Marktzentrierung zu sein, dass gerade jene Institutionen des literarischen Feldes, die zuvor das soziale Funktionieren garantierten, nun die soziale Ungleichheit unter den Autoren verfestigen.[492]

Diese Faktoren führen maßgeblich dazu, dass sich Autor_innen in prekären Lebens- und Arbeitsverhältnissen wiederfinden, deren Auswirkungen sie bisweilen öffentlich in Interviews und Texten beklagen. Eine eingehendere Betrachtung zu möglichen Verbindungen zwischen literarischen Prekaritätsverhandlungen und der sozialen Lage ihrer Textproduzent_innen könnte dabei vor allem für zukünftige Forschungsarbeiten von Interesse sein.

---

492 Ebd., S. 417.

5 Prekaritätsromane: Eine literaturhistorische Skizze vom Vormärz bis zur Gegenwart

Wie ich im vorigen Kapitel mit Blick auf die Erzählmuster gegenwärtiger Prekaritätsromane im Anschluss an Preisinger bereits kurz ausgeführt habe, kann konstatiert werden, dass sich die deutschsprachige Literatur schon seit Längerem mit unsicheren Lebens- und Arbeitsverhältnissen beschäftigt. Im Fokus meiner Darstellung stehen Literaturströmungen, in denen Themen wie Arbeit und damit zusammenhängende soziale Problematiken wie Beschäftigungslosigkeit und soziale Unsicherheit in signifikanter Weise von Autor_innen aufgegriffen wurden. Der Prekaritätsbegriff, der sich in der Arbeits- und Industriesoziologie vor allem auf gegenwärtige postfordistische Gesellschaftsprozesse fokussiert, ist somit notwendigerweise etwas weiter gefasst. Gemäß der Gattungswahl meines Analysegegenstandes konzentriere ich mich dabei hauptsächlich auf Romane, die hinsichtlich ihrer inhaltlichen Schwerpunkte und ihrer erzählerischen Vermittlung umrissen werden sollen. Es versteht sich von selbst, dass eine vollständige Erfassung des Themenfeldes nicht geleistet werden kann. Vielmehr ist es Ziel des Kapitels, die literaturhistorischen Entwicklungslinien gegenwärtiger Prekaritätsromane überblicksartig zu skizzieren.

Das Augenmerk meiner Darstellung liegt zunächst auf dem Zeitabschnitt zwischen 1830 und 1870, in dem sich die politische Literatur des Vormärz der Auswirkungen industrieller Transformationsprozesse und einer damit einhergehenden Pauperisierung und Proletarisierung breiter Bevölkerungsschichten annimmt. Daran anschließend wird der Naturalismus beleuchtet, der soziale Problematiken aus einer vermeintlich objektiven Perspektive aufgreift und literarisch verhandelt. Sowohl in der Literatur des Vormärz als auch bei den Naturalist_innen spielt der soziale Roman eine wichtige Rolle, in dem die Möglichkeit der Veränderbarkeit der Gesellschaft perspektiviert wird. Demgegenüber steht der im 19. Jahrhundert weitverbreitete Desillusionsroman, in dem die meist bürgerlichen Protagonist_innen an den Determinanten der gesellschaftlichen Verhältnisse scheitern.

Die Betrachtung setzt dann wieder im Zeitabschnitt zwischen 1918 und 1933 ein, als sich in der Weimarer Republik mit dem „Bund Proletarischer Schriftsteller" (BPRS) eine von organisierten Autor_innen produzierte proletarisch-revolutionäre Literatur herausbildet, der ein dezidiert agitatorischer Charakter zu eigen ist. In der Reihe der „Roten Eine Mark Romane" erscheinen Texte, die sich ausschnitthaft der sozialen und arbeitsweltlichen Probleme der Arbeiter_innen annehmen. Konträr hierzu widmet sich der darauffolgende Abschnitt dem neusachlichen Angestelltenroman, der die sozialen Unsicherheiten, die mit der neuen Angestelltenschicht aufkommen, zwar dankbar aufgreift, bei diesem Unterfangen jedoch politisch ambivalent bleibt und eine eher subjektive Perspektive mit individuellen Lösungsansätzen betont.

Eine nennenswerte Thematisierung sozialer Fragen setzt dann wieder nach dem Zweiten Weltkrieg ein. Programmatisch wird in der DDR mit dem „sozialistischen Realismus" ein literarisches Programm ins Leben gerufen, das die Bevölkerung zur Produktivität anregen soll. Gesellschaftliche Missstände stehen dabei nur selten im Fokus der Literatur. In der Bundesrepublik Deutschland gründen sich demgegenüber mit der „Gruppe 61" und später mit dem „Werkkreis Literatur der Arbeitswelt" Schriftsteller_innenorganisationen, deren Mitglieder sich kritisch gegenüber den sozialen Verhältnissen positionieren. In den Romanen der Zeit geht es dabei meist um eine realistische und häufig auch dokumentarische Darstellung prekärer Lebens- und Arbeitsverhältnisse, die mitunter zu breiten gesellschaftlichen Diskussionen führen können.

Im Verlauf der 1980er- und 1990er-Jahre ist von dieser Entwicklung nicht mehr viel zu spüren. Erst mit Beginn des neuen Jahrtausends und den damit beginnenden sozialpolitischen Transformationen, die ich im theoretischen Teil meiner Untersuchung beschrieben habe, kann wieder ein vermehrtes Interesse an den hier genannten Themenkomplexen in der Literatur konstatiert werden.

5.1 Sozialer Roman des Vormärz und Desillusionsroman

Die sozioökonomischen Rahmenbedingungen, mit denen die politisch-literarischen Strömungen des 19. Jahrhunderts verwoben sind, fußten auf umfassenden kapitalistischen und arbeitsweltlichen

Modernisierungsentwicklungen, die im Zusammenschluss mit der Ökonomie neue und effiziente Produktionsverfahren generierten. Die Epoche steht maßgeblich im Zeichen der industriellen Revolution, die in England ihren Anfang nahm und technische Innovationen wie die Dampfmaschine oder die Eisenbahn nach Deutschland brachte.[493] Diese Transformationen gingen mit einer weitreichenden Mobilisierung der Arbeitssubjekte einher. „Immer mehr Menschen“[494], so Gottfried Willems, „werden in Bewegung versetzt, werden aus ihrer gewohnten Umgebung, aus der Welt ihrer Herkunft herausgerissen, um an andere Orte und andere soziale Zusammenhänge verpflanzt zu werden; sie werden, wie man es seinerzeit empfunden hat, ihrer Wurzeln beraubt, erleiden eine ‚*Entwurzelung*‘.“[495]

Infolge verbesserter medizinischer Versorgung und Hygienestandards sowie modernisierter landwirtschaftlicher Produktionstechniken stiegen die Bevölkerungszahlen. Zudem veränderte sich mit den neuen kapitalistischen Produktionsstandards der Zugang zu den Waren, was vor allem der Landbevölkerung existenzielle Probleme bereitete und sie vermehrt in die urbanen Ballungszentren trieb. Dort formierte sich vor dem Hintergrund der hier beschriebenen Prozesse ein Industrieproletariat, das permanent um sein existenzielles Überleben fürchten musste. Die damit verbundenen Probleme wurden u. a. unter dem Schlagwort der „sozialen Frage“ diskutiert.[496] Konträr dazu bildete sich mit dem Bürgertum eine neue heterogene Klasse heraus, die infolge der Industrialisierung zu Wohlstand gelangte. Anders als die feudalistische Ständegesellschaft bot das 19. Jahrhundert soziale Aufstiegsmöglichkeiten, die jedoch mit einer erhöhten Konkurrenz einhergingen.[497] „Je flexibler sich der Einzelne zeigte“[498], konstatiert Claudia Stockinger, „desto aussichtsreicher waren seine Chancen, sich sowohl

493 Vgl. Willems, Gottfried: *Geschichte der deutschen Literatur. Band 4. Vormärz und Realismus*. Böhlau-Verlag: Köln / Weimar / Wien 2014, S. 15.
494 Ebd.
495 Ebd., S. 15 f.
496 Vgl. Ebd., S. 16.
497 Vgl. Stockinger, Claudia: *Das 19. Jahrhundert. Zeitalter des Realismus*, herausgegeben von Iwan-Michelangelo D`Aprile. Akademie-Verlag: Berlin 2010, S. 26.
498 Ebd.

materielles als auch soziales Kapital zu erwerben und die eigene Position zu verbessern."[499]

Die politische Literatur des Vormärz steht unter dem Einfluss politischer Gegenbewegungen der 1840er-Jahre, deren Ausgangsbasis im Liberalismus und dessen Forderung nach einer konstitutionellen Monarchie zu finden sind. Infolge sich stetig ausdifferenzierender sozialer Klassen zeigte sich diese Oppositionsbewegung immer vielschichtiger. Demokratisch-republikanische und sozialistisch-kommunistische Gruppierungen radikalisieren sich zunehmend in ihren politischen Anliegen nach sozialer Gleichheit.[500] Der Protest offenbarte sich, so Peter Stein,

> in einer Kette von Protestaktionen und revolutionären Kämpfen, die nach einem ersten gemeineuropäischen Ausbruch in den Revolutionen des Jahres 1830 ihren Höhepunkt in den Revolutionen des Jahres 1848/49 fanden, ohne dass jedoch die zentrale Forderung nach Herstellung der nationalen Einheit auf demokratischer Grundlage für Deutschland verwirklicht werden konnte. Die bürgerlich-liberale, erst recht dann auch die radikaldemokratische und sozialistische Opposition wurde von Anfang an massiv von den feudalen Zentralmächten unterdrückt und verfolgt. Diese Unterdrückung sowie die immer noch relativ schwache Position der bürgerlichen Klasse (und erst recht des Proletariats) waren maßgeblich für das Scheitern der demokratischen Revolution und die Entscheidung des Bürgertums, ab 1848/49 verstärkt den politischen Kompromiss mit den feudalen Kräften zu suchen.[501]

Die literarische Verhandlung sozialer Missstände war vor allem ein Anliegen bürgerlicher Autor_innen, die sich auf sozialistische Theorien und Philosoph_innen der Aufklärung beriefen. Dieser politische Radikalisierungsprozess, der auf eine neue Gesellschaftsperspektive hin abzielte, wie sie beispielsweise Karl Marx (1818–1883) und Friedrich Engels (1820–1895) in ihrer historisch-materialistischen Theorie der Ökonomie formulierten, benötigte seine Zeit. In den 1840er-Jahren bildete sich in Anlehnung an englische und französische Sozialismuskonzepte, die statt einer proletarischen Revolution die moralischen Vorstellungen der Kapitalisten verändern

499 Ebd.

500 Vgl. Stein, Peter: „Vormärz". In: o. Hrsg.: *Deutsche Literaturgeschichte. Von den Anfängen bis zur Gegenwart*, 8. aktualisierte und erweiterte Auflage. Metzler: Stuttgart / Weimar 2013, S. 242.

501 Ebd., S. 242 f.

wollten, eine umfangreiche politische Literatur heraus.[502] „Adressat dieser überwiegend an das Mitleid appellierenden und zur Reform mahnenden Literatur“[503], so Stein, „blieb aber das aufgeklärte Bürgertum.“[504]

Innerhalb der bürgerlichen Literatur war es vor allem der soziale Roman des Vormärz, der sich den gesellschaftlichen Problemen der Zeit widmete. Mit Mirjana Vuković-Reif können hier etwa „Eisen, Gold und Geist“[505] (1843) und „Weisse Sclaven oder die Leiden des Volkes“[506] (1845) von Ernst Adolf Willkomm (1810–1868), „Paul“[507] (1845) von Alexander von Sternberg (1806–1868) sowie „Fürst und Proletarier“[508] (1846) von Theodor Oelckers (1816–1869) als Genrevertreter genannt werden. Darüber hinaus sind an dieser Stelle auch die Romane von zwei Vormärz-Autorinnen anzuführen, so zum einen „Schloß und Fabrik“[509] (1846) von Louise Otto-Peters (1819–1895) und zum anderen „Aus dem Leben einer Frau“[510] (1847) von Louise Aston (1814–1871).[511]

Ein Merkmal des sozialen Romans des Vormärz ist es, dass er sich dezidiert des sozialen Elends der unteren sozialen Klassen annimmt. Mit Hans Adler können folgende Inhalte als dominierend genannt werden:[512]

> Industrie-, Landarbeiter- und Bergarbeiterproletariat, textil-, metallerzeugende und -verarbeitende Fabriken, Straßen- und Eisenbahnbau, Streiks,

502 Vgl. Ebd., S. 276.
503 Ebd., S. 277.
504 Ebd.
505 Willkomm, Ernst: *Eisen, Gold und Geist*. Kollmann: Leipzig 1843.
506 ders.: *Weisse Sclaven oder die Leiden des Volkes*. Kollmann: Leipzig 1845.
507 von Sternberg, Alexander: *Paul*. Hahnsche Verlagsbuchhandlung: Leipzig 1845.
508 Oelckers, Theodor: *Fürst und Proletarier. Ein Roman aus der Gegenwart*. 2 Bände. Otto Klemm: Leipzig 1846.
509 Otto-Peters, Louise: *Schloß und Fabrik. Erste vollständige Ausgabe des 1846 zensierten Romans*. Leipzig: Leipziger Kommissions- und Großbuchhandelsgesellschaft: 1996.
510 Aston, Louise: *Aus dem Leben einer Frau*. Hoffmann und Campe: Hamburg 1847.
511 Vgl. Vuković-Reif, Mirjana: *Erzählen über das Elend. Armut in der Literatur von Autorinnen des Vormärz*. Dissertation zur Erlangung des Doktors der Philosophie am Fachbereich Philosophie und Geisteswissenschaften der Freien Universität Berlin: 2019, S. 18. Online abrufbar unter: https://refubium.fu-berlin.de/bitstream/handle/fub188/25271/Dissertation_Vukovic_Reif.pdf?sequence=1&isAllowed=y, zuletzt geprüft am 01.02.2021.
512 Vgl. Ebd.

> Hungerrevolten, Folgen des Trucksystems, Verleger- und Faktorenbetrügereien, konfliktreiche Liebe und Heirat über die Klassenschranken hinweg, Elend der Frauen und Kinderarbeit, Krankheit als Folge der Arbeits- und Wohnverhältnisse, Auflösung der Familie als Folge der Schichtarbeit, Kriminalität und Prostitution als Folge von mangelnder Entlohnung und Verwahrlosung […].[513]

Die drängenden Fragen, die der Pauperismus der Zeit aufwirft, werden von den Autor_innen vor dem Hintergrund sozialtheoretischer und ökonomischer Denkströmungen verhandelt und auf unterschiedliche Weise erzählerisch gestaltet. Dies wird besonders anhand der divergenten Bewältigungs- und Kritikmodi deutlich, mit denen in den Texten auf die sozialen Missstände der Zeit geantwortet wird. Neben radikalen Ansätzen, die eine Zerstörung industrieller Produktionsmittel und eine Rückkehr in die Agrargesellschaft propagieren, wird bisweilen auch ein philanthropisches Menschenbild beschworen oder zum revolutionären Kampf aufgerufen.[514]

So steht beispielsweise am Ende von Willkomms „Weisse Sclaven oder die Leiden des Volkes“ die Forderung des neuen Fabrikbesitzers nach einer Verdoppelung des Arbeitslohns und einer Gewinnbeteiligung der Arbeiter_innen. Der Roman propagiert Aufklärung und Humanismus, damit sich die Industrialisierung der Arbeitswelt für alle Menschen positiv auswirkt.[515] „Weisse Sclaven“, so Schößler, entwickelt dabei jedoch „keine politische Lösung für die geschilderten Probleme, sondern setzt auf die private Initiative des neuen Fabrikbesitzers – ein Hinweis auf die bürgerliche Perspektive des Autors.“[516] In Luise Otto-Peters „Schloß und Fabrik“ obliegt es hingegen vor allem den weiblichen Figuren höherer sozialer Klassen, die miserablen Lebensverhältnisse der Arbeiter_innen durch fürsorgliche Handlungen zu lindern. Auch hier sind es wieder „individuelle, nicht-staatliche Formen der Unterstützung“[517], in diesem Fall „für weibliche

---

513 Adler, Hans: „Literatur und Sozialkritik. Versuch einer historischen Spezifikation des sozialen Romans“. In: ders. (Hrsg.): *Der deutsche soziale Roman des 18. und des 19. Jahrhunderts* (= Wege der Forschung, Bd. 630). Wissenschaftfliche Buchgesellschaft: Darmstadt 1990, S. 301 f. Vgl. auch Vuković-Reif, Erzählen, S. 18.

514 Vgl. Vuković-Reif, Erzählen, S. 18.

515 Vgl. Adler, Hans: *Soziale Romane im Vormärz*. Wilhelm Fink Verlag: München 1980, S. 76.

516 Schößler, Oeconomica, S. 95.

517 Ebd., S. 105.

Sozialarbeit“[518], die als Lösungen für die sozialen Probleme der Zeit angeboten werden. Auf diese Weise führt der Roman bürgerliche Geschlechterdiskurse im Konnex von Arbeit und Weiblichkeit fort, wie sie bereits in Goethes Bildungsroman „Wilhem Meisters Lehrjahre“[519] (1795/96) zum Tragen kommen.[520] Beide hier exemplarisch genannten Autor_innen des sozialen Romans, so konstatiert Schößler, „kennen die frühindustrielle Produktion mit ihren fatalen Folgen aus eigener Anschauung, schreiben jedoch für ein bürgerliches Publikum, dem sie selbst entstammen, und für einen entsprechenden Markt.“[521] Aus diesem Grund wird das Sujet „auf spezifische Weise narrativiert und durch melodramatische Plots, Personalisierungen und schauerromantische Elemente zum süffigen Leseabenteuer stilisiert.“[522]

Trotz ihrer unterschiedlichen Lösungsansätze für die sozialen Probleme der Zeit können die Texte als Ergebnis eines gewandelten Armutsdiskurses verstanden werden, der sich in den Romanen dahingegen abzeichnet, so Vuković-Reif, „dass der Pauperismus nicht als gottgegeben oder unveränderlich geschildert wird, sondern grundsätzlich als ein Problem, das von Menschen verursacht wird und demnach auch von den selbigen gelöst werden muss.“[523] Soziales Elend ist somit nicht mehr individuell bedingt auf Fehlleistungen und das persönliche Schicksal zurückzuführen, sondern soziostrukturell begründbar. Der soziale Roman insistiert auf die Veränderbarkeit gesellschaftlicher Missstände. Im Angesicht des grassierenden Elends stellen sich Fragen, die die Berechtigung der herrschenden Ordnung betreffen.[524]

Im Kontrast zum sozialen Roman kann der im 19. Jahrhundert populäre Desillusionsroman angeführt werden, dessen meist bürgerliche und von Hoffnungen getriebenen Protagonist_innen mit einer feindlichen Außenwelt konfrontiert werden, an deren sozioökonomischen Determinanten sie zerbrechen. Nach Lukács haben im Desillusionsroman „alle gebildeartigen

518 Ebd.
519 von Goethe, Johann Wolfgang: *Wilhelm Meisters Lehrjahre*, 10. Auflage. dtv: München 2004.
520 Vgl. Schößler, Oeconomica, S. 105.
521 Ebd., S. 91.
522 Ebd.
523 Vuković-Reif, Erzählen, S. 19.
524 Vgl. Ebd.

Objektivationen des sozialen Lebens"[525] ihre Bedeutung eingebüßt, „der Beruf verliert jede Wichtigkeit für das innere Geschick des einzelnen Menschen; Ehe, Familie und Klasse für das ihrer Beziehungen untereinander."[526] Das Scheitern der Protagonist_innen ist in den Desillusionsromanen von Beginn an angelegt und wird nicht in einem groß angelegten Konflikt zur Disposition gestellt.[527] „Das gestaltende Subjekt"[528], so führt Tanja Dembski aus, „erkennt den trostlosen Zustand der Wirklichkeit, es weiß um die Inadäquanz von Welt und Seele, die durch keinen Kampf des Individuums überwunden werden kann, und es stellt diese Zusammenhänge in der Gestaltung schonungslos dar."[529] Ein Merkmal der Desillusionsromane ist eine Tendenz zur Subjektivität, „die Selbstbegegnung der Zentralfigur in der Kontemplation und der Verzicht auf Aktion sowie die Abwertung der Außenwelt zu einer dem menschlichen Wesen entfremdeten ‚zweiten Natur'."[530]

Zu den Vertretern des Desillusionsromans zählt Lukács beispielsweise Gustave Flauberts (1821–1880) „L'Éducation sentimentale"[531] (1869) sowie „Niels Lyhne"[532] (1880) von Jens Peter Jacobsen (1847–1885) Als signifikantes Beispiel können hier auch Honoré de Balzacs (1799–1850) „Illusions predues"[533] (1837) genannt werden, in dem der soziale Aufstieg und Fall des Lucien Chardon geschildert wird, der an den exklusiven Strukturen des literarischen und journalistischen Feldes scheitert und von der höheren Gesellschaft verstoßen wird. Am Ende der Handlung ist der Protagonist

525 Lukács, Theorie, S. 115.
526 Ebd.
527 Vgl. Dembski, Tanja: *Paradigmen der Romantheorie zu Beginn des 20. Jahrhunderts. Lucács, Bachtin und Rilke*. Königshausen & Neumann: Würzburg 2000, S. 331.
528 Ebd.
529 Ebd.
530 Ebd., S. 332.
531 Flaubert, Gustave: *Lehrjahre des Herzens*. Winkler: München 1979.
532 Peter, Jens Jacobson: *Niels Lyhne*, 5. Auflage. Insel-Verlag: Frankfurt am Main 1990.
533 Balzac, Honoré de: *Verlorene Illusionen. Roman aus der Provinz*. dtv: München 2017.

mittellos geworden und verstrickt sich in neuerliche Abhängigkeiten. „Die *Illusions predues*“[534], konstatiert Erich Köhler,

> sind der erste große neuzeitliche Desillusionsroman insofern, als die Desillusionierung, die erbarmungslose Zerstörung der idealen Lebensvorstellung begabter junger Menschen, sich erstmals in der Literaturgeschichte weniger in einem Scheitern an anachronistisch gewordenen, erstarrten Ordnungsinstitutionen vollzieht als im Zusammenstoß mit der ganz gegenwärtigen, ja historisch gerade erst in der Entfaltung begriffenen Welt des Kapitalismus.[535]

In der deutschen Literatur ist es etwa Gottfried Kellers „Der grüne Heinrich“[536] (1854/55) das dem Erzählmuster des Desillusionsromans in beispielhafter Weise verkörpert.[537] Anstatt wie im Bildungsroman die positive Entwicklung des Protagonisten in den Fokus zu nehmen, scheitert die Hauptfigur in Kellers Roman sowohl an ihren beruflichen Ambitionen als Kunstmaler als auch an ihrer Beziehungsunfähigkeit. Mit dem Tod seiner Mutter und dem Verlust einer Geliebten stirbt der Protagonist am Ende des Romans in Schmerz und Resignation.

Der soziale Roman des Vormärz und der Desillusionsroman bilden, unabhängig von ihrem Figurenpersonal, zwei entgegengesetzte Pole, mit denen die Literatur auf die als negativ empfundenen kapitalistischen Gesellschaftsverhältnisse antwortet. So fokussiert ersterer die wie auch immer geartete Möglichkeit der Veränderung des Sozialen, während zweiterer einen resignierenden Blick auf die soziale Welt richtet. Ein weiterer Unterschied besteht zudem darin, dass der soziale Roman das Leiden der unteren sozialen Klassen in den Blick nimmt, wohingegen der Desillusionsroman sich mehr auf das subjektive Erleben bürgerlicher Protagonist_innen konzentriert. Gemeinsam ist beiden Romanformen, dass sie zumeist aus einer bürgerlichen Perspektive geschrieben werden, die meist nicht unmittelbar mit den Problemen und Nöten der unteren Bevölkerungsgruppen vertraut ist. Der

534 Köhler, Erich: *Das 19. Jahrhundert. II*, herausgegeben von Henning Krauß und Dietmar Rieger. Kohlhammer: Stuttgart 1987, S. 64.

535 Ebd.

536 Keller, Gottfried: *Der grüne Heinrich*. Artemis und Winkler: Düsseldorf / Zürich 2000.

537 Vgl. Becker, Sabine: Bürgerlicher Realismus. Literatur und Kultur im bürgerlichen Zeitalter 1848–1900. Francke (= UTB 2369): Tübingen / Basel 2003, S. 191.

soziale Roman des Naturalismus, um den es im nächsten Abschnitt meiner Darstellung gehen wird, nimmt sich wie der soziale Roman des Vormärz der prekären Lage des Proletariats an. Die literarische Programmatik, der die Autor_innen dabei folgen, behauptet eine scheinbar wissenschaftlich-objektive Perspektive, die die soziale Welt als darwinistischen Überlebenskampf erscheinen lässt.

5.2 Sozialer Roman des Naturalismus

Die Reichseinigung von 1870/71 ging mit einem rasanten ökonomischen Aufstieg des Deutschen Reiches einher, der für soziale Zerwürfnisse sorgte. Neben einer florierenden Industrie hielt Elektrizität Einzug in die Haushalte und die öffentliche Infrastruktur wurde ausgebaut. Mit den veränderten Produktionsbedingungen konstituierte sich ein neues Proletariat, das unter hohen Arbeitszeiten und teils niedrigen Löhnen litt. Dem sozialen Elend konnte auch die Armenfürsorge nicht gerecht werden. Reichskanzler Otto von Bismarck (1815–1898) unternahm den Versuch, diesen Zuständen durch eine neue Sozialgesetzgebung beizukommen, nicht zuletzt, um die erstarkende Sozialdemokratie zu schwächen.[538]

Das Ziel der Naturalist_innen war es, in der Literatur eine objektive Darstellung der Natur zu erreichen.[539] „Wir sind“[540], so Émile Zola in seinem programmatischen Aufsatz „Der Experimentalroman“ (1879), „experimentierende Sittenbildner“[541]. Ziel des naturalistischen Dichters sollte es sein, so Zola weiter, „auf die Individuen und die Milieus einzuwirken“[542], um „zum besten sozialen Zustand“[543] zu kommen. Das Vorgehen der Naturalist_

538 Vgl. Ajouri, Philip: *Literatur um 1900. Naturalismus – Fin de Siècle – Expressionismus*, herausgegeben von Iwan Michelangelo D` Aprile. Akademie Verlag: Berlin 2009, S. 85.

539 Vgl. Kanz, Christine: „Die literarische Moderne“. In: o. Hrsg.: *Literaturgeschichte*, S. 348.

540 Zola, Émile: „Der Experimentalroman“. In: Brauneck, Manfred / Müller, Christine (Hrsg.): *Naturalismus. Manifeste und Dokumente zur deutschen Literatur 1880–1900*. Metzler: 1987, S. 93.

541 Ebd.

542 Ebd.

543 Ebd.

innen bezeichnet der Autor dahingegen als „praktische Soziologie“[544]. Im Gegensatz zu Wissenschaftler_innen, so Christine Kanz,

> kann der naturalistische Dichter seine Experimente in der Phantasie durchführen. Seine Hypothesen brauchen durch die Wirklichkeit nicht bewiesen zu werden. Dies ist mit ein Grund, weshalb viele Naturalisten bevorzugt auf die gerade bekannt gewordenen Vererbungsgesetze und die Erkenntnisse der Milieutheorie zurückgriffen. Von einer ‚wissenschaftlichen‘ Durchdringung der literarischen Themen kann jedoch kaum gesprochen werden. Abgesehen von der naturalistischen Programmatik, den Sprachexperimenten von Arno Holz und der Literarisierung von Milieu und Vererbung in den naturalistischen Dramen Gerhart Hauptmanns sind die naturwissenschaftlichen Erkenntnisse in den Texten des Naturalismus kaum fruchtbar gemacht worden.[545]

Die Verelendungserscheinungen des Proletariats waren ein prominentes Sujet des Naturalismus. Bislang tabuisierte Themen fanden Einzug in die Literatur.[546] Zu kaum einer gesellschaftlichen Klasse hatten die Naturalist_innen jedoch ein ambivalenteres Verhältnis als zur Arbeiterschaft. „Fraglos hat er deren Nähe gesucht“[547], so Ingo Stockmann,

> dennoch blieb das Engagement halbherzig und hinsichtlich seiner Motive unspezifisch. Strukturell leitete sich der ›Kampf‹ der Naturalisten an der Seite von Arbeiterschaft und Sozialdemokratie – […] lediglich aus einer Schnittmenge punktuell gemeinsamer Ziele und vager ideologischer Positionierungen her.[548]

Neben zahlreichen Theaterstücken, wie etwa Gerhart Hauptmanns (1862–1949) Drama „Vor Sonnenaufgang“[549] (1889), das dem Naturalismus zum Durchbruch auf der Bühne verhalf und von der elenden Lage der Bergleute handelte,[550] konnte der soziale Roman einen hohen Stellenwert für sich beanspruchen. Die Romane stellen drängende gesellschaftliche Probleme, die mit den Modernisierungsprozessen nach 1870 aufgeworfen wurden, in den Mittelpunkt ihrer Handlung. Die Texte drehen sich

---

544 Ebd.
545 Ebd., S. 348 f.
546 Vgl. Ebd., S. 349.
547 Stöckmann, Ingo: *Naturalismus. Lehrbuch Germanistik*. Metzler: Stuttgart / Weimar 2011, S. 28.
548 Ebd.
549 Hauptmann, Gerhart: *Vor Sonnenaufgang*. Anaconda: Köln 2018.
550 Vgl. Kanz, Moderne, S. 350 f.

thematisch um Proletarisierung und Pauperisierung der Arbeiter_innen. In ihrem Fokus auf die sozioökonomischen Prozesse der modernen Gesellschaft orientieren sich die Texte am sozialen Roman des Vormärz. Programmatisch liegt den Romanen die darwinistische Auffassung des Lebens als permanenter Kampf zugrunde, die sich ideologisch in den Figuren und Erzählsträngen abzeichnet.[551] Zusammenfassend lassen sich mit Stöckmann folgende Strukturmerkmale des naturalistischen sozialen Romans benennen:

- Die Fundierung des komplexen Modernisierungsprozesses in einem homogenen Erzählschema (Kampf ums Dasein)
- Die Aufspaltung der Erzählebenen in ein fundierendes ‚Gesetz' und eine Vielzahl abgeleiteter ‚Erscheinungen' an der Erzähloberfläche
- Die kontrastive Grundstruktur der erzählten Welt hinsichtlich von Erzählverlauf (Aufstieg vs. Untergang) und Konfiguration (Sieger vs. Verlierer) [...]
- Die vor allem das zyklische Erzählen kennzeichnende Neigung zur Serialität, insofern als jeder Erzähltext nur die Manifestation eines prinzipiell unveränderlichen Basisschemas (‚Gesetzes') darstellt.[552]

Eine bedeutende Rolle kommt hier etwa dem Romancier Max Kretzer (1854–1941) zu, der sich seit den 1880er-Jahren in seinen Berlin-Romanen mit den sozialen Missständen, die sich in den Großstädten abzeichneten, auseinandersetzte. Anders als viele andere Autor_innen des Naturalismus, verarbeitet Kretzer in seinen Texten dabei auch eigene Erfahrungen, die er als Fabrikarbeiter gesammelt hat und durch die er mit dem Elend des Proletariats in Kontakt gekommen ist. Kretzers frühe Romane „Die Betrogenen"[553] (1882), „Die beiden Genossen"[554] (1880) und „Im Sturmwind des Sozialismus"[555] (1884) stellen den Kampf um das eigene Überleben in den Mittelpunkt[556], wobei die Großstadt, so Stöckmann, „als Schauplatz einer

551 Stöckmann, Naturalismus, S. 139 f.
552 Ebd., S. 140 f.
553 Kretzer, Max: *Die Betrogenen. Berliner Sitten-Roman*, 8. Auflage. List: Leipzig 1925.
554 ders.: *Die beiden Genossen. Sozialer Roman*, 5. Auflage. List: Leipzig 1925.
555 ders.: Im Sturmwind des Sozialismus. Hilger: Leipzig/Berlin 1907.
556 Stöckmann, Naturalismus, S. 141 f.

unaufhaltsamen Kraft der Verelendung“[557] erscheint, „die die zivilisatorische Moderne nach und nach schwächt“[558]. Besonders drastisch schildert beispielsweise Kretzers Roman „Die Verkommenen“[559] (1883) das unbarmherzige proletarische Leben in bestimmten Berliner Stadtgebieten. In dem Roman, so Christof Forderer, sind die Figuren „Wohnungselend, einem brutalen Arbeitsmarkt und den Zerstreuungsmöglichkeiten von Schnapsdestillen“[560] hilflos ausgeliefert. „Die Drastik der erzählten Schicksale“[561], so der Autor, „dokumentiert die Härte der kapitalistischen Verstädterung des 19. Jahrhunderts“[562]. Im Mittelpunkt der Handlung steht die Arbeiterfamilie Merk, die als tugendhafte und arbeitsame Menschen dargestellt werden. Sukzessive wird die Familie im Laufe der Handlung von den destruktiven Kräften der Großstadt in das soziale Elend getrieben. Am Ende des Romans landet der Vater im Zuchthaus und die Tochter muss ihren Lebensunterhalt als Prostituierte bestreiten.[563]

Auch der zur damaligen Zeit populäre Autor Conrad Alberti (1862–1918) widmete sich in seinen Texten den problematischen Seiten des modernen Lebens. Vor allem die Romane „Wer ist der Stärkere?“[564] (1888) und „Die Alten und die Jungen“[565] (1889) können als signifikant für das erzählerische Profil des naturalistischen sozialen Romans gelten. Die Texte handeln von Klassenkonflikten, den Auswirkungen ökonomischer Modernisierungsprozesse und der Korrumpierbarkeit wirtschaftlicher und wissenschaftlicher Gruppierungen.[566] In Albertis Roman „Wer ist der Stärkere?“ spielen Klassenauseinandersetzungen eine entscheidende Rolle, wie Forderer erläutert:

557 Ebd., S. 142.

558 Ebd.

559 Kretzer, Max: *Die Verkommenen. Berliner Sitten-Roman*, 14. Auflage. Elischer: Leipzig 1919.

560 Forderer, Christof: *Die Großstadt im Roman. Berliner Großstadtdarstellungen zwischen Naturalismus und Moderne*. Springer: Wiesbaden 1992, S. 174.

561 Ebd., S. 175.

562 Ebd.

563 Vgl. Ebd.

564 Alberti, Conrad: *Wer ist der Stärkere? Ein sozialer Roman aus dem modernen Berlin. Erster Band*. Wilhelm Friedrich: Leipzig 1888.

565 ders.: *Die Alten und die Jungen. Sozialer Roman. Erster Band*. Wilhelm Friedrich: Berlin 1889.

566 Vgl. Stöckmann, Naturalismus, S. 143.

> Ein monatelanger Streik der Berliner Bauarbeiter – er wird ausführlich in seinem Zustandekommen, seinem Verlauf und seinem Ende verfolgt -, die bauliche Erschließung neuen Stadtterrains, der Wandel im sozialen Charakter eines Wohnviertels, die Funktionsweise eines Wissenschaftsbetriebs, der sich fest in den Händen etablierter Professoren befindet, die Funktionalisierung der Presse für Privatinteressen: solche und andere Realien aus dem sozialen, ökonomischen, politischen Großkomplex Großstadt sind handlungstragende Elemente oder werden zumindest gestreift.[567]

Dementgegen können Clara Viebigs (1860–1952) soziale Romane „Kinder der Eifel"[568] (1897) oder „Das Weiberdorf"[569] (1901) dezidiert im Kontext der Frauenbewegung gelesen werden, die sich seit dem späten 19. Jahrhundert formierte und sich u. a. für politische Mitbestimmungsrechte der Frauen und bessere Arbeitsbedingungen einsetzte. Nicht zuletzt die Zunahme der Frauenarbeit in den Fabriken führte zur Kritik an den sozialen Verhältnissen und damit zusammenhängenden geschlechterspezifischen Problemlagen. So setzen sich etwa Viebigs Texte mit Problemen der Mutterschaft, der Armut der Proletarierfrauen und Prostitution auseinander.[570]

Zwar lässt sich an dieser Stelle zusammenfassend festhalten, dass sich der naturalistische soziale Roman formal und hinsichtlich seiner Themenwahl an dem sozialen Roman des Vormärz orientiert, er fokussiert dabei jedoch weniger die Veränderung der Gesellschaft, als dass er mehrheitlich einer determinierenden Perspektive folgt, die sich auf den scheinbar objektiven Gesetzen von Milieu und Vererbung gründen. In starkem Kontrast hierzu steht wiederum der proletarisch-revolutionäre Roman der Weimarer Republik, der im nächsten Abschnitt im Fokus stehen soll und der eine politisch-agitatorische Programmatik vertritt, die auf den Umsturz der sozialen Verhältnisse abzielt.

567 Forderer, Großstadt, S. 107 f.
568 Viebig, Clara: *Kinder der Eifel*. Rhein-Mosel-Verlag: Briedel / Mosel 1998.
569 dies.: *Das Weiberdorf*. Droemer Knaur: München 1984.
570 Vgl. Kanz, Moderne, S. 352 ff.

5.3 Proletarisch-revolutionärer Roman

„Wir leben provisorisch, die Krise nimmt kein Ende“[571], stellt Fabian, die Hauptfigur aus Erich Kästners (1899–1974) gleichnamigem Roman (1931) fest und beschreibt damit das Lebensgefühl vieler Menschen zwischen 1918 und 1933 in pointierter Weise. Aus historischer Perspektive zeichnet sich die Weimarer Republik durch eine hohe Dichte an politischen Zäsuren sowie sozialen, ökonomischen und technologischen Umbrüchen aus.[572] Infolge wirtschaftlicher Konjunkturflauten stiegen die Arbeitslosenzahlen dramatisch. Nach einer kurzen expansiven Phase ließ die Weltwirtschaftskrise von 1928/29 die Arbeitslosenquote von 4,2 auf 17,7 Prozent steigen[573], 1932 war fast ein Drittel der Bevölkerung beschäftigungslos. Kurzarbeit und krisenbedingter Lohnverfall breiteten sich aus und brachten das gesellschaftliche System der Weimarer Republik ins Wanken.[574]

Ein signifikantes Merkmal der Literaturproduktion der Weimarer Republik war die Bildung von Schriftsteller_innenorganisationen, die die Autor_innen in ihren ökonomischen Interessen unterstützten und die häufig auch programmatisch auf die Texte Einfluss ausübten. Von Relevanz war etwa der 1909 in Berlin gegründete „Schutzverbund deutscher Schriftsteller“ (SDS), in dem nahezu alle etablierten Autor_innen der Weimarer Republik organisiert waren. Seine Mitglieder genossen vor allem rechtlichen und wirtschaftlichen Rückhalt. Unter den Eindrücken des Ersten Weltkrieges gründete sich zudem der „PEN-Club“, der u. a. für Frieden und gegen Rassenhass eintrat.[575]

Diesen beiden Organisationen stand der 1928 gegründete „Bund Proletarisch-Revolutionärer Schriftsteller“ (BPRS) gegenüber, der sich aus kommunistischen und sozialistischen Schriftsteller_innen zusammensetzte.

---

571 Kästner, Erich: *Fabian. Die Geschichte eines Moralisten.* Ullstein: Berlin 1959, S. 47. Siehe auch: Schütz, Erhard: *Romane der Weimarer Republik* (= UTB 1387). Wilhelm Fink: München 1986, S. 13.

572 Vgl. Schütz, Romane, S. 12.

573 Vgl. Pilz, Frank: *Der Sozialstaat. Ausbau – Kontroversen – Umbau* (= Schriftenreihe, Bd. 452). bpb: Bonn 2004, S. 27 ff.

574 Vgl. Döhring, Diether: *Sozialstaat.* Fischer: Frankfurt am Main 2004, S. 26.

575 Vgl. Stephan, Inge: „Literatur der Weimarer Republik“. In: o. Hrsg.: *Literaturgeschichte*, S. 396.

Der BPRS verstand sich als deutscher Ableger der 1927 gegründeten „Internationalen Vereinigung Revolutionärer Schriftsteller“ (IVRS) und versammelte bekannte Autor_innen wie Erich Weinert (1890–1953), Johannes R. Becher (1891–1958), Anna Seghers (1900–1983) und Willi Bredel (1901–1964). Die Literatur wurde hier als wichtiges ideologisches Mittel im Klassenkampf verstanden und repräsentierte die vom BPRS vertretenen Autor_innen in ihren politischen Anliegen. Die Ansätze einer proletarisch-revolutionären Literatur bildeten sich in Deutschland im Angesicht der Ereignisse der russischen Oktoberrevolution von 1917 und der Verstärkung sozialer Missstände heraus.[576]

Innerhalb des BPRS wurde die Frage, ob Autor_innen der Arbeiterklasse angehören müssten, kontrovers diskutiert. Uneinigkeit herrschte auch dahingehend, ob literarische Texte Kunst oder Propaganda seien.[577] Dabei bedienten sich die Mitglieder des BPRS zahlreicher Gattungen, die u. a. Kurzgeschichte und Reportage umfassten, im Mittelpunkt der Diskussionen, so Fähnders, stand jedoch „zunehmend die Großform des Romans.“[578]

Als einflussreicher Akteur proletarisch-revolutionärer Literatur tritt hier Lukács in Erscheinung, der ihre Aufgabe darin sieht, gesellschaftliche Ambivalenzen sichtbar zu machen und gleichzeitig ihre sozialistische Auflösung zu fokussieren.[579] Dieser Anspruch ließ, so Fähnders kritisch, „keine Brüche, keine Widersprüche, etwa Montage, Collage, oder die Durchmischung diskursiver und fiktionaler, authentischer und narrativer Bereiche zu.“[580] Die Forderung nach der literarischen Erfassung des gesellschaftlichen Ganzen lehnte avantgardistische Mittel ab. Leistet man Lukács Folge, dann wird durch sie nicht die gesellschaftliche Ganzheit erfasst, sondern nur partiell reflektiert. „Mit einem derart verengten Widerspiegelungsbegriff“[581], so der Autor weiter, „schrieb Lukács letztlich ästhetische Normen des bürgerlich

576 Vgl. Stephan, Literatur, S. 396 f.

577 Vgl. Heintz, Günter: „Einleitung“. In: ders. (Hrsg.) *Texte der proletarisch-revolutionären Literatur Deutschlands 1919 – 1933* (= Universalbibliothek Nr. 9707). Reclam: Stuttgart 1980, S. 7 f.

578 Fähnders, Walter: *Avantgarde und Moderne 1890–1933*, 2. Auflage. Metzler: Stuttgart / Weimar 2010, S. 252.

579 Vgl. Ebd.

580 Ebd.

581 Ebd.

kritischen Romans des 19. Jahrhunderts fest: Im großen bürgerlichen Roman, bis hin zu Tolstoi und Thomas Mann, fand er sein Totalitätsmodell verwirklicht."[582]

In Opposition zu Lukács' literaturtheoretischen Überlegungen steht der proletarische Roman. Dieser nimmt sich bestimmter Ausschnitte aus dem Leben der Arbeiter_innen an, die er auf reportagehafte Weise verhandelt.[583] In der Reihe der „Roten-Eine-Mark-Romane" werden gesellschaftliche Probleme aus dem Blickwinkel revolutionärer Arbeiter_innen geschildert. Gemeinsam ist den Romanen ihre einfache erzählerische Gestaltung sowie ihr agitatorischer Gehalt.[584] „Der Rote-Eine-Mark-Roman"[585], so Michaela Menger,

> nimmt als bewusst konzipierte Unterhaltungsliteratur mit operativem Charakter eine Sonderstellung ein gegenüber den rein politisch-didaktischen Broschüren und Flugblättern sowie den operativen Kleinformen wie Gedichten, Reportagen, Erzählungen und Arbeiterkorrespondenzen, die z. B. in den Zeitungen *Die Rote Fahne* und in der *Linkskurve* publiziert wurden. So soll der Rote-Eine-Mark-Roman nicht nur das Unterhaltungsbedürfnis befriedigen, sondern vielmehr als agitatorische ,Waffe' im politischen Kampf wirken, also das Klassenbewusstsein stärken und zur Aktion aufrufen.[586]

Dabei nehmen sich die ersten Bände der Reihe zunächst historischer Arbeitskämpfe an. So thematisiert beispielsweise Hans Marchwitzas (1890–1965) „Sturm auf Essen"[587] (1930) den Kapp-Putsch von 1920 oder Klaus Neukrantzs (1897–1941) „Barrikaden am Wedding"[588] (1930) die Kämpfe des 1. Mai 1929. In späteren Bänden richtet sich die Reihe stärker an alltäglichen Konflikten der Arbeiter_innen aus, wie sie sich in innerbetrieblichen Auseinandersetzungen zeigen.[589] Hierzu gehört etwa Willi Bredels

---

582 Ebd.

583 Vgl. Ebd., S. 253.

584 Vgl. Stephan, Republik, S. 405.

585 Menger, Michaela: *Der literarische Kampf um den Arbeiter. Populäre Schemata und politische Agitation im späten Roman der Weimarer Republik.* De Gruyter: Berlin 2016, S. 72.

586 Ebd.

587 Marchwitza, Hans: *Sturm auf Essen.* Tribüne: Berlin 1960.

588 Neukrantz, Klaus: *Barrikaden am Wedding. Roman einer Straße aus den Berliner Maitagen 1929*. Oberbaumverlag: Berlin 1978, S. 72.

589 Vgl. Menger, Kampf, S. 75.

(1901–1964) Roman „Maschinenfabrik N&K“[590] (1930), in dem der Kampf kommunistischer Arbeiter_innen um verringerte Arbeitszeiten und höhere Löhne geschildert wird. Als die Arbeiter_innen in den Streik treten, kommt es zu blutigen Auseinandersetzungen mit der Staatsgewalt. Auch in Marchwitzas „Schlacht vor Kohle“[591] (1931) geht es um einen von Kohlearbeitern organisierten Streik, der als Reaktion auf Lohnkürzungen des Arbeitgebers initiiert wird.[592]

Andere Bände der Reihe fokussieren die problematischen Lebensverhältnisse der Arbeiter_innen. Hierzu zählen etwa Bredels „Rosenhofstrasse“[593] (1931), Walter Schönstedts „Kämpfende Jugend“[594] (1932) und Franz Kreys Roman „Maria und der Paragraph“[595] (1932), der sich kritisch mit der Abtreibungsproblematik auseinandersetzt.[596] So ist die Protagonistin in Kreys Roman gezwungen ihre Schwangerschaft abzubrechen, damit sie nicht in Schwierigkeiten mit ihrem Arbeitgeber gerät. Da Abtreibungen jedoch illegal sind, kommt sie mit dem Gesetz in Konflikt.

Die Autor_innen bauten darauf, so Matthias Uecker, „daß die dokumentarisch abgesicherte Romanform einen illusionistischen Effekt haben und die erzählerisch gestaltete Handlung als authentische und zugleich repräsentativ-typische Darstellung der realen Ereignisse und ihrer Ursachen wirken würde.“[597] Von naturalistischen Darstellungen unterscheidet den proletarisch-revolutionären Roman dabei vor allem sein operativer Charakter, wie Uecker verdeutlicht:[598]

---

590 Bredel, Willi: *Maschinenfabrik N&K*. Verlag Neues Leben: Berlin 1977.

591 Marchwitza, Hans: *Schlacht vor Kohle*. Verlag Tribüne: Berlin 1980.

592 Siehe Einteilung der Texte nach Menger, Kampf, S. 75.

593 Bredel, Willi: *Rosenhofstrasse. Roman einer Hamburger Arbeiterstrasse*. Oberbaumverlag: Berlin 1974.

594 Schönstedt, Walter: *Kämpfende Jugend. Roman der arbeitenden Jugend*. Oberbaumverlag: Berlin 1976.

595 Krey, Franz: *Maria und der Paragraph. Verlag Neuer Kurs: Berlin 1972.*

596 Menger, Kampf, S. 75.

597 Uecker, Matthias: *Wirklichkeit und Literatur. Strategien dokumentarischen Schreibens in der Weimarer Republik*. Peter Lang: Oxford / Bern / Berlin / Bruxelles / Frankfurt am Main / New York / Wien 2007, S. 326.

598 Vgl. Ebd., S. 325.

Unverzichtbarer Bestandteil der proletarischen Wirklichkeit hatten immer auch die Aktivitäten kommunistischer Organisationen, das heißt vor allem Betriebs- und Straßenzellen zu sein, in denen die ‚Ideologie des revolutionären Bewußtseins' und der Kampf um die Veränderung der bestehenden Wirklichkeit repräsentiert waren. Keine Zustandsbeschreibungen sollten die Romane liefern, sondern Anleitungen zur Revolution.[599]

5.4 Neue Sachlichkeit: Der Angestelltenroman

Anders als die proletarisch-revolutionäre Literatur des BPRS ist die Literatur der Neuen Sachlichkeit kaum einem bestimmten politischen Spektrum der Weimarer Republik zuzuordnen, vielmehr divergieren die Texte zwischen progressiven und konservativen Ausrichtungen. Der Literatur der Neuen Sachlichkeit geht es also weniger um die Veränderbarkeit des Sozialen als vielmehr um eine dokumentarische und objektive Erfassung des gesellschaftlichen Lebens.[600]

Ein prominenter Vertreter des Figurenrepertoires neusachlicher Texte ist beispielsweise der von sozialem Abstieg bedrohte Angestellte, der häufig über ein hohes Maß an kulturellem Kapital verfügt und vornehmlich als Werbetexter oder Journalist tätig ist. Die Handlungsorte der Erzählungen sind meistens in den Unterhaltungs- und Konsumetablissements der Zeit angesiedelt. Journalistische Schreibweisen finden Einzug in den Roman und führen zu realitätsnahen Arbeitsplatzschilderungen.[601] Durch die Fokussierung des „Gebrauchswertcharakters"[602] der Literatur, so Pankau,

> wird die Möglichkeit individueller Aktivierung und Operationalisierung in den Vordergrund gerückt. Das Versprechen neusachlicher Literatur liegt in der objektiven Schilderung persönlich erfahrbarer Zustände und deren Bewältigung, nicht in revolutionär-verändernder Aktion, sondern eher in einem wehmütig hingenommenem Abfindungsprozess, beispielhaft in der Lyrik Mascha Kalékos.[603]

599 Ebd.

600 Vgl. Pankau G., Johannes: *Einführung in die Literatur der Neuen Sachlichkeit*, herausgegeben von Gunter E. Grimm und Klaus Michael-Bogdal. WBG: Darmstadt 2010, S. 8 f. u. S. 21.

601 Vgl. Ebd., S. 20.

602 Ebd.

603 Ebd., S. 20 f.

Prekäre Lebens- und Arbeitsverhältnisse werden beispielsweise vielfach im Subgenre des Angestelltenromans aufgegriffen, wozu etwa Martin Kessels (1901–1990) „Herrn Brechers Fiasko“[604] (1932) zu zählen ist, der den unaufhaltbaren sozialen Abstieg eines Medienangestellten schildert. Gabriele Tergits (1894–1982) Gesellschaftssatire „Käsebier erobert den Kurfürstendamm“[605] (1931) beschäftigt sich mit dem Aufstieg und Fall eines Berliner Volkssängers in einem erbarmungslosen Kulturbetrieb. Ebenfalls zu nennen sind hier die weitverbreiteten Sekretärinnenromane wie beispielsweise Rudolf Braunes (1907–1932) „Das Mädchen an der Orga Privat“[606] (1930), der Arbeitslosenroman, zu dem etwa Albert Klaus‘ (1902 – 1983) „Die Hungernden“[607] (1932) zu zählen ist, oder der Industrie-[608] und Großstadtroman, wie beispielsweise Franz Hessels (1880–1941) „Heimliches Berlin“[609] (1927). Trotz aller Unterschiedlichkeiten kann Pankau einige Gemeinsamkeiten der hier aufgezählten Subgenres neusachlicher Texte bestimmen:[610]

> Gemäß der Grundabsicht einer fast reportagehaften, journalistischen Berichtweise sind die Romane zumeist linear aufgebaut und begrenzt in Raffungen, Dehnungen, Einschüben, Exkursen etc. Die Montageformen sind oft – ähnlich wie beim narrativen Spielfilm – indirekt, Schnitte werden – im Gegensatz zum experimentellen Roman – oft nicht sichtbar gemacht (*invisible cut*). Die Handlungsverläufe in den Zeitromanen sind zumeist überschaubar und klar gegliedert. Eine Fokussierung auf eine Zentralfigur ist oft vorhanden, die Heldinnen und Helden der Romane sind aber durchweg gebrochen, von Träumen und Hoffnungen bestimmt, die sich in der Realität nicht erfüllen lassen, sind sie eher passiv und richtungslos, teilweise fremdbestimmt. [...] Im Mittelpunkt steht die Konfrontation mit den aktuellen sozialen Verhältnissen oder gesellschaftlicher

---

604 Kessel, Martin: *Herrn Brechers Fiasko*. Berliner Verlag: Berlin 2007.

605 Tergit, Gabriele: *Käsebier erobert den Kurfürstendamm*. Schöffling & Co: Frankfurt am Main 2016.

606 Braune, Rudolf: *Das Mädchen an der Orga Privat*. Glotzi-Verlag: Frankfurt am Main 2002.

607 Klaus, Albert: *Die Hungernden. Ein Arbeitslosenroman*. Der Bücherkreis: Berlin 1932.

608 Jung, Franz: *Gequältes Volk. Ein oberschlesischer Industrieroman*. Edition Nautilus: Hamburg 1987.

609 Hessel, Franz: *Heimliches Berlin*. Suhrkamp: Frankfurt am Main 1982.

610 Vgl. Pankau, Einführung, S. 49.

> Modernisierung allgemein, woraus sich Identifikations- wie auch Distanzierungsmöglichkeiten für den Leser (oder die Leserin) bezüglich des Erwartungshorizonts ergeben.[611]

Der Hauptschauplatz der Texte umfasst meist die urbanen Ballungszentren der Weimarer Republik, vor allem Berlin, deren soziale Problematiken beispielsweise Hans Fallada (1893–1947) in seinem populären Angestelltenroman „Kleiner Mann, was nun?“[612] (1932) aufgreift. Im Mittelpunkt der Handlung steht der Angestellte Pinneberg, der während der Weltwirtschaftskrise in die Arbeitslosigkeit entlassen wird. Politische Handlungsmöglichkeiten werden in Falladas Roman jedoch nicht angeboten. Vielmehr reagiert der Protagonist auf den Verlust seiner sozialen Position mit Angst und Hoffnungslosigkeit. Einzig der Rückzug in das Private seiner Familie können ihm Halt geben. „Kleiner Mann, was nun?“ bedient sich vielfach der erzählerischen Mittel des Films und ist als Fortsetzungsroman in der „Vossischen Zeitung“ erschienen. Zudem ist er, wie viele der in diesem Abschnitt genannten Texte, signifikant von Siegfried Kracauers (1889–1966) Reportage „Die Angestellten“[613] (1930) beeinflusst.[614] Kracauers Reportage beschäftigt sich mit der neuen sozialen Schicht der Angestellten, die sich infolge einer erstarkenden Industrie und Verwaltung in den Metropolen zu Beginn des 20. Jahrhunderts entwickelt hatte und die sich hinsichtlich ihrer Selbstwahrnehmung deutlich vom Proletariat unterschied. Die Angestelltenkultur war in den Großstädten verankert, die Hoffnungen, die mit dem urbanen Leben zusammenhingen, wurden dabei meistens nicht erfüllt. Nach dem Einsetzen der Weltwirtschaftskrise gerieten viele Angestellte in existenzielle Nöte.[615] Aus der Vielzahl der Publikationen, die sich mit der neuen Angestelltenschicht beschäftigten, zielt Kracauers Reportage vor allem auf Aspekte des Lebensstils und die Mentalität der Angestellten, „um ihre Bewusstseinsformen“[616], so Pankau, „ihre Sehnsüchte, Wünsche

---

611 Ebd., S. 49 f.

612 Fallada, Hans: *Kleiner Mann, was nun?* Anaconda: Köln 2018.

613 Kracauer, Siegfried: *Die Angestellten. Aus dem neuesten Deutschland.* Suhrkamp: Frankfurt am Main 1971.

614 Vgl. Stephan, Republik, S. 420.

615 Vgl. Pankau, Einführung, S. 24.

616 Ebd., S. 26.

und Ängste, nicht zuletzt aber auch um ihre Praxis in Arbeitswelt und vor allem Freizeit"[617] aufzudecken, denen er „in Büros, Fabriken, Unterhaltungsetablissements, Revuetheatern oder Parks nachspürt."[618]

Innerhalb der vielfältigen Subgenres neusachlicher Texte konstituierte sich zudem eine neue Form weiblichen Schreibens, die sich der sozialen und ökonomischen Fragen im Zusammenhang mit der Debatte um die „Neue Frau"[619] annahmen: „Die Durchsetzung des Wahlrechts für Frauen"[620], so Stephan, „der Zugang zu den Universitäten, die Notwendigkeit der Erwerbsarbeit (‚Tippfräulein') konnten nicht ohne Konsequenzen für das Selbstverständnis von Frauen und die Beziehung zu den Geschlechtern sein."[621] Mit Blick auf geschlechterspezifische prekäre Lebens- und Arbeitsverhältnisse der Weimarer Republik können hier exemplarisch Irmgard Keuns (1905–1982) Romane genannt werden. So unternimmt etwa die Protagonistin Doris in Keuns Roman „Das kunstseidene Mädchen"[622] (1933) den Versuch, ihrem eintönigen Leben als Stenotypistin zu entkommen und träumt von einem Leben in Berühmtheit. Im Laufe der Handlung verschlägt es sie nach Berlin, wo ihre Träume scheitern und sie mittellos zurückbleibt. In „Gilgi, eine von uns"[623] (1931) wird die gleichnamige Figur am Ende schwanger in eine prekäre Zukunft entlassen.[624] Keun schildert, so Stephan,

> das turbulente Leben ihrer Heldinnen zwischen Aufstiegsorientierung und Ernüchterung in einer ironisch-komischen Weise, die Ähnlichkeiten mit den Texten von Mascha Kalèko (1912 – 1975) aufweist, die wie Keun ebenfalls den Typus der ‚Neuen Frau' zum Thema gemacht und ihn ein Stück weit auch selbst verkörpert hat.[625]

Neusachliche Romane, wie an dieser Stelle mit Keun exemplarisch angeführt, stehen mit ihren von Hoffnungen und Träumen getriebenen Protagonist_innen, die am Ende an den sozialen Verhältnissen scheitern, und

617 Ebd.
618 Ebd.
619 Vgl. Stephan, Republik, S. 406.
620 Ebd.
621 Ebd.
622 Keun, Irmgard: *Das kunstseidene Mädchen*. Ullstein: Berlin 2017.
623 Keun, Irmgard: *Gilgi – Eine von uns*. Ullstein: Berlin 2018.
624 Vgl. Stephan, Literatur, S. 408.
625 Ebd.

mit ihrer subjektbezogenen Perspektive in der Nähe des Desillusionsromans des 19. Jahrhunderts. Nicht zuletzt mit Blick auf gesellschaftliche Problemlagen wurde die Neue Sachlichkeit dabei in ihrem Anspruch auf Objektivität von verschiedenen Seiten kritisch hinterfragt. „Das Dasein ist nicht dadurch gebannt"[626], so Kracauer etwa das Analysepotential der Reportage bemängelnd,

> daß man es in einer Reportage bestenfalls noch einmal hat. Sie ist ein legitimer Gegenschlag gegen den Idealismus gewesen; mehr nicht. Denn sie verliert sich nur in dem Leben, das dieser nicht finden kann, das ihm und ihr gleich unnahbar ist. Hundert Berichte aus einer Fabrik lassen sich nicht zur Wirklichkeit der Fabrik addieren, sondern bleiben bis in alle Ewigkeit hundert Fabrikansichten. Die Wirklichkeit ist eine Konstruktion.[627]

Mit der Machtübernahme durch die Nationalsozialisten kam die literarische Auseinandersetzung mit den Problematiken des kapitalistischen Arbeits- und Lebenskomplexes weitgehend zum Stillstand. An deren Stelle trat, so Schütz, eine „*Produktionsverherrlichung als politische Systemfeier*"[628], die sich beispielsweise in Romanen zu Staudamm- und Autobahnbau realisierte und die der „meist explizierten Gleichung von Werk- und Volksgemeinschaft, Führertum und nationaler Versöhnung"[629] folgte. Erst mit Ende des Zweiten Weltkrieges, so stellt Stephan fest, wurde in Teilen wieder „an die proletarisch-revolutionäre Literaturtradition in der Weimarer Republik angeknüpft."[630]

5.5 Literatur der Arbeitswelt: Reportageroman und Sozialroman

In der sozialistischen Doktrin der DDR sollten soziale Ungerechtigkeiten beendet werden. Eine Anerkennung prekärer Lebenslagen war dabei nicht vorgesehen.[631] Tatsächlich, so Christopher Lorke,

---

626 Kracauer, Deutschland, S. 16.
627 Ebd.
628 Schütz, Literatur, S. 26.
629 Ebd.
630 Stephan, Literatur, S. 406.
631 Vgl. Lorke, Christopher: *Armut im geteilten Deutschland. Die Wahrnehmungen sozialer Randlagen in der Bundesrepublik und in der DDR*. Campus: Frankfurt am Main 2015, S. 53 f.

> konnte die soziale Absicherung nach Überwindung der Nachkriegsnot ein zumindest bescheidenes Niveau erreichen, das einem Großteil der Bürger einerseits ein gewisses Auskommen sicherte und vor einem Abrutschen in noch prekärere soziale Verhältnisse bewahrte. Andererseits konnte das soziale System der DDR zeit seines Bestehens nicht verhindern, dass Personengruppen, die außerhalb der Arbeitsprozesse standen, unter äußerst dürftigen Bedingungen leben mussten. Vor allem Familien mit mehreren Kindern blieben ebenso hinter der allgemeinen Wohlstandsentwicklung zurück wie Fürsorgeempfänger, Rentner und Werktätige in niedrigen Lohn- und Gehaltsgruppen.[632]

Die Literatur hatte in der DDR die Funktion, die Produktivität der Leser_innen anzuregen. Der „sozialistische Realismus" zielte auf ihre politische Festigung ab. Im Zentrum der Texte steht zumeist ein vorbildhafter, sozialistischer Protagonist, an dem sich die Leser_innen orientieren sollen. Dieses Programm ähnelt den literaturtheoretischen Überlegungen Lukács‘. Das Kunstwerk soll geschlossen sein, avantgardistische Erzählmittel wie Montage oder Verfremdung haben darin keinen Platz.[633] Der Roman erfüllte vor allem eine systemstabilisierende Funktion in der DDR, bei der Konflikte und soziale Missstände zumeist nicht thematisiert werden. Auch der Arbeiteraufstand am 17. Juni 1953 hatte keinen nennenswerten Einfluss auf die Texte.[634] Meine Darstellung konzentriert sich vor diesem Hintergrund auf die Literatur der Bundesrepublik, deren gesellschaftspolitische und ökonomische Rahmenbedingungen ebenfalls Einfluss auf die literarische Verhandlung prekärer Lebens- und Arbeitsverhältnisse ausübten, jedoch keinen staatlichen Vorgaben folgten.

Die ökonomischen Zielsetzungen der westlichen Alliierten konfligierten in der Bundesrepublik mit den politischen Ansichten junger Intellektueller. Sozialistische Bestrebungen wurden dabei als kontraproduktiv empfunden und gewerkschaftliche Tätigkeiten zunächst zurückgewiesen. Auf Enteignungsbestrebungen und Streiks reagierten die Alliierten restriktiv.[635] „Mit dem Marshall-Plan"[636], so Schnell,

---

632 Ebd., S. 54.

633 Vgl. Emmerich, Wolfgang: „Die Literatur der DDR". In: o. Hrsg.: *Literaturgeschichte*, S. 528.

634 Vgl. Ebd., S. 532.

635 Vgl. Schnell, Ralf: „Deutsche Literatur nach 1945". In: o. Hrsg.: *Literaturgeschichte*, S. 493.

636 Ebd.

der einen amerikanischen Kapitalexport nach Westeuropa und vor allem nach Westdeutschland begründete, war die Grundlage für einen kapitalistischen Anfang gelegt. Es bedurfte nur noch der Währungsreform von 1948 und schließlich der formellen Staatsgründung der Bundesrepublik 1949, um die Wiederherstellung eines kapitalistischen Wirtschaftssystems und eines bürgerlich-parlamentarischen Staates zu gewährleisten.[637]

Die junge Literatur der Bundesrepublik vertritt eine sozialkritische und realistische Erzählweise, die davon ausgeht, dass sich gesellschaftliche Leiden vor allem indirekt auf die Subjekte einer Gesellschaft auswirken. Die Literatur hat aus dieser Perspektive die Aufgabe, dieses Leiden aufzudecken, wobei mit Blick auf die Rezipient_innen vorausgesetzt wird, dass sie in Distanz zu ihrem Eigenerleben treten können.[638] „Realitisch-sozialkritisches Erzählen“[639], so Schnell, setzte den Glauben an „die Wirksamkeit von Literatur“[640] voraus, dies vor allem „hinsichtlich der Erzählbarkeit von Realität in ihrer Konflikthaftigkeit wie hinsichtlich des beschädigten Lebens, das im Erzählten über sich selber Erfahrungen zu machen sucht.“[641]

Das Arbeitsthema und die damit zusammenhängenden sozialpolitischen Fragestellungen wurden in der Zeit von 1945 bis 1960 allenfalls peripher behandelt. Nur vereinzelt sind in diesem Zeitraum Werke von Arbeiterdichter_innen neu aufgelegt worden, so etwa der Erzählband „Hammerschläge“[642] (1965) von Heinrich Lersch (1889–1936), Karl Brögers (1886–1944) „Die Ferienmühle“[643] (1959) und die Werke Gerrit Engelkes[644] (1890–1918). In Anbetracht drängender wirtschaftlicher und politischer Herausforderungen kam der Literatur hier vor allem eine ideologische Aufgabe bei.[645] „In den Aufbaujahren der Bundesrepublik“[646], so Schnell,

637 Ebd.

638 Vgl. Schnell, Ralf: „Die Literatur der Bundesrepublik“, in: o. Hrsg.: *Literaturgeschichte*, S. 604.

639 Ebd.

640 Ebd.

641 Ebd.

642 Lersch, Heinrich: *Hammerschläge. Eine Auswahl*, herausgegeben von Wilhelm Froneman. Schaffstein: Köln 1965.

643 Bröger, Karl: *Die Ferienmühle*. Schaffstein: Köln 1959.

644 Engelke, Gerrit: *Das Gesamtwerk: Rhythmus des neuen Europa*. List: München 1960.

645 Vgl. Schnell, Bundesrepublik, S. 629.

646 Ebd., S. 629 f.

„erscheint jener Arbeiter als vorbildlich, der (wie in Martha Schlinkert-Galinskis Roman *Der Schatten des Schlotes* aus dem Jahr 1947), weiß, daß arm und reich immer bleiben werden', und dem es fern liegt, ‚diese Weltordnung zu verkehren.' "[647]

Das Fehlen einer Auseinandersetzung mit prekären Lebens- und Arbeitsverhältnissen in den Anfangsjahren der Bundesrepublik hängt auch damit zusammen, dass Schriftstellerverbände wie der BPRS mit der Machtergreifung der Nationalsozialisten aufgelöst wurden. Zudem wurde unter der Regierung Konrad Adenauers ein Verbot der KPD beschlossen, die damit als parteipolitische Basis der Arbeiter_innen obsolet wurde. Erst infolge der 1960er-Jahre und eines sich sukzessive wandelnden Gesellschaftsverständnisses konstituierte sich allmählich wieder ein produktiver Rahmen für die literarische Auseinandersetzung mit sozialen und arbeitsweltlichen Problematiken.[648] Mit der Gründung der Dortmunder Gruppe 61[649] zu Beginn der 1960er-Jahre wurde der hier genannte Themenkomplex in den Mittelpunkt des literarischen Interesses gerückt. Die Gruppe folgte dabei realistischen Ansätzen und hatte wenig mit der agitatorischen Arbeiter_innenliteratur der Weimarer Republik gemeinsam.[650] Die Mitglieder der Gruppe 61, so Martin H. Ludwig,

> lassen die Kritik an den Verhältnissen der Arbeitswelt durch konsequente Einhaltung der Perspektive von >Unten<, der unteren Ebenen der betrieblichen Hierarchiestufen hervortreten. Die mehr individuumsbezogene Gesellschaftskritik der Autoren läßt aber durch Anklänge an eine resignative antitechnische Kulturkritik erkennen, die sich damals im Gefolge von Spengler, Nietzsche, Ortega y Gasset und die Gebrüder Jünger um Begriffe wie Bürokratisierung, Vermassung, Organisation gegen Organismus u. ä. spann.[651]

Kritisiert werden die Texte der Gruppe 61 bis in die Gegenwart hinein vor allem mit Blick auf ihre literarischen Qualitäten. „Hinsichtlich

---

647 Ebd., S. 630. Siehe auch Schlinkert-Galinski, Martha: *Der Schatten des Schlotes*. Grenzland-Verlag: Aachen 1947.

648 Vgl. Schnell, Bundesrepublik, S. 630.

649 Hierzu zählten etwa Bruno Gluchowski, Erwin Sylvanus, Josef Reding, Peter-Paul Zahl, F.C. Delius und Angelika Mechtel. Vgl. Ebd., S. 633.

650 Vgl. Ebd.

651 Ludwig, Martin H.: *Arbeiterliteratur in Deutschland.* Metzler: Stuttgart 1976, S. 68.

Betonkonstruktion, Figurenskelletierung und Plot-Mechanik"[652], so etwa Schütz, kann der „Sozialrealismus"[653], den die Texte der Gruppe vertreten, häufig erzählerisch nicht überzeugen.[654] In der Literatur der Arbeitswelt, die sich in der Bundesrepublik konstituierte, geht es, so Ludger Claßen, „um Aufklärung über gesellschaftliche Konflikte"[655]. Der Literatur kommt darin die Aufgabe zu, den Arbeiter_innen ihre gesellschaftliche Position ins Bewusstsein zu rufen.[656] Die Gruppe 61 wurde jedoch vor allem dafür angegriffen, dass sie keine klare Distanzierung zum bürgerlichen Literaturbetrieb leistete und „Arbeiter in der Literaturproduktion der Gruppe häufig zum Objekt der Darstellung wurden"[657], als dass sie selbst aus ihrer Perspektive schrieben. Dies führte schließlich dazu, dass sich Gruppenmitglieder von der Vereinigung distanzierten und den „Werkkreis der Literatur der Arbeitswelt"[658] gründeten. Der Werkkreis vertrat eine häufig von Arbeiter_innen produzierte Literatur, die sich auch an Arbeiter_innen richtete und eindeutige politische Ziele verfolgte.[659] In der ersten Aufbauphase 1970/71, so Schnell das Wirken der Gruppe zusammenfassend, wurden

> durch Reportagewettbewerbe potentielle Autoren aus der Arbeitswelt gewonnen, die sich danach in etwa 25 örtlichen Arbeitskreisen mit rund 350 Mitgliedern (Gewerkschafter, Sozialdemokraten, Kommunisten, Parteilose) organisierten, um gemeinsam über die Produktion von Texten, über politische Probleme und soziale Fragen zu diskutieren. Die Zusammensetzung der Werkkreise wies bis 1976 zu je etwa einem Drittel Arbeiter, Angestellte und Studenten unter den Mitgliedern aus. Die Gesamtauflage der vom Werkkreis publizierten Bücher – davon mehr als zwei Dutzend in einer publikumswirksamen Taschenbuchreihe – lag Mitte der 80er Jahre bei rund einer Million Exemplaren.[660]

652 Schütz, Literatur, S. 27.
653 Ebd.
654 Vgl. Ebd.
655 Claßen, Ludger: „Konjunkturen und Konflikte. Die Literatur der Arbeitswelt im Ruhrgebiet seit 1945". In: Kift / Palm (Hrsg.), *Arbeit*, S. 103.
656 Vgl. Ebd.
657 Schnell, Bundesrepublik, S. 632.
658 Hierzu gehörten z.B. Erasmus Schöfer, Hugo Ernst Käufer, Karl-Dietrich Bredthauer, Klaus Tscheliesnig, Peter Schütt, Horst Kammrad.
659 Vgl. Schnell, Bundesrepublik., S. 632 f.
660 Ebd., S. 633.

Gelehrt wurde hier eine realistische Schreibweise, die den politischen Anliegen der Gruppe entsprach, was sich bisweilen jedoch unvorteilhaft auf ästhetische Aspekte der Texte auswirkte und beispielsweise anhand simpler Figurenzeichnungen und Handlungsschemata erkennbar wird.[661]

Eine breite Leser_innenschaft aus dem Umkreis der beiden Zusammenschlüsse konnte beispielsweise Günter Wallraff mit seinen Industriereportagen, zu denen etwa „Wir brauchen dich. Als Arbeiter in deutschen Industriebetrieben“[662] (1966) zählt, erreichen. Vor allem Wallraffs spätere Reportagen wie beispielsweise „Ganz unten“[663] (1985), in dem die Ausbeutung und Diskriminierung sogenannter „Gastarbeiter“ geschildert wird, erwiesen sich als gesellschaftlich wirkungsvoll und avancierten zu Millionensellern.[664] In seinen Reportagen, so Schnell über den Autor,

> konzentriert sich Wallraff auf die Wirklichkeit der Arbeitswelt, deren Unterdrückungsmechanismen, deren systembedingte Brutalität und Destruktivität, deren Ausbeutungs- und Herrschaftsformen er ans Licht der Öffentlichkeit gebracht hat. Immer wieder ist das ungläubige, verblüffte Staunen, über das Wallraff aufgrund seiner Beobachtungen zu berichten hatte, ist das Kopfschütteln über Korruption, Unterdrückung, Heuchelei in der öffentlichen Diskussion verdrängt worden von der Erregung über das Vorgehen Wallraffs, über seine Methode.[665]

Dennoch wurden bald Zweifel an der Authentizität von Wallraffs Reportagen laut, die die Echtheit des Dargestellten betrafen. Diese Kritik, so Claßen, meldet Zweifel an, „[o]b die vermeintlichen Tatsachenberichte die Wirklichkeit zutreffend abbilden und die angestrebte Aufklärung über gesellschaftliche Strukturen gelingt.“[666] Im Kern ist diese Kritik eine Fortführung dessen, was schon Kracauer mit Blick auf die Reportageformen der Weimarer Republik deutlich macht,[667] dass nämlich die Wirklichkeit immer

---

661 Vgl. Ebd., S. 633 f.
662 Wallraff, Günther: *Wir brauchen dich. Als Arbeiter in deutschen Industriebetrieben*. Rütten und Loening: München 1967.
663 Wallraff, Günter: *Ganz unten. Mit einer Dokumentation der Folgen*. KiWi: Köln 1988.
664 Vgl. Schnell, Bundesrepublik, S. 631 f.
665 Ebd., S. 630 f.
666 Claßen, Konjunkturen, S. 111.
667 Vgl. Ebd.

„eine Konstruktion“[668] ist und keine klare Trennlinie zwischen Faktizität und Fiktionalität möglich ist.

Ebenfalls untrennbar verbunden mit der Literatur der „Gruppe 61“ und des Werkkreises ist der Autor Max von der Grün (1926–2005). Von der Grün schildert in seinen „Sozialromanen“[669] wie „Männer in zweifacher Nacht“[670] (1962), „Zwei Briefe an Pospischiel“[671] (1968) und „Stellenweise Glatteis“[672] (1973) die Problemlagen der industrialisierten Arbeitswelt. Kennzeichnend für diese Romane ist eine realistische, teils dokumentarische Schreibweise sowie ihr autobiografischer Gehalt, der sich vor allem aus den Erfahrungen des Autors im Bergbau speist. In seinem zweiten Roman „Irrlicht und Feuer“[673] (1963) nimmt sich von der Grün der sozialen Auswirkungen von Zechenschließungen und der damit zusammenhängenden problematischen Funktion der Gewerkschaften in sozialen Kämpfen an. Von der Grüns Texte führten in der Bundesrepublik zu weitreichenden Kontroversen, die die Wirksamkeit sozialkritisch-realistischen Schreibens deutlich machten, wie Schnell ausführt:[674]

> Die Industrie sah ihre Interessen gefährdet und versuchte, eine einstweilige Verfügung gegen einzelne Passagen des Romans durchzusetzen; die Gewerkschaft Bergbau und Energie fühlte sich brüskiert und lud den Autor erst 1967 wieder zu Veranstaltungen; der Betrieb, dem der Autor als Arbeiter angehörte, drohte mit Repressalien; in einer Illustriertenveröffentlichung wurden alle unternehmerkritischen Passagen aus Angst vor Anzeigenverlust unterschlagen; eine in der DDR erstellte Fernsehfassung wurde in der Bundesrepublik durch zusätzliche Podiumsdiskussionen, durch die Veröffentlichung von Umfrageergebnissen und durch

---

668 Kracauer, Deutschland, S. 16.
669 Arnold, Heinz Ludwig: „Der verbrannte Beweis“. Online abrufbar unter: https://www.spiegel.de/spiegel/print/d-42645600.html, zuletzt geprüft am 01.02.2021.
670 Grün, Max von der: *Männer in zweifacher Nacht*, 4. Auflage. Luchterhand: Darmstadt/Neuwied 1985.
671 ders.: *Zwei Briefe an Pospischiel*, 3. Auflage. Luchterhand: Darmstadt/Neuwied 1982.
672 ders.: *Stellenweise Glatteis*, 10. Auflage. Luchterhand: Darmstadt/Neuwied 1982.
673 ders.: *Irrlicht und Feuer*. Rowohlt: Reinbek bei Hamburg 1985.
674 Vgl. Schnell, Bundesrepublik, S. 632.

> zwei Dokumentationen zur dargestellten Problematik ergänzt, in ihrer Wirksamkeit und in ihrer Identität als Fernsehfilm mithin eingeschränkt.[675]

Viele jüngere Autoren orientierten sich an von der Grüns Schreibweise, in deren Mittelpunkt meist eine proletarische Heldenfigur steht. Hierzu zählen beispielsweise Wolfgang Hermann Körners Roman „Katt im Glück"[676] (1973), Gerd Fuchs (1932– 2016) „Beringer und die lange Wut"[677] (1973) und Michael Scharangs „Charly Traktor"[678] (1973).[679]

Als wichtige Autorin in der literarischen Auseinandersetzung mit prekären Lebens- und Arbeitsverhältnissen ist hier zudem Erika Runge zu nennen, die mit ihren Texten konsequent in Richtung einer realistischen Erfassung der Arbeitswelt geht. In der Wirtschaftskrise von 1966/67, die zu hohen Arbeitslosenzahlen führte, zeichnete sie mit ihren „Bottroper Protokollen"[680] (1968) die Originalaussagen der von Krisen gebeutelten Arbeiter_innen auf. Runges Text gilt als Dokument seiner Zeit und lässt sich auch zu einem Theaterstück, Hörspiel oder Fernsehspiel verarbeiten, wobei die teils resignativen Aussagen der Arbeiter_innen immer ihren individuellen Charakter beibehalten.[681]

Um ihren erhöhten Arbeitskräftebedarf zu erfüllen, griff die florierende deutsche Wirtschaft zwischen 1955 und 1973 vermehrt auf Arbeitssubjekte aus dem Ausland wie beispielsweise der Türkei, Griechenland oder Italien zurück. Vorgesehen war, dass die Arbeiter_innen nach einiger Zeit wieder in ihre Heimatländer zurückkehren und gegebenenfalls durch neue Arbeitskräfte ausgetauscht werden sollten.[682] Die sogenannte

---

675 Ebd.

676 Körner, Wolfgang Hermann: *Katt im Glück*. Luchterhand: Darmstadt / Neuwied 1973.

677 Fuchs, Gerd: *Beringer und die lange Wut*. Rowohlt: Reinbek bei Hamburg 1976.

678 Scharang, Michael: *Charly Traktor*. Luchterhand: Darmstadt / Neuwied 1985.

679 Vgl. Barner, Wilfried: „Das Jahrzehnt der Ungleichzeitigkeiten und der langgezogenen ‚Tendenzwende': Literarisches Leben im Westen." In: ders. (Hrsg.): *Geschichte der deutschen Literatur von 1945 bis zur Gegenwart*, 2. erweiterte Auflage. Beck: München 2006, S. 622.

680 Runge, Erika: *Bottroper Protokolle*, 5. Auflage. Suhrkamp: Frankfurt am Main 1970.

681 Vgl. Schnell, Bundesrepublik, S. 634.

682 Geißler, Rainer: *Die Sozialstruktur Deutschlands. Zur gesellschaftlichen Entwicklung mit einer Bilanz zur Vereinigung*, 5. Auflage. VS Verlag: Wiesbaden 2008, S. 235.

„Gastarbeiterliteratur" entstand im Fahrwasser der Literatur der Arbeitswelt der 1960er-Jahre. So teilen Texte wie Güney Dals „Wenn Ali die Glocken läuten hört"[683] (1979) oder Franco Biondis „Die Tarantel"[684] (1982) realistisch-dokumentarische Darstellungsweisen, mit denen die Echtheit des Dargestellten akzentuiert werden sollte.[685] Der auf Tatsachen beruhende Roman „Wenn Ali die Glocken leuten hört" stellt einen Streik bei einem Kölner Automobilhersteller in den Mittelpunkt der Handlung, in den deutsche und türkische Arbeiter involviert sind. Doch „[w]eder das politische Engagement bei einem Streik"[686], so Sargut Şölçün, „noch die gemeinsamen Arbeitsplätze schaffen eine menschliche Grundlage für die gegenseitige Annäherung von deutschen und türkischen Arbeitern."[687] „Genauso wie die Arbeiterliteratur"[688], so Marie-Noëlle Faure,

> sollte die Gastarbeiterliteratur anhand von Selbstdarstellungen zerrütteter Biografien dokumentarisch vorgehen und dadurch Authentizität bewirken. So entstand aus der Perspektive der Gastarbeiter eine Literatur der Betroffenheit, eine gemeinschaftszentrierte Literatur, die als Zeugnis ihrer Zeit gilt.[689]

Auf das Ende des weitreichenden Politisierungsprozesses der 1960er und 1970er-Jahre folgte in der bundesrepublikanischen Literatur eine starke Betonung subjektiven Empfindens und autobiografischer Schreibweisen. Als signifikantes Beispiel kann hier Karin Strucks (1947–2006) Roman „Klassenliebe"[690] (1973) angeführt werden, in dem die Autorin ihren Lebensweg

683 Güney, Dal: *Wenn Ali die Glocken läuten hört*. Edition der 2: Berlin 1979.

684 Biondi, Franco: *Die Tarantel*. Verlag Atelier im Bauhaus: Fischerhude 1982.

685 Vgl. Faure, Marie-Noëlle: „Von der Chamissoliteratur zur Ankunftsliteratur – interkulturelle Literatur und Neubestimmung des Deutschseins". In: Warakomska, Anna / Öztürk, Mehmet (Hrsg.): *Man hat Arbeitskräfte gerufen, ... es kamen Schriftsteller. Migranten und ihre Literaturen*. Peter Lang: Frankfurt am Main 2015, S. 46.

686 Şölçün, Sargun: „Literatur der türkischen Minderheit". In: Chiellino, Carmin. (Hrsg.): *Interkulturelle Literatur in Deutschland. Ein Handbuch*. Metzler: Stuttgart / Weimar 2000, S. 137.

687 Ebd.

688 Faure, Chamissoliteratur, S. 46

689 Ebd.

690 Struck, Karin: *Klassenliebe*, 18. Auflage. Suhrkamp: Frankfurt am Main 1992.

als aufsteigende Arbeiterin verarbeitet und nach einer intensiven Phase politischer Theoriebildung ihre eigene Identität wiederentdeckt.[691]

Auch der in der Literaturperiode der Neuen Sachlichkeit populäre Angestelltenroman erlebte in der bundesrepublikanischen Literatur der 1970er-Jahre eine Renaissance. Prekäre Lebens- und Arbeitsverhältnisse werden darin jedoch nur selten thematisiert. Vielmehr herrscht hier, so Schütz, „die Kritik der Sinnentlehrheit, diffusen Abhängigkeit, Monotonie und Langeweile vor, die Ödnis einer nahtlos ineinander gehenden Arbeits- und Freizeitwelt."[692] Neben Walter E. Richartz (1927–1980) „Büroroman"[693] (1976) kann hier mit Schütz vor allem Wilhelm Genazinos (1943–2018) „Abschaffel"[694]-Trilogie (1977–1979) genannt werden[695], die von der Sinnkrise eines Angestellten mittleren Alters handelt, dessen Wahrnehmungen vollkommen auf das subjektive Empfinden gerichtet sind.

In den 1980er- und 1990er-Jahren hatte das Thema Arbeit und damit zusammenhängende soziale Problematiken in der deutschsprachigen Literatur keinen nennenswerten Stellenwert.[696] Erst mit dem Jahrtausendwechsel und der Implementierung eines wohlfahrtsstaatlichen Paradigmenwechsels unter postfordistischen Vorzeichen gerieten Themen wie Arbeit und soziale Unsicherheit wieder in den Fokus von Autor_innen.

5.6 Prekaritätsromane der deutschen Gegenwartsliteratur

„Wer in ein Leben ohne Arbeit entlassen wird"[697], so Michael Opitz und Carola Opitz Wiemers,

> sieht sich einer Vielzahl von Problemen und Konflikten ausgesetzt. Nach der Jahrtausendwende hat der Begriff ‚Wachstum' merklich an Glanz verloren. Das Ausbleiben des ökonomischen Aufwärtstrends bei denen, die nicht viel haben, bei Ein-Euro-Jobbern und Hartz-IV Empfängern, verschärft die Kluft zwischen Arm

691 Vgl. Schnell, Bundesrepublik, S. 642 f.

692 Schütz, Erhard: „Niemand kann sich freuen wie ein guter Arbeiter". Online abrufbar unter: http://publikationen.ub.uni-frankfurt.de/frontdoor/index/index/year/2011/docId/11024, zuletzt geprüft am 01.02.2021.

693 Richartz, Walter E.: *Büroroman*. Diogenes: Zürich 1998.

694 Genazino, Wilhelm: *Abschaffel. Roman-Trilogie*. Hanser: München 2012.

695 Schütz, Arbeiter.

696 Vgl. Ebd.

697 Opitz /Opitz-Wiemers, Tendenzen, S. 739.

> und Reich. Das führt dazu, dass längst totgesagte Begriffe, wie Markt, Tausch- und Gebrauchswert, in ihrer Wirkmächtigkeit neu bedacht werden und Themen wie Vollbeschäftigung, Arbeitslosigkeit und Mobbing Eingang in die Literatur finden.[698]

Die Prekaritätsromane der deutschsprachigen Gegenwartsliteratur bedienen sich vielfach der Erzählmuster und Darstellungsmittel der in diesem Kapitel skizzierten Romangenres. Zusammenfassend sollen in diesem Abschnitt einige thematische und erzählerische Tendenzen der Texte aufgezeigt werden. Eine eingehendere Untersuchung erfolgt anhand von vier ausgewählten Beispielen im Analyseteil meiner Studie.

Die Bezugnahme auf Erzähltraditionen zeigt sich, so Heimburger in ähnlichem Zusammenhang, „durch das Aufgreifen verschiedener literarischer Traditionen, Motive und Figuren und deren Modifikation und Umdeutung."[699] Die Texte thematisieren dabei häufig den postfordistischen Zwang zur Selbstoptimierung und Selbstrationalisierung, wie sie beispielsweise Bröckling in seiner Untersuchung „Das unternehmerische Selbst" beschrieben hat. Der am häufigsten auftretende Konflikt, der in den Romanen zum Tragen kommt, so die Autorin weiter, besteht zwischen dem

> Postulat aktiver Subjektivität und Individualität im Rahmen des Menschenbildes und der Darstellung entindividualisierter und fremdbestimmter Figuren, der auch die häufig thematisierte Reibung zwischen dem immer wieder beschworenen Prinzip ‚Selbstverantwortung' und der faktischen, d. h. im Grunde begrenzten Handlungsfreiheit der Figuren ausdrückt.[700]

Vielfach folgen die Texte dabei dem Genremuster von Angestelltenromanen, wie sie in der Literatur der Neuen Sachlichkeit und später in der bundesrepublikanischen Literatur der 1970er-Jahre populär geworden sind. Hierzu zählen beispielsweise die bereits im vorigen Kapitel mit Preisinger angeführten Praktikantenromane, wie etwa Sebastian Christs „... und wünschen Ihnen für die Zukunft alles Gute! Ein Leben als Praktikant"[701] (2009), Boris

698 Ebd.
699 Vgl. Heimburger, Geist, S. 359.
700 Ebd., S. 358.
701 Christ, Sebastian: *... und wünschen Ihnen für die Zukunft alles Gute! Ein Leben als Praktikant*. Goldmann: München 2009.

Fusts „Zwölf Stunden sind kein Tag. Der Praktikantenroman“[702] (2008) und Markus Henriks „Copy Man. Ein Praktikantenroman“[703] (2009). Darüberhinausgehend können beispielsweise Thomas Steinaeckers „Das Jahr in dem ich aufhörte mir Sorgen zu machen und anfing zu träumen“[704] (2012), Wilhelm Genazinos „Das Glück in glücksfernen Zeiten“[705] (2009) oder Marlene Steeruwitz‘ „Jessica, 30“ (2004) genannt werden. In den hier genannten Texten dominiert eine subjektivistische Perspektive, die auf das entfremdete Innenleben der Protagonist_innen, die meist in den hochqualifizierten Arbeitsmarktbereichen, in Unternehmen und Agenturen, tätig sind, gerichtet ist. Andere Romane, wie etwa Christoph Heins „Weiskerns Nachlass“[706] (2011) oder Anna Sperks „Die Hoffnungsvollen“[707] (2017), thematisieren die prekären Arbeitsbedingungen an deutschen Universitäten und ihre Auswirkungen auf die Arbeitssubjekte. Die Romane stellen dabei den Kampf um die soziale Position der Protagonist_innen in den Vordergrund. Die Figuren ringen um Beförderungen, gegen ihren sozialen Niedergang oder um das nächste Projekt. Ein signifikantes Merkmal der Romane ist es zudem, dass die meist gut ausgebildeten und von Hoffnungen getriebenen Protagonist_innen zumeist keinen Ausweg aus ihrer Situation finden, der über individuelle Lösungsansätze hinausreicht. Das Motiv des Scheiterns und der Resignation, das Zerbrechen von Träumen und Hoffnungen an den scheinbaren Determinanten der sozialen Welt, rückt die Romane bisweilen in die Nähe des Desillusionsromans des 19. Jahrhunderts.

Weitere Romane nehmen sich explizit der spezifischen prekären Lebens- und Arbeitsverhältnisse der urbanen Ballungszentren an. Hierzu zählt etwa Friederike Gösweiners „Traurige Freiheit“[708] (2016) oder Jörg Albrechts

---

702 Fust, Boris: *Zwölf Stunden sind kein Tag. Der Praktikanten-Roman*. Piper: München / Zürich 2008.

703 Henriks, Markus: *Copy Man. Ein Praktikantenroman*. Eichborn: Frankfurt am Main 2009.

704 von Steinaecker, Thomas: *Das Jahr in dem ich aufhörte mir Sorgen zu machen und anfing zu träumen*, 2. Auflage. Fischer: Frankfurt am Main 2012.

705 Genazino, Wilhelm: *Das Glück in glücksfernen Zeiten*. DTV: München 2011.

706 Hein, Christoph: *Weiskerns Nachlass*. Suhrkamp: Frankfurt am Main 2012.

707 Sperk, Anne: *Die Hoffnungsvollen*. Mitteldeutscher Verlag: Halle 2017.

708 Gösweiner, Friederike: *Traurige Freiheit*. Literaturverlag Droschl: Graz / Wien 2016.

„Beim Anblick des Bildes vom Wolf“[709] (2012), Ulrich Peltzers „Teil der Lösung“[710] (2007) und Helmut Kuhns „Gehwegschäden“[711] (2012). Auch diese Texte stehen in der Nähe neusachlicher Narrationen und fokussieren die Auswirkungen urbaner Prekaritätserscheinungen auf das subjektive Erleben im Angesicht von Wohnungsnot, unterbezahlter Projektarbeit und Bindungslosigkeit. Ebenfalls genannt werden können in diesem Zusammenhang Romane, die sich explizit des Themas Arbeitslosigkeit und sozialer Abstiegserfahrungen annehmen, in denen das Scheitern der Protagonist_innen also schon vollzogen ist. Zu nennen sind hier etwa Joachim Lottmanns „Der Geldkomplex“[712] (2009), Michael Sobes „Winter ganz unten“[713] (2007), Jakob Heins „Herr Jensen steigt aus“[714] (2006) oder Christoph Heins „Machwerk oder das Schichtbuch des Flick von Lauchhammer“ (2008).

Ein Teil der Romane, die sich mit prekären Lebens- und Arbeitsverhältnissen beschäftigen, folgt dabei einer dokumentarischen oder reportagehaften Erzählweise, wie sie ebenfalls in Romanen der Neuen Sachlichkeit und der Literatur der Arbeitswelt populär geworden ist. Hierzu ist beispielsweise Robert Kischs „Möbelhaus“[715] (2015) zu zählen, in dem der soziale Abstieg eines erfolgreichen Journalisten zu einem Möbelverkäufer geschildert wird. Diese Texte gehen jedoch häufig mit einer narrativen Modifikation einher, wie Heimburger anhand von Anne Webers Angestelltenroman „Gold im Mund“[716] (2005) deutlich macht:

> Bei Weber werden zum Beispiel Erinnerungen an die Dokumentarliteratur durch Freilegung des Entstehungsprozesses des Textes wachgerufen, gleichzeitig wehrt sich die Erzählerin jedoch gegen eine Einordnung in diese Tradition, indem sie auf ihrer absoluten künstlerischen Freiheit beharrt, die sie nicht an die bloße Abbildung der Alltagsrealität bindet.[717]

---

709 Albrecht, Jörg: *Beim Anblick des Bildes vom Wolf*. Wallstein Verlag: Göttingen 2012.
710 Peltzer, Ulrich: *Teil der Lösung*. Fischer: Frankfurt am Main 2016.
711 Kuhn, Helmut: *Gehwegschäden*. Heyne: München 2014.
712 Lottmann, Joachim: *Der Geldkomplex*. Kiepenheuer & Witsch: Köln 2009.
713 Sobe, Michael: *Winter ganz unten*. Das neue Berlin: Berlin 2007.
714 Hein, Jakob: *Herr Jensen steigt aus*. Piper: München 2009.
715 Kisch, Robert: *Möbelhaus. Ein Tatsachenroman*. Droemer: München 2015.
716 Weber, Anne: *Gold im Mund*. Fischer: Frankfurt am Main 2013.
717 Heimburger, Geist, S. 359

Auch Kathrin Rögglas „wir schlafen nicht“[718] (2004), das von den destruktiven Auswirkungen prekärer Arbeitsbedingungen in modernen Unternehmen auf die Arbeitssubjekte handelt, steht in der Nähe der Reportage. Die Autorin „hebt aber dabei ebenfalls, vor allem in der Verwendung der indirekten Rede, den Kunstcharakter ihres Textes, den sie selbst auch als Roman (und damit als fiktionalen Text) bezeichnet, deutlich hervor.“[719] Sowohl bei Röggla als auch bei Weber, so Heimburger resümierend, „verbindet sich die Modifikation des Dokumentarischen mit einer Absage an die engagierte und politisierende Geste der Dokumentarliteratur.“[720]

In der Nähe zum sozialen Roman des Naturalismus stehen beispielsweise Stahls Romane „Diese Seelen“[721] (2008), „Spätkirmes“[722] (2017) und „Sanierungsgebiete“[723] (2019). In seinem Essay „Der sozial-realistische Roman“ (2006) plädiert Stahl für eine Weiterentwicklung des naturalistischen Ansatzes für die Gegenwartsliteratur, die milieuspezifische Aspekte und komplexe gesellschaftliche Sachverhalte aus dem Blick verloren hat, wie der Autor kritisiert.[724] Stahl insistiert dabei auf eine wissenschaftliche Betrachtungsweise sozialer Problematiken in der deutschsprachigen Gegenwartsliteratur. „Ein analytischer Roman“[725], so Stahl,

> kann angesichts des Formenreichtums, der Vielfalt gängiger Genres und literarischer Technike, leicht auf ökonomische, juristische, biologische, physikalische Fakten, also artfremde Materialien zurückgreifen und diese integrieren. […] Das darf natürlich kein Selbstzweck sein, und es ist gewiss nicht die einzige Methode. Gerade durch Momente der Montage und der Verfremdung kann aber – wie wir durch Brecht wissen – ein Realismus hergestellt werden, der über eine bloße Abbildung hinausgeht und zur Analyse sozialer Verhältnisse und Machtgefüge beiträgt […].[726]

---

718 Röggla, Kathrin: *wir schlafen nicht*. Fischer: Frankfurt am Main 2006.
719 Heimburger, Geist, S. 359.
720 Ebd.
721 Stahl, Enno: *Diese Seelen*. Verbrecher Verlag: Berlin 2008.
722 ders.: *Spätkirmes*. Verbrecher Verlag: Berlin 2017.
723 ders.: *Sanierungsgebiete*. Verbrecher Verlag: Berlin 2019.
724 Vgl. ders. „Der sozial-realistische Roman“. In: ders.: *Diskurspogo. Literatur und Gesellschaft*. Verbrecher Verlag. Berlin 2013, S. 20 ff.
725 Ebd., S. 21.
726 Ebd.

Stahl, der in seinen Romanen häufig eine multiperspektivische Darstellung einsetzt sowie Formen der Montage und des dokumentarischen Erzählens, unternimmt dabei den Versuch, soziale Macht- und Klassenverhältnisse literarisch zu verhandeln, was in der deutschen Gegenwartsliteratur eher eine Ausnahme darstellt. Der überwiegende Teil der in diesem Abschnitt angeführten Texte thematisiert die prekäre Lage gut ausgebildeter, weißer und männlicher Protagonisten, wobei die psychischen Auswirkungen prekärer Lebens- und Arbeitsverhältnisse im Vordergrund stehen. Als Ausnahme kann hier etwa Thomas Melles Roman „3000 Euro“[727] (2014) genannt werden, der die prekären Lebens- und Arbeitsverhältnisse einer Kassiererin in den Mittelpunkt der Handlung rückt, oder Feridun Zaimoglus Roman „Isabel“[728] (2014), in dem es um eine migrantische Schauspielerin geht, die aufgrund ihres Alters aus dem Kulturbetrieb ausgeschieden ist. Ein Grund für diese Einseitigkeit, die sich vor allem mit Blick auf das Figurenpersonal der Texte abzeichnet, kann mit Stahl in der sozialen Homogenität von Schriftstellerinnen und Schriftstellern gesehen werden.[729] In ähnlicher Weise monierte 2014 der Schriftsteller und Journalist Florian Kessler in seinem Kommentar für die „Zeit“ mit dem Titel „Lassen sie mich durch, ich bin Arztsohn!“[730], dass die Gegenwartsliteratur hauptsächlich von Autor_innen „aus demselben saturierten Milieu“[731] geschrieben wird, was sich nach Kesslers Ansicht in einer thematischen und erzählerischen Gleichförmigkeit der Texte niederschlägt.

Dementgegen wurden für die folgende Analyse vier Romane ausgewählt, die ein vielschichtigeres Bild literarischer Prekaritätsverhandlungen und Autor_innenschaft ergeben. So soll im Folgenden gezeigt werden, dass soziale Unsicherheiten in der Gegenwartsliteratur mit einem gesamtgesellschaftlichen Fokus verhandelt werden und häufig mit eigenen Prekaritätserfahrungen der jeweiligen Autor_innen korrelieren. In den untersuchten

727 Melle, Thomas: *3000 Euro*. Rowohlt: Reinbek bei Hamburg 2016.

728 Zaimoglu, Feridun: *Isabel*. Fischer: Frankfurt am Main 2015.

729 Vgl. Stahl, Diskurspogo, S. 66 f.

730 Kessler, Florian: „Lassen Sie mich durch, ich bin Arztsohn!“ Online abrufbar unter: https://www.zeit.de/2014/04/deutsche-gegenwartsliteratur-brav-konformistisch, zuletzt geprüft am 01.02.2021.

731 Ebd.

Romanen werden Prekaritätsphänomene mit unterschiedlichem Fokus dargestellt. So geht es etwa in Joachim Zelters „Schule der Arbeitslosen“ um Arbeitslosigkeit, in Kristine Bilkaus „Die Glücklichen“ um den sozialen Abstieg aus der urbanen Mittelschicht und in Abbas Khiders „Ohrfeige“ um die Erfahrungen eines jungen Geflüchteten in Deutschland. Betrachtet man die Texte aus einem intersektionalen Blickwinkel, wird deutlich, dass die dargestellten Prekaritätsphänomene auch mit Migrationsregimen, Geschlechterkonstruktionen und weiblicher Sorgearbeit verknüpft sind.

In der folgenden Untersuchung von Geißlers Roman „Saisonarbeit“ sieht sich die namenlose Protagonistin, die eigentlich als freie Schriftstellerin und Übersetzerin tätig ist, dazu gezwungen, eine befristete Stelle bei dem Online-Dienstleister Amazon anzunehmen. Wie sich im Laufe der Narration zeigt, wirkt sich die prekäre Beschäftigung auf ihren gesamten Lebenszusammenhang aus.

II Analysen

6 Heike Geißlers postfordistischer Industrieroman „Saisonarbeit“ (2014)

Die freie Schriftstellerin und Übersetzerin Heike Geißler hat im Jahr 2010 infolge einer akuten finanziellen Notsituation drei Monate lang in der Leipziger Lagerhalle des globalen Großkonzerns Amazon gearbeitet. Die Erfahrungen, die sie dort gesammelt hat, verarbeitete sie literarisch in ihrem Roman „Saisonarbeit“. So schreibt Kevin Vennemann in der Zeitschrift „Merkur“ zusammenfassend über die schriftstellerische Laufbahn der Autorin:

> Mit fünfundzwanzig war Geißler ganz kurz eine literarische Sensation gewesen, als im Jahr 2002, zum Ausklang des despektierlich so benannten ‚literarischen Fräuleinwunders‘, ihr Debütroman *Rosa* in Begleitung lauter Jubelfanfaren erschien, das nächste ganz große Ding. Zweiter Roman 2005, anspruchsvoller, weniger kompromissbereit, gute Rezensionen, durchwachsene Verkäufe, und schon bald darauf musste Geißler Gelegenheitsarbeiten annehmen, als der Verlag abhandenkam und die Tantiemen sich auf ein Rinnsal reduzierten. *Saisonarbeit* ist Geißlers Bericht von einem dieser Gelegenheitsjobs, einem zermürbenden Aufenthalt in einem Amazon-Vertriebszentrum irgendwo im finsteren Außerhalb von Leipzig – er ließ Geißlers Karriere als Autorin wieder aufleben. Seitdem Preise, Stipendien, Hörfunk- und Übersetzungsarbeiten, Lesereisen im In- und Ausland und so weiter. Wundersamerweise ist ihr die Rückkehr zu ihrer eigentlichen Arbeit mit der Schilderung eben dieser Erfahrung gelungen, die sie weit aus sich selbst hinausgeführt hatte.[732]

In „Saisonarbeit“ werden die Rezipient_innen, die von der Erzählerin konsequent in der Höflichkeitsform „Sie“ angesprochen werden, dazu angehalten, sich in die Rolle der namenlosen Protagonistin zu begeben, die autobiografische Gemeinsamkeiten mit der Autor_innen- sowie der Erzählinstanz aufweist, jedoch weder mit der einen noch mit der anderen identisch ist. Erscheint die Protagonistin in den ersten vier Kapiteln, in denen die Tage der Einarbeitung in dem Leipziger Versandzentrum geschildert werden,

---

732 Vennemann, Kevin: „Arbeit und Selbst im Zeitmeer. Heike Geisslers ‚Saisonarbeit‘“. Online abrufbar unter: https://www.merkur-zeitschrift.de/2020/01/27/arbeit-und-selbst-im-zeitmeer-heike-geisslers-saisonarbeit/, zuletzt geprüft am 01.02.2020.

noch hoffnungsvoll, werden in den Kapiteln fünf bis zehn sukzessive die destruktiven Auswirkungen der entfremdeten und unterbezahlten Lohnarbeit auf das Arbeitssubjekt geschildert. Gleichzeitig werden Möglichkeiten eigensinnigen Handelns diskutiert. So verspricht die Erzählerin: „Wir gehen nicht aus dem Buch, ohne dass Sie gehandelt haben werden."[733] Das elfte Kapitel des Romans schildert die vorzeitige Kündigung der Protagonistin kurz vor Weihnachten.

Vor allem die erzählerische Komplexität des Romans wird in Rezensionen hervorgehoben. Die direkte Anrede der Leser_innen, so bemerkt etwa Alexander Gumz in der „Zeit", „trägt das ganze Buch, bringt alles Erzählte zum Schillern, hält es in der Schwebe zwischen Persönlichem und Allgemeinem, Bericht und Pamphlet, Klage und Anklage. ‚Sie' gewinnt dabei zunehmend an Eigenleben, entfernt sich vom ‚Ich', wird sein Spiegel und Korrektiv."[734] Jan Drees proklamiert im „Freitag" eine Nähe zur Arbeiterliteratur der Bundesrepublik Deutschland und der DDR:

> Man tritt in eine Welt, die der deutschen Literatur allzu oft verschlossen ist, die Welt der Werktätigen. *Saisonarbeit* schließt ein wenig an das an, was einerseits in der DDR einmal als Bitterfelder Weg proklamiert wurde. Schriftsteller arbeiteten daraufhin in Betrieben und Arbeiter produzierten umgekehrt Laienkunst. Andererseits gab es in der BRD auch einmal eine Arbeiterliteratur von Vertretern wie Max von der Grün oder dem Bergmannssohn Hans Dieter Baroth. Dazu kamen Interviewsammlungen wie Erika Runges *Bottroper Protokolle*, die auf Heike Geißler einen prägenden Eindruck hinterlassen haben: ‚Die Arbeiterreportagen aus den 70er Jahren schätze ich sehr. Ich mag Protokolle.'[735]

Geißlers Roman steht maßgeblich im Zeichen traditioneller Künstlerkritik und thematisiert anhand der entfremdeten Lagerarbeit die Beschränkung der Handlungsfreiheit autonomer Subjekte unter kapitalistischen Verhältnissen. Ähnlich wie in den Reportageromanen der Literatur der Arbeitswelt, wie sie vor allem zu Zeiten der Weimarer Republik sowie in den 1950er- und

---

733 Geißler, Saisonarbeit, S. 204.

734 Gumz, Alexander: „Entfremdete Arbeit reloaded". Online abrufbar unter: https://www.zeit.de/kultur/literatur/2014-11/heike-geissler-saisonarbeit-buch, zuletzt geprüft am 01.02.2021.

735 Drees, Jan: „Frau Professor packt aus". Online abrufbar unter: https://www.freitag.de/autoren/jan-drees/frau-professor-packt-aus, zuletzt geprüft am 01.02.2021.

1960er-Jahren von Autor_innen unterschiedlicher Milieus produziert wurden, weist „Saisonarbeit“ Reportageelmente auf, die den Roman als scheinbar authentischen Augenzeugenbericht ausweisen. Im Vordergrund stehen hier innerbetriebliche Abläufe sowie Überwachungs- und Disziplinarmaßnahmen. Darüberhinausgehend handelt es sich bei „Saisonarbeit“ jedoch vor allem um einen erzählerisch komplexen Roman, der von den poetologischen bzw. formalen Freiheiten der Gattung in hohem Maße Gebrauch macht. Wie mit Blick auf seine wirkungsästhetischen Dimensionen noch gezeigt werden soll, ist das erzählerische Spiel mit autobiografischen und fiktiven Elementen, metanarrativen Signalen und intertextuellen Bezügen keinesfalls selbstreferenziell, sondern Bestandteil eines poetologischen Programms, das signifikant im Zeichen des Prekären steht.

Der Hauptteil meiner Untersuchung widmet sich vor diesem Hintergrund narratologischen Fragestellungen. Das expansive Wettkampfprinzip, wie es im Prekaritätskonzept der Bewährungsproben beschrieben wird, dient in Geißlers Roman einerseits als Movens der Figuren, andererseits beschränkt es in hohem Maße ihre Handlungsfähigkeit. Hiermit in Korrelation stehen diskursive Elemente des Textes, die den Verlust der Handlungskontrolle auf der Akteursebene noch einmal verstärken. Gleichzeitig, so soll gezeigt werden, versteht Geißlers Roman Literatur als Simulationsraum, in dem Erfahrungen gesammelt und widerspenstige Handlungen erprobt werden können.

6.1 Der Online-Dienstleister Amazon als Musterbeispiel für prekäre Arbeitsbedingungen

Ausgehend von den theoretischen Implikationen meiner Studie kann konstatiert werden, dass sich die Arbeitsbedingungen bei dem globalen Online-Dienstleister Amazon in vielen Aspekten als problematisch erweisen und als Musterbeispiel für prekäre Arbeitsverhältnisse gelten können. Da „Saisonarbeit“, wie noch zu zeigen sein wird, seinen Wirklichkeitsbezug zum Teil deutlich hervorhebt, sollen an dieser Stelle kurz die zentralen Kritikpunkte an den Arbeitsbedingungen bei Amazon skizziert werden.

Das Geschäftsmodell von Amazon folgt einer expansiven Wachstumspolitik, die sich maßgeblich auf fortdauernder Erschließung neuer Märkte und großer Investitionen gründet.[736] Das Profil des Unternehmens ist breit gefächert, wie Jörn Boewe und Johannes Schulten konstatieren: „Amazon ist heute eine Mischung aus Einzelhändler, Logistiker, Internetplattform, Technologieunternehmen, Anbieter von Musik- und Videostreaming-Diensten, Filmproduzent, Zeitungsverlag (Washington Post) und IT-Gerätehersteller."[737] Ein Hauptteil der Versandtätigkeiten findet in den sogenannten *fullfillment centers* statt, bei denen es sich um überdimensionierte Lagerhallen handelt, die meist an den gut erreichbaren Randgebieten urbaner Ballungszentren angesiedelt sind.[738]

Online-Warenhäuser wie Amazon stehen am Ende einer langen Entwicklungslinie des Einzelhandels. So kam im 20. Jahrhundert dem stationären Einzelhandel, wie er sich besonders in den sogenannten Tante-Emma-Läden realisierte, eine wichtige Bedeutung zu. Diese Läden verfügten meist nur über eine geringe Produktpalette und lagen häufig in der Hand von Familien. Die Verkäufer_innen übernahmen dabei sämtliche erforderlichen Arbeitstätigkeiten, wodurch sich zu den Kund_innen häufig persönliche Kontakte entwickelten. Das Ende des stationären Einzelhandels wurde u. a. durch das flächendeckende Aufkommen von Supermärkten in den 1970er-Jahren mehr und mehr besiegelt.[739] „Dieses erste Modell des stationären Einzelhandels"[740], so Sabrina Apicella,

> wandelte sich im Fordismus durch die Einführung einheitlicher Verpackungen und das Prinzip der Selbstbedienung. Von nun an übernahmen KundInnen (unbezahlt) einen Teil der Arbeit der VerkäuferInnen. Außerdem erfolgte die Verkaufsarbeit zunehmend arbeitsteilig und mechanisiert, etwa durch elektronische Kassen am Ausgang. Gleichzeitig erfuhr der Beruf der VerkäuferIn eine Professionalisierung durch eine spezielle Ausbildung, in der vor allem Kundenservice und

---

736 Vgl. Boewe, Jörn / Schulten, Johannes: *Der lange Kampf der Amazon-Beschäftigten. Labor des Widerstandes: Gewerkschaftliche Organisierung im Onlinehandel* (= Analysen, Nr. 24), herausgegeben von der Rosa-Luxemburg-Stiftung. Berlin 2015, S. 8.

737 Ebd.

738 Vgl. Ebd., S. 8 f.

739 Vgl. Apicella, Sabrina: *Amazon in Leipzig. Von den Gründen, (Nicht) zu streiken. Studie im Auftrag der Rosa-Luxemburg-Stiftung* (= Studie 09/2016). Berlin 2016, S. 7.

740 Ebd.

-kontakt und die Präsentation der Waren zu den zentralen fachlichen Fähigkeiten gehörten.[741]

Neben dem stationären Einzelhandel war es vor allem der Versandhandel, der seit dem späten 19. Jahrhundert für Innovationen sorgen konnte. Erfüllte er zunächst die Funktion, Produkte auf direktem Wege in abgelegene Gebiete zu liefern, vergrößerte sich seine Kundschaft mit dem Aufkommen von Warenkatalogen.[742] Im 21. Jahrhundert ist es vor allem der Onlineversandhandel, der eine breite Produktpalette vertreibt. Diese Versandform, so Apicella, zeichnet sich „durch einen hohen Grad an Technisierung und Informatisierung der Lagerwirtschaft“[743] aus, wodurch er den traditionellen Einzelhandel mehr und mehr abzulösen droht.[744]

Der arbeitsteilig organisierte Onlinehandel ist ökonomisch effizient, da wenige Arbeitssubjekte ausreichen, um den Wünschen der Kund_innen nachzukommen. Dieses Modell kennzeichnet sich laut Apicella durch drei wesentliche Aspekte aus: zum einen eine zunehmende Technisierung, die „mit der Erfindung der Kasse, der Einführung von Strichcodes, Computern, Laufbändern und Scannern“[745] immer weiterentwickelt wird. Zum anderen konstatiert die Autorin eine erhöhte Disziplinierung am Arbeitsplatz, die mit Überwachungs- und Beurteilungsmaßnahmen einhergeht. Darüber hinaus ist eine zunehmende Rationalisierung der Tätigkeiten zu beobachten, die beispielsweise in einer Minimierung des Kundenkontakts sichtbar wird.[746]

Vor allem die Disziplinierungsmaßnahmen Amazons stehen im Fadenkreuz der Kritik. „Jede Aktivität“[747], so Boewe und Schulten,

> wird durch Warenscanner aufgezeichnet und lückenlos überwacht. So kann nicht nur die Arbeitsgeschwindigkeit jedes Einzelnen gemessen und vergleichbar gemacht werden. Auch der Toilettengang außerhalb der Pausenzeiten, der kollegiale ‚Plausch‘ mit KollegInnen oder eine kurze Verschnaufpause bleiben nicht unbemerkt und können zu Rügen führen. Eine wichtige Funktion für Kontrolle

741 Ebd.
742 Vgl. Ebd., S. 8.
743 Ebd.
744 Vgl. Ebd.
745 Ebd.
746 Vgl. Ebd.
747 Boewe / Schulten, Kampf, S. 9.

> und Disziplinierung haben die regelmäßigen, Feedback-Gespräche genannten Leistungsbeurteilungen.[748]

Durch bestimmte Methoden werden die Arbeitssubjekte zueinander in Konkurrenz gesetzt, während vermeintlich leistungsschwache Kolleg_innen systematisch ausgegrenzt werden, „völlig ungeachtet der Tatsache“[749], so die Autoren, „dass es mathematisch unmöglich ist, dass alle, oder nur die Mehrzahl der MitarbeiterInnen über dem Durchschnitt liegen.“[750] Dieser Widerspruch „illustriert, dass es in der für Amazon typischen Ausprägung des ‚Dienstleistungstaylorismus‘ letztlich nicht nur um eine Rationalisierung der Arbeitsabläufe geht.“[751] Vielmehr gründet die Effizienz des Systems auch in hohem Maße auf psychologischen Disziplinarmaßnahmen, die sich durch Hierarchisierungen und technische Kontrollinstanzen ergeben.[752]

Um die Beschäftigten zu einer größtmöglichen Identifikation mit Amazon zu führen, ist es ein großes Anliegen des Unternehmens, den Mitarbeiter_innen zu suggerieren, dass sie Teil des Erfolges sind.[753] Apicella konstatiert in diesem Zusammenhang zwei Typen unter den Akteur_innen: So steht ein Teil der Mitarbeiter_innen den Arbeitsbedingungen unkritisch gegenüber und empfindet es als Privileg, bei Amazon arbeiten zu dürfen. Auch die Überwachungsmaßnahmen bei Amazon halten sie für angemessen. Auf der anderen Seite stehen Mitarbeiter_innen, die für gerechte Arbeitsbedingungen eintreten und die genannten Maßnahmen Amazons zur Effizienzsteigerung kritisch hinterfragen. Die Autorin vermutet bei diesem Typus einen Hang zu gewerkschaftlichen Protestformen.[754]

Mit Boewe und Schulten kann konstatiert werden, dass Amazon unsolidarisches Handeln in der Belegschaft systematisch fördert:[755]

> Standorte, Abteilungen, Schichten und letztlich jede/r einzelne Beschäftigte werden zueinander in Konkurrenz gesetzt und gegeneinander ausgespielt. In den von uns geführten Interviews berichten Beschäftigte, dass Vorgesetzte häufig

748 Ebd.
749 Ebd., S. 10.
750 Ebd.
751 Ebd.
752 Vgl. Ebd., S. 9 f.
753 Vgl. Ebd., S. 10.
754 Vgl. Apicella, Leipzig, S. 28.
755 Vgl. Boewe / Schulten, Kampf, S. 11.

> versuchen, Gespräche zwischen MitarbeiterIinnen am Arbeitsplatz zu unterbinden sowie kollegiale und solidarische Beziehungen bereits im Ansatz zu unterdrücken. [...] Beschäftigte berichten von einem ‚Klima der Denunziation'; mittels Metalldetektoren und Sicherheitsschleusen werden Beschäftigte unter Generalverdacht gestellt. Sie dürfen nur transparente Getränke mit an ihre Arbeitsplätze bringen, um in ihren Trinkflaschen kein Diebesgut aus dem Betrieb schmuggeln zu können.[756]

Zudem geht Amazon gegen Gewerkschaften vor, indem es repressiv gegen aktive Akteur_innen interveniert. Dies betrifft in gleichem Maße den Zusammenschluss in Betriebsräten und die Mitbestimmungsrechte der Mitarbeiter_innen.[757]

Amazons *fullfillment center* werden dabei vor allem in sozial schwachen Regionen gebaut. Vieles deutet darauf, so Boewe und Schulten, „dass die massenhafte Verfügbarkeit billiger Arbeitskräfte für das Unternehmen ein wichtiges Kriterium bei der Standortauswahl ist."[758] Ein Merkmal des Geschäftsmodells ist dabei nicht zuletzt die zeitlich befristete Beschäftigung der Mitarbeiter_innen, die vor allem in der Weihnachtszeit durch eine Vielzahl von Saisonkräften ergänzt wird, wie Boewe und Schulten feststellen:[759]

> Um diesen Bedarf zu decken, braucht Amazon die Möglichkeit, auf ein größeres Reservoir billiger Arbeitskräfte zurückgreifen zu können. Strukturelle Massenarbeitslosigkeit und Unterbeschäftigung gehören gewissermaßen zu den externen Produktionsfaktoren, ohne die das Geschäftsmodell Amazon nicht funktioniert. [...] Mit dem Teilzeit- und Befristungsgesetz (TzBfG) wurde 2001 die Altersgrenze, nach der befristete Arbeitsverträge ohne Einschränkung möglich sind, von 60 auf 58 sowie 2003 nochmals auf 52 Jahre abgesenkt. Zudem wurden erstmals ‚sachliche Gründe' ins Gesetz eingeführt – etwa vorübergehender personeller Mehrbedarf –, die sogar Kettenbefristungen ohne Höchstdauer legalisieren.[760]

Mit den eingeschränkten Handlungsmöglichkeiten der Beschäftigten, so die Autoren, geht jedoch auch ein unterschwelliges Drohpotenzial einher,

> das sie für das Auslaufenlassen befristeter Verträge, negative Konsequenzen bei der Teilnahme an Streiks oder die Drohung mit der Verlagerung von Arbeitsplätzen so sensibel macht. In einer Situation, in der für relevante Teile der

756 Ebd.
757 Vgl. Ebd.
758 Ebd., S. 12.
759 Vgl. Ebd., S. 12.
760 Ebd., S. 12 f.

> Beschäftigten eine Festanstellung bei Amazon einen sozialen Aufstieg bedeutet, ist es nicht verwunderlich, dass die Bemühungen, Gewerkschaften aus dem Betrieb herauszuhalten, zumindest teilweise auf fruchtbaren Boden fallen.[761]

Vor dem Hintergrund des dieser Arbeit zugrundeliegenden Prekaritätskonzepts handelt es sich mit Blick auf die Beschäftigungspolitik des Unternehmens um betriebliche Auswahlprüfungen, wie ich sie bereits exemplarisch im theoretischen Teil meiner Untersuchung angeführt habe, sodass an dieser Stelle auf eine nähere Ausführung verzichtet werden kann. Die Belegschaft bei Amazon setzt sich demnach aus verschiedenen Akteur_innen aus der Zone der Integration zusammen, zu denen die Stammbelegschaft zählt, während befristet beschäftigte Angestellte der Zone der Prekarität mit ihren verschiedenen Subjektivierungsformen angehören.

6.2 „Work hard. Have fun. Make history."[762]

Geißlers „Saisonarbeit" veranschaulicht in beispielhafter Weise die Kommodifizierung von Tätigkeitspotenzialen auf dem flexibilisierten Arbeitsmarkt. Die Figuren der Textwelt sehen sich bei ihrer Arbeit im Leipziger *fullfillment center* einem permanenten Wettkampf ausgesetzt, der jedoch nur marginale Positionsverbesserungen verspricht und beispielsweise auf eine Festanstellung, den Ausgleich des Kontos oder den Weg aus der Arbeitslosigkeit abzielt. Bewährungsproben lassen sich vor diesem Hintergrund als eines der zentralen Narrative des Textes bestimmen. Sie fungieren einerseits als Movens der Figuren, andererseits beschränken sie in hohem Maße ihre Handlungsfähigkeit, was den disziplinierenden Charakter der Auswahlprüfungen unterstreicht.

Bezeichnenderweise findet das Motiv des Wettkampfes bereits im ersten Kapitel des Romans Einzug in die Handlung. „Saisonarbeit" beginnt mit der Einladung zu einem praktischen Auswahltest. Im Rahmen der Prüfung soll die namenlose Protagonistin zeigen, dass sie Kisten rückenschonend in einem Regal platzieren kann, darüber hinaus soll sie eine Tabelle in ein

---

761 Ebd., S. 34.

762 Das Zitat wird gemeinhin dem Amazon-Gründer Jeff Bezos zugeschrieben. Vgl. z. B. Friedrich, Sebastian: „Der schlechteste Chef der Welt". Online abrufbar unter: https://www.freitag.de/autoren/der-freitag/der-schlechteste-chef-der-welt-feiert-amazon-wird-25, zuletzt geprüft am 01.02.2021.

Computerprogramm übertragen und an einer Packstation Sendungen für den Versand vorbereiten. Dabei wird sie von einem Prüfer kontrolliert und bewertet.[763] Während des Prozederes, das vordergründig den Anschein einer legitimen Bewährungsprobe besitzt, werden den Bewerber_innen jedoch bereits Flexibilisierungsleistungen abverlangt, die das Unternehmen als „Gratisressource“[764] in Anspruch nimmt:

> Alles dauert, man geht hier großzügig mit Ihrer Zeit um. Man hat Ihre Zeit eigentlich gar nicht im Blick. Von Anfang an stehen Sie zur Verfügung. Sie sind ein Listenelement. Sie sitzen nun in einem weißen kalten Raum auf einer Biergartenbank und warten inmitten anderer Testarbeiter auf den praktischen Auswahltest.[765]

Sowohl die Prüfung als auch die anschließende Schulung ist unvergütet.[766] Die Wartezeit, die den Bewerber_innen aufgebürdet wird, offenbart zudem das Machtgefälle, das zwischen ihnen und dem Konzern besteht. Durch die entpersonifizierende Bezeichnung der Protagonistin als „Listenelement“ betont die Erzählinstanz die Austauschbarkeit des Arbeitssubjekts innerhalb der Strukturen des Großunternehmens. Konträr hierzu präsentiert sich Amazon bei der anschließenden Schulungsveranstaltung, deren Verlauf im zweiten Kapitel des Romans geschildert wird, als strukturell flach hierarchisiert und betont seinen modernen Führungsstil.[767] Diese Ambivalenz verweist auf postfordistische Arbeitsprinzipien, die den Akteur_innen scheinbar Freiräume zur Selbstentfaltung gewähren, was sie häufig jedoch nicht halten können. „Nach den objektivierenden Strategien des Taylorismus und Fordismus, die das arbeitende Subjekt offen und uneingeschränkt der marktbedingten Konkurrenz und dem technisch vermittelten Leistungsprinzip aussetzten“[768], so Peter Václav Zima mit Blick auf den postfordistischen Wandel der letzten Jahrzehnte, „mehren sich Versuche Arbeit zu ‚humanisieren‘ und zu ‚subjektivieren‘, d. h. menschliche Subjektivität (als Autonomie und Selbstverwirklichung) in die verschiedenen

---

763 Geißler, Saisonarbeit, S. 32 ff.
764 Dörre / Haubner, Landnahme, S. 80.
765 Geißler, Saisonarbeit, S. 28.
766 Vgl. Ebd., S. 12 u. S. 39.
767 Vgl. Ebd., S. 41 ff.
768 Zima, Peter Václav: *Entfremdung. Pathologien der postmodernen Gesellschaft.* Francke: Tübingen 2014, S. 82.

Formen der Arbeitsorganisation einzubeziehen."[769] Doch wie mit Blick auf weitreichende Prekaritätserfahrungen ersichtlich wird, haben sich infolgedessen neue – ungleich subtilere – Zwänge und Entfremdungsphänomene herausgebildet. So werden beispielsweise die Mitarbeiter_innen Amazons in Geißlers Roman in den Glauben versetzt, dass die Möglichkeit einer Weiterbeschäftigung bestände, wenn sie sich nur genug anstrengten:

> Wir bei Amazon denken: Jeder Tag ist ein erster Tag. Das müsst ihr euch merken. Das ist jetzt eine gute Gelegenheit, sich das zu merken und einzusteigen und aufzusteigen. Noch werden Stellen vergeben, noch ist das hier ein aufstrebendes Unternehmen, aber unter uns: Jeder weiß, dass nichts ewig wachsen kann. Hier ist zwar noch eine Menge Potential, aber irgendwann wird das vielleicht anders sein. Also nutzt eure Chance. Sie beginnt jetzt, und ihr habt schon vieles richtig gemacht, indem ihr hierher gekommen seid.[770]

Unklar bleibt, unter welchen Bedingungen der Sprung in die Festanstellung gelingen soll. Die Unkalkulierbarkeit des Auswahlverfahrens manifestiert ein innerbetriebliches Disziplinarregime, das sich einerseits auf die Hoffnung auf sozialen Aufstieg und andererseits auf die Angst vor der sofortigen Kündigung gründet. Zudem sorgt es für einen erhöhten Konkurrenzkampf unter den Beschäftigten, der in starkem Kontrast zur Präsentation des Unternehmens steht: „Sie befinden sich in einer sogenannten flachen Hierarchie, in der alle flach Hierarchisierten danach lechzen, einen Gegner zu haben."[771] Entgegen der Annahme, flache Hierarchien würden das Gefühl der Fremdbestimmung durch ein höheres Maß an Selbstverantwortung abbauen,[772] bewirken sie im postfordistischen Arbeitsmarktregime häufig das Gegenteil. „Mitunter hat man gar den Eindruck"[773], so Horst Opaschowski treffend,

---

769 Ebd.

770 Geißler, Saisonarbeit, S. 43.

771 Ebd., S. 206.

772 Vgl. Kronawitter, Ernst: *Führen ohne Druck. Erfolgreiches Bankgeschäft ohne Zielvorgaben und vertriebsabhängige Vergütungen*. Springer: Wiesbaden 2013, S. 49.

773 Opaschowski, Horst W.: „‚Arbeiten wie die Eltern' – fest angestellt und mit geregeltem Feierabend.
Die Jobnomaden sind eine Legende". Online abrufbar unter: https://www.stiftungfuerzukunftsfragen.de/en/newsletter-forschung-aktuell/172b/, zuletzt geprüft am 01.02.2021.

> dass im Berufsleben Teamgeist gepredigt, aber Durchsetzungsvermögen erwartet, Kollegialität gewünscht, aber Rücksichtslosigkeit geduldet wird. Da werden flache Hierarchien propagiert und Work-Life-Balance-Konzepte beschworen, die sich im realen Business-Alltag als Mythen und Legenden erweisen.[774]

Die hier beschriebene Diskrepanz zwischen den realen Arbeitsbedingungen und der postulierten Unternehmenskultur wird in „Saisonarbeit“ vielfach thematisiert. In der Nebenfigur eines älteren Saisonarbeiters, der zeitgleich mit der Protagonistin bei Amazon eingestellt wird, tritt die aus der Bewährungssituation resultierende Verunsicherung deutlich zutage. So ist er sich zwar sicher, dass Amazon „uns eh nicht lange behalten“[775] wird. Im späteren Verlauf der Handlung erscheint er aber trotz Krankheit an seinem Arbeitsplatz. Hinter der scheinbar freiwilligen Selbstausbeutung verbirgt sich die Hoffnung auf eine soziale Positionsverbesserung:

> Du musst nach Hause, werden Sie sagen. Er wird nochmal mit den Schultern zucken und sagen, dass er aber doch übernommen werden will. Sie werden wiederholen, dass er nach Hause gehen solle, aber er wird sich nicht abbringen lassen und Sie werden in der Zugluft arbeiten, frieren, schwitzen, frieren.[776]

Die Zuweisung von Arbeiter_innen in die befristeten Tätigkeitsfelder des Unternehmens wird in Geißlers Roman über sozialstaatliche Institutionen sichergestellt. So teilt die Erzählerin die Bewerber_innen, die zusammen mit der Protagonistin auf den praktischen Auswahltest warten, anhand ihrer Beobachtungen in verschiedene Typen ein: Manchen, so stellt sie fest, ist es „egal, [...] wo sie arbeiten“[777]. Auch gibt es solche, „die grundsätzlich noch andere Möglichkeiten als diese haben oder haben könnten, nur ist im aktuellen Moment der Wurm drin oder dergleichen.“[778] Wieder andere zählt sie zu jenen, die denken, „hier einen Job zu bekommen, die aber diese Möglichkeit nicht haben.“[779] Alle Bewerber_innen jedoch, so die Erzählinstanz weiter, „lassen sich einteilen in jene, die die Agentur für Arbeit hergeschickt hat, und jene, die nicht die Agentur geschickt hat; das sind

---

774 Ebd.
775 Geißler, Saisonarbeit, S. 61.
776 Ebd., S. 80.
777 Ebd., S. 27.
778 Ebd.
779 Ebd.

die wenigsten."[780] Die Einteilung der Erzählinstanz der Bewerber_innen in bestimmte Gruppen erinnert an Castels Zonenmodell und beschreibt verschiedene Abstufungen innerhalb der Zone der Prekarität, wie sie im theoretischen Teil meiner Studie beschrieben wurden. Um in eine Festanstellung zu gelangen, sind die Figuren des Romans bereit, große Strapazen auf sich zu nehmen. So erfährt die Hauptfigur, dass ein Teil ihrer Kolleg_innen einen unverhältnismäßig weiten Arbeitsweg auf sich nehmen muss. Der Grund hierfür liegt in einer Vereinbarung, den „die Agentur" mit Amazon geschlossen hat:

> Was, sagen Sie. Warum kommt ihr denn von so weit, das ist doch überhaupt nicht sinnvoll. Die Agentur schickt uns. Aber gibt es denn nichts in Chemnitz, fragen Sie. Doch, aber die Agentur bedient Amazon im Moment vorrangig, die Jobvermittler haben den Auftrag, erst die Leerstellen hier zu besetzen und sich dann um die anderen Job-Angebote zu kümmern.[781]

Die in Geißlers Roman thematisierte Praxis sozialstaatlicher Institutionen, wird in der arbeits- und industriesoziologischen Forschung auf strukturelle Probleme zurückgeführt, die auf eine möglichst hohe Vermittlungsquote abzielen. „Bedenkt man"[782], so Andreas Hirseland und Lukas Kerschbaumer, dass

> die Fachkräfte in den Jobcentern häufig mehrere hundert Kunden zu betreuen haben, die aufgrund ihrer misslichen Lage und bestehender Vermittlungshemmnisse oftmals besonders intensiver Beratung und Betreuung bedürfen, dann wird deutlich, dass vielfach auch die für eine entsprechende fallbezogene Arbeit erforderlichen Kapazitäten knapp sind.[783]

Werden die Nebenfiguren des Romans direkt über das Arbeitsmarktregime an Amazon vermittelt, eint die Erzählerin und die Protagonistin[784] ihre

---

780 Ebd.

781 Ebd., S. 199 f.

782 Hirseland, Andreas / Kerschbaumer, Lukas: „Wege aus Langzeitarbeitslosigkeit und Hartz IV-Bezug – was sich aus Fallgeschichten lernen lässt". In: Rauch, Angela / Tophoven, Silke (Hrsg.): *Integration in den Arbeitsmarkt. Teilhabe von Menschen mit Förder- und Unterstützungsbedarf*. Kohlhammer: Stuttgart 2020, S. 221.

783 Ebd.

784 Geißler, Saisonarbeit, S. 14.

konsequente Ablehnung staatlicher Sozialleistungen.[785] In diesem Zusammenhang hebt die Erzählerin ihre Angst vor den bürokratischen Disziplinarmaßnahmen des Arbeitsmarktregimes hervor, die ein zentrales Element illegitimer Bewährungsproben an der Schnittstelle von Erwerbslosigkeit und Beschäftigungssystem sind:

> Ich bin, was die Agentur für Arbeit angeht, keine gute Ratgeberin und bin vielleicht, wenn ich sage, man solle bloß nicht zur Agentur gehen, doch nicht die neoliberale Linke vom Anfang des Textes, sondern eher eine zutiefst Verschreckte. Ich habe überbordende Angst vor der Agentur und ihren Folgen und Zetteln und Fragen.[786]

Entgegen der anfänglichen Behauptung der Erzählinstanz, eine „neoliberale Linke" zu sein, resultiert ihre Abneigung gegen sozialstaatliche Leistungen nicht daraus, dass sie dem postfordistischen Prinzip der „Selbstverantwortung" folgt, sondern vielmehr aus der Angst vor den bürokratischen Disziplinarmaßnahmen des Auswahlverfahrens, das infolge der Agenda 2010 in Deutschland etabliert wurde. Beschäftigungslosigkeit geht dabei häufig mit einem „Erleben von Fremdbestimmung"[787] einher, wie Booth et al. konstatieren:

> Die Strenge des Regimes gründet sich auf materielle Knappheit (Regelleistungen unter der Schwelle relativer Armut) und eine teilweise rigide Überwachung von Eigenaktivitäten (Bewerbungen, Maßnahmen, Bereitschaft zu sozial geförderter Beschäftigung). Sie resultiert aus Regeln und Eingriffen, die die Lebensformen der Anspruchsberechtigten betreffen – Aufwendungsgrenzen für die Wohnung oder die Überwachung von Besitz und Zuwendungen (zum Beispiel Höchstgrenzen für geldwerte Geburtstagsgeschenke).[788]

Auf die Spitze getrieben wird die Illustration der destruktiven Kraft des Arbeitsmarktregimes anhand des Schicksals der langzeitarbeitslosen

---

785 Wie im nächsten Analyseabschnitt gezeigt werden soll, sind die Erzählinstanz und die Hauptfigur des Romans nicht miteinander identisch.

786 Geißler, Saisonarbeit, S. 158.

787 Booth, Melanie / Dörre, Klaus / Haubner, Tine / Marquardsen, Kai / Scherschel, Karin / Schierborn, Karen: „Bewährungsproben für die Unterschicht: Wirkungen aktivierender Arbeitsmarktpolitik". In: Best, Heinrich / Holtmann, Everhard (Hrsg.): *Aufbruch der entsicherten Gesellschaft. Deutschland nach der Wiedervereinigung*. Campus: Frankfurt am Main / New Yorck 2012, S. 356.

788 Ebd.

Buchbinderin Frau Bertram, die im siebten Kapitel des Romans als Nebenfigur in Erscheinung tritt. So ist ihr einstmals anerkannter Beruf auf dem Arbeitsmarkt wertlos geworden, was die permanente Forderung der Agentur nach dem Schreiben von Bewerbungen ad absurdum führt. Über die Maßnahmen des Arbeitsmarktregimes gelangt sie in ausbeuterische Verhältnisse bei den „feinen Leuten"[789]: „Sie berichtet, sie werde nicht für die Arbeit bezahlt, sie putze da eben im Rahmen der Maßnahme und dürfe nicht einmal fünf Minuten eher gehen, selbst dann nicht, wenn sie die Mittagspause entsprechend verkürze."[790] Die Arbeitsagentur ist in „Saisonarbeit" somit allgegenwärtig und beschneidet die Freiheiten und Entfaltungsmöglichkeiten der Figuren in signifikanter Weise: „Ich habe ja keine Wahl"[791], klagt eine resignierte Zeitarbeiterin, die für 6,75 Euro für das Unternehmen arbeitet, als die Protagonistin sich nach ihrem Lohn erkundigt.[792] Der Sozialstaat, mit seiner Maxime des „Forderns und Förderns", fungiert so als Zulieferer für die schlecht entlohnten Arbeitsmarktsegmente und steuert die Akteur_innen zielführend in prekäre Lebens- und Arbeitsverhältnisse.

Der entfremdeten und fremdgesteuerten Welt der Lagerhalle und des Arbeitsmarktregimes steht in Geißlers Roman das Feld der freien Kreativarbeit kontrastiv gegenüber: „Sie vermissen Ihren Schreibtisch jetzt schon, obwohl Sie direkt neben ihm stehen."[793] Zwar betont die Erzählerin auf diese Weise ein hohes Maß der Identifikation der Protagonistin mit ihrem eigentlichen Beruf, dennoch kann sie von der Arbeit kaum leben. Beispielhaft veranschaulicht der Roman das Dilemma von Solo-Selbstständigen unter den ausbeuterischen Bedingungen des postfordistischen Wettkampfsystems: Der Kampf um Aufträge gleicht einer Kraftprobe,[794] die ohne Gerechtigkeitsprinzipien auskommt, wodurch das Versprechen von Freiheit und Selbstverwirklichung konterkariert wird: „Sie bekommen Kindergeld für zwei Kinder, Sie bekommen auch Rechnungen gezahlt, aber leider werden Ihre Rechnungen meistens nicht pünktlich bezahlt."[795] Anstatt das Geld

789 Geißler, Saisonarbeit, S. 247.
790 Ebd., S. 247 f.
791 Ebd., S. 201.
792 Vgl. Ebd.
793 Ebd., S. 57.
794 Vgl. Haubner / Dörre, Landnahme, S. 87.
795 Geißler, Saisonarbeit., S. 14.

von ihren Auftraggeber_innen einzufordern, verzichtet die Protagonistin darauf, Mahnungen zu verfassen: „Sie denken, dann gibt man Ihnen keinen Auftrag mehr.“[796] Auch, als sie ihren Job bei Amazon im letzten Kapitel des Romans kündigt und ihre Arbeit als freie Übersetzerin wieder aufnimmt, hat sich die Lage kaum gebessert:

> Sie werden bis in den frühen Morgen hinein an der Übersetzung arbeiten, die in drei Tagen abgegeben werden muss. Sie fühlen sich frei, das sagen Sie sich immer mal wieder auf. Sie mit Ihren zu langsam steigenden Preisen und Ihren ausufernden, nach jeder Zeit und jeder weiteren Tätigkeit greifenden Arbeitszeiten sind noch nicht auf das Folgende gekommen: ‚Das heutige Leistungssubjekt gleicht dem Hegelschen Knecht bis auf den Umstand, dass es nicht für den Herrn arbeitet, sondern sich selbst freiwillig ausbeutet. Als Unternehmer seiner selbst ist es Herr und Knecht zugleich.‘[797]

Der Roman nimmt vielfach Aspekte des Flexibilisierungs- und Prekaritätsdiskurses auf, wie beispielsweise in oben stehendem Textelement intertextuell[798] durch ein Zitat des Philosophen und Kulturwissenschaftlers Byung-Chal Han. Auf der Handlungsebene des Romans stehen die destruktiven Auswirkungen der Ausweitung des postfordistischen Wettkampfprinzips im Vordergrund, das sich über den Zugriff auf die Arbeitsressourcen der Akteur_innen generiert.[799] Die arbeitsweltlichen Auswirkungen auf das Subjekt wurden in der sozialwissenschaftlichen Prekaritätsforschung vielfach thematisiert und können mit Dörre als Resultat des Konkurrenzkampfs beschrieben werden, der sich aus den permanenten Auswahlprüfungen ergibt:

> Diese Wettbewerbslogik ist es, die Erwerbstätige, seien es nun Lohnabhängige oder Selbstständige, zwingt, mehr und flexibler zu arbeiten, berufsfremde Tätigkeiten auszuüben, Privates und Öffentliches zu entgrenzen und in der Konsequenz nicht nur zu Arbeitskraft-, sondern zu ‚Lebensunternehmern‘ zu mutieren.[800]

Bewährungsproben, sei es zwischen der Stammbelegschaft und den flexibel Beschäftigten des Unternehmens, sei es staatlich initiiert oder in flexibler Erwerbsarbeit, lassen sich, wie gezeigt, in „Saisonarbeit“ primär über

---

796 Ebd.
797 Ebd., S. 252 f.
798 Siehe Han, Byung-Chul: *Agonie des Eros*. Matthes und Seitz: Berlin 2012.
799 Vgl. Dörre / Haubner, Landnahme, S. 79 f.
800 Ebd., S. 80.

die subjektiven Auswirkungen bestimmen. Im Vordergrund der Handlung stehen die psychischen und alltagsweltlichen Destruktionen der Wettbewerbslogik auf das Individuum: das Gefühl permanenter Unsicherheit, Erfahrungen von Ohnmacht und die Angst vor dem sozialen Abstieg. Das Unbehagen am Ende des Textes, das sich daraus ergibt, dass die Protagonistin zwar die Bewährungsprobe einer befristeten Tätigkeit bei Amazon durchlaufen konnte und somit zumindest temporär in der Lage ist, ihren Kontostand auszugleichen, steht eine ungewisse Zukunft in selbstständiger Arbeit entgegen.

6.3 „Saisonarbeit" als Epigone der Literatur der Arbeitswelt?

Dass es nicht leichtfällt, Geißlers Roman einem bestimmten Genre zuzuordnen, zeigt ein Blick auf die Rezensionen, die zu „Saisonarbeit" erschienen sind. So konstatiert etwa Cornelia Geißler in der Berliner Zeitung: „Man erwartet eine Undercover-Recherche im Stile von Günter Wallraff. Doch so eine Art von Buch ist ‚Saisonarbeit' nicht."[801] Vielmehr handelt es sich, so die Rezensentin weiter, um eine „Mischform zwischen Roman und Essay"[802]. Zu einem ähnlichen Schluss kommt auch Gumz, wenn er feststellt, dass es sich bei „Saisonarbeit" um einen „Reportage-Essay-Roman"[803] handelt, „der es sich nicht so leicht macht, aus gesicherter Haltung heraus gegen Feindbilder anzuschreiben."[804] Andere Rezensent_innen bezeichnen Geißlers Roman als „hoch politischen Erfahrungsbericht"[805] oder stellen eine Nähe zur Arbeiterliteratur der 1960er- und 1970er-Jahre her.[806] An diese Befunde anschließend soll in diesem Abschnitt auf die Reportageelemente des Romans eingegangen werden, die von den Rezensent_innen

---

801 Geißler, Cornelia: „‚Saisonarbeit' von Heike Geißler: Was eine Lageristin bei Amazon erlebt hat". Online abrufbar unter: https://www.berliner-zeitung.de/kultur/literatur/-saisonarbeit--von-heike-geissler--was-eine-lageristin-bei-amazon-erlebt-hat-452680, zuletzt geprüft am 01.02.2021.

802 Ebd.

803 Gumz, Arbeit.

804 Ebd.

805 Kahlefendt, Nils: „Im Bauch von Amazon". Online abrufbar unter: https://www.deutschlandfunk.de/erfahrungsbericht-im-bauch-von-amazon.700.de.html?dram:article_id=302261, zuletzt geprüft am 01.02.2021.

806 Drees, Professor.

hervorgehoben werden, da sich die Handlung des Textes augenscheinlich an den Erfahrungen der Autorin orientiert. In diesem Zusammenhang drängt sich die Frage nach dem Verhältnis von Faktualität und Fiktionalität des Textes auf.

Wie ich bereits im literarhistorischen Teil meiner Studie ausgeführt habe, war die Reportage mit Blick auf ihren Wirklichkeitsgehalt vor allem in der Literatur der Neuen Sachlichkeit sowie in der Literatur der Arbeitswelt immer wieder Gegenstand von Diskussionen. Versuche, die Gattung der Reportage zu definieren, sind dabei äußerst vielfältig.[807] Caterina Kostenzer verweist auf eine „verhältnismäßig neue, innovative Definition“[808], die im Zuge des *Lettre Ulylles Award for the Art of Reportage* vorgenommen wurde. Diese Definition bezieht sowohl den Wirklichkeitsbezug des Genres mit ein als auch ihre literarischen Qualitäten. Die Reportage wird demnach als Genre definiert, das „zwischen Journalismus und Kunst anzusiedeln ist“[809]:

> The genre of literary reportage is situated between journalism and literature. It has in common with journalism its relation to actuality. Reportage refers to cultural and social reality, past developments, and current affairs. Good journalism interprets events by contextualizing elements such as historical background and causality, presenting readers with material for a more enlightened interpretation of world affairs. [...] Reportage writing, however, is not limited to merely documenting events. The combination of reportage with the techniques and subjects of literature allows for the creation of complexity, density, depth and multiple layers. In the field of reportage, creative nonfiction makes use of literary writing by taking advantage of its refinement of composition and its devices of introspection, interior monologue, dialogue, and polyphony. Literary reportage can draw on the visual arts, using changes of perspective, tempo and mood, cuts and montages, and it can make use of metaphors, parables, and allegories. Thus, reportage can be transformed into an art—the Art of Reportage.[810]

---

807 Für einen Überblick siehe: Kostenzer, Caterina: *Die literararische Reportage. Über eine hybride Form zwischen Journalismus und Literatur*. Studienverlag: Innsbruck 2009, S. 82–86.

808 Ebd., S. 86.

809 Ebd.

810 Ohne Autor_innenangabe:„The Art of Reportage“. Online abrufbar unter: https://www.lettre-ulysses-award.org/about/Art_of_Reportage.html, zuletzt geprüft am 01.02.2021.

Als signifikantes Merkmal der Reportage kann dabei gelten, dass das Genre zumeist einen hohen Wirklichkeitsbezug aufweist, wie Konstanzer konstatiert, „d. h. es ist ein Referent in der Wirklichkeit vorhanden, auf den sich die Reportagetexte beziehen."[811] Damit einher geht auch der Anspruch der Rezipient_innen auf die Authentizität des Dargestellten:

> In einer Reportage kommt es darauf an, der Art der Präsentation eines Themas den Anschein von Authentizität zu verleihen. Auf diese Weise wird die jeweilige Konstruktion von ‚Realität' für den Leser glaubwürdig und, nachdem dieser vornehmlich am Erwerb neuer Informationen und Sichtweisen interessiert ist, überhaupt erst relevant. Eine Reportage wirkt vor allem durch den Anspruch auf Augenzeugenschaft authentisch. Der Reporter steht dafür ein, dass er das von ihm Dargestellte selbst erlebt hat, d. h. dass er entweder persönlich vor Ort war oder zumindest aus sicheren und seriösen Quellen schöpfen kann, welche die Ergebnisse seiner Recherche stützen und belegen.[812]

Nicht zuletzt dieser Aspekt machte die Gattung auch für Autor_innen der Weimarer Republik interessant. Im Fahrwasser neuer Medien und sozialer Umwälzungsprozesse versprach die Form der Reportage „Unmittelbarkeit und Authentizität des Erlebens und der Beobachtung"[813], wie Stephan konstatiert. Wie in späteren Abschnitten zu zeigen sein wird, bedient sich „Saisonarbeit" erzählerisch eindeutiger Fiktionalitätssignale, die, anders als im Fall der Literatur der Arbeitswelt, deutlich machen, dass der Text nicht der Illusion erliegt, die Wirklichkeit abzubilden, sondern sich vielmehr seines erzählerischen Gehalts bewusst ist. Dennoch beruft sich die Autorin in Interviews auf ihre Augenzeugenschaft und ihre Erfahrungen des Erlebten. Geißlers tatsächliche Tätigkeit bei Amazon als Saisonkraft sowie das Wissen über die Arbeitsbedingungen des Unternehmens können so als Ausgangspunkt angenommen werden, auf den sich der Text bezieht. Anders als bei der journalistischen Reportage jedoch, bei der nach Kostenzer die Merkmale „Verständlichkeit, Sachlichkeit und Richtigkeit"[814] gegeben sein müssen, verbürgt sich Geißlers Roman für keine dieser Regeln des journalistischen Schreibens. Vielmehr geht es dem Roman darum, die Leser_innen mit den Arbeitsbedingungen bei Amazon bzw. mit dem prekären Dasein der

---

811 Konstenzer, Reportage, S. 87.
812 Ebd., S. 90.
813 Stephan, Weimarer Republik., S. 417.
814 Konstenzer, Reportage, S. 103.

dort angestellten Saisonkräfte vertraut zu machen, wie Cornelia Geißler in der Berliner Zeitung schreibt:

> Dabei bezieht Heike Geißler den Leser mit ein, er blickt durch ihre Augen. Auf der ersten Seite erklärt sie: ‚Sie sind ab jetzt als ich unterwegs.‘ Später wird sie mehrfach an diese Rollenverteilung erinnern. Sie erläutert ihre Arbeitsschritte so genau, dass man sie nachvollziehen könnte, stünde man selbst in der Halle.[815]

Die Autorin, die Mutter von zwei Kindern ist und zusammen mit ihrem Partner in Leipzig lebt, bewarb sich im Jahr 2010 als Lageristin bei Amazon, da sie in finanziellen Schwierigkeiten steckte.[816] Dabei hatte sie jedoch nicht vor, einen Roman über ihre Erlebnisse zu schreiben:

> Ich habe bei Amazon angefangen, weil die die Einzigen waren, die einen Vollzeitjob boten, mit dem ich halbwegs schnell eine Kontolücke füllen konnte, sagt Heike Geißler. ‚Die anderen erreichbaren Jobs wären immer nur für ein paar Tage pro Woche gewesen, paar Stunden, paar Euro. Und ich fand es reizvoll. Ich dachte aber nicht daran, ein Buch darüber zu schreiben, das kam erst später. Notizen habe ich mir aber recht schnell gemacht. Als sie mich zum Testarbeiten einluden, habe ich mich sehr gefreut. Nicht zuletzt deshalb, weil ich gern wissen wollte, wie es hinter der Weboberfläche aussieht, wie das alles geht. Und so weiter. Es war unkritisches Interesse, Neugierde.‘[817]

Ein Unterschied zu den Industriereportagen der Literatur der Arbeitswelt besteht so auch in der Intention der Autorin, die nicht mit dem Anspruch angetreten ist, einen politischen Text zu schreiben, als sie ihre Tätigkeit als Saisonkraft bei Amazon begonnen hat. Vielmehr proklamiert Geißler in oben stehendem Textausschnitt eine zunächst unpolitische Haltung, die sich von Autor_innen der Literatur der Arbeitswelt wie etwa Erika Runge oder Günther Wallraff entschieden unterscheidet.

Eine weitere Ebene, durch die der Text seinen Wirklichkeitsbezug herstellt, besteht in „Saisonarbeit“ über intertextuelle Einschübe. Dies wird häufig in zitierender Form als ausdrücklich gekennzeichnete Übernahmen erkennbar. So beginnt „Saisonarbeit“ mit der Einladung zu einem Vorstellungsgespräch, das auch die reale Adresse des Unternehmens in Leipzig

---

815 Geißler, Lageristin.

816 Vgl. Drees, Jan: „Der bitterfelder Weg zu Amazon“. Online abrufbar unter: https://www.lesenmitlinks.de/saisonarbeit/, zuletzt geprüft am 01.02.2021.

817 Ebd.

enthält.[818] Gleichsam endet der Text mit einem Schreiben von Amazon, von dem anzunehmen ist, dass es tatsächlich von dem Unternehmen verfasst wurde:

> ‚Sehr geehrte Frau…
> Zunächst möchten wir uns auf diesem Weg nocheinmal ganz herzlich für Ihre gute und tatkräftige Mitarbeit in der Vorweihnachtszeit bedanken.
> Aufgrund ihrer hervorragenden Arbeit möchten wir Sie gerne wieder für eine Einstellung in unserem Unternehmen vorsehen.
> Sollten Sie auch dieses Jahr Interesse an einer Tätigkeit in unserem Unternehmen haben, so können Sie uns jederzeit anrufen.
> Unsere Mitarbeiter der Personalabteilung werden dann mit Ihnen einen Starttermin vereinbaren
> Mit freundlichen Grüßen
> Ihre Amazon Personalabteilung
> Amazon Distribution GmbH‘[819]

Neben der Annahme, dass es sich bei Geißlers „Saisonarbeit“ um eine Industriereportage handelt, wird auch der essayistische Gehalt des Romans von den Rezensent_innen hervorgehoben. Dies wird vor allem über eine weitere Form intertextueller Einschübe erreicht, die dem postulierten Wirklichkeitsbezug des Textes entgegenstehen und einen geschlossenen akademisch-theoretischen Mikrokosmos entstehen lassen. Über die Bezugnahme auf journalistische, künstlerische und akademische Diskurse, die sich mit dem Thema Arbeit und im Speziellen mit der postfordistischen Arbeitsgesellschaft auseinandersetzen, erhält der Roman eine theoretische Ebene, die der Erzählerin die Möglichkeit bietet, entlang der Erlebnisse der Hauptfigur während ihrer Anstellung bei Amazon, das Geschehene kritisch zu reflektieren und unter politischen und ökonomischen Aspekten einzuordnen:

> Ich lese bei Lafargue: ‚Eine seltsame Sucht beherrscht die Arbeiterklasse aller Länder, in denen die kapitalistische Zivilisation herrscht. Diese Sucht, die Einzel- und Massenelend zur Folge hat, quält die traurige Menschheit seit zwei Jahrhunderten. Diese Sucht ist die Liebe zur Arbeit, die rasende, bis zur Erschöpfung der Individuen und ihrer Nachkommenschaft geltende Arbeitssucht.‘ Aber vermutlich ist niemand wirklich arbeitssüchtig, was auch Lafargue wusste, und Sie sind

818 Vgl. Geißler, Saisonarbeit, S. 11 f.
819 Ebd., S. 255.

> es im Moment erst recht nicht. Sie schlafen jetzt mit fast schon fröhlich gestimmtem Gemüt.[820]

Zitierte Autor_innen werden auf paratextueller Ebene in einem Literaturverzeichnis[821] im Anhang des Textes erfasst. Die Erzählerin tritt in den Dialog mit den Texten, die sie für ihre Überlegungen heranzieht, zeigt sich ihnen gegenüber zustimmend oder ablehnend. Zudem wirkt die intellektuelle Auseinandersetzung der Erzählerin mit der Arbeitswelt kontrastierend zu den entfremdeten Arbeitsprozessen der Lagerhalle, wodurch diese in ihrer Monotonie nur umso deutlicher hervortreten. Dabei setzt sich die Erzählinstanz beispielsweise mit Texten Hannah Arendts[822], Byung Chal Hanhs[823] und Elfriede Jelineks[824] auseinander, wobei es immer darum geht, Möglichkeiten des Widerstandes gegen die als negativ erfahrene Arbeitswelt zu formulieren und gegebenenfalls in Handlungen auf der Figurenebene umzusetzen: „Oder wie Elfriede Jelinek schreibt: ‚Wer lebt, stört.' Sie sollten dem Arbeitgeber beweisen, dass Sie lebendig sind."[825] In seinem Spiel mit intertextuellen Bezügen, den Erfahrungen der Autorin, die in den Roman eingeflossen sind, und einer Vielzahl literarischer Stilmittel, geht „Saisonarbeit" über Versuche der Literatur der Arbeitswelt hinaus, die Wirklichkeit abbilden zu wollen. Vielmehr kann der Text als komplexe literarische Verhandlung gewertet werden, die Handlungsmöglichkeiten des Subjekts unter prekären Lebens- und Arbeitsverhältnissen auszuloten, wie in den nächsten beiden Abschnitten gezeigt werden soll.

6.4 Literatur als Möglichkeitsraum

Unter erzähltheoretischen Gesichtspunkten betrachtet, ist die Ausrichtung der weiblichen Erzählinstanz auf einen textinternen, explizit dargestellten Adressaten, der vom ersten Kapitel an mit der Höflichkeitsform „Sie" angesprochen wird, von zentraler Bedeutung für Geißlers Poetologie. Dass

---

820 Ebd., S. 138.
821 Vgl. Ebd., S. 257–259.
822 Vgl. z.B. Ebd., S. 202.
823 Vgl. z.B. Ebd., S. 195.
824 Vgl. Ebd., S. 203.
825 Ebd.

es sich dabei um mehr als einen bloßen „Taschenspielertrick“[826] handelt, sondern dem Roman vielmehr eine Auffassung von Literatur zugrunde liegt, die literarisches Schreiben als „Simulationsraum“[827] konzeptualisiert, wird klar, wenn man in diesem Kontext auch das Spiel mit verschiedenen Fiktionalitätsebenen in den Fokus der Analyse rückt.

Mit Blick auf die gesamte Verlaufsstruktur des Erzähltextes sind die Erlebnisse der Erzählerin, die sie während ihrer Arbeit bei „Amazon“ gesammelt hat, bereits abgeschlossen. Der fiktive Adressat wird von der Erzählinstanz dazu angehalten, das Geschehen durch die Augen der namenlosen Protagonistin zu verfolgen, die vorerst einem früheren Ich der Erzählerin zu entsprechen scheint, um auf diese Weise die Erlebnisse, die die Erzählerin während ihrer Arbeit als Lageristin bei Amazon gesammelt hat, erneut zu durchleben:

> Sie sind ab jetzt als ich unterwegs. Sie sind also weiblich, bitte merken Sie sich das, denn es ist an einigen Stellen wichtig. Sie sind eigentlich Autorin und Übersetzerin, haben zu diesem Zeitpunkt zwei Söhne und einen Partner, der gut zu Ihnen passt, was Sie meistens auch wissen.“[828]

Was mit einer scheinbar verlässlichen Rollenzuweisung durch die Erzählinstanz beginnt, die auch die sozioökonomischen Kontexte der Figur mit einbezieht, stellt sich im Laufe der Handlung als zunehmend fragil heraus. So ändert die Erzählinstanz im fünften Kapitel des Romans unerwartet den Familienstand der Protagonistin und gibt sich auf diese Weise als unzuverlässige Erzählerin zu erkennen. Gleichzeitig kann nun keine Rede mehr davon sein, dass die Erzählerin und die Hauptfigur miteinander identisch sind:

> Sie sind nun allein in der Wohnung. Wenngleich ich am Anfang so tat, als hätten Sie meinen Freund und meine Kinder, ist es nicht so. Die teile ich doch nicht. Es geht nicht. Sie sind ich, aber Sie haben nicht mein ganzes Leben. Sie sind also im Prinzip allein in der Wohnung, aber ich bin auch noch da.[829]

---

826 Kessler, Florian: „Endstation Amazon“. Online abrufbar unter: http://www.sueddeutsche.de/kultur/autorin-heike-geissler-endstation-amazon-1.2209553, zuletzt geprüft am 01.02.2021.

827 Wellershoff, Dieter: „Fiktion und Praxis“. In: ders.: *Essays, Aufsätze, Marginalien. Werke. Band 4*. Kiepenheuer & Witsch: Köln 1997, S. 210.

828 Geißler, Saisonarbeit, S. 13.

829 Ebd., S. 95.

Auf diese Weise wird der Wirklichkeitsbezug des Romans und dessen Einordnung als Industriereportage konterkariert. Die Bedingungen der Textwelt können jederzeit von der Erzählerin verändert werden, wodurch auch die Erzählung selbst prekär wird, also über keinerlei Sicherheiten verfügt, auf die sich die Rezipient_innen verlassen können. Dabei deutet sich im vorausgehenden Textelement bereits an, dass die zu Beginn vermeintlich heterodiegetische Erzählerin nun zu einem Teil der erzählten Welt geworden ist und die Grenze zur Homodiegesis überschritten hat. Im Laufe der Handlung wird sie zu einer Nebenfigur des Romans, die bisweilen außerhalb der Lagerhalle in Erscheinung tritt:

> Wir erreichen dann doch noch das Hotel, und Sie steigen geschafft am Hauptbahnhof aus der Straßenbahn. Ich hole Sie ab, redelustig. Ich plaudere auf Sie ein, ich erzähle Ihnen von Hannah Arendt und davon, wie der Mensch als Anfang auf die Welt kommt [...]. Sie sehen so müde aus und eingestaubt. Sie sagen: Das funktioniert doch nicht.[830]

Darüber hinaus ist die epistemologische Position der Erzählerin variabel. Zwar scheint zunächst eine Nullfokalisierung vorzuliegen, womit die Erzählinstanz über umfassendere Wahrnehmungs- und Wissensmöglichkeiten als die Hauptfigur verfügt. Im dritten Kapitel behauptet sie jedoch, dass ihr Blick Einschränkungen unterliege.[831] Dann wieder weiß sie: „In zwei bis vier Jahren werden Sie anders sein, da werden Sie genug haben von aller Angst, da wird kein Unternehmen oder irgendwer Sie im hellwachen Zustand zur Kinderschlafzeit unter die Decke quetschen können."[832]

Sukzessive wird die fiktive Leser_in in der Rolle der Protagonistin zum Spielball der unzuverlässig agierenden Erzählerin, die potenziell über die Macht verfügt, alles zu widerrufen, was zuvor als verlässlich galt. Diskurs und Geschichte des Textes stehen auf diese Weise miteinander in Wechselbeziehung: Ist die Hauptfigur infolge ihrer prekären Lebenslage dem Disziplinarregime des streng hierarchisch organisierten Unternehmens ohnmächtig ausgeliefert, entziehen ihr auch die Vermittlungsinstanzen des Textes jede verlässliche Grundlage. Auf diese Weise erfährt der Verlust der Handlungskontrolle und der Selbstwirksamkeit eine Intensivierung. Dabei

830 Ebd., S.109 f.
831 Ebd., S. 59.
832 Ebd., S. 96.

ist die Erzählerin gegenüber dem fiktiven Adressaten, an den sie sich richtet, jedoch nicht feindselig eingestellt. Ihr Verhalten folgt vielmehr einer dialektischen Struktur, die sich aus dem gezielten Entzug von Handlungsfähigkeit und dem Aufzeigen subversiver Handlungsoptionen speist. Der Literatur kommt in Geißlers Poetologie vor diesem Hintergrund die Funktion einer „Simulation" zu, wie sie in zahlreichen literaturtheoretischen Überlegungen eine bedeutende Rolle spielt.[833] Bereits in den 1960er-Jahren verglich der Schriftsteller Dieter Wellersdorf literarisches Schreiben mit den spielerischen Simulationstechniken der Weltraumfahrt:

> Das ist, wie mir scheint, eine einleuchtende Analogie zur Literatur. Auch sie ist ein der Lebenspraxis beigeordneter Simulationsraum, Spielfeld für ein fiktives Handeln, in dem man als Autor und als Leser die Grenzen seiner praktischen Erfahrungen und Routinen überschreitet, ohne ein wirkliches Risiko dabei einzugehen.[834]

In „Saisonarbeit" lassen sich zahlreiche metanarrative Signale auf Ebene des Diskurses bestimmen, die die Konstrukthaftigkeit des Textes in den Vordergrund rücken und dessen Wirklichkeitsbezug konterkarieren: "Vermutlich waren und sind Sie außerhalb dieses Textes ein Mensch, in dem keine abwinkenden Heere aufgereiht stehen, aber nun ist das anders."[835] Die fiktive Leser_in bzw. die Protagonistin wird, wie die Erzählerin im neunten Kapitel ankündigt, am Ende des Textes „zerfallen"[836], den Körper der Hauptfigur verlassen und in das Außerhalb des Textes zurückkehren. Dabei werden die Rezipent_innen Erfahrungen gesammelt haben, die ihre Perspektive auf die Arbeitswelt verändern werden: „Genau genommen, werden Sie sagen, kann einer ja kaum mehr leisten, als einer Vierzigstundenwoche nachzugehen, insofern er einer solchen nachgeht."[837] Ein zentrales Anliegen von Geißlers Roman, so kann vor diesem Hintergrund festgestellt werden, ist somit weniger eine realistische Darstellung der Arbeitsbedingungen bei

---

833 Vgl. Anz, Thomas: „Das Spiel ist aus? Zur Konjunktur und Verabschiedung des ‚postmodernen' Spielbegriffs". In: Habers, Henk (Hrsg.): *Postmoderne Literatur in deutscher Sprache: eine Ästhetik des Widerstands?* Rodopi: Amsterdam / Atlanta 2000, S. 27.

834 Wellersdorf, Fiktion, S. 210.

835 Geißler, Saisonarbeit, S. 166.

836 Ebd., S. 195.

837 Ebd.

Amazon, als vielmehr der Versuch, mit unterschiedlichen literarischen Fiktionalisierungstechniken Empathie bei den Rezipient_innen dafür zu wecken, was es bedeutet, in prekären Arbeitsverhältnissen tätig zu sein.

Neben dem Motiv des Erzählens als Erfahrungsvermittlung erschafft der Roman jedoch in seiner Funktion als Simulationstechnik auch einen Möglichkeitsraum, in dem widerspenstige Handlungen erprobt werden können, die unter den repressiven und disziplinierenden Bedingungen der postfordistischen Arbeitswelt sanktionierbar erscheinen und zu weitreichenden Konsequenzen führen können. „Grundlage dieser Verlagerung ist der Moment der Einfühlung in die literarische Welt“[838], so Michael Heidegen mit Blick auf die Simulationsfunktion von Literatur, „die in einer dialektischen Struktur aus emotionaler Teilhabe und reflexiver Distanz besteht.“[839]

So sorgt die Erzählerin im dritten Kapitel kurzerhand für einen Schichtabbruch und gibt auf diese Weise allen frei, „die gern frei hätten.“[840] An anderer Stelle „stopft“[841] sie der Protagonistin eine feministische „Haltung in den Körper“[842]. Ihre Aufgabe sieht die Erzählerin so vor allem darin, die fiktive Leser_in „daran zu erinnern, dass sich kein Verzagen lohnt und dass alle Handlungsfähigkeit gewahrt bleiben muss, dass es darum geht, allein einer Handlung zuliebe zu handeln, damit sie in der Welt ist und sich weiterentwickeln kann.“[843] Indem der Roman die Textwelt als Simulationsraum konzipiert, bleiben Handlungen, die innerhalb dieses geschützten Bereiches stattfinden, scheinbar ohne Konsequenzen:

> Sie sind, bis ich es mir anders überlege, couragiert und stark, und ich bin, bis ich mir das anders überlege, das Gegenteil von Ihnen. Ich ging nicht forsch auf das Hallentor zu, ich zauderte da noch eine ganze Weile herum, aber Sie, Sie gehen, denn Ihnen kann nichts widerfahren. Ihnen widerfährt grundsätzlich nichts. Falls das nicht stimmen sollte, falls das zu kühn formuliert sein sollte, sage ich es eben so: Hier passiert Ihnen nichts, heute bestimmt nicht; weiter kann ich nicht blicken.[844]

---

838 Heidegen, Michael: *Inszenierungen eines Affekts: Scham und ihre Konstruktion in der Literatur der Moderne.* V&R: Göttingen 2013, S. 228.
839 Ebd.
840 Geißler, Saisonarbeit, S. 67.
841 Ebd., S. 188.
842 Ebd.
843 Ebd., S. 202.
844 Ebd., S. 59.

Geißlers Roman unterscheidet sich so vor allem dadurch von zahlreichen literarischen Darstellungen prekärer Lebens- und Arbeitsverhältnisse der Gegenwartsliteratur, dass er es nicht bei einer „nüchternen Bestandsaufnahme“[845] belässt, sondern unterschiedliche Erzähltechniken und das Ziel der sozialen und politischen Einflussnahme zu einer engagierten Ästhetik verbindet. Dies wird nachfolgend umso deutlicher, bezieht man die spezifische Perspektive, aus der die Erzählerin das Geschehen politisch, ethisch und moralisch bewertet, in die Analyse mit ein.

6.5 Künstlerkritik und immanente Kritik

Die Erzählinstanz steuert die Informationsaufnahme nicht nur quantitativ, sondern auch qualitativ. Unter Fokussierung der narratologischen Kategorie der ideologischen Erzählperspektivierung erlangen in diesem Zusammenhang primär Elemente der Künstlerkritik Bedeutung. Im Vordergrund steht die Beanstandung von Fremdbestimmung und fehlender Sinnhaftigkeit unter den Bedingungen der postfordistischen Arbeitswelt. Mit Blick auf das Konzept der Bewährungsproben kommt in „Saisonarbeit“ zudem die immanente Kritik an der Wettkampflogik des postfordistischen Arbeitsmarktes zum Ausdruck, die, so Dörre mit Blick auf die Bewältigungsstrategien unsicherer Lebens- und Arbeitsverhältnisse, die „alltäglich[e] Perspektive eines (Über-)Lebens in prekären Verhältnissen“[846] fokussiert und „nach Fähigkeiten und Kompetenzen“ fragt, „die ein solches Leben ermöglichen.“[847]

Vergleichsweise viel Raum nimmt in Geißlers „Saisonarbeit“ die Darstellung tayloristischer Arbeitsprozesse ein. Entgegen ihrer Tätigkeit als Übersetzerin und Autorin, die für die Hauptfigur ein hohes Maß der Autonomie und Sinnhaftigkeit mit sich bringt, muss sie als Lageristin „Funktionen“[848] erfüllen, die dem Profitstreben des Unternehmens dienen und den Arbeitssubjekten nur wenig Raum für autonomes Handeln bieten:

> Normans Bewegungen folgen einer strengen zeitlichen Taktung, für jede Tätigkeit scheint er die exakt gleiche Zeitmenge aufzuwenden, alles ist dem Zeitsinn

845 Chilese, Menschen, S. 295.
846 Dörre et al., Bewährungsproben, S. 388.
847 Ebd.
848 Geißler, Saisonarbeit, S. 25.

untergeordnet, und das jeweils zu bearbeitende Produkt ist lediglich etwas, das die Einhaltung irgendwelcher Zeitvorgaben mehr oder weniger beeinträchtigt.[849]

Die psychischen und physischen Auswirkungen der monotonen Tätigkeiten auf das Individuum werden als Transformationsprozess geschildert, in dessen Verlauf sich die Hauptfigur sukzessive von einer freiberuflichen Kreativarbeiterin in eine lohnabhängige Arbeitnehmerin verwandelt:

> Es wird also so sein: Sie bekommen diesen Job und freuen sich, und dann werden Sie müde sein, werden jeden Tag Ihre Augen kaum noch offenhalten können, Ihnen wird die Kraft für alles Vergnügliche oder schlicht für alles fehlen und Sie werden sehr viel mehr über Ihr Leben und das Ihrer Eltern und all derer wissen, die Vorgesetzte haben. Sie haben ja normalerweise keinen Chef, keine Chefin.[850]

Die Arbeit in der Lagerhalle ist dabei streng hierarchisch organisiert, was in starkem Widerspruch zur Selbstdarstellung des Unternehmens steht, das eine flach hierarchische Arbeitsorganisation propagiert.[851] Die Figuren in führenden Positionen werden in diesem Zusammenhang von der Erzählerin mit negativen Attributen belegt und in ihrer Autorität bezweifelt. So wird die Protagonistin im neunten Kapitel des Romans einem neuen Vorgesetzten unterstellt, den sie von Beginn an „für die Deutlichkeit seiner Verkörperung eines Chefs“[852] hasst und der über „rhetorische Schnittigkeit und ein Arsenal feiner, gezielt setzbarer Beleidigungen verfügt“[853]. Kurz: „[E]iner, den alle schnell weghaben wollen, ihn deshalb auf der Karriereleiter nach oben winken, was in diesem und ähnlichen Fällen immer die falsche Richtung ist.“[854] Mit der Kritik an der hierarchischen Ordnung des Unternehmens geht auch eine Kritik an dessen Überwachungsmaßnahmen einher, die vor allem disziplinierende Effekte in den Vordergrund stellt.[855] Gegen Arbeit, so postuliert die Erzählerin, „die dem Arbeitnehmer als Menschen keinen Raum lässt“[856], ist sich „unbedingt aufzulehnen.“[857] Ihre Forderungen an

849 Ebd., S. 84.
850 Ebd., S. 15.
851 Vgl. z.B. Ebd., S. 43.
852 Ebd., S. 197.
853 Ebd.
854 Ebd.
855 Vgl. Ebd., S. 205.
856 Ebd., S. 203.
857 Ebd.

die Arbeitswelt richten sich primär nach „Authentizität“[858], die sie auch als „Stimmigkeit“[859] bezeichnet. Die Erzählinstanz erscheint so als Vertreterin traditioneller Künstlerkritik, wie ich sie im theoretischen Kapitel meiner Studie skizziert habe. Dahinter verbirgt sich die Forderung nach kreativer Entfaltung, die sie unter den Arbeitsbedingungen des Online-Dienstleisters Amazon nicht realisiert sieht. Der Text geht jedoch über die reine Künstlerkritik hinaus, wo er Aspekte des Prekaritäts- sowie des Flexibilisierungsdiskurses aufgreift. Bildung, so postuliert die Erzählinstanz etwa, ist kein Garant mehr für den beruflichen Erfolg.[860] Die Protagonistin, die als freiberufliche Übersetzerin und Autorin über ein hohes Maß an institutionalisiertem und internalisiertem kulturellem Kapital verfügt, büßt infolge ihrer Beschäftigung bei Amazon nicht nur Autonomie ein, sondern erfährt auch einen „sozialen Abstie[g]“[861]. Die Kritik richtet sich auf diese Weise, im Sinne der Sozialkritik, gegen die Prüfungsformate der Bewährungsproben, deren fehlende Gerechtigkeitsprinzipien in Geißlers Roman bemängelt werden.

Auf der Figurenebene äußert sich dieser Konflikt über die Gegenüberstellung divergenter sozialer Mikrokosmen. Pejorativ wird die Hauptfigur von ihrem Schichtleiter Norman als „Frau Professor“[862] angesprochen und findet sich aufgrund ihrer habituellen Inkongruenz von ihren Kolleg_innen isoliert.[863] Dabei unterscheidet sie sich nicht nur in ihren habituellen Dispositionen[864] von den übrigen Saisonarbeiter_innen, die überwiegend

858 Ebd., S. 26.
859 Ebd.
860 Vgl. Ebd., S. 18.
861 Ebd., S. 15.
862 Ebd., S. 84.
863 Vgl. Ebd., S. 120.
864 Schwingel unternimmt den Versuch, anhand der von Bourdieu dargelegten Schemata des Habitus folgende Kategorien analytisch voneinander zu trennen und weiter auszuführen: „1. Die Wahrnehmungsschemata, welche die alltägliche Wahrnehmung der sozialen Welt strukturieren (man könnte auch, um sie vom nächsten Punkt abzugrenzen, vom sensuellen Aspekt der praktischen Erkenntnis sprechen), 2. Die Denkschemata, zu denen (a) die ‚Alltagstheorien‘ und Klassifikationsmuster zu rechnen sind, mit deren Hilfe die Akteure die soziale Welt interpretieren und kognitiv ordnen, (b) ihre impliziten ethischen Normen zur Beurteilung gesellschaftlicher Handlungen, d.h. ihr ‚Ethos‘, und

als flache, teilweise stereotype Charaktere[865] von der Erzählerin konturiert werden. Auch intentionale Unterschiede trennen die Hauptfigur von ihren Kolleg_innen. Hoffen die Nebenfiguren des Romans auf eine Übernahme durch das Unternehmen, was für sie eine eminente Verbesserung der eigenen Lebenslage bedeuten würde, geht es der Hauptfigur darum, ihr Konto auszugleichen und möglichst schnell in ihre Freiberuflichkeit als Übersetzerin zurückzukehren.[866] Da der Roman auf eine multiperspektivische Darstellung verzichtet, bleibt die Beurteilung des Geschehens allein der Erzählerin vorbehalten, wodurch die subjektive Wahrnehmung der unteren sozialen Klassen keine Rolle in „Saisonarbeit" spielt.

Der ambivalenten sozialen Position der Hauptfigur in den hierarchischen Strukturen der Lagerhalle kommen mit Blick auf Genderaspekte weitere Dimensionen hinzu. So kommentiert die Erzählerin zu Beginn der Handlung etwa lakonisch: „Sie sind, das lässt sich vorgreifend und ergänzend sagen, eben ein Element mit Brüsten, Zopf und Brille."[867] So ist die Protagonistin beispielsweise Übergriffen seitens ihrer männlichen Kollegen ausgesetzt[868] oder muss sich gegen sexistische Vorurteile zur Wehr setzen.[869] Die Lagerhalle ist dabei selbst in Bereiche aufgeteilt, die ausschließlich von Frauen betreut werden[870] und auf diese Weise strukturell Abbild der unbewussten Wahrnehmungs- und Bewertungsschemata der historischen Strukturen der männlichen Ordnung[871] sind.

(c) ihre ästhetischen Maßstäbe zur Bewertung kultureller Objekte und Praktiken, kurz ihr ‚Geschmack', 3. Schließlich die Handlungsschemata, welche die (individuellen oder kollektiven) Praktiken der Akteure hervorbringen." Schwingel, Markus: *Pierre Bourdieu zur Einführung*, 3 Auflage. Junius: Hamburg 2000, S. 60.

865 z. B.: „Eine Frau mit helllila Haarsträhnen betritt ebenso den Raum, stellt sich rechts vor die Zuschauer an die Wand und lächelt den Mann am Schreibtisch an. Sie ist recht dick und trägt ein ausgewaschenes schwarzes T-Shirt." Ebd., S. 41.

866 Vgl. Geißler, Saisonarbeit, S. 37.

867 Ebd., S. 46 f.

868 Vgl. Ebd., S. 85.

869 Vgl. Ebd., S. 64.

870 Vgl. Ebd., S. 73.

871 Vgl. hierzu: Bourdieu, Pierre: *Die männliche Herrschaft*, 2. Auflage. Suhrkamp: Frankfurt am Main 2013.

Eine zentrale Frage, der der Roman nachgeht, richtet sich danach, wie das Subjekt in derart komplexen Machtstrukturen seine Handlungsfähigkeit wahren kann und welche Möglichkeiten des Widerstandes ihm unter den Bedingungen prekärer Lohnarbeit offenstehen. Vor allem in seiner Methode der Simulationstechnik zielt der Roman auf die Erprobung eigensinniger Handlungsstrategien, die, mit Dörre gesprochen, „im Rahmen der gültigen Regeln die Wettkampfpraxis beeinflussen wollen."[872] Eigensinn bedeutet in diesem Zusammenhang, dass sich „Handlungsstrategien und Verhaltensweisen nicht reibungslos ins Format der Prüfungssituationen fügen."[873] Dörre betont jedoch, dass eigensinnige Praktiken nicht im kollektiven Sinne verstanden werden dürfen, auf einer individuellen Ebene jedoch ihre Wirkung nicht verfehlen.[874] So postuliert die Erzählerin, dass es gilt, die Arbeit „möglichst schlecht zu verrichten"[875] und auf diese Weise den Arbeitsprozess bei Amazon zu unterlaufen:

> Wie weit reicht nun Ihr Einfluss bei Amazon? Sie nehmen Waren in Empfang und buchen sie ins System. Sie könnten Waren verstecken. Vielleicht nicht für immer, aber wenigstens für ein paar Tage könnten Sie Waren vor den Augen anderer verbergen und so aus dem Kreislauf ziehen. Sie könnten Ware subtiler beschädigen, so dass die Beschädigung erst beim Kunden auffällt.[876]

Neben der Durchführung kleiner innerbetrieblicher Sabotageakte[877], dem Widerspruch bei Anweisungen von Vorgesetzten[878] oder dem Vortäuschen einer Krankheit[879] richtet sich die immanente Kritik, die in „Saisonarbeit" Gegenstand der Überlegungen der Erzählinstanz ist, vor allem gegen das Arbeitsmarktregime:

> Das mit Hartz 4 überlegen Sie, vielleicht kriegt man es ja doch irgendwie hin. Das könnte man doch schaffen. Man könnte das doch als einen Beruf betrachten, den man ausübt, der auch nicht angenehm ist, aber wenigstens nicht pro Woche vierzig Stunden Anwesenheit erfordert. Sie erwägen also, Leistungsbezieherin zu

872 Dörre et al., Bewährungsproben, S. 388.
873 Ebd.
874 Vgl. Ebd., S. 389.
875 Geißler, Saisonarbeit, S. 203.
876 Ebd.
877 Vgl. Ebd.
878 Vgl. Ebd., S. 212.
879 Vgl. Ebd., S. 245.

> werden und an Stelle des Weltunternehmens die Agentur für Arbeit zu setzen. Sie rufen in meine Richtung: Ich werde mich dafür einsetzen, die Tätigkeit des Leistungsbeziehens zu einem anerkannten Beruf zu machen.[880]

Die Erzählerin hält die Idee implizit aufgrund der Unkalkulierbarkeit der Bewährungsprobe für ungeeignet: „Ich streiche den Gedanken an Hartz IV, dieses Taumeln um das regelmäßig eintreffende Geld herum, einfach aus Ihren Gedanken."[881] Stattdessen empfiehlt sie an anderer Stelle, „der Agentur" beim Verlassen die Türen einzutreten: „Man muss das machen, man muss dieses Gebäude, das hier wie ein Gefängnis aussieht [...] in Grund und Boden stampfen und zum Beispiel bei den Türen beginnen."[882] Die Empfehlung, der Arbeitsagentur mit physischer Gewalt zu begegnen, zielt in Richtung radikaler Sozialkritik, die die Bedingungen der Bewährungsproben ablehnt und im Angesicht von Ohnmachtserfahrungen und Hoffnungslosigkeit Formen unkalkulierbaren Handelns annimmt. In Anbetracht der Disziplinarkraft des Arbeitsmarktregimes, dessen Bedingungen längst von den arbeitenden Subjekten internalisiert wurden, sieht die Erzählerin jedoch kaum Möglichkeiten für kollektive Formen des Widerstandes:

> Ich, die ich Ihre Gedanken vor Ihnen hatte, denke jetzt: Vielleicht ist da kein Potential mehr, vielleicht lässt sich nichts, gar nichts aus dieser Menschenmenge machen. Was wäre, wenn alle weitergingen? Oh, es wäre fantastisch. Aber die meisten aus dieser Masse wissen und wissen das aus Erfahrung: Dann stünden sie ohne Arbeit da. Bekämen kein Gehalt und zudem nichts mehr von der Agentur. Und hätten plötzlich Zeit und wüssten nicht, was tun. Da wären noch keine neuen und alltagstauglichen Ideen. Denn wann hätten die entwickelt werden sollen. Hier hat ja niemand Zeit, hier sind ja alle müde. Alle, die weitergehen, würden beizeiten ersetzt werden, sie wären nur Auslöser eines kleinen, vorübergehenden personellen Engpasses, der sich lediglich in einem Satz auf der Unternehmens-Webseite ausdrücken würde: Aufgrund schlechter Witterungsbedingungen muss derzeit mit Lieferungsbedingungen von bis zu drei Tagen gerechnet werden. Wir entschuldigen uns für diese Unannehmlichkeit.[883]

Obwohl Geißlers Roman beständig um die Frage kreist, welche Möglichkeiten den Akteur_innen offenstehen, sich gegen prekäre Arbeits- und

880 Ebd., S. 160
881 Ebd., S. 161.
882 Ebd., S. 158.
883 Ebd., S. 168 f.

Lebensverhältnisse aufzulehnen, wird der Text durch eine desillusionierte Grundhaltung bestimmt. Weder können die Bemühungen der Protagonistin zu einer nennenswerten Positionsverbesserung führen noch sieht die Erzählerin das reale Potenzial einer organisierten, kollektiv wirksamen Sozialkritik gegeben. Den Grund hierfür sieht sie vor allem in der disziplinierenden Kraft der gegenwärtigen Arbeitswelt gegeben, die sich vor dem Hintergrund des dieser Studie zugrundeliegenden Prekaritätsmodells aus den permanenten Bewährungssituationen ergeben, denen die Arbeitssubjekte ausgesetzt sind. Vor diesem Hintergrund verbleibt der Roman auf Ebene der Möglichkeiten immanenter Kritik. Es stellt sich hierbei jedoch die Frage, ob die immanente Kritik, die Wirkung erzielt, die sie beabsichtigt. So konstatiert Dörre, dass der wichtigste Effekt dieser Kritikvariante letztlich eine paradoxe Wirkung zeigt: „Eine unüberschaubare Zahl kleiner und kleinster kritischer Interventionen trägt dazu bei, dass die Wettkämpfe begrenzt werden, weshalb das System letztendlich funktioniert.“[884]

6.6 „Saisonarbeit“ als postfordistische Industriereportage

Geißlers „Saisonarbeit“ erscheint vor diesem Hintergrund als erzählerisch komplexer Roman, der zwar über eine realistische Darstellung prekärer Lebens- und Arbeitsverhältnisse hinausgeht, jedoch in Ratlosigkeit verbleibt, wo es um konkrete Lösungsvorschläge geht, wie das Arbeitssubjekt den disziplinierenden Auswahlprüfungen der postfordistischen Arbeitswelt emanzipatorisch begegnen kann. Ein grundlegender Unterschied zu den sozialrealistischen Industriereportagen der Literatur der Arbeitswelt, deren bekanntester Vertreter Günther Wallraff ist, besteht darin, dass der Roman trotz seines postulierten Wirklichkeitsbezugs nicht den Anspruch hat, die arbeitsweltliche Wirklichkeit abzubilden. Zwar richtet sich die Kritik, die in „Saisonarbeit“ zum Tragen kommt, an die Gerechtigkeitsprinzipien der jeweiligen Prüfungsformate, auf diskursiver Ebene erfahren die im Roman dargestellten Prekaritätsphänomene durch die Unzuverlässigkeit der Vermittlungsinstanzen des Textes jedoch eine Intensivierung. Form und Inhalt korrelieren in hohem Maße miteinander, dabei folgt der Roman

---

884 Dörre et al., Bewährungsproben, S. 389.

einer dialektischen Struktur, die sich aus der Funktion des Erzähltextes als Erfahrungs- und Simulationsraum generiert.

Wie gezeigt, spielt in „Saisonarbeit“ das Arbeitsmarktregime mit seiner disziplinierenden Kraft eine entscheidende Rolle. Zum einen werden die Figuren durch die Arbeitsagentur systematisch in die prekären Arbeitsmarktsegmente gesteuert, zum anderen entfaltet das Auswahlverfahren ein Drohpotenzial, das dafür sorgt, dass sie sich mit unsicheren Lebens- und Arbeitsverhältnissen arrangieren. In der anschließenden Analyse von Khiders Roman „Ohrfeige“ stehen behördliche Institutionen im Mittelpunkt der Bewährungsprobe, die der Protagonist durchlaufen muss, um seiner prekären Lage zu entgehen. Mit Blick auf die Poetologie des Textes, so wird zu zeigen sein, weist der Roman Parallelen zu Geißlers „Saisonarbeit“ auf, die ebenfalls über eine dezidiert realistische Darstellungsweise hinausführen.

7 Abbas Khiders Fluchtroman „Ohrfeige“ (2016)

„Ohrfeige“ ist der vierte Roman des deutsch-irakischen Schriftstellers Abbas Khider. Der Autor wurde 1973 in Bagdad geboren und lebt seit dem Jahr 2000 in Deutschland. Khider erhielt für seine Werke zahlreiche Auszeichnungen und Stipendien, so etwa in den Jahren 2010 und 2017 den Adelbert-von-Chamisso-Preis sowie im Jahr 2019 ein Arbeitsstipendium des Deutschen Literaturfonds.[885] Khiders Romane sind nach eigenen Angaben autobiografisch gefärbt: „Ich schreibe über reale Personen und wahre Begebenheiten, die ich literarisch verfremde, wenn es notwendig ist"[886], wie der Autor dem „Spiegel“ erklärt. Auch „Ohrfeige“ weist zahlreiche Parallelen zum Leben des Autors auf, die sich in den verschiedenen Figuren des Romans wiederfinden lassen. So verkaufte der Autor zu Beginn der 1990er-Jahre als Schüler verbotene Bücher im Irak, denen er politische Texte gegen Saddam Hussein beilegte, wofür er in Haft genommen und gefoltert wurde. Khider floh über verschiedene Länder aus dem Irak und beantragte Jahr 2000 in Deutschland Asyl.[887]

„Ohrfeige“ handelt von dem 1981 geborenen irakischen Fluchtmigranten Karim Mensy, der eine Beamtin der Ausländerbehörde nach dem Widerruf seines Asylantrages an einen Stuhl fesselt, sie ohrfeigt und ihr den Mund zuklebt. Auf diese Weise möchte er sie dazu zwingen, sich seine Fluchtgeschichte anzuhören, die er ihr mangels Deutschkenntnissen in arabischer Sprache erzählt. Zu diesem Zeitpunkt, im Jahr 2003, wohnt Karim illegal bei seinem Freund Salim in München und möchte mittels eines Schleppers nach Finnland reisen. Im Laufe der Erzählung schildert Karim der Beamtin

885 Vgl. Ohne Autor_innenangabe: „Biografie“. Online abrufbar unter: http://www.abbaskhider.com/seiten/biografie.html, zuletzt geprüft am 01.02.2021.

886 Heinrich, Kaspar: „Man wird ja wohl noch durchdrehen dürfen“. Online abrufbar unter: https://www.spiegel.de/kultur/literatur/ohrfeige-autor-abbas-khider-bloss-nicht-der-musterimmigrant-sein-a-1074666.html, zuletzt geprüft am 01.02.2021.

887 Vgl. Ebd.

seine Flucht aus dem Irak und seine Erlebnisse in Deutschland. Anders, als er es später den Behörden mitteilt, besteht der wahre Grund seiner Flucht jedoch nicht darin, dass er in politische Konflikte in seinem Heimatland verwickelt ist, sondern dass er unter einer Gynäkomastie leidet, einer medizinischen Vergrößerung des Brustdrüsengewebes bei Männern. Karims Plan ist es, sich im Ausland chirurgisch behandeln zu lassen, da er aufgrund der Brustvergrößerung unter Suizidgedanken und Ängsten leidet. Unter dem Vorwand in Frankreich studieren zu wollen, kann Karim seinen Vater davon überzeugen, ihm einen Schlepper zu finanzieren, der ihn nach Frankreich bringen soll. Statt aber wie geplant in Paris anzukommen, landet Karim im bayerischen Dachau, von wo aus er von den Polizeibehörden in ein Asylheim nach Bayreuth gebracht wird. Die Erzählung umfasst nun die Erlebnisse der nächsten dreieinhalb Jahre mit verschiedenen Zwischenstationen in Zirndorf, Niederhofen und München. Im Vordergrund der Handlung steht die qualvolle Zeit des Wartens auf die Bewilligung des Asylantrages sowie der Alltag der Geflüchteten.

Kurz nach der Bewilligung von Karims Asylantrag kommt es zu den Geschehnissen des 11. September 2001, als ein islamisches Terrornetzwerk gezielte Selbstmordattentate in den Vereinigten Staaten ausübt. Die Anschläge führen zu einer Reihe staatlicher Repressionsmaßnahmen gegen Muslime und zu einem Anstieg antimuslimischer Ressentiments in Deutschland. Nach dem Einmarsch von US-Truppen in den Irak im Mai 2003 und dem Sturz des irakischen Diktators Saddam Hussein widerrufen die Behörden viele Asylanträge, wovon auch der Protagonist betroffen ist. Am Ende des Romans wird klar, dass es sich bei Karims Tat um eine durch Marihuana-Konsum verursachte Rache-Fantasie gehandelt hat und er sich die gesamte Erzählung über in der Wohnung seines Freundes Salim in München aufgehalten hat statt im Büro seiner Sachbearbeiterin. Der Roman endet damit, dass Salim ihn auffordert, seine Sachen zu packen und sich auf die Reise nach Finnland zu begeben.

Obwohl „Ohrfeige“ von der Situation von Fluchtmigrant_innen um die Jahrtausendwende in Deutschland erzählt, heben viele Rezensent_innen den aktuellen Bezug des 2016 erschienenen Romans hervor, den sie vor dem Hintergrund der Fluchtbewegungen des Jahres 2015 betrachten, als sich die Zahl der Asylsuchenden in Europa aufgrund globaler Krisen vervielfachte.[888] Khider möchte jedoch nicht als literarischer Kommentator aktueller Gesellschaftsprozesse verstanden werden, wie er gegenüber der „Frankfurter Allgemeinen Zeitung“ betont. Der Roman ist laut Khider schon vor den Migrationsbewegungen des Jahres 2015 fertiggestellt worden.[889] Neben aktuellen Bezügen und autobiografischen Elementen weisen Rezensent_innen des Romans auf dessen humoristischen Umgang mit der Situation von Fluchtmigrant_innen in Deutschland hin. So schreibt etwa Julia Encke in der FAZ: „Das Absurde, überhaupt der ganze Humor in Khiders Erzählung, nimmt einen sofort ein für dieses Buch, genauso wie sein reduzierter Stil und der manchmal raue Tonfall.“[890] Und auch Kaspar Heinrich konstatiert im „Spiegel“, dass Khiders Romane „eine fast kindliche Unbedarftheit, ein schalkhafter Humor“[891] durchzieht.

Khiders Roman kann vor dem Hintergrund der sozialwissenschaftlichen These gelesen werden, dass sich prekäre Lebens- und Arbeitsverhältnisse nicht auf die Erosion des männlichen Normalarbeitsverhältnisses beschränken lassen, sondern in hohem Maße marginalisierte Gruppen betreffen. Die Asylsuchenden sind mit Castel der „Zone der Entkopplung“ zuzuordnen, was ihnen umfassende Teilhaberechte am kulturellen und gesellschaftlichen Leben versagt. Das Asylverfahren, dessen sozialräumlicher Fluchtpunkt in den über ganz Deutschland verteilten Sammelunterkünften liegt, kann dabei als Bewährungsprobe aufgefasst werden, die auch den narrativen Rahmen des Textes konstituiert.

In meiner Analyse werde ich zunächst kontextualisierend auf die sozialpolitischen Gegebenheiten des deutschen Asylverfahrens eingehen, um zentrale gesetzliche und strukturelle Gegebenheiten zu erhellen, die in Khiders Roman thematisiert werden. In den darauffolgenden Abschnitten werde ich auf die Bewährungsprobe des Asylverfahrens eingehen. Der Fokus meiner

---

888 Vgl. Ohne Autor_innenangabe: „Fakten, Zahlen und Argumente“. Online abrufbar unter: https://www.proasyl.de/thema/fakten-zahlen-argumente/, zuletzt geprüft am 01.02.2021.

889 Vgl. Encke, Julia: „Vom Warten wird man immer blöder“. Online abrufbar unter: https://www.faz.net/aktuell/feuilleton/buecher/fluechtlingsroman-vom-warten-wird-man-immer-bloeder-14030679.html, zuletzt geprüft am 01.02.2021.

890 Ebd.

891 Kaspar, durchdrehen.

Untersuchung liegt anschließend auf Khiders spezifischer Poetologie, die einer Spielart neurealistischer Konzepte zugeordnet werden kann. Das Schreiben des Autors zeichnet sich maßgeblich durch Verfahren der ironischen Distanzierung aus und wendet sich deutlich vom Betroffenheitsgestus der sogenannten „Gastarbeiterliteratur“ der 1960er- und 1970er-Jahre ab.

7.1 Das deutsche Asylverfahren als Bewährungsprobe

Die prekäre Lage von Asylsuchenden und geduldeten Migrant_innen, wie sie in Khiders Roman „Ohrfeige“ geschildert wird, konstituiert sich maßgeblich auf Grundlage nationalstaatlicher Steuerungsprozesse und bürokratischer Strukturen. Im folgenden Abschnitt sollen einige Grundpfeiler der deutschen Asylgesetzgebung skizziert und anschließend mithilfe sozialwissenschaftlicher Modelle kritisch hinterfragt werden, um das zentrale Narrativ des Romans, die Bewährungsprobe des Asylverfahrens, in ihren sozialpolitischen Dimensionen zu erhellen.

Die 1954 in Kraft getretene Genfer Flüchtlingskonvention (GFK), definiert jene Personen als Flüchtlinge, die fürchten müssen, aufgrund „ihrer Rasse, Religion, Nationalität, Zugehörigkeit zu einer bestimmten sozialen Gruppe, oder wegen ihrer politischen Überzeugung“[892] in ihrem Land verfolgt zu werden. Die GFK „regelt den Rechtsstatus und die wirtschaftliche und soziale Stellung von Flüchtlingen im Aufnahmeland“[893], wie Elke Boumans und Arif Ünal hervorheben. Das neue Asylrecht der Bundesrepublik Deutschland, das am 1. Juli 1993 in Kraft trat, gilt als Zäsur in der Migrationspolitik des Landes. Der Grundrechtsartikel „Politische Verfolgte genießen Asylrecht“[894] unterliegt seit diesen Gesetzesänderungen

892 Ohne Autor_innenangabe: „Abkommen über die Rechtsstellung der Flüchtlinge vom 28. Juli 1951“, S. 7. Online abrufbar unter: https://www.unhcr.org/dach/wpcontent/uploads/sites/27/2017/03/GFK_Pocket_2015_RZ_final_ansicht.pdf, zuletzt geprüft am 01.02.2021.

893 Boumans, Elke / Ünal, Arif: *Die geteilte Menschenwürde. Flüchtlingsalltag und soziale Arbeit nach der Änderung des Grundrechts auf Asyl.* IKO-Verlag: Frankfurt 1997, S. 37.

894 Ohne Autor_innenangabe: „Artikel 16a. Asylrecht“. Online abrufbar unter: https://www.70jahregrundgesetz.de/70jgg-de/das-grundgesetz/artikel-1-19/asylrecht-1606808, zuletzt geprüft am 01.02.2021.

Einschränkungen. Von nun an können Staaten bestimmt werden, „bei denen aufgrund der Rechtslage, der Rechtsanwendung und der allgemeinen politischen Verhältnisse gewährleistet erscheint, daß dort weder politische Verfolgung noch unmenschliche oder erniedrigende Bestrafung oder Behandlung stattfindet.“[895] Asylsuchende, die einem solchen Staat angehören, müssen beweisen, dass sie in ihrem Heimatland nicht sicher sind.[896] Weitere Bestimmungen der neuen Gesetzgebung umschließen die Verpflichtung der Länder, zentrale Aufnahmeeinrichtungen zu unterhalten. Geflüchtete müssen über einen Zeitraum von bis zu 18 Monaten nach Antragstellung in der Aufnahmeeinrichtung wohnen.[897] Während dieser Zeit dürfen sie keiner regulären Erwerbstätigkeit nachgehen.[898] Zudem werden Asylbewerber_innen mithilfe eines automatischen Fingerabdrucksystems registriert.[899] Während des Asylverfahrens ist ihnen der Aufenthalt in Deutschland gestattet, dieser ist jedoch mit verschiedenen Auflagen verbunden. Durch die sogenannte Residenzpflicht[900] sind sie räumlich auf den Bezirk der zuständigen Behörde beschränkt. Neben Asybewerber_innen gibt es in der bürokratischen Verwaltung weitere Kategorien, die über den sozialen Status der Akteur_innen entscheiden. Bei geduldeten Personengruppen wurde der Antrag auf Asyl bereits abgelehnt. Aus humanitären oder anderen Gründen werden sie jedoch nicht abgeschoben. Kontingentflüchtlinge besitzen dagegen eine rechtliche Sonderstellung und genießen einen ähnlichen Status wie asylberechtigte Personen. Als Bürgerkriegs- und Kriegsflüchtlinge werden Personen bezeichnet, die ein zeitlich begrenztes

895 Ebd.
896 Vgl. Boumans / Arif, Menschenwürde, S. 45.
897 Vgl. Ohne Autor_innenangabe: „Asylgesetz (AsylG). § 47 Aufenthalt in Aufnahmeeinrichtungen“. Online abrufbar unter: https://www.gesetze-im-internet.de/asylvfg_1992/__47.html, zuletzt geprüft am 01.02.2021
898 Vgl. Ohne Autor_innenangabe: „Asylgesetz (AsylG). § 61 Erwerbstätigkeit“. Online abrufbar unter: https://www.gesetze-im-internet.de/asylvfg_1992/__61.html, zuletzt geprüft am 01.02.2021.
899 Vgl. Boumans / Arif, Menschenwürde, S. 48 ff.
900 Vgl. Ohne Autor_innenangabe: „Asylgesetz (AsylG). § 56 Räumliche Beschränkung“. Online abrufbar unter: https://www.gesetze-im-internet.de/asylvfg_1992/__56.html, zuletzt geprüft am 01.02.2021.

Bleiberecht erhalten. Asylberechtigte werden im Sinne des Grundgesetzes anerkannt und erhalten eine Aufenthaltserlaubnis.[901]

Je nach Status unterliegen Fluchtmigrant_innen in Deutschland weitreichenden Restriktionen, die sowohl gesundheitliche Versorgungsleistungen als auch kulturelle Teilhabemöglichkeiten sowie Arbeits- und Bildungschancen beschränken. Mit Blick auf die verschiedenen Stufen der Teilhabemöglichkeiten kann die zonale Position von Fluchtmigrant_innen als „Verordnete Prekarier“[902] und „Verordnete Überzählige“[903] definiert werden. Ist erstere Gruppe für eine bestimmte Zeit vom Arbeitsmarkt vollständig ausgeschlossen, stehen den „Verordneten Prekariern“ mehrheitlich nur Tätigkeiten in Aussicht, die im sozialwissenschaftlichen Diskurs als prekär eingestuft werden.[904]

Im Rahmen des Asylverfahrens wird geprüft, ob asylsuchende Personen jene Bedingungen erfüllen, die bestenfalls in die Anerkennung der vollen Staatsbürgerschaft münden. Das Asylverfahren kann demnach als Bewährungsprobe aufgefasst werden.[905] Dieses Verfahren, so Scherschel,

> ist notwendigerweise an (Un-)Gerechtigkeitsvorstellungen geknüpft, die es, in bürokratische Abläufe übersetzt, ermöglichen, den Ablauf und das Ergebnis eines Verfahrens als un-/legitim zu bewerten und dafür entsprechende Kriterien bereitzustellen. Dass dabei nicht nur formal institutionalisierte Kriterien und Prüfungen eines Rechtsverfahrens zum Tragen kommen, ist leicht ersichtlich. Bereits die Bezeichnung *Asylbewerber_in* weist darauf hin, dass, ähnlich einem Bewerbungsverfahren, dieser Vorgang auch informell als Prüfung angelegt ist, in der sich die Aspirant_in als richtiger Flüchtling bewähren muss. Seitens der *Bewerber_innen*

901 Vgl. Boumans / Arif, Menschenwürde, S. 2 f.

902 Jungwirth / Scherschel, Ungleich, S. 117.

903 Ebd.

904 Vgl. Ebd., S. 116 f; Vgl. auch Scherschel, Karin: „Prekäres Leben, prekäre Forschungslage – Zur Notwendigkeit einer integrierenden Perspektive auf Fluchtmigration“. In: Altenhain, Claudio / Danilina, Anja / Hildebrandt, Erik / Kausch, Stefan / Müller, Annekathrin / Roscher, Tobias (Hrsg.): *Von ‚neuer Unterschicht‘ und ‚Prekariat‘. Gesellschaftliche Verhältnisse und Kategorien im Umbruch. Kritische Perspektiven auf aktuelle Debatten*. Transcript: Bielefeld, S. 77–91.

905 Vgl. Scherschel, Karin: „Menschenrechte, Citizenship und Geschlecht – Prekarität in der Asyl- und Fluchtmigration“. In: Völker, Susanne / Amacker, Michèle (Hrsg.): *Prekarisierungen. Arbeit, Sorge und Politik*. Beltz Juventa: Weinheim / Basel 2015, S. 102.

müssen Kriterien erfüllt sein, um eine staatsbürgerliche Positionierung erreichen zu können.[906]

Durch den Flüchtlingsbegriff der GFK werden nicht alle Geflüchteten erfasst, wodurch er selektiven Charakter besitzt. Ausgeschlossen sind beispielsweise Fluchtbewegungen innerhalb eines Staates und solche, die durch Umweltkatastrophen ausgelöst wurden. Die Auslegung der Kriterien über den Flüchtlingsstatus liegen in den Händen der Akteur_innen. So definierte beispielsweise das Bundesverwaltungsgericht in den 1980er-Jahren neu, was im Kontext der Rechtsprechung als Folter gilt.[907] „Es wurde entschieden"[908], so Scherschel,

> dass nicht der Tatbestand der Folter an sich, sondern ihr politischer Zweck maßgebend für die Beurteilung sei. Man ging davon aus, dass die Strafverfolgung in kommunistischen Staaten dem politischen Zweck der Herrschaftssicherung diente, während die Folter in der Türkei (einem Nato-Partner) als ein übliches Mittel zur Einhaltung der staatlichen Ordnung und als nicht asylrelevant zu betrachten sei, da sie nicht auf die Gesinnung der Gefolterten abziele.[909]

Rekurrierend auf eine spanische Studie[910] kann mit Scherschel zudem davon ausgegangen werden, dass Entscheidungen des Behördenpersonals häufig stark von subjektiven Sichtweisen geprägt sind. Hierzu gehören u. a. Vorurteile über den kulturellen Kontext wie auch Geschlechterstereotpye. Auf diese Weise werden die Gerechtigkeitsvorstellungen des Prüfungsformates der Bewährungsprobe unterwandert und als ungerecht empfunden.[911]

Mit Blick auf die Handlungsaktivitäten der Migrant_innen zeigt sich jedoch, dass die gesetzlichen Beschränkungen ihr Handeln nicht vollständig determinieren können. So zeigen Studien[912], dass Spielräume von den Geflüchteten genutzt werden, wenn diese über die notwendigen habituellen und sozialen Ressourcen verfügen. Dennoch sollte dieser Aspekt vor

---

906 Ebd., S. 102 f.
907 Vgl. Ebd., S. 103 f.
908 Ebd., S. 104.
909 Ebd.
910 Siehe hierzu: Jubany, Olga: *Screening Asylum in a Culture of Disbelief. Truths, Denials and Skeptical Borders*. Palgrave Macmillan: Hampshire 2017.
911 Scherschel, Menschenrechte, S. 105 f.
912 Siehe z. B. Hess, Sabine / Kasparek, Bernd (Hrsg.): *Grenzregime. Diskurse, Praktiken, Institutionen in Europa*. Transcript: Bielefeld 2010.

dem Hintergrund weitreichender Regulationen nicht überbetont werden. So konstituieren die staatlichen Regulierungen schließlich auch „prekäre Menschenrechtszonen“[913], die Bestandteil der Bewährungsprobe des Asylverfahrens sind.[914]

> Die Aufenthaltsbedingungen sind in der Regel so angelegt, dass keine Anreize für den Verbleib und keine Erwartungsstrukturen für zukünftige Migrationen geschaffen werden sollen. Die Bedingungen der Aufnahme sind von Land zu Land anders, sie unterscheiden sich aber, wie eingangs ausgeführt, entsprechend EU-Politik, in jedem Falle immens vom Lebensstandard der Mehrheitsgesellschaft.[915]

Mit dem Konzept der Bewährungsprobe betrachtet, erscheinen Asylverfahren so als komplexes Gemenge von Machtinteressen, die durch ihren Prüfungscharakter kritisierbar erscheinen.[916] „Im Ergebnis“[917], so Scherschel, „bringen diese Prüfungen (globale) Ungleichheitsordnungen im Sinne ökonomisch, rechtlich und sozial stratifizierter Zonen hervor – die wiederum die Etablierung der Prüfungsformate prägen.“[918]

7.2 Totale Institution Asyl

Karims Geschichte, die er Frau Schulz, einer Sachbearbeiterin der Ausländerbehörde, in arabischer Sprache erzählt, umfasst zu großen Teilen die Schilderung des Asylverfahrens in Deutschland, das mit der Ankunft des zu diesem Zeitpunkt 20-jährigen Protagonisten im Jahr 2000 veranlasst wird. Diese Bewährungsprobe erstreckt sich auf Ebene der erzählten Zeit bis kurz vor den Anschlägen des 11. September 2001. Karim durchläuft während seines Aufenthaltes in Deutschland verschiedene Stationen, die ihn über ein Münchener Asylheim in eine Unterkunft im bayerischen Zirndorf führen. Im Vordergrund der Handlung stehen Erfahrungen der Ohnmacht vor den Behörden sowie Schilderungen des Alltagslebens der Asylbewerber_innen in den Sammelunterkünften. In dem hier analysierten Text bildet das bürokratische Asylverfahren, dessen sozialräumlicher Fluchtpunkt

913 Scherschel, Menschenrechte, 107.
914 Vgl. Ebd.
915 Ebd.
916 Vgl. Ebd.
917 Ebd.
918 Ebd.

die verschiedenen Sammelunterkünfte darstellen, den narrativen Rahmen, innerhalb dessen der Protagonist sich beweisen muss, um seine Ziele in Deutschland realisieren zu können: Karim möchte Arbeit finden, studieren, eine Familie gründen und Geld für seine Operation sparen.

Khiders Roman „Ohrfeige“ fokussiert die psychischen Auswirkungen des Asylverfahrens auf die Figuren, die sich im Verlust der Handlungskontrolle über die eigenen Lebenszusammenhänge, mangelnder Planungssicherheit und der Exklusion von kulturellen und gesellschaftlichen Teilhabemöglichkeiten äußern. Ohnmächtig sehen sich die Asylbewerber_innen einem bürokratisch-institutionellen System gegenüber, das sich maßgeblich aus Akteur_innen der Ausländer- und Polizeibehörden, der Arbeits- und Sozialämter sowie Instanzen der Asylgerichte konstituiert. Dabei erscheinen die Entscheidungen der Behörden häufig willkürlich und von rassistisch-institutionellen Rahmenbedingungen geprägt, wodurch die Gerechtigkeitsprinzipien der Bewährungsprobe unterminiert werden.

Mit Blick auf die sozialräumliche Isolierung der Asylbewerber_innen in Sammelunterkünften wird das Asylverfahren in der Migrationsforschung mit Erving Goffman häufig auch als „Totale Institution“ beschrieben.[919] Darunter versteht Goffman Institutionen, die die Freiheiten der Insassen beschneiden:

> Ihr allumfassender oder totaler Charakter wird symbolisiert durch Beschränkungen des sozialen Verkehrs mit der Außenwelt sowie der Freizügigkeit, die häufig direkt in die dingliche Anlage eingebaut sind, wie verschlossene Tore, hohe Mauern, Stacheldraht, Felsen, Wasser, Wälder oder Moore.[920]

Da die Gemeinschaftsunterkunft aber lediglich den sozial sichtbaren „‚Äußerungsort“[921] darstellt, greift dieser Begriff für Untersuchungszwecke zu kurz, wie vonseiten der Migrationsforschung kritisiert wird. Neben der Unterbringung sind vielmehr auch die Residenzpflicht und das Beschäftigungsverbot Bestandteil der Rahmenbedingungen des Asylverfahrens.[922]

---

919 Vgl. Täubig, Vicky: *Totale Institution Asyl: empirische Befunde zu alltäglichen Lebensführungen in der organisierten Desintegration*. Juventa: Weinheim 2009, S. 55.

920 Goffman, Erving: *Asyle. Über die soziale Situation psychiatrischer Patienten und anderer Insassen*. Suhrkamp: Frankfurt am Main 1973, S. 15 f.

921 Täubig, Institution, S. 55.

922 Vgl. Ebd.

Was bei Scherschel und Jungwirth in Anlehnung an Castel als sozialer Entkopplungsprozess analytisch beschrieben wird, kann mit Täubig präzisierend auch mit „‚organisierter Desintegration‘ “[923] konzeptualisiert werden. Der Begriff zielt auf die bürokratische Organisation des Asylverfahrens, wie Täubig mit Ulrich Beck deutlich macht.[924] „Der politische Fremde im Sinne des politisch konstruierten Fremden“[925], so führt Beck aus,

> ist keine ursprünglich kulturelle, sondern eine bürokratische Kategorie. [...] Erfahrungen mit ‚Asylbewerbern‘ sind staatlich vorgezeichnet, organisiert. Es sind dies das Ausländeramt, das Sozialamt, das Einwohnermeldeamt usw., vor allem aber die zugewiesenen Wohnblocks und Wohncontainer in der eigenen Nachbarschaft. Es gibt verschiedene Strategien der Segregation, räumliche und symbolische.[926]

Den hier beschriebenen Strukturen wirken in hohem Maße exklusiv.[927] Tobias Pieper erfasst dieses System der Dezentralität der landesweit verteilten Asyleinrichtungen und des materiellen Ausschlusses mit Foucault als Kontrolldispositiv:

> Dieses besteht aus der Kombination eines Einschlusses der Menschen in dezentralen Lagern und ihrer Exklusion aus der Umgebungsgesellschaft durch ein partielles Arbeitsverbot, der Auszahlung von Sachleistungen und rassistischen Alltagsstrukturen. In der Verzahnung mit der symbolischen Ordnung führt dies dazu, die symbolischen und kulturellen Kapitalien (Bourdieu) der BewohnerInnen abzuwerten, rassistisch zu markieren und die Exklusion zu verstärken.[928]

Die „Aufnahmeprozedu[r]“[929] in das Asylverfahren, das Khider in seinem Roman eindrücklich schildert, kann mit Goffman im Kontext seines Konzepts der totalen Institution als Entwürdigungsprozedur verstanden werden,[930] die mit einer „verunreinigenden Entblößung“[931] einhergeht und eine

---

923 Ebd., S. 56.
924 Vgl. Ebd.
925 Beck, Ulrich: „Fremde – Ambivalenz als Existenz.“ In: Schubert, Venanz (Hrsg.): *Fremde. Migration und Asyl.* EOS Verlag: St. Ottilien 1999, S. 59 f.
926 Vgl. Ebd.
927 Vgl. Täubig, Asyl, S. 56.
928 Pieper, Tobias: *Die Gegenwart der Lager. Zur Mikrophysik der Herrschaft in der deutschen Flüchtlingspolitik.* Westfälisches Dampfboot: Münster 2008, S. 16.
929 Goffman, Asyle, S. 27.
930 Vgl. Ebd., S. 31.
931 Ebd., S. 34.

Beschmutzung des Körpers durch das Personal bezeichnet.[932] Nach seiner fünfwöchigen Flucht aus dem Irak, die der Protagonist mithilfe eines bezahlten Schleppers zurücklegt, kommt er im Jahr 2000 im bayerischen Dachau an, wo er von der Polizei festgenommen wird.[933] Auf dem Polizeirevier wird Karim verhört und erkennungsdienstlich behandelt:

> Der Unrasierte begann, mich zu untersuchen. Alles wurde erforscht. Sogar meine Eier. Zum ersten Mal in meinem Leben schob jemand seinen Finger in meinen Arsch. Der andere Polizist durchsuchte währenddessen meine Klamotten und meinen Rucksack. Er trennte den Gürtel auf, als würde er das jeden Tag zigmal machen. Er entdeckte die fünfhundert Dollar und packte die Scheine auf den Tisch. Er holte meine Geburtsurkunde, den Ausweis, das Abiturzeugnis und die vier Schachteln Marlboro aus meiner Tasche und legte sie neben das Geld.[934]

Die drastische Schilderung der behördlichen Untersuchung, die auch den Körper des Protagonisten betrifft und bis weit in seinen Intimbereich vordringt, ist der Beginn einer Reihe von Maßnahmen, durch die Karim in das Asylsystem eingegliedert wird. Mit der Abgabe seiner persönlichen Habseligkeiten sowie der Abnahme seiner Fingerabdrücke[935] gibt er seine „Identitäts-Ausrüstung“[936] ab, die der Aufrechterhaltung der äußeren Fassade dient.[937] Auf diese Weise wird es möglich, so Goffman,

> den Neuankömmling zu einem Objekt zu formen, das in die Verwaltungsmaschinerie der Anstalt eingefüttert und reibungslos durch Routinemaßnahmen gehandhabt werden kann. Die meisten dieser Prozeduren beruhen auf Attributen wie dem Gewicht oder dem Fingerabdruck, die das Individuum lediglich insofern aufweist, als es ein Mitglied […] der Menschheit ist. Eine Behandlung aufgrund solcher Attribute lässt die Grundlagen einer früheren Selbstidentifikation außer acht.[938]

Nach der Aufnahme in das Asylverfahren wird Karim von Dachau in ein Münchner Asylheim überführt, wo ein Dolmetscher ihn flüchtig über die rechtliche Lage seiner Situation aufklärt. Karim muss eine Geldstrafe

932 Vgl. Ebd.
933 Vgl. Khider, Ohrfeige, S. 43.
934 Ebd. S. 45.
935 Vgl. Goffman, Asyle, S. 27.
936 Ebd., S. 31.
937 Vgl. Ebd., S. 30.
938 Ebd., S. 27.

zahlen, da er sich bis zu seiner Verhaftung illegal in Deutschland aufgehalten hat. Zudem werden seine Fingerabdrücke an andere europäische Länder weitergeleitet.[939] „Du kannst nirgendwo anders Asyl beantragen“[940], wird dem Protagonisten erklärt, „[d]as ist deine letzte Station in Europa. Gewöhn dich an den Gedanken!“[941] Infolge der behördlichen Prozedur, die auf den deutschen Asylbestimmungen gründet, ist Karims Bewegungsfreiheit nun drastisch eingeschränkt. Der Protagonist findet sich von diesem Zeitpunkt an in einem bürokratisch organisierten Kontroll- und Disziplinarsystem wieder, dessen sozialräumlicher Fluchtpunkt das Asylbewerber_innenheim ist. Das System der Sammelunterkünfte wird aufgrund fehlender Privatsphäre, Mängeln in hygienischen Standards und einer meist isolierten Lage an den Stadträndern kritisiert. Diese Faktoren, folgt man der Migrationsforschung, können psychische und körperliche Erkrankungen begünstigen.[942]

Die von der sozialwissenschaftlichen Forschung beschriebenen Gegebenheiten werden auch in Khiders Roman thematisiert. Der homodiegetische Ich-Erzähler beschreibt die Zustände in den Sammelunterkünften bildhaft. „Die Toilette sah schrecklich aus“[943], erklärt er rückblickend nach einem Aufenthalt in Bayreuth. „Der Boden war nass und schmierig. Ich ging in ein Häuschen. Der einstmals weiße Plastiksitz war gelb von Urin, Alter und ausgedrückten Zigaretten.“[944] Der Protagonist wohnt mit drei weiteren Irakern auf einem Zimmer von gerade einmal zwanzig Quadratmetern,[945] wodurch es keine Möglichkeiten zum privaten Rückzug für ihn gibt. Die Sammelunterkünfte, in denen Karim wohnt, liegen meist im „absoluten Ödland“[946] oder in der „Pampa“[947]. Auf diese Weise sind die Geflüchteten räumlich vom gesellschaftlichen und kulturellen Leben ausgeschlossen.

---

939 Vgl. Khider, Ohrfeige, S. 50 f.
940 Ebd., S. 51.
941 Ebd.
942 Vgl. Brandmaier Maximiliane / Friedmann, Lisa: *Menschenrechtsbasierte soziale Arbeit in Sammelunterkünften. Widersprüche – Handlungsgrenzen – Handlungsmöglichkeiten*. V&R: Göttingen 2019, S. 15.
943 Khider, Ohrfeige, S. 62.
944 Ebd.
945 Vgl. Ebd., S. 59.
946 Ebd., S. 134.
947 Ebd.

Zudem gibt es keine eindeutige Trennung zwischen den Wohnbereichen der Asylbewerber_innen und den bürokratischen (Abschiebe-)Strukturen, über die sich das Asylverfahren konstituiert, was den Eindruck, ein Spielball der Behörden zu sein, noch einmal verstärkt:

> Das Bayreuther Heim, liebe Frau Schulz, ist ein großflächiger Komplex aus mehreren Gebäuden. Alles, was mit den Asylbewerbern zu tun hat, findet sich auf dem Gelände: die Büros des Bundesamts für die Anerkennung ausländischer Flüchtlinge, eine Polizeidienststelle, eine Niederlassung der Caritas und eben die Behausungen der Asylanten.[948]

Die räumliche Aufteilung der einzelnen Gebäude ist stark funktional geprägt und auf eine effiziente Unterbringung der Geflüchteten ausgerichtet, dabei ist der Wohnbereich des Gebäudekomplexes streng parzelliert. Um kulturelle und politische Zerwürfnisse unter den Bewohner_innen zu vermeiden und sie effizienter kontrollieren zu können, sind die einzelnen Bereiche der Sammelunterkünfte streng nach den jeweiligen Nationalitäten ihrer Bewohner_innen unterteilt: „Es gab das ‚albanische Gebiet', ‚das afrikanische Eck', den ‚afghanischen Raum' und die ‚weißrussische Stube' "[949]. Der erste Stock des Komplexes wird hauptsächlich von Irakern bewohnt, während christliche Bewohner_innen im dritten Obergeschoss untergebracht werden.[950] Im Erdgeschoss werden hingegen „die Übriggebliebenen untergebracht: Kirgisen, Pakistani, Iraner, Montenegriner und Kasachen. Man bezeichnet diesen Bereich als die ‚Orient-Express-Haltestelle'."[951] In einem separaten Haus werden Familien beherbergt.[952] Hauptsächlich, so erklärt die Erzählinstanz über die geschlechtliche Zusammensetzung der Bewohner_innen,

> war das Asylantenheim eine Ansammlung von Männern, die unverheiratet oder ohne ihre Familie gekommen waren. Die Anlage war unser Zuhause, und wir durften uns nicht mehr als dreißig Kilometer davon entfernen. ‚Residenzpflicht' nannte man diesen unsichtbaren Zaun, der uns gefangen hielt.[953]

948 Ebd., S. 59.
949 Ebd., S. 60.
950 Vgl. Ebd.
951 Ebd.
952 Vgl. Ebd., S. 61.
953 Ebd., S. 61.

Der „unsichtbar[e] Zaun", der durch die deutsche Asylgesetzgebung metaphorisch errichtet wird, gründet sich maßgeblich auf der Angst vor Sanktionen. „Wir waren, liebe Frau Schulz"[954], so berichtet der homodiegetische Ich-Erzähler, „ein Haufen nervöser Vögel, die entweder auf ihre Anhörung vor Gericht oder das Ergebnis ihres Asylantrags warteten und nicht wussten, was mit ihnen geschehen würde."[955] Die Geflüchteten verharren in einer „Schockstarre"[956], ihr Alltag ist von „Langeweile"[957] und „grundlosen Streitereien"[958] sowie „allerlei seltsamen Konflikten"[959] bestimmt.

Durch die Residenzpflicht, das Arbeitsverbot und fehlende Integrationsmaßnahmen verkleinert sich der Lebensbereich der Asylbewerber_innen auf einen begrenzten Rahmen. Sie sind von der Konsum- und Freizeitgesellschaft weitgehend ausgeschlossen.[960] Um der Langeweile des Alltages zu entgehen, treffen sie sich tagsüber im nahegelegenen Einkaufszentrum,[961] was ihnen ihren sozialen Status als „Entkoppelte" bzw. „organisierte Desintegrierte" nur umso deutlicher vor Augen führt:

> Zugleich gaben wir uns in diesem Laden unserer Sehnsucht nach Normalität hin. Zu gern wollten wir sein wie sie. Einkaufen, im Café sitzen, Getränke bestellen und mit einer der vielen jungen Kellnerinnen plaudern. Aber wie sollte das gehen? Wir standen mittendrin und doch waren wir meilenweit von all dem entfernt. Die Einheimischen gingen shoppen, wir wärmten uns an ihrem Leben.[962]

Vor allem im Bereich der Konsumsphäre, die maßgeblich mit Erwerbsarbeit verbunden ist, wird den Geflüchteten ihr sozialer Status besonders deutlich vor Augen geführt. Ihrer „Sehnsucht nach Normalität" begegnen einige der Asylbewerber_innen durch Ladendiebstähle[963] oder Prostitution[964], was die Kluft zwischen der einheimischen Bevölkerung und ihnen

954 Khider, Ohrfeige, S. 117.
955 Ebd.
956 Ebd.
957 Ebd.
958 Ebd.
959 Ebd.
960 Vgl. Pieper, Gegenwart, S. 343.
961 Vgl. Khider, Ohrfeige, S. 66.
962 Ebd., S. 66 f.
963 Vgl. Ebd., S. 119 f.
964 Vgl. Ebd., S. 144 f.

nur vergrößert. So wird den Geflüchteten teilweise der Aufenthalt in Läden und Geschäften untersagt, Karim fühlt sich „umzingelt von Menschen, die nur erpicht darauf waren"[965], ihn „aufgrund irgendeines Fehltrittes anzeigen zu können."[966]

Das Alltagsleben der Asylbewerber_innen wird maßgeblich durch Entscheidungen von Akteur_innen der Gerichte und Behörden strukturiert, die auf Grundlage der deutschen Asylgesetzgebung agieren. In Khiders Roman stellt das Motiv der behördlichen Willkür und bürokratischen Disziplinierung ein zentrales Narrativ dar, das mit den Bedingungen der Bewährungsprobe des Asylverfahrens eng verknüpft ist. Aufgrund der exkludierenden Struktur der deutschen Asylgesetzgebung kann in diesem Zusammenhang auch von einem System des institutionalisierten Rassismus gesprochen werden. Im nachfolgenden Abschnitt werde ich den Begriff in seinen Grundzügen skizzieren und auf zentrale Aspekte aus Khiders Roman eingehen.

7.3 Institutioneller Rassismus

Der Begriff des institutionellen Rassismus bezeichnet Formen der Diskriminierung und der sozialen Exklusion, die, so Pieper, „von den Institutionen einer Gesellschaft, ihren Gesetzen, Normen und internen Logiken ausgehen."[967] Die dem Innenministerium zugehörigen Ausländerbehörden sind für die Umsetzung des Asylrechts verantwortlich, womit sie staatliche Ausgrenzungsmechanismen verfestigen.[968] „Dabei sind es vor allem Formen sanfter Gewalt"[969], wie Thomas Hohlfeld konstatiert,

> derer sich die Flüchtlingsbürokratie bedient, d. h. sie erfüllen ihre Aufgabe im Wesentlichen dadurch, dass Akten statt Menschen verwaltet werden. In dieser

965 Ebd., S. 120.
966 Ebd.
967 Pieper, Gegenwart, S. 331.
968 Vgl. Ebd., S. 335.
969 Hohlfeld, Thomas: *Strategien der Ausschaffung. Eine Archäologie der Flüchtlingsbürokratie (Über die Illusion des Rechtsstaates und die Aufkündigung der Humanität)*. Inauguraldissertation zur Erlangung eines Grades eines Doktors der Philosophie. Freie Universität: Berlin 2005, S. 420. Online abrufbar unter: https://refubium.fu-berlin.de/bitstream/handle/fub188/12782/00_0_Titel_Inhalt_Hohlfeld.pdf?sequence=1&isAllowed=y, zuletzt geprüft am 01.02.2021.

‚Welt der Papiere‘ wird Macht über die Techniken der Identifikation (Ausweise, Fingerabdrücke usw.), der Klassifikation (Zuordnung/Definition der Person über die Staatsangehörigkeit, den Pass usw.) und der Selektion, d. h. über die Verweigerung oder Gewährung eines Stempels oder einer Bescheinigung (Visum, Duldung, Sozialamtskostenübernahme usw.) ausgeübt.[970]

Als rechtliche Grundlage des institutionalisierten Rassismus fungiert die bundesdeutsche Asylgesetzgebung, die Migrant_innen sozial ausgrenzt und ihnen Teilhabemöglichkeiten verwehrt. Dieses institutionelle Gefüge wird durch die Polizeibehörden aufrechterhalten,[971] so Pieper:

Der offensichtlich legitime Umgang der Polizei mit Migrant_innen bei nach rassistischen Kriterien ausgerichteten, ‚verdachtsunabhängigen‘ Kontrollen oder auch die Lagerunterbringung als offensichtlich legitimes Mittel der Abwehr und Abwertung schreiben die Entrechtung der Betroffenen in das normale und legitime Handlungsrepertoire ein.[972]

In ihrer prekären Situation sind die Asylbewerber_innen abhängig von den existenziellen Entscheidungen und dem Wohlwollen von Polizeibehörden, den Ausländerbehörden und den Asylgerichten. In Khiders Roman werden sie aufgrund ihrer Macht, die sie über das Alltagsleben und die soziale Zukunft der Migrant_innen ausüben, häufig mit Göttern[973] verglichen. Während seines Aufenthaltes in Deutschland trifft Karim auf die Beamtin Frau Schulz, die aufgrund ihrer Unfreundlichkeit und ihrer rigiden Auslegung behördlicher Bestimmungen bei den Asylsuchenden unbeliebt ist. Die Migrant_innen fühlen sich den Launen der Beamtin hilflos ausgeliefert:

Wir mussten nur Ihren Namen aussprechen und uns alle überkam sofort schlechte Laune. Das wird daran liegen, dass Sie für alles zuständig sind, was unser Leben erleichtert oder erschwert: Aufenthaltserlaubnis, Ausweis, Arbeit, Abschiebungsbescheid, Taschengeld, die achtzig Mark – später vierzig Euro sowie die Arztbescheinigungen.[974]

In starkem Kontrast zu Frau Schulz steht die Beamtin Frau Richter, die sich gegenüber den Anliegen der Asylbewerber_innen ungleich engagierter und aufgeschlossener zeigt:

---

970 Ebd.
971 Vgl. Ebd., S. 335.
972 Ebd., S. 336.
973 Vgl. Khider, Ohrfeige, S. 11.
974 Ebd., S. 142.

Die einzige Person in ihrer Behörde, die wir gernhaben, ist Frau Richter. Jeder weiß, dass ihr Zimmer das beste von allen ist. Sie sitzt da und versucht, ehrlich und engagiert eine echte Lösung für unsere Probleme zu finden. Bei Ihnen und den anderen Beamten dagegen heißt es immer nur ‚So ist das Gesetz!' oder ‚Kommen Sie nächste Woche wieder!'"[975]

Ob ihnen die geforderten, häufig existenziellen Leistungen bewilligt werden, ob sie Gehör bei der zuständigen Beamtin finden, erscheint den Asylbewerber_innen als Glücksspiel, das sie als „Zimmerroulette"[976] bezeichnen. Während Frau Schulz „die kleinste Angelegenheit zu einem Staatsakt verkomplizier[t]"[977], ist bei Frau Richter „plötzlich alles ganz leicht"[978]. „Zimmerroulette"[979], so erklärt die Erzählinstanz,

ist ein Spiel, das mit dem Ziehen der Wartenummer beginnt und mit der Zuweisung eines Zimmers endet. Je nachdem, auf welchen Beamten man trifft, werden die Dinge erledigt oder eben nicht. Das bedeutet, wenn einer von euch Beamten zu Hause mit seiner Frau Probleme hat oder ihm ein Furz quersitzt, wird das Leben für uns Ausländer sehr kompliziert. Jeder Besuch hier bei Ihnen ist das reinste Glücksspiel.[980]

Im Zweifel zieht sich die Sachbearbeiterin Frau Schulz auf „das Gesetz" zurück, um ihre Entscheidungen zu legitimieren und sich jeder Verantwortung zu entziehen.[981] Die Praxis der Ausländerbehörden ist dabei eng verzahnt mit Fremdheitszuschreibungen, die auf einem essentialistischen Kulturbegriff beruhen.[982] In Khiders Roman ist es beispielsweise die diskursive Konstruktion des „faulen Ausländers", der den Sozialstaat ausnutzt[983], die das Verhalten der Sachbearbeiterin Frau Schulz gegenüber

975 Ebd.
976 Ebd., S. 142.
977 Ebd., S. 143.
978 Ebd.
979 Ebd., S. 142.
980 Ebd., S. 142 f.
981 Vgl. dazu auch Wasilewski, Sandra: „Fremdheit, Macht, Rationalität. Interkulturelle Kommunikation in behördlichen Strukturen". In: Arbeitskreis Ethnologie und Migration (Hrsg): *Migration – Bürokratie – Alltag. Ethnographische Studien im Kontext von Institutionen und Einwanderung*, LIT: Berlin 2008, S. 48.
982 Vgl. Ebd., S. 41.
983 Vgl. Ebd.

dem Protagonisten beeinflusst. Als Karim beschließt, sich freiwillig für einen sogenannten „‚Integrationsjob‘ “[984] zu bewerben, um sein geringes Taschengeld von achtzig DM mit einem Stundenlohn von 1 DM aufzubessern, ändert die Sachbearbeiterin ihr Verhalten schlagartig: „Dieser unendliche Missmut in Ihren Zügen verschwand, und mit einem Mal lächelten Sie sogar freundlich. Das war das erste und letzte Mal, dass Sie mich angelächelt haben.“[985] Das hier beschriebene Verhalten von Akteur_innen der Asylbehörden führt dazu, dass die Gerechtigkeitsvorstellungen des Prüfungsformates für die Migrant_innen unkalkulierbar werden, da sie von rassistischen und kulturellen Deutungsmustern geprägt sind. Auf diese Weise stehen weniger dessen Rahmenbedingungen im Vordergrund als die subjektiven Bewertungsschemata der Sachbearbeiter_innen.

Geht es bei den Entscheidungen der Ausländerbehörden um Angelegenheiten, die das alltägliche Leben der Asylbewerber_innen strukturieren, liegt es in den Händen von Richter_innen, über das weitere soziale Schicksal der Antragsteller_innen zu urteilen und sie von ihrem prekären Status partiell zu erlösen, sofern bestimmte Kriterien des deutschen Ausländerrechts erfüllt werden. In Khiders Roman „Ohrfeige“ sind sämtliche Unannehmlichkeiten, die die Asylbewerber_innen im Laufe ihres Aufenthaltes in der Bundesrepublik Deutschland zu erdulden haben, mit der Hoffnung auf eine Verbesserung ihrer sozialen Position verbunden. Mit einem positiven Aufenthaltsbescheid ist es den Migrant_innen erlaubt, eine Erwerbstätigkeit aufzunehmen, eine eigene Wohnung zu beziehen und an einem Sprachkurs teilzunehmen.[986]

Das Anhörungsverfahren konstituiert sich maßgeblich auf Grundlage biografischer Angaben der Migrant_innen, aus denen die Legitimität ihrer Flucht eruiert werden soll. Wie bereits weiter oben ausgeführt, lässt das deutsche Gesetz wenig Spielraum für die individuellen Problemlagen der Asylbewerber_innen. Um das Verfahren zu unterlaufen, erfinden die Migrant_innen in „Ohrfeige“ eigene Biografien, die den Anforderungen der deutschen Asylgesetzgebung für einen Bleiberechtsbescheid gerecht werden sollen.[987] Die Befragungssituation durch einen Richter wird von dem

984 Khider, Ohrfeige., S. 151.
985 Ebd., S. 152.
986 Vgl. Ebd., S. 156 ff.
987 Vgl. Ebd., S. 68 ff.

homodiegetischen Ich-Erzähler detailliert geschildert. Das Verfahren ist als Prüfungssituation angelegt, in dessen Rahmen sich der Protagonist als legitimer Asylsuchender beweisen muss, um „von der Arche Noah der Aufenthaltserlaubnis“[988] gerettet zu werden. Auf den Tag der Verhandlung bereitet sich der Protagonist akribisch vor und erfindet eine Fluchtbiografie, die ihn im Sinne der deutschen Gesetzgebung als Opfer politischer Verfolgung erscheinen lässt.[989] Karim verwendet seine realen Daten wie „Geburtstag, Einschulung, Wohnort et cetera“[990] und bettet sie „in eine neue Lebensgeschichte“[991] ein. Von dieser Geschichte muss er den Richter überzeugen, worin für ihn die „größte Hürde“[992] liegt. Innerhalb des Anhörungsverfahrens haben Asylsuchende in der Regel nur einen Versuch, die Richter_innen von der Legitimität ihrer Bitte um Aufenthalt zu überzeugen. „Als glaubhaft wird ein Vortrag eingestuft“[993], so Susanne Schröder,

> wenn der Asylbewerber detaillierte, widerspruchsfreie, in sich schlüssige und folgerichtige Angaben zu seinem Verfolgungsschicksal macht. Dabei gilt die weitverbreitete Prämisse, dass jemand, der ein Ereignis selbst erlebt hat, grundsätzlich in der Lage ist, dies plastisch und in allen Einzelheiten wiederzugeben. [...] Trägt der Asylbewerber nach der Anhörung weitere Umstände nach, so wird dies häufig als gesteigertes Vorbringen angesehen und führt zur Bewertung des Vortrags als unglaubhaft. Dies wird jedoch Flüchtlingen, die krankheitsbedingt nicht in der Lage sind, die Vorgänge im Heimatland sogleich vollständig und detailliert darzulegen, nicht gerecht.[994]

Der Rahmen des Prüfungsformates folgt somit einer „alles-oder-nichts“-Struktur, die vor allem jene Geflüchteten benachteiligt, die aufgrund psychischer Erkrankungen oder verminderter intellektueller bzw. habitueller Ressourcen ihre Fluchtgründe nicht schlüssig darlegen können. Der strenge formale Rahmen der Befragung suggeriert demgegenüber Objektivität und

---

988 Ebd., S. 104.
989 Ebd., S. 103 f.
990 Ebd., S. 104.
991 Ebd.
992 Ebd.
993 Schröder, Susanne: „Ausländer- und Asylrecht in Deutschland, der Schweiz und Österreich“. In: Machleidt, Wielant / Heinz, Andreas: *Praxis der interkulturellen Psychiatrie und Psychotherapie. Migration und psychische Gesundheit.* Urban & Fischer: München 2011, S. 178.
994 Ebd.

wird in Khiders Roman detailliert geschildert. In einem Zeitraum von achtzig Minuten muss Karim auf vierzig Fragen antworten, die in vier Kategorien unterteilt sind: „Person, Asylgründe, Reiseweg, Sonstiges"[995]. Abgefragt werden beispielsweise persönliche Daten wie die offizielle Anschrift des Protagonisten und seiner Eltern. Zudem wird er nach geografischen Kenntnissen zu seiner Heimatstadt Bagdad befragt, um seine Angaben zu verifizieren.[996] Darüberhinausgehend folgen Fragen, die die Gründe für Karims Flucht adressieren und die Schlüssigkeit seiner Geschichte belegen sollen: „Wann und auf welche Weise haben Sie das Land verlassen, welche Verkehrsmittel haben sie genutzt?"[997] oder „Was fürchten Sie im Fall einer Rückkehr in ihr Heimatland?"[998]

Nach der Anhörung beginnt für den Protagonisten die qualvolle Zeit des Wartens auf das Ergebnis der richterlichen Prüfung. Rückblickend resümiert die Erzählinstanz, dass es sich um ein „sinnloses Warten"[999] gehandelt hat, „das ich nur auf mich genommen habe, weil ich die Hoffnung hatte, Verständnis zu erfahren und eine Chance zu bekommen."[1000] Wartezeiten im behördlichen Kontext gehen für die Betroffenen häufig mit einem Gefühl der Unterlegenheit und der Ohnmacht einher,[1001] das auch in Khiders Roman hinlänglich geschildert wird. In dieser Situation, die von Unsicherheiten und Ängsten geprägt ist, bekommen scheinbar banale Vorkommnisse und alltägliche Abläufe eine eigene, schicksalhafte Bedeutung für die Asylbewerber_innen sofern sie im Zusammenhang mit dem erhofften Bleiberechtsbescheid stehen. So fungiert der Hausmeister als Briefträger des Asylheims und wird damit auch zum Überbringer des Ergebnisses der Asylprüfung:

> Wir schauten ihn alle jedes Mal erwartungsvoll an, wenn er in seinem Blaumann den Flur entlang geschlendert kam, in der einen Hand einen Stapel Briefe und in der anderen seinen schweren, silbernen Werkzeugkoffer. Diesen Mann, der in der Regel sehr schweigsam war, nannten die Unsrigen: Azrael, Malik al-Maut – Engel

995 Khider, Ohrfeige, S. 106.
996 Vgl. Ebd., S. 107.
997 Ebd. 109.
998 Ebd., S. 110.
999 Ebd., S. 12.
1000 Ebd.
1001 Vgl. Wasilewski, Fremdheit, S. 46.

des Todes. Ich weiß nicht, wer ihm diesen Spitznamen gegeben hat, aber der Mann hatte ihn wirklich nicht verdient.[1002]

Die Bezeichnung des Hausmeisters als „Engel des Todes" verweist auf die existenzielle Bedeutung des Asylbescheids für die Geflüchteten. Es ist dabei kaum verwunderlich, dass schwere psychische Erkrankungen häufig erst zutage treten, wenn der Asylanspruch abgelehnt wird.[1003] Die Asylbewerber_innen in Khiders Roman reagieren dementsprechend verschieden auf das Ergebnis der Asylprüfung, die über ihr zukünftiges Leben in Deutschland entscheidet. Je nachdem, ob der Bescheid positiv oder negativ ausfällt, können sie entweder „vor Freude strahlen"[1004] oder sie erscheinen „ganz verzerrt vor Schmerz"[1005]. Bisweilen kommt es bei negativen Entscheiden auch zu starken emotionalen Reaktionen bei den Abgelehnten. So erleidet ein Asylbewerber einen Nervenzusammenbruch.[1006] Als ihm der Bescheid zugestellt wird, beginnt „er urplötzlich zu schreien, zu heulen und wie ein Derwisch auf sein Gesicht, die Tür und die Möbel in seinem Zimmer einzuschlagen."[1007]

Kurz vor dem 11. September 2001 wird Karims Asylantrag rechtskräftig anerkannt. Er „freut sich auf ein Leben als freier Mann, der sich zwei Jahre bewegen kann, wie er will."[1008] Der Protagonist fühlt sich, als hätte man ihn „nach vielen Jahren aus dem Gefängnis entlassen."[1009] Statt jedoch wie erhofft in Deutschland arbeiten und studieren zu können, steht er nun vor dem Problem, zunächst die deutsche Sprache erlernen zu müssen, um seine Chancen auf dem Arbeits- und Wohnungsmarkt verbessern zu können. Dieses Ziel lässt sich für die Migrant_innen jedoch nur mit einem Sprachkurs realisieren, für den sie zuerst ein Jahr gearbeitet und Steuern gezahlt haben müssen.[1010] Zudem wird Karims Abiturzeugnis von den deutschen Behörden nicht anerkannt, wodurch ihm der Zugang zu einem Studienplatz

1002 Khider, Ohrfeige, S. 114 f.
1003 Vgl. Schröder, Asylrecht, S. 179.
1004 Khider, Ohrfeige, S. 116.
1005 Ebd.
1006 Vgl. S. 118 f.
1007 Ebd., S. 118.
1008 Ebd., S. 156.
1009 Ebd.
1010 Vgl. Ebd., S. 157.

verweigert wird.[1011] Nicht zuletzt wird ihm ein chirurgischer Eingriff, um sich von seinen Männerbrüsten zu befreien, von den Krankenkassen verwehrt.[1012] Der Protagonist wohnt zunächst in einem Obdachlosenheim und findet sich in verschiedenen prekären Tätigkeiten wieder, die ihm über eine Zeitarbeitsfirma vermittelt werden.[1013] Kurz nachdem er sein Ziel erreicht hat und ein Sprachkurs durch das Arbeitsamt genehmigt wird, wird sein Asylbescheid im Zuge des Einmarschs der US-Truppen in den Irak im Jahr 2003 widerrufen.[1014]

Kraftlos und enttäuscht fasst Karim daraufhin den Entschluss, Deutschland zu verlassen und nach Finnland zu emigrieren.[1015] Das Resümee der Erzählinstanz nach dem gescheiterten Versuch, in Deutschland Fuß zu fassen, ist ernüchternd:

> Das war es, Frau Schulz, das war meine Zeit in Deutschland. Drei Jahre und vier Monate habe ich hier gelebt. In Dachau, in Zirndorf, in Bayreuth, in Niederhofen an der Donau und in München. Es geschah viel in dieser Zeit, aber nichts, worauf ich stolz bin.
>
> Statt in der Universität war ich im Obdachlosenheim, in der Goethemoschee und im Enlil. Statt mit Studenten und Professoren gab ich mich mit Kriminellen, Fanatikern und Strichern ab. Und jetzt? Ich stehe wieder ganz am Anfang.[1016]

Die Hoffnungen des Protagonisten, in Deutschland ein gesichertes Leben führen zu können, werden am Ende des Romans zerschlagen. Die Strapazen, die die Auswahlprüfung des Asylverfahrens mit sich bringen, führen zu keinem Ergebnis und werden nicht belohnt. Wie in Geißlers „Saisonarbeit“ steht am Ende des Textes die Desillusionierung des Protagonisten, der in eine gänzlich ungewisse Zukunft entlassen wird. Mit dem Fluchtziel Finnland spielt der Roman, der zeitlich im Jahr 2001 angesiedelt ist, auf Vorkommnisse aus dem Jahr 2015 an, wo Finnland unter irakischen

1011 Vgl. Ebd., S. 160.
1012 Vgl. Ebd., S. 92 f.
1013 Vgl. Ebd., S. 175 ff.
1014 Vgl. Ebd., S. 198.
1015 Vgl. Ebd., S. 218.
1016 Ebd., S. 217 f.

Geflüchteten als attraktiver Lebensort erscheint. „Die finnischen Behörden vermuten als Grund“[1017], so schreibt Matti Huuhtanen in der „Welt“,

> Gerüchte im Internet, wonach Asylanträge schnell bearbeitet werden, es großzügige staatliche Zuwendungen und eine Menge Jobs für Flüchtlinge geben soll. Tatsächlich unterscheidet sich die Praxis in Finnland kaum von der anderer EU-Länder. Und die einheimische Wirtschaft steckt gerade im vierten Jahr einer Rezession.[1018]

Folgt man der Anspielung des Romans auf die Gegenwart, erwartet Karim in Finnland eine ähnliche Enttäuschung, wie er sie zuvor in Deutschland erlebt hat. Das Ende des Romans folgt einer desillusionären Ästhetik So lässt Karims Zukunft keine Besserung seiner prekären Lebenslage erwarten. Das realistische Prinzip, das dem Text zugrunde liegt, erfährt jedoch mit Blick auf dessen realistisch-sozialkritische Poetologie eine Erweiterung, wie ich im Folgenden zeigen werde.

7.4 Ironische Distanzierung

Es ist eine Besonderheit von Khiders Text, die prekäre Situation von Asylbewerber_innen in Deutschland und die damit einhergehenden bürokratischen Restriktionen, wie sie im vorigen Abschnitt skizziert wurden, literarisch zu verhandeln. Zweifelsohne finden sich in „Ohrfeige“ Elemente, die auf eigene Erfahrungen des Autors hinweisen. Das Asylverfahren hat Abbas Khider einige Jahre zuvor selbst durchlaufen, wie Ijoma Mangold in der „Zeit“ hervorhebt:

> Als Abbas Khider als Flüchtling nach Deutschland kam, hießen Menschen wie er noch nicht Geflüchtete, sondern Asylanten. Sie waren Gegenstand politischer Meinungsverschiedenheiten, aber sie waren noch nicht das Thema Nummer eins, das das Land beherrscht. Damals machte Abbas Khider Erfahrungen mit der deutschen Bürokratie, mit deutschen Asylantenheimen, mit engagierten Helfern und mit dem Blick der Deutschen auf die Fremden. Darüber hat er jetzt einen Roman geschrieben.[1019]

1017 Huuthanen, Matti: „Warum Finnland bei Flüchtlingen als paradiesisch gilt“. Online abrufbar unter: https://www.welt.de/politik/ausland/article147080120/Warum-Finnland-bei-Fluechtlingen-als-paradiesisch-gilt.html, zuletzt geprüft am 01.02.2021.

1018 Ebd.

1019 Mangold, Ijoma: „Ein guter Burger“. Online abrufbar unter: https://www.zeit.de/2016/06/ohrfeige-abbas-khider, zuletzt geprüft am 01.02.2021.

Das Schreiben migrantischer Autor_innen über Fremdheit und Fluchterfahrungen, wird in den Literatur- und Kulturwissenschaften derzeit unter dem Begriff der Trans- bzw. Interkulturalität erforscht.[1020] Abbas Khider gehört einer neuen Autor_innengeneration an, die soziale und globale Aspekte von Migrationsprozessen wieder stärker in den Mittelpunkt ihres Schreibens rückt.[1021] Wie ich bereits im literarhistorischen Kapitel meiner Studie skizziert habe, steht die sogenannte deutsche „Gastarbeiterliteratur“ deutlich unter dem Einfluss der Literatur der Arbeitswelt der 1960er- und 1970er-Jahre, die mit den Mitteln des Dokumentarischen einen möglichst hohen Grad an Authentizität erzielen wollte.[1022] Wie zu zeigen sein wird, widersetzt sich Khiders Poetologie einer sozial-realistischen Literaturauffassung, der häufig der Vorwurf gemacht wurde, sich auf eine „Literatur der Betroffenheit“[1023] zurückzuziehen. Der Autor steht dabei in einer Entwicklungslinie migrantischen Schreibens, die nachfolgend zur besseren Einordnung kurz skizziert werden soll.

So bezeichnet Faure die erste Phase der Neuorientierung nach der sogenannten „Gastarbeiterliteratur“ als „Rekonstruktion“[1024], die sich, wie beispielsweise im Schreiben Feridun Zaimoglus, häufig gegen Stereotypisierungen richtet. In Zaimoglus „Kanak Sprak: 24 Misstöne vom Rande der Gesellschaft“[1025] (1995) wird die Sprache junger Türken verfremdet wiedergegeben. Diese Sprache ermöglicht es den Migrant_innen, Distanz zur bundesdeutschen Gesellschaft zu erlangen und sich von der Opferrolle der Gastarbeiterliteratur zu entfernen.[1026] In dem Manifest der 1998 u. a. durch Zaimoglu gegründeten Initiative „Kanak Attack“ wird radikal für

---

1020 Vgl. beispielsweise Faure, Chamissoliteratur, S. 50.

1021 Vgl. Opitz / Opitz-Wiemers, Tendenzen, S. 751.

1022 Vgl. Faure, Chamissoliteratur, S. 46.

1023 Vgl. hierzu Biondi, Franco / Schami, Rafik: „Literatur der Betroffenheit. Bemerkungen zur Gastarbeiterliteratur“. In: Schaffernicht, Christian (Hrsg.): *Zu Hause in der Fremde. Ein bundesdeutsches Ausländerlesebuch*. Verlag Atelier im Bauernhaus: Fischerhude 1981, S. 124–135.

1024 Faure, Chamissoliteratur, S. 46.

1025 Zaimoglu, Feridun: *Kanak Sprak. 24 Misstöne vom Rande der Gesellschaft*. Rotbuch Verlag: 1995.

1026 Ebd.

Eigenständigkeit „ohne Anbiederung und Konformismus“[1027] der Migrant_innen plädiert. Demgegenüber sind Autor_innen späterer Generationen, so kann mit Opitz und Opitz-Wiemers festgestellt werden, „stärker an Problemen wie umfassender Entwurzelung und Entfremdung, der Ablösung von nationalen Sozialisationsmustern innerhalb weltweiter Globalisierungsprozesse sowie ‚alter‘ und ‚neuer‘ Identität interessiert.“[1028] So thematisieren etwa Autorinnen wie Saliha Scheinhardt[1029] und Zehra Çırak[1030] mit ihrem Schreiben Fluchterfahrungen und Übergangserfahrungen.[1031] Diese Autor_innen wollen gleichberechtigt am deutschen Literaturbetrieb teilhaben, weshalb mit Faure auch von einer „Ankunftsliteratur“[1032] gesprochen werden kann. Dementgegen fördert der deutsche Literaturbetrieb immer weiter den Minderheitenstatus ihres Schreibens, denn migrantische Autor_innen gelten als „Garanten für eine gewisse Authentizität“[1033], während sich die Leser_innen, so Faure, „gerne an einer fremden Welt berauschen“[1034] lassen.[1035]

Mit der von der Autorin so bezeichneten „Ankunftsliteratur“ stellen sich im 21. Jahrhundert auch zunehmend Fragen, die Themen wie Exklusion und Identität betreffen.[1036] Infolge von Globalisierungsprozessen etablieren sich zunehmend soziale Ein- und Ausschlusskonstruktionen, die sich beispielsweise auf Religionen beziehen. Das vermeintlich Fremde steht dem eigenen Selbst dabei häufig in negativer Weise gegenüber.[1037] „In Ostdeutschland“[1038], so Khider in einem Interview mit der „Welt“, „kann ein

1027 Ohne Autor_innenangabe: „Manifest“. Online abrufbar unter: https://www.kanak-attak.de/ka/about/manif_deu.html, zuletzt geprüft am 01.02.2021.

1028 Opitz / Opitz-Wiemers, Tendenzen, S. 751.

1029 Scheinhardt, Saliha: *Schmerzensklänge. Roman aus der Türkei*. Brandes und Apsel: Frankfurt am Main 2008.

1030 Çırak, Zehra: *Der Geruch von Glück*. Schiler: Berlin 2011.

1031 Vgl. Opitz /Opitz-Wiemers, Tendenzen S. 752 f.

1032 Faure, Chamissoliteratur, S. 49.

1033 Ebd., S. 50.

1034 Ebd.

1035 Vgl. Ebd.

1036 Vgl. Ebd., S. 53.

1037 Vgl. Ruf, Werner: *Der Islam. Schrecken des Abendlands. Wie sich der Westen sein Feindbild konstruiert*, 2. Auflage. Papy Rossa: Köln 2014, S. 9.

1038 Kämmerlings, Richard: “ ‘In Ostdeutschland schauen sie, als wünschten sie einem den Tod‘ “. Online abrufbar unter: https://www.welt.de/kultur/literarischewelt/article161768218/In-Ostdeutschland-schauen-sie-als-wuenschten-sie-einem-den-Tod.html, zuletzt geprüft am 01.02.2021.

Schwarzhaariger an vielen Orten nicht entspannt spazieren gehen. Menschen schauen einen manchmal an, als wünschten sie einem den Tod.“[1039] Aussagen wie diese stellen eine deutliche Kritik an Rassismus und Ausgrenzung dar, die sich auch in Khiders Schreiben wiederfinden lässt. So ordnet Moritz Schramm die Texte des Autors einer neuen Spielart des Realismus in der deutschsprachigen Gegenwartsliteratur zu, der „sich jedoch nicht in der Anführung von Realitätspartikeln oder in Referenzen auf einen außerliterarischen Raum, der einen neuen Blick auf Erfahrungen von Flucht, Exil und Folter zulassen würde“[1040], erschöpft. Dieser „neue Realismus“ zeichnet sich laut Schramm vor allem durch eine ethische Positionierung gegenüber sozialen Fragestellungen aus, die er auch in Khiders Schreiben erkennen will.[1041]

In Interviews hat Khider die poetologischen Aspekte seines Schreibens vielfach reflektiert. So postuliert der Autor einerseits, dass seine Texte auf eigenen Erfahrungen beruhen, andererseits arbeitet er mit Techniken der Verfremdung. Das Schreiben in einer anderen Sprache wirkt dabei wie ein Schutzschild gegen die häufig als feindlich erlebte Wirklichkeit: „Auch meine eigene Geschichte“[1042], so der Autor, „entdeckte ich durch die deutsche Sprache neu: Sie bringt Distanz und Verfremdung hinein, was wiederum ein anderes Verständnis ermöglicht.“[1043] Das Schreiben in einer anderen Sprache steht somit der Forderung nach authentischen Wirklichkeitsdarstellungen entgegen und erleichtert die Darstellung traumatischer Erlebnisse. Von der sogenannten Gastarbeiterliteratur der 1960er- und 1970er-Jahre grenzt Khider sich deutlich ab:[1044] „Ich

---

1039 Ebd.

1040 Schramm, Moritz: „Ironischer Realismus. Selbstdifferenz und Wirklichkeitsnähe bei Abbas Khider“, in: Fauth, Sören R./Parr, Rolf (Hrsg.): *Neue Realismen in der Gegenwartsliteratur*. Wilhelm Fink: Köln 2016, S. 72.

1041 Vgl. Ebd., S. 73.

1042 von Raden, Wolfert: „‚Die fremde Sprache bedeutet Freiheit‘ “. Online abrufbar unter: https://www.eurozine.com/die-fremde-sprache-bedeutet-freiheit/, zuletzt geprüft am 01.02.2021.

1043 Ebd.

1044 Vgl. Schramm, Realismus, S. 77.

mag"[1045], so führt er aus, „Betroffenheitsliteratur nicht. Auf Deutsch konnte ich Distanz zu den Geschehnissen aufbauen."[1046]

Folgt man Schramm, so zeichnet Khiders Romane vor diesem Hintergrund ein distanzierender Realismus aus, der gegenüber der gesellschaftlichen Realität eine kritische Haltung einnimmt.[1047] Damit entfernt sich Khider von traditionellen Realismuskonzepten, bei denen die erzählerischen Techniken der Texte im Hintergrund bleiben sollen.[1048] In Khiders Poetologie, so Schramm, treten „traumatische Erlebnisse wie Folter, Krieg und Flucht umso stärker hervor"[1049]. Khider selbst bezeichnet seine Werke als eine Art Rache: „Am Ende bin ich es, der zurückschlägt. Ich triumphiere mit den Mitteln der Literatur."[1050] Der Autor versteht die Literatur als Kritik an der Realität:[1051]

> Wenn ich der Folter eine ganz eigene sprachliche Form entgegenstelle, dann entsteht ein Raum, den die Folterer nicht antasten können. Der Vorgang selbst wird dann banal und lächerlich. Ich entferne mich davon. Ich löse mich aber auch von der Geschichte, die ich erzähle. Die gehört plötzlich nicht mehr nur mir selbst. Dadurch wird alles viel leichter.[1052]

Schramm sieht hierin das eingreifende Moment in Khiders Schreiben: Indem der Autor sich in seinen Texten von dem Erlebten ironisch distanziert, tritt der Konstruktionscharakter der Realität in den Vordergrund, die dadurch als veränderbar erscheint.[1053]

1045 Kohlstadt, Michael: „Abbas Khider und die Liebe zur Sprache der Deutschen". Online abrufbar unter: https://www.derwesten.de/kultur/abbas-khider-und-die-liebe-zur-sprache-der-deutschen-id8762981.html, zuletzt geprüft am 01.02.2021.

1046 Ebd.

1047 Vgl. Schramm, Realismus, S. 72.

1048 Vgl. Ebd., S. 84.

1049 Ebd.

1050 Dükert, Ronald: „‚Ich stelle der Folter eine sprachliche Form entgegen.'" Online abrufbar unter: https://www.cicero.de/kultur/abbas-khider-auberginenrepublik-ich-stelle-der-folter-eine-sprachliche-form-entgegen/53874, zuletzt geprüft am 01.02.2021.

1051 Vgl. Schramm, Realismus, S. 75.

1052 Dükert, Folter.

1053 Vgl. Schramm, Realismus, S. 83.

Wie der Protagonist Karim Mensy kam auch Khider zu Beginn des Jahrtausends nach Deutschland, um Asyl zu beantragen. Wie Karim wohnte er in verschiedenen Sammelunterkünften und Obdachlosenheimen.[1054] Khider tritt öffentlich als Kritiker bürokratischer Strukturen auf, die die Menschen zu „komischen, gelangweilten Kreaturen“[1055] machen. Mit Blick auf das deutsche Asylsystem sagt er: „Auf der einen Seite stehen die Einheimischen als diese Kreaturen, auf der anderen Seite Asylanten, die nur in Angst leben: Erst um die Aufenthaltserlaubnis, dann vor dem Widerruf. Und dazwischen ist das System.“[1056] Wie nachfolgend zu zeigen sein wird, sind es vor allem die Fluchtbiografien der Figuren, die zur spezifischen Poetologie von „Ohrfeige“ gehören. „Ich habe auch Leute von damals angerufen und Interviews mit ihnen geführt“[1057], so Khider zu seiner Recherchearbeit, „[s]ie haben mir geholfen, mich an die Geschichten zu erinnern.“[1058]

7.5 Fluchtnarrative

Khiders Roman „Ohrfeige“ gliedert sich in eine Rahmenhandlung und eine Binnenerzählung. Erstere wird von einer homodiegetischen, nullfokalisierten Erzählinstanz getragen, die eine extradiegetische Position einnimmt. In diesen Abschnitten erzählt Karim seiner Sachbearbeiterin Frau Schulz rückblickend seine Lebensgeschichte. Auf der intradiegetischen Ebene, die die Erzählinstanz der Binnenerzählung einnimmt, geht das Erzählen mit dem Erzählten Hand in Hand. Im Laufe der Handlung wird in vier in kursiver Schrift hervorgehobenen Abschnitten sukzessive ersichtlich, dass sich Karim in der Wohnung seines Freundes Salim in München befindet und die Erzählsituation im Büro der Sachbearbeiterin Frau Schulz einer von Drogen beeinflussten Imagination entstammt. Die Erzählinstanz der

---

1054 Vgl. Heinrich, Kaspar: „Wir sollten nicht plötzlich alles in Frage stellen“. Online abrufbar unter: http://www.planet-interview.de/interviews/abbas-khider/48826/, zuletzt geprüft am 01.02.2021.

1055 Ohne Autor_innenangabe: „Man muss Glück haben.“ Online abrufbar unter: https://www.fnp.de/kultur/man-muss-glueck-haben-1-10597540.html, zuletzt geprüft am 04.02.2020.

1056 Ebd.

1057 Ebd.

1058 Ebd.

Rahmenhandlung tritt am Ende der Erzählung als unzuverlässig in Erscheinung: *„Mein Gott, was ist mit mir los? Mein krankes Hirn. Ich sitze in Salims Wohnung. Wo ist Frau Schulz? Oh Mann. Es riecht nach Fleisch, Zwiebeln und Knoblauch. Ich höre arabische Musik. Alles ist gut. Alles wird gut..“*[1059] Dabei lässt der homodiegetische Ich-Erzähler offen, inwieweit die Erzählung Karims Fantasie entstammt, ohne sie jedoch vollständig zu revidieren. So macht Salim seinen Freund darauf aufmerksam, dass es „ab nach Finnland“[1060] geht. Auch wird angedeutet, dass Karim tatsächlich Kontakt zu einer Sachbearbeiterin namens Frau Schulz hatte. So endet der Roman mit den Worten: *„Ich schwöre bei Allah und allen Arschlöchern des Himmels: Irgendwann werde ich Sie erwischen und ohrfeigen.“*[1061] Karims Wunsch, Frau Schulz tatsächlich zu ohrfeigen, legt die Vermutung nahe, dass die Erzählung der Rahmenhandlung zumindest in Teilen dem Erlebten des Protagonisten entspricht.

Das Spiel mit verschiedenen Wirklichkeitsebenen sowie zahlreichen autobiografischen Bezugnahmen auf die Autorinstanz hebt den Konstruktionscharakter der Realität hervor. Dieser Fokus folgt einem narrativen Schema, das mit Schramm als signifikantes Merkmal für das Schreiben des Autors angesehen werden kann. Dabei wird zunächst sprachlich ein Bezug zur Wirklichkeit aufgebaut, der häufig durch autobiografische Elemente unterstrichen wird.[1062] In einem weiteren Schritt, so Schramm, „wird die Objektivität dieser Realität jedoch angezweifelt und die Tatsache, dass diese selbst das Ergebnis subjektiver Konstruktionen ist, hervorgehoben.“[1063] Khiders Werke sind, so konstatiert Schramm, „durch die Exponierung der fehlenden Eindeutigkeit der Realität bei gleichzeitigem, unübersehbarem Bezug auf die außerliterarische Wirklichkeit charakterisiert.“[1064] Khiders Realismus kann vor diesem Hintergrund als „ironischer Realismus“[1065] bezeichnet werden, „der den stets mitlaufenden Wirklichkeitsbezug zugleich

---

1059 Khider, Ohrfeige, S. 220.
1060 Ebd., S. 219.
1061 Ebd., S. 220.
1062 Vgl. Schramm, Realismus, S. 79.
1063 Ebd.
1064 Ebd.
1065 Ebd.

einfordert und herausfordert.“[1066] Wie aus meiner bisherigen Analyse ersichtlich wird, geht es Khider jedoch nicht darum, strukturelle Gegebenheiten zu relativieren, um auf diese Weise einer politischen Positionierung zu entgehen.[1067] Die Mehrdeutigkeit der Perspektiven führt der Autor auch in Interviews zu „Ohrfeige“ an. Mit Blick auf das Figurenpersonal seines Romans bemerkt er:

> Es stimmt: Die Deutschen im Buch sind herzlos und gelangweilt. Das hat aber weniger mit ihnen selbst zu tun, sondern mehr damit, wie die Asylbewerber die Deutschen sehen. Sie können mit ihnen nicht richtig reden, weil sie die Sprache nicht verstehen. Sie treffen immer wieder dieselben Berufsgruppen: Hausmeister, Caritas-Angestellte, Polizisten. Und diese Menschen, die ständig mit den Asylanten zusammen sind, sind im Laufe der Zeit fix und fertig.[1068]

Der Autor vertritt die Ansicht, dass es „zu viele Geschichtsfälschungen“[1069] gibt, was nach ihm daran liegt, „dass die Geschichte nicht von einfachen Menschen geschrieben wird, sondern von Regierungen und Herrschern.“[1070] Khider gibt an, aus der Perspektive von „einfachen Menschen“[1071] zu schreiben: „Karim ist kein Engel, kein unschuldiges Opferlamm […]. Ich wollte einfach, dass man diesen Menschen als normalen Menschen wahrnimmt.“[1072] Khider möchte seine Kritik, die in „Ohrfeige“ geäußert wird, vor diesem Hintergrund nicht als Kritik an verschiedenen kulturellen Gruppen oder Individuen verstanden wissen, sondern am „bürokratisch[en] Verwaltungssystem“[1073]. Aus dieser Perspektive erscheinen die Figuren in „Ohrfeige“ untrennbar verbunden mit den sozialen und kulturellen Bedingungen, in

---

1066 Ebd.
1067 Vgl. hierzu Ebd., Fn. 25.
1068 Kaspar, Heinrich: „Abbas Khider im Interview. ‚Ich habe um mich herum eine Mauer gebaut‘ “. Online abrufbar unter: https://www.tagesspiegel.de/kultur/abbas-khider-im-interview-ich-habe-eine-mauer-um-mich-herum-gebaut/12927824.html, zuletzt geprüft am 01.02.2021.
1069 Ebd.
1070 Ebd.
1071 Ohne Autor_innenangabe: „Menschen wie wir“. Online abrufbar unter: https://www.deutschlandfunkkultur.de/abbas-khider-ohrfeige-menschen-wie-wir.970.de.html?dram:article_id=348573, zuletzt geprüft am 01.02.2021.
1072 Ebd.
1073 Kaspar, Interview.

die sie eingegliedert sind. Ihr Handeln und Denken richtet sich nach der Position bzw. Funktion, die sie innerhalb der Strukturen des deutschen Asylsystems besetzen.

Der Konstruktionscharakter der Realität, der in Khiders Poetologie eine signifikante Rolle spielt, wird vor allem mit Blick auf die Fluchtgeschichten der Asylsuchenden deutlich. Diese werden von den Asylbewerber_innen erfunden, um die Bewährungsprobe des Asylverfahrens überstehen zu können. Das Augenmerk des Romans kreist dabei um das Verhältnis zwischen den gesetzlichen Anforderungen an die Fluchtbiografien der Asylbewerber_innen und ihren individuellen Fluchtgründen, die den gesetzlichen Bestimmungen auf Grundlage der GFK häufig nicht genügen. Karims Vorhaben, den Richter_innen bei der Anhörung zu erzählen, dass er als fahnenflüchtiger Soldat aus dem Irak fliehen musste, wird von seinem Zimmergenossen, dem Schriftsteller Rafid entschieden abgelehnt. „Fahnenflucht“[1074], so erklärt ihm dieser, „ist kein ausreichender Grund hier Zuflucht zu suchen.“[1075] In Anbetracht der zahlreichen Krisenherde auf der Welt, so Salims Erklärung, „würden alle, die nicht in die Armee wollen oder die getürmt sind, Asyl erhalten.“[1076] Fahnenflucht führt demnach höchstens zu einer Duldung, mit deren Status Karim zwar in der Gemeinschaftsunterkunft wohnen bleiben darf, aber „an Bayreuth gebunden“[1077] bleibt. Zudem darf er mit einer Duldung „weder verreisen noch studieren oder arbeiten.“[1078] Rafid unterstreicht die Absurdität des an starren bürokratischen und gesetzlichen Vorgaben orientierten Asylverfahrens, bei dem die individuellen Fluchtgründe der Asylbewerber_innen nicht berücksichtigt werden:

> ‚Natürlich sind wir nicht alle politisch engagiert. Die meisten von uns haben von Politik absolut keine Ahnung. Sie kommen trotzdem hierher und beantragen Asyl. Sie wollen einfach ein ruhiges Leben führen. Es ist doch völlig absurd, dass man erst ernsthaft verfolgt und gefoltert werden muss, um ein Recht auf Asyl zu erhalten.‘[1079]

1074 Khider, Ohfeige, S. 69.
1075 Ebd.
1076 Ebd.
1077 Ebd.
1078 Ebd.
1079 Ebd., S. 72 f.

Die Kritik der Figur adressiert die Gerechtigkeitsvorstellungen des Prüfungsformates, dessen Rahmenbedingungen ich in den vorangegangenen Abschnitten skizziert habe. Dass die meisten Asylbewerber_innen sich von ihrer Flucht nach Deutschland „einfach ein ruhiges Leben“ erwarten, ohne zwingend von Folter oder politischer Verfolgung betroffen zu sein, verweist auf vielfältige und individuelle Gründe, die die Subjekte dazu veranlassen, ihre Heimatländer zu verlassen. Um die Bewährungsprobe der Aufenthaltserlaubnis erfolgreich durchlaufen zu können, erfinden die Geflüchteten in Khiders Roman neue Lebensläufe, die den gesetzlichen Vorgaben entsprechen und ihre Chancen auf eine Aufenthaltserlaubnis erhöhen. So erzählt Karim bei der Anhörung vor Gericht eine Geschichte, nach der er sein Heimatland aufgrund eines Witzes über den irakischen Diktator Saddam Hussein verlassen musste, um auf diese Weise das Kriterium der politischen Verfolgung zu erfüllen.[1080] Dabei ist das erfolgreiche Durchlaufen der Bewährungsprobe in letzter Konsequenz vom kulturellen Kapital der Asylbewerber_innen abhängig, die jeweiligen Prüfungsinstanzen des Asylsystems durch kongruente und glaubwürdige Erzählungen, die den geforderten Bedingungen entsprechen, zu überzeugen.

Den fiktiven Geschichten der Migrant_innen stehen ihre tatsächlichen Fluchtumstände entgegen, die der homodiegetische Ich-Erzähler der Beamtin Frau Schulz erzählt. In Khiders Roman lassen sich die asylsuchenden Figuren häufig weder als direkte Opfer politischer Verfolgung einordnen, noch bedienen sie rassistisch motivierte Argumentationsmuster, wie sie in der diskursiven Figur des „Wirtschaftsflüchtlings“ zutage treten. Vielmehr, wie nachfolgend anhand von drei Figurenbeispielen gezeigt werden soll, stehen die individuellen Problemlagen ihrer Flucht nach Europa in einem verworrenen Konnex mit politischen, ökonomischen und sozialen Entwicklungen ihrer Herkunftsländer, die wiederum auf die individuellen psychischen Dispositionen der Figuren zurückwirken. Nahezu sämtlichen durch die Erzählinstanz wiedergegebenen Fluchtbiografien ist gemeinsam, dass ihnen ein groteskes Moment zugrunde liegt. Das Groteske, so kann an dieser Stelle mit Kim definiert werden, ist ein „auf die Realität bezogenes Darstellungsmittel, das die entstellte, pervertierte gesellschaftliche

1080 Vgl. S. 107 ff.

Wirklichkeit und Inhumanität des Menschen künstlerisch ins Werk umsetzt und kritisiert."[1081]

Die nachfolgend exemplarisch angeführten Figurenbeispiele widersetzen sich deutlich den gesellschaftlichen und gesetzlichen Erwartungen dessen, wer als legitimier Asylsuchender angesehen wird und wer nicht. Die Figuren wirken in ihren Eigenheiten und Leidenschaften zunächst komisch, betrachtet man sie jedoch in ihren jeweiligen gesellschaftlichen und kulturellen Zusammenhängen, erscheinen sie als Spielbälle politischer Entscheidungen, ökonomischer Notstände und sozialer (Geschlechter-)Normen. Dies kann zunächst exemplarisch anhand des Protagonisten verdeutlicht werden. Als Karim in die Pubertät kommt, vergrößern sich seine Brustdrüsen. „Innerhalb kurzer Zeit"[1082] wachsen ihm „Brüste, echte Brüste"[1083], die im Laufe der Jahre immer sichtbarer werden. Die sozialen Einschränkungen, die der Protagonist durch die weiblichen Geschlechtsmerkmale empfindet, sind weitreichend. Er traut sich in kein Schwimmbad mehr, da er Angst davor hat, seine Altersgenossen könnten seine körperlichen Veränderungen bemerken und ihn ausgrenzen.[1084] Erscheint die Schilderung von Karims körperlicher Problematik zunächst komisch, da sie ihn in eine Vielzahl absurder Einschränkungen bringt,[1085] offenbart sich schnell, dass er in seinem Heimatland aufgrund misogyner und homophober Anfeindungen nicht sicher leben kann. Als Karim in das Erwachsenenalter eintritt, fürchtet er sich vor der nahenden Wehrpflicht:

> Es existiert eine Bezeichnung, die Soldaten verwenden, wenn sie jemanden als unwichtig betrachten: ‚Al Arif', ‚Helfer des Unteroffiziers'. Diese Handlanger müssen alles für ihre Vorgesetzten tun. Klamotten waschen, kochen, die Taschen tragen und ihnen nachts einen runterholen, wenn es gewünscht wird. Diese Leute sind faktisch die Ehefrauen der Generäle, oft homosexuell oder zu Sexsklaven gemacht. So die Gerüchte.[1086]

1081 Kim, Jeong-Yong: *Das Groteske in den Stücken Ödön von Horváths*. Peter Lang: Frankfurt am Main / Bern / Bruxelles / New York / Oxford / Warszawa / Wien 1995, S. 23.

1082 Khider, Ohrfeige., S. 78.

1083 Ebd.

1084 Vgl. Ebd., S. 87 ff.

1085 Vgl. S. 88 f.

1086 Ebd., S. 90.

Der Protagonist fürchtet, als Soldat aufgrund seiner körperlichen Erscheinung sexuell missbraucht zu werden. Dies führt so weit, dass Karim von Suizidgedanken geplagt wird und sich entschließt, seinen Vater zu fragen, ob er im Ausland studieren darf, um der Wehrpflicht zu entgehen und sich von einem Chirurgen operieren zu lassen. In ihm wächst die Vorstellung im Ausland zu arbeiten und Geld zu sparen, um sich die Operation leisten zu können.[1087] Karims gesundheitliche Probleme stehen somit in einem größeren kulturellen und sozialen Konnex, der sukzessive im Laufe der Erzählung deutlich wird. Zwar wird der Protagonist nicht politisch verfolgt, er muss jedoch um sein körperliches Wohlergehen fürchten, das ohne eine entsprechende Operation im Ausland nicht gewährleistet wäre.

Auch die Geschichte von Karims Zimmergenossen Salim folgt einer ähnlichen Erzählstruktur. So erscheinen Salims Fluchtumstände zunächst komisch, bis deutlich wird, dass das Handeln der Figur vor dem Hintergrund großer ökonomischer Nöte verstanden werden muss. So findet er infolge politischer Zerwürfnisse im Irak keine Arbeit, obwohl er mit einem abgeschlossenen Wirtschaftsstudium zu den hochqualifizierten Arbeitskräften des Landes zählt.[1088] Zudem steht er in Konflikten mit seinem Vater, „den er nicht länger ertragen“[1089] kann. Die Fluchtgeschichte der Figur richtet sich jedoch nicht auf ihre ökonomischen und familiären Probleme, sondern wird vordergründig anhand der Umstände erzählt, wie Salim seine Leidenschaft für das Kochen entdeckt: „Als er in Damaskus ankam, konnte er nicht einmal Tee kochen oder ein Spiegelei zubereiten. Nicht, weil er kein Geld mehr hatte, er hatte auch nicht die Fähigkeiten dazu.“[1090] Salim findet Arbeit in einer Fabrik für Kinderspielzeug, bekommt aber im Vergleich zu den Einheimischen einen geringeren Lohn. Diese Zeit des ökonomischen Notstands übersteht er mit billigem Essen aus der Dose. Später erfährt er von zwei Ländern, die irakischen Staatsbürgern Visa geben und ihnen Arbeit garantieren:[1091]

1087 Vgl. Ebd., S. 91 f.
1088 Vgl. Ebd., S. 131.
1089 Ebd.
1090 Ebd.
1091 Vgl. Ebd., S. 131 f.

Schon damals, in den frühen Neunzigern, Frau Schulz, galten die Mesopotamier als unerwünschte Gäste in fast allen Staaten der Welt. Nur in Libyen und im Jemen waren sie willkommen. Salim bewarb sich bei einer Arbeitsagentur, die ausschließlich Iraker vermittelte, und bekam tatsächlich einen Job als Finanzverwalter einer Ölfirma in der Nähe von Sanaa. [...] Als einziger unverheirateter Mann bekam Salim oft Einladungen zum Essen. Für ihn war es das Beste, was ihm passieren konnte.[1092]

Bei den Frauen dieser Familien lernt Salim „die Kunst des Kochens"[1093] und „fängt Feuer für das Spiel mit Gemüse, Mehl und Fleisch."[1094] Das Kochen wird auf diesem Weg zu einer so großen Leidenschaft für ihn, dass er beginnt, „eigene Rezepte zu kreieren, die er nach sich selbst benannte und durchnummerierte."[1095] Als der Arbeitsvertrag in der Firma nicht verlängert wird, verlässt er den Jemen, um sich eine neue Heimat zu suchen. Nach einer langen Reise durch mehrere Länder erreicht Salim Deutschland. In der Sammelunterkunft wird er inoffizieller Küchenchef und kümmert sich um die Verpflegung der Bewohner_innen.[1096] Ähnlich wie bei der Fluchtgeschichte des Protagonisten, die als heitere Anekdote beginnt, offenbart sich das tatsächliche Leid der Figur erst am Ende der Erzählung.

Die Fluchtgeschichte des als „Container Ali" bekannten Asylbewerbers Ali zeigt ebenfalls groteske Elemente: „Wir nannten ihn meistens nur ‚Container Ali', weil er ständig in den Abfallcontainern der Stadt auf der Suche nach irgendwas Brauchbarem war."[1097] Zusammen mit seiner Familie wird Ali in den Iran abgeschoben, wo er seine Kindheit in einem Auffanglager verbringt. Er verfügt über keine Schulbildung und hat daher, „weder vom Irak wirklich Ahnung noch vom Iran noch von sonst irgendwas. Eigentlich hatte er nur Ahnung von Allah und Müllcontainern."[1098]

Die Gründe für Alis Faszination für Müll sind in der tragischen Geschichte seines Vaters zu finden, der im Irak „als wichtiger Mann"[1099] gilt und sich

1092 Ebd., S. 132.
1093 Ebd., S. 133.
1094 Ebd.
1095 Ebd.
1096 Ebd.
1097 Ebd., S. 125.
1098 Ebd., S. 126.
1099 Ebd.

„für einen Regierungstreuen"[1100] hält. Auch Jahre später in einem Flüchtlingslager im Iran versucht der Vater seine Dienste anzubieten, wird aber aufgrund seiner politischen Parteinahme abgelehnt: „Er fühlte sich einsam und verlassen. Täglich drehte er mit seinem Sohn eine Runde zu den Müllcontainern und suchte darin nach etwas Brauchbarem. Dann starb der Vater vor Traurigkeit und Entwurzelung."[1101]

Ali hört danach nie auf, weiter in den Containern zu wühlen: „Auf seiner Flucht durch die vielen Länder bis nach Deutschland lernte er die landestypischen Arten der Abfallentsorgung kennen."[1102] Im Bayreuther Flüchtlingsheim ist ihm alles vertraut, was mit Müll zu tun hat:

> Wenn man ihn vermisste, war es leicht, ihn zu finden. Man ging einfach die Sammelstellen in der Stadt ab, wo sich die großen Müllcontainer befanden. Ali brachte von seinen Streifzügen tatsächlich immer etwas Brauchbares mit. Wir, Rafid, Salim und ich, ließen ihn meistens in Frieden, und er war dankbar, dass wir uns nicht über ihn lustig machten.[1103]

Wie im Falle der Fluchterzählungen Karims und Salims beinhaltet auch Alis Fluchtgeschichte komische und groteske Elemente, die vor allem auf seiner Faszination für Müll gründen. Hinter dem lakonischen Erzählduktus und der eigenwilligen Darstellung der Figur verbirgt sich jedoch ein soziales Schicksal, das von Traumata und ökonomischen Nöten bestimmt wird.

Allen hier skizzenhaft angeführten Fluchtbiografien ist zu eigen, dass sie bei genauerem Hinsehen Fluchtgründe offenbaren, die im Zusammenhang mit ökonomischen und sozialen Missständen stehen. Gleichzeitig sind die Erzählungen so eigenwillig und individualisiert, dass sie mit dem Prüfungsformat des Asylverfahrens konfligieren. Literarisches Schreiben, so konstatieren Thomas Hardtke et al. mit Blick auf Fluchtnarrative der Gegenwartsliteratur, wirft dabei die Frage auf, „wie eine ‚begründete Furcht' vor bedrohender Verfolgung kategorisierbar gemacht werden soll"[1104]. Hierzu sind weitere Erzählungen notwendig, wie die Autor_innen ausführen:

1100 Ebd.
1101 Ebd., S. 127.
1102 Ebd.
1103 Ebd.
1104 Hardtke, Thomas / Kleine, Johannes / Payne, Charlton: „Niemandsbuchten und Schutzbefohlene. Flucht-Räume und Flüchtlingsfiguren in der deutschsprachigen Gegenwartsliteratur". In: ders. (Hrsg.): *Niemandsbuchten und*

> Um als Flüchtling mit Anspruch auf Gewährung von Asyl anerkannt zu werden, ist der entsprechende Fluchtgrund als hinreichend zu erachten. Dazu muss der Asylbewerber eine überzeugende Geschichte vorlegen, wodurch die Erlangung des Status also zu einem narrativen Akt wird. So bilden literarische Texte nicht nur Versuchsräume für das Finden einer Sprache, die die Existenz als Flüchtling adäquat abzubilden vermag, sondern auch Foren, in denen narrative Mittel und Versatzstücke ausprobiert werden können, um die Fluchterfahrung selbst zu schildern. Da sie sich nicht an die pragmatischen Bedingungen von standardisierten Asylverfahren halten müssen, können literarische Fiktionen spielerisch mit narrativen Möglichkeiten experimentieren und deren Wirkungen erproben. Sie erlauben eine Beobachtung der Art und Weise, wie Institutionen durch das Erzählen schlüssiger Geschichten erst Wissen über Flüchtlinge produzieren. In Abbas Khiders und Sherko Fatahs Romanen beispielsweise werden die rigiden Asylverfahren der Bundesrepublik literarisiert und damit gleichzeitig kritisiert.[1105]

Ähnlich wie in Geißlers „Saisonarbeit" erscheint Literatur vor diesem Hintergrund als Möglichkeitsraum. Steht in Geißlers Text die Erprobung widerständiger Handlungen unter prekären Lohnarbeitsverhältnissen im Vordergrund, werden in Khiders „Ohrfeige" Fluchtnarrative verhandelt, die auf die unklaren Gerechtigkeitsvorstellungen des Prüfungsformates des deutschen Asylsystems abzielen.

7.6 Immanente Kritik und illegale Organisation

Auf der Handlungsebene des Romans werden wie in Geißlers „Saisonarbeit" vor allem Formen der immanenten Kritik dargestellt, um die Bewährungsprobe des Asylsystems lebbar zu gestalten. Als Karims Asylbescheid widerrufen wird, fesselt er seine Sachbearbeiterin Frau Schulz an einen Stuhl, klebt ihr den Mund zu und gibt ihr eine Ohrfeige: „‚Nix will ich hören!'"[1106]. Karim ist es leid, sich durch die komplizierte Grammatik der deutschen Sprache zu quälen. Zudem ist er davon überzeugt, dass Frau Schulz seine Probleme und Nöte auch in deutscher Sprache nicht nachvollziehen kann:[1107] „Ein Erdling spricht gerade mit einem Marsianer. Oder

Schutzbefohlene (= Deutschsprachige Gegenwartsliteratur und Medien, Bd. 22). V&R unipress: Göttingen 2017, S. 13.

1105 Ebd.

1106 Khider, Ohrfeige, S. 9.

1107 Vgl. Ebd., S. 10.

umgekehrt.“[1108] Mittels physischer Gewalt dreht Karim das Machtverhältnis, das zwischen ihm und der Beamtin besteht, um. Durch diesen Akt der Selbstermächtigung versetzt er die Beamtin in eine Situation der Ohnmacht und des Wartens, die, so suggeriert die Erzählinstanz, mit jener von Asylbewerber_innen vergleichbar ist:

> ‚Frau Schulz, wir reden zusammen. Ich wollte immer, und Sie haben keine Zeit oder Wille für mich, wenn ich vor Ihrem Zimmer warten. Jetzt endlich ist es soweit! Ob sie wollen oder nicht, wir reden. Aber Deutsch ist schwer für mich und will ich viele Sachen erzählen. Ich muss Arabisch mit Ihnen reden, so kann ich frei reden.‘[1109]

Indem der Protagonist die Sachbearbeiterin zwingt, ihm in seiner Landessprache zuzuhören, obwohl sie das Gesagte nicht versteht, befreit er sich von den paradoxen Vorgaben deutscher Asylpolitik, die einerseits „Sprache als Schlüssel“[1110] für Integration betrachtet, andererseits den Migrant_innen diese Integration aufgrund gesetzlicher und behördlicher Regulationen und Repressionen erschwert bzw. gänzlich verwehrt. Doch Karims Kritik verbleibt auf einer rein symbolischen Ebene, denn er richtet sich nicht gegen das Asylsystem als exkludierende, bürokratische Struktur des institutionalisierten Rassismus, sondern adressiert in der bürokratischen Figur der Frau Schulz lediglich ein Individuum als dessen Stellvertreter. Diese Wirkungslosigkeit wird noch einmal dadurch unterstrichen, dass es sich bei Karims Tat nur um eine Imagination aufgrund seines Marihuanakonsums handelt, wie infolge der Auflösung der Binnenhandlung deutlich wird. Der Protagonist bleibt ohnmächtig und jeder Handlungskontrolle beraubt, alles was ihm bleibt, ist, Deutschland nach der Aufhebung seines Asylantrages auf illegalem Wege zu verlassen.

Auch weitere Formen der Kritik, die in Khiders Roman durch die Handlungen der Figuren zum Tragen kommen, zielen nicht auf eine grundsätzliche Verbesserung bzw. Abschaffung des Prüfungsformates, sondern dienen vor allem dazu, die gesetzlichen Vorgaben und Strukturen deutscher Asylpolitik zu unterlaufen, um die Bedingungen der Bewährungsprobe lebbarer

1108 Ebd.
1109 Ebd.
1110 z. B. Günther, Herbert: *Sprache als Schlüssel zur Integration. Sprachförderung aus pädagogischer Sicht*. Beltz: Weinheim 2011.

zu gestalten. Hierzu gehört zum einen das Erfinden von Fluchtgeschichten, um die Chancen auf eine Aufenthaltserlaubnis zu erhöhen, zum anderen können dazu auch Diebstähle[1111], Schwarzarbeit[1112] und Prostitution[1113] gezählt werden, mithilfe derer die Asylbewerber_innen ihr geringfügiges Taschengeld aufbessern, um an den Normalitätsstandards der deutschen Konsum- und Freizeitgesellschaft partizipieren zu können.

Darüber hinaus werden in „Ohrfeige" auch Formen illegaler Organisation unter den Migrant_innen dargestellt, die jedoch ebenfalls nicht darauf ausgerichtet sind, zu einer Verbesserung der Gerechtigkeitsprinzipien des Prüfungsformates beizutragen, da sie vor allem auf ökonomischen Interessen einzelner Akteure fußen, die von den problematischen Lebenslagen der Asylbewerber_innen profitieren. Nachdem Karims Aufenthaltserlaubnis widerrufen wurde, arbeitet er zunächst illegal auf einer Baustelle, um das nötige Geld für seine Flucht nach Finnland sparen zu können. Die notwendigen Vermittlungskontakte findet er in der Gegend um den Münchner Hauptbahnhof, wo es viele ausländische Kulturvereine unterschiedlicher kultureller Gruppierungen gibt. Hier organisieren „Vermittler"[1114] Kontakte zwischen, „‚Kunden'"[1115] und „‚Anbietern'"[1116]:

> Bestenfalls kann man so einen Verein als eine Art Cafè oder Club betrachten, wo man Tee trinkt, Wasserpfeife raucht und Domino, Karten oder Backgammon spielt. Es wird behauptet, dass die Besitzer dieser Teehäuser und Kartenclubs Vereine gründeten, um dadurch Steuervorteile zu erzielen. Kulturvereine, die keine sind. Kulturvereine ohne Bücher, Zeitschriften oder Zeitungen. Weder Lesungen noch andere Veranstaltungen werden dort angeboten.[1117]

In den Kulturvereinen werden Jobangebote auf dem Schwarzmarkt vermittelt, Informationen zu behördlichen Fragen bereitgestellt, Geldtransferstellen sowie Auskünfte über Anwälte des Ausländerrechts angeboten.[1118] Die Vermittler fungieren dabei als Unternehmer, „die wissen, wie man aus dem

1111 Vgl. Khider, Ohrfeige, S. 137 f.
1112 Vgl. Ebd., S. 23.
1113 Vgl. Ebd., S.144 ff.
1114 Ebd., S. 20.
1115 Ebd.
1116 Ebd.
1117 Ebd., S. 22.
1118 Vgl. Ebd., S. 22 f.

Sand des Nichts wahres Geld zaubern kann.“[1119] Die meisten von ihnen führen einen unauffälligen, an den Normalitätsstandards der deutschen Gesellschaft angepassten Lebensstil, sprechen bayerisch und sind mit deutschen Frauen liiert. Zudem verfügen sie über ein hohes Maß an sozialem Kapitel, das sie für ihre Vermittlungsangebote nutzen.[1120] Das illegale Netzwerk der Vermittler ist für die Asylsuchenden in kulturellen, ökonomischen und anderen Angelegenheiten unverzichtbar:

> Im Exil entstehen so viele seltsame Probleme und Rätsel, auf die man als normaler Mensch nie kommen würde. Schwierigkeiten aller Art brechen so plötzlich und unerwartet wie Naturkatastrophen über einen herein. Wir sind komplett ausgeliefert. Um zu überleben und nicht vollständig wahnsinnig zu werden, brauchen wir die Vermittler, die Mafiosi, die Geldgeilen, die Schmuggler, die bestechlichen Polizisten und Beamten, wir benötigen all die Blutegel, die von unserer Situation profitieren wollen.[1121]

Zeichnen sich die beschriebenen Bedingungen der Bewährungsprobe des Asylsystems dadurch aus, die Wartezeit auf eine Aufenthaltserlaubnis so unangenehm wie möglich zu gestalten, setzen sich in Khiders Roman an diese Stelle Kriminelle, die den Geflüchteten helfen, diese Zeit zu überstehen. Anders jedoch als im Falle einer organisierten pragmatischen kollektiven Kritik geht es diesen Akteur_innen um ökonomischen Profit statt um eine Verbesserung der Gerechtigkeitsprinzipien des Prüfungsformates. „Ohrfeige“ verbleibt wie „Saisonarbeit“ somit hauptsächlich auf Ebene der immanenten Kritik, letztlich bleibt den Figuren des Romans nichts anderes übrig, als sich in das Prüfungsverfahren einzufügen. Weder organisieren sich die migrantischen Figuren, um gemeinsam zu einer Verbesserung der Asylbedingungen beizutragen, noch werden Akte radikaler Sozialkritik, die oft mit der kollektiven Ausübung von physischer Gewalt einhergehen, dargestellt.

7.7 Prekärität und Migration

Wie Heike Geißlers „Saisonarbeit“, folgt „Ohrfeige“ dem narrativen Muster der Bewährungsprobe, die sich in Khiders Roman aus dem deutschen

---

1119 Ebd., S. 23.
1120 Vgl. Ebd.
1121 Ebd., S. 28.

Asylverfahren konstituiert. Die migrantischen Figuren des Romans müssen für ihr Ziel, eine Aufenthaltserlaubnis in Deutschland zu erhalten, verschiedene Prüfungssituationen durchlaufen. Durch das Arbeitsverbot, die Residenzpflicht und die Unterbringung der Migrant_innen in Sammelunterkünften befinden sich die Asylsuchenden in einem Zustand sozialer Entkopplung, der es ihnen verbietet, an den kulturellen und sozialen Teilhabemöglichkeiten der Mehrheitsgesellschaft zu partizipieren. Ebenfalls Teil der Bewährungsprobe ist ein System der bürokratischen Disziplinierung, das sich maßgeblich aus Institutionen der Ausländerbehörden, der Asylgerichte und der Polizeibehörden konstituiert. Khiders Roman folgt dabei dem narrativen Muster des zuvor analysierten Textes von Geißler: Sämtliche Bemühungen des Protagonisten sind am Ende erfolglos, er wird in eine ungewisse Zukunft entlassen. Mit Geißlers „Saisonarbeit" hat Khiders Text gemein, dass er Literatur als Möglichkeitsraum konzeptualisiert, wenngleich in „Ohrfeige" weniger konkrete Kritikformen erprobt werden, sondern vor allem literarische Fluchtnarrative im Fokus stehen. Zelters Roman „Schule der Arbeitslosen", der im nächsten Kapitel im Analysefokus meiner Studie steht, weist vor diesem Hintergrund Gemeinsamkeiten zu Khiders Text auf. Auch hier müssen sich die Protagonist_innen in institutionellen Prüfungssituationen bewähren. Dem Lebenslaufregime kommt dabei eine ähnlich hohe Bedeutung zu wie in Khiders „Ohrfeige". Dabei bedient sich der Autor jedoch dem Genre der Dystopie, wodurch die soziale Wirklichkeit und ihre destruktiven Auswirkungen auf das Individuum literarisch auf die Spitze getrieben werden.

8 Joachim Zelters dystopischer Arbeitslosenroman „Schule der Arbeitslosen“ (2006)

„Schule der Arbeitslosen“ ist der sechste Roman des Schriftstellers Joachim Zelter[1122] und wurde mehrfach auf der Bühne aufgeführt.[1123] In seinem Essay „Kann man denn davon leben?“ thematisiert der Autor seine eigenen Prekaritätserfahrungen als Schriftsteller:

> Manche Jahre begannen ohne jede materielle Perspektive. Ich war mir sicher, dass es mit der Schriftstellerei zu Ende gehen werde, dass ich reumütig nach jeder sich bietenden Arbeit Ausschau halten werde – das Ende dieser Jahre erlebte ich dann (zu meiner eigenen Verwunderung) unverändert im Beruf des Schriftstellers. Und auch Verwandte und Freunde teilten diese Verwunderung: ‚Als ich ihn näher kennen lernte‘, schrieb eine Freundin, ‚sprach er von seinem baldigen Ende als Schriftsteller. Heute ist er es immer noch.‘[1124]

Zelter konnte sein Schreiben mit Literaturstipendien finanzieren.[1125] Der Autor tritt als Kritiker der „Modernen Dienstleistungen am Arbeitsmarkt“, besser bekannt als Hartz-IV, in Erscheinung, eine Haltung, die er auch bei öffentlichen Veranstaltungen vertritt:

> 2006, 2007 gab es ja sogar Lesungen in Jobcentern, in Aachen zum Beispiel, auch mit Podiumsdiskussionen mit Mitarbeitern der BA. Unterschwellig haben die mir zugestimmt, dass man Massenarbeitslosigkeit nie wirklich in den Griff bekommen wird. Und dass da eine riesige Bürokratie geschaffen wird, um das Elend zu verwalten.[1126]

1122 Vgl. Ohne Autor_innenangabe: „*Joachim Zelter. Bücher / Texte*“. Online abrufbar unter: http://joachimzelter.de/bucher-4/, zuletzt geprüft am 01.02.2021.

1123 Vgl. Ohne Autor_innenangabe: *Joachim Zelter. Bühne*. Online abrufbar unter: http://joachimzelter.de/stage/, zuletzt geprüft am 01.02.2021.

1124 Zelter, Joachim: „Kann man denn davon leben? Über Literaturpreise als notdürftige Antwort auf die Lebensfragen der Schriftsteller.“ In: *Literaturblatt für Baden und Württemberg* 14 (4), 2006, S. 8–9. Online abrufbar unter: https://joachim-zelter.de/preise-2/, zuletzt geprüft am 01.02.2021.

1125 Vgl. Ebd.

1126 Adams, Lisa J.: „‚Eine Abrechnung mit unserer Ideologie der Arbeit. Interview mit Joachim Zelter‘ “. Online abrufbar unter: https://lisajadams.wordpress.com/2017/09/06/eine-abrechnung-mit-unserer-ideologie-der-arbeit/, zuletzt geprüft am 01.02.2021.

Zelters 2006 erschienener Roman „Schule der Arbeitslosen“ entwirft ein dystopisches Zukunftsszenario, in dem der Zwang zur Produktivität zur Totalität erhoben wird. Die Handlung, die zeitlich im Jahre 2016 angesiedelt ist, schildert die Ereignisse eines dreimonatigen Aufenthalts von Langzeitarbeitslosen im Schulungscenter SPHERICON der Bundesagentur für Arbeit. Sind auch keine Arbeitsplätze mehr in Zelters postfordistischer Dystopie vorhanden, verspricht die Maßnahme, die zunächst freiwillig erscheint, den Teilnehmer_innen einen besonders vorteilhaften Status in den Dossiers der Arbeitsagentur. Beginnend mit der Abholung der Teilnehmer_innen in Fahrzeugen des Maßnahmencenters, müssen diese innerhalb eines Trimesters ein umfangreiches Schulungsprogramm durchlaufen, das für Bewerbungen auf dem Arbeitsmarkt vorbereiten soll. Eine der Hauptaufgaben der Arbeitslosen, die innerhalb SPHERICONS auch als „Trainees“ bezeichnet werden, ist die stetige Überarbeitung der beruflichen Biografie. Zudem werden sie durch Selbstoptimierungsmaßnahmen und ständige Kreuzverhöre mit dem Personal SPHERICONS auf die Anforderungen von Bewerbungsgesprächen und Auswahlverfahren vorbereitet.

Im Mittelpunkt der Handlung stehen die beiden Langzeitarbeitslosen Roland Bergmann und Karla Maier, die beide dem Schulungsteam „Appollo“ zugewiesen werden, das von dem (Motivations-)Trainer Ansgar Fest geleitet wird. Die beiden Trainees verlieben sich ineinander und verstoßen auf diese Weise gegen das Flexibilitätsgebot der Promiskuität, was zu Sanktionen und der Trennung zwischen Karla und Roland führt. Als überraschend eine Trainerstelle innerhalb SPHERICONS neu besetzt werden soll, bekommen die Arbeitslosen die Gelegenheit, ihr erlerntes Bewerbungswissen in der Realität anzuwenden. Die hierfür ausgewählten Bewerber, es handelt sich ausschließlich um Männer, durchlaufen einen Wettkampf, der an TV-Castingshows erinnert. Während Karla sich den manipulativen Methoden SPHERICONS zunehmend verweigert und von den anderen „Trainees“ räumlich separiert wird, nimmt Roland an dem Wettbewerb um die Trainerstelle teil. Zwar kann er nur den zweiten Platz belegen, ihm wird jedoch eine Hausmeisterstelle in SPHERICON durch die Bundesagentur für Arbeit zugewiesen. Nach Beendigung des Trimesters werden die Langzeitarbeitslosen nicht wie erwartet aus dem Trainingsprogramm entlassen, sondern zu einem nahegelegenen Flughafen gefahren. Wie ihnen mitgeteilt wird, sind sie nun Teil eines neuen Projektes der Bundesagentur für Arbeit, das im westafrikanischen Sierra Leone stattfinden soll.

Annemarie Matthies weist auf die ambivalente Rezeption des Romans hin, die sich je nach politischer Haltung der jeweiligen Kritiker_innen unterscheidet.[1127] So hält etwa Klaus Ungerer in der „Frankfurter Allgemeinen Zeitung“, wie die Autorin exemplarisch anführt, Zelters dystopische Zukunftsvision vor dem Hintergrund des arbeitsmarktpolitischen Kontextes für wenig wahrscheinlich: „Dass aber aus einer verfetteten, ratlosen, still vor sich hin wuchernden Behörde binnen weniger Jahre eine straff organisierte, totalitäre Organisation werden könnte – alles, was recht ist, das ist wahrhaftig nicht die größte Angst unserer Tage.“[1128] Demgegenüber urteilt der Rezensent Jens-Christian Rabe in der „Süddeutschen Zeitung“, dass Zelter in seinem Roman ein Panorama „der möglichst marktkonformen Zurichtung der Schüler“[1129] entfaltet und zur „denkbar kältesten Attacke auf den Mythos Vollbeschäftigung“[1130] ausholt.

Ungeachtet der unterschiedlichen sozialpolitischen Anschauungsweisen, die die beiden Rezensenten auf den Roman richten, wird in den zitierten Textstellen deutlich, dass sie dessen Inhalt vor dem Hintergrund der nur wenige Jahre vor Erscheinen des Romans beschlossenen „Gesetze für moderne Dienstleistungen am Arbeitsmarkt“ (Hartz I–IV) kontextualisieren.[1131] Dass diese Lesart zulässig ist, verdeutlicht Matthies in ihrer Untersuchung von „Schule der Arbeitslosen“, wenn sie schreibt: „Der Text verfährt konsequent dekonstruierend, indem er Paradoxien der Maximen sowie eklatante Widersprüche zwischen Aussagen und empirischer Arbeitswelt

---

1127 Vgl. Matthies, Spielbälle, S. 189.

1128 Ungerer, Klaus: „Schlimme, fette Welt. Arbeitslosenabwicklung: Joachim Zelter erzählt vom Elend“. Online abrufbar unter: https://www.faz.net/aktuell/feuilleton/buecher/rezensionen/belletristik/schlimme-fette-welt-1412753.html, zuletzt geprüft am 01.02.2021.

1129 Rabe, Jens-Christian: „Die Schule der Arbeitslosen. Zum Bewerber abgerichtet“. Online abrufbar unter: *https://www.sueddeutsche.de/karriere/die-schule-der-arbeitslosen-zum-bewerber-abgerichtet-1.547699*, zuletzt geprüft am 01.02.2021.

1130 Ebd.

1131 Vgl. Matthies, Spielbälle, S. 189.

mittels seiner fiktionalisierten Wirklichkeit immer wieder offenlegt."[1132] „Die Schule der Arbeitslosen"[1133], so die Autorin weiter, „greift reale Programmatiken, welche von der Bundesagentur für Arbeit umgesetzt werden"[1134], auf und nimmt „deren Maximen beim Wort."[1135]

An Matthies' Befund anschließend werde ich in meiner Analyse zu zeigen versuchen, dass Arbeitslosigkeit in Zelters dystopischem Zukunftsentwurf eine besonders ausgeprägte Form „diskriminierender Prekarität"[1136] darstellt: Das Schulungscenter SPHERICON steht in der Tradition von Arbeitshäusern, die in Europa im Laufe des 17. Jahrhunderts entstanden sind, um unbeschäftigte Bevölkerungsgruppen einerseits produktiv nutzbar zu machen und sie andererseits von der arbeitenden Mehrheitsgesellschaft zu separieren. Der Roman weist in diesem Zusammenhang deutliche Bezüge zu Untersuchungen Michel Foucaults auf. Innerhalb des Schulungscenters kommen panoptische Überwachungsmaßnahmen und ein rigides System der Sanktionierung zur Anwendung, um die Teilnehmer_innen zu postfordistischen Idealsubjekten zu erziehen. Zelters Dystopie folgt in seinen „ästhetische[n] Darstellungsmittel[n] und Realisierungsformen"[1137] einer „‚gouvermentalen Poetologie'"[1138], wie sie Preisinger und Matthies bereits für verschiedene Gegenwartstexte aufgezeigt haben, die sich mit postfordistischen Lebens- und Arbeitsverhältnissen beschäftigen.[1139]

Den methodischen und theoretischen Implikationen meiner Studie folgend, werde ich den Text zudem hinsichtlich genrespezifischer Merkmale untersuchen. Der Roman „Schule der Arbeitslosen" ist als klassische Dystopie angelegt. In der Extrapolation kritikwürdiger Entwicklungen der postfordistischen Gegenwart erscheinen die Anforderungen des Arbeitsmarktregimes als von Willkür geprägte Kraftprobe für die Arbeitslosen. Trotz der genrespezifischen Unbesiegbarkeit des machthabenden Regimes

---

1132 Ebd.
1133 Ebd.
1134 Ebd.
1135 Ebd.
1136 Dörre, Prekarität, S. 3.
1137 Matthies / Preisinger, Welten, S. 139.
1138 Ebd.
1139 So für Romane von Marlene Steeruwitz, Ernst-Wilhelm Händler und Rainer Merkel. Vgl. Ebd.

kann der Roman diese Struktur jedoch auf verschiedenen Ebenen poetologisch unterlaufen. Wie zu zeigen sein wird, bietet Zelters Roman jedoch keine Alternativen zur postfordistischen Gegenwartsgesellschaft an. Vielmehr verharren die Protagonist_innen in wehmütigen Erinnerungen an die scheinbare Sicherheit fordistischer Wirtschaftslogik Zudem beschwört der Roman das Konstrukt romantischer Liebe, das in positiver Weise gegen das autoritäre Arbeitsmarktregime gestellt wird. Demgegenüber kommt der Roman über Formen der immanenten Kritik nicht hinaus, sondern ist im Kern ein Desillusionsroman, der mit einer Verschlimmerung der Lage der Schulungsteilnehmer_innen endet.

8.1 „Gesetze für moderne Dienstleistungen am Arbeitsmarkt“ (Hartz I–IV)

Zelters Roman „Schule der Arbeitslosen“ ist im Jahr 2006 erschienen und nimmt deutlichen Bezug auf den zu dieser Zeit kontrovers diskutierten, weitreichenden Umbau des deutschen Sozialstaates. Im folgenden Abschnitt sollen zentrale Eckpfeiler der damaligen Reformen beleuchtet werden, um den Text in seinen sozialpolitischen Kontexten zu erhellen. Die „Gesetze für moderne Dienstleistungen am Arbeitsmarkt“ (Hartz I – IV) sind Teil des großangelegten Reformprogramms Agenda 2010, das in den Jahren 2003 bis 2005 von der aus SPD und Bündnis90/Die Grünen gebildeten Bundesregierung umgesetzt wurde.[1140] Die Reform schließt an das Ziel der sogenannten „Lissabon-Strategie“ an, Europa innerhalb von zehn Jahren zum „wettbewerbsfähigsten und dynamischsten wissensbasierten Wirtschaftsraum der Welt zu machen“[1141]. Der umfassende Umbau der europäischen Sozialstaaten und ihre Angleichung „an Markterfordernisse und

1140 Vgl. hierzu: Butterwegge, Christoph: *Gerhard Schröders Agenda 2010. Zehn Jahre unsoziale Politik. Analysen*, herausgegeben von der Rosa-Luxemburg-Stiftung. Berlin 2013, S. 2 ff. Online abrufbar unter: https://www.rosalux.de/fileadmin/rls_uploads/pdfs/Analysen/Analysen_Agenda.pdf, zuletzt geprüft am 01.02.2021.

1141 Ohne Autor_innenangabe: „23. und 24. März 2000. Lissabon. Schlussfolgerungen des Vorsitzes“. Online abrufbar unter: http://www.europarl.europa.eu/summits/lis1_de.htm, zuletzt geprüft am 01.02.2021.

Wirtschaftsinteressen“[1142], so Christoph Butterwegge kritisch, wurde als notwendiger Schritt betrachtet, dieses Ziel in die Realität umzusetzen.[1143]

Im Mittelpunkt der Bundestagswahl 2002, also vier Jahre vor Erscheinen des hier untersuchten Romans, stand aufgrund frappierend hoher Arbeitslosenzahlen die deutsche Beschäftigungspolitik. Der damalige Bundeskanzler Gerhard Schröder (SPD) konnte sein Ziel von höchstens 3,5 Millionen Arbeitslosen zum Ende seiner Legislaturperiode nicht erreichen. Im Sommer 2002 überstieg die Zahl der Beschäftigungslosen die Marke von vier Millionen. Ein seit März 2002 tagender Expertenzirkel unter Leitung des VW-Personalvorstands Peter Hartz sollte diesem Missstand ein Ende setzen. Die Kommission setzte sich aus Vertreter_innen der Wirtschaft, des öffentlichen Sektors und Verbänden der Wissenschaft zusammen.[1144] Sechs Monate verhandelte die Kommission, um Konzepte für die Senkung der Arbeitslosenquote zu entwickeln,[1145] die schließlich in die sogenannten Hartz-Gesetze mündeten und die sukzessive bis Anfang 2005 in Kraft traten.[1146]

Das infolge monatelanger Verhandlungen entworfene Hartz-Papier zielte auf eine großangelegte Reform der Arbeitsverwaltung ab, die zum Ziel hatte, die Zahl der Erwerbslosen innerhalb von drei Jahren um die Hälfte zu reduzieren. Das Leitprinzip der neuen Arbeitsmarktpolitik lautete „Eigenaktivitäten auslösen – Sicherheit einlösen“[1147] und steht maßgeblich für den Wandel von einer aktiven zu einer aktivierenden Arbeitsmarktpolitik, die Arbeitslose dazu befähigen soll, bei ihrer Suche nach einer Beschäftigungsstelle selbst tätig zu werden. Im Zentrum des Aufgabenbereiches der Bundesagentur für Arbeit sollte verstärkt die Vermittlung und Integration der

---

1142 Butterwegge, Agenda, S. 3.

1143 Vgl. Ebd.

1144 Vgl. Pilz, *Sozialstaat*, S. 151.

1145 Vgl. Ebd., S. 151.

1146 Hans-Böckler-Stiftung (Hrsg.): *Die „Hartz Reform“ und ihre Folgen. Forschungsimpulse für eine innovative und sozial gerechte Arbeitsmarktpolitik.* Düsseldorf 2006, S. 22. Online abrufbar unter: https://www.boeckler.de/pdf/p_hartz_reform.pdf, zuletzt geprüft am 01.12.2021.

1147 Hartz, Peter et al.: *Moderne Dienstleistungen am Arbeitsmarkt. Bericht der Kommission.* 2002, S. 19. Online abrufbar unter: http://www.sozialpolitik-aktuell.de/tl_files/sozialpolitik-aktuell/_Politikfelder/Arbeitsmarkt/Dokumente/hartzteil1.pdf, zuletzt geprüft am 01.02.2021.

Leistungsbezieher_innen in den Arbeitsmarkt stehen. Im Sinne der Strategie des „Förderns und Forderns“[1148] gehört hierzu bis in die Gegenwart hinein die Vermittlung von Arbeitslosen und existenzsichernde Maßnahmen bei Beschäftigungslosigkeit. Belohnungen und Sanktionen sollen die Leistungsbezieher_innen dazu animieren, offene Stellen zu besetzen.[1149]

In letzter Konsequenz, so Dörre kritisch, „ging es darum, den Status von Langzeitarbeitslosen möglichst ungemütlich zu gestalten, um so den Anreiz für eine rasche Arbeitsaufnahme zu erhöhen.“[1150] Der Autor weist darauf hin, dass dieses Vorgehen auf Ansätze der neoklassischen Ökonomie zurückzuführen ist, der zufolge Arbeitslosigkeit aus zu hohen Lohnvorstellungen[1151] entspringt.[1152] So kritisieren beispielsweise die Wirtschaftswissenschaftler Norbert Berthold und Sascha von Berchem den deutschen Sozialstaat für „hohe Leistungen, die relativ lange gewährt werden“[1153] und die an „eher laxe Bezugskriterien geknüpft sind“[1154]. Zudem bezeichnen die beiden Ökonomen die Sanktionspraxis „bei individuellen Verfehlungen“[1155] als unzureichend:[1156]

> Damit kann auch nicht verwundern, dass empirische Studien für Deutschland außergewöhnlich hohe individuelle Anspruchslöhne der Arbeitslosen diagnostizieren. Dabei sind wenigstens zwei Dinge besonders auffällig: Erstens liegt der individuelle Anspruchslohn im Mittel sogar über dem zuletzt verdienten Lohnsatz, ein Ergebnis, das für eine insgesamt sehr geringe Bereitschaft zu Konzessionen beim Einkommen spricht. Zweitens sinken diese von Anfang an sehr hohen Reservationslöhne mit fortschreitender Arbeitslosigkeit nicht oder lediglich in geringem Maße. Dies muss letztlich auch als Resultat generöser und lange

1148 Ebd., S. 12.
1149 Vgl. Pilz, Sozialstaat, S. 152.
1150 Dörre et al.: Bewährungsproben, S. 25.
1151 Vgl. hierzu auch: Franz, Wolfram: *Arbeitsmarktökonomik*, 7. Auflage. Springer: Heidelberg / London / New Yorck 2009, S. 213.
1152 Vgl. Dörre et al., Bewährungsproben, S. 25.
1153 Berthold, Norbert / von Berchem, Sascha: *Arbeitsmarktpolitik in Deutschland. Seit Jahrzehnten in der Sackgasse (= Kleine Handbibliothek, Bd. 36).* Stiftung Marktwirtschaft: Berlin 2005, S. 52. Online abrufbar unter: https://www.stiftung-marktwirtschaft.de/uploads/tx_ttproducts/datasheet/KHB36_Arbeitsmarktpolitik-in-Deutschland.pdf, zuletzt geprüft am 01.02.2021.
1154 Ebd.
1155 Ebd.
1156 Vgl. Ebd.

> gewährter Lohnersatzleistungen gewertet werden und steht im krassen Widerspruch zu der Entwicklung der tatsächlich erzielbaren Löhne mit fortschreitender Dauer der Arbeitslosigkeit. Diese nehmen nämlich im Gegensatz zum Anspruchslohn rapide mit jedem weiteren Monat Arbeitslosigkeit ab, da marktverwertbares Humankapital in der Erwerbslosigkeit rasch entwertet wird bzw. Arbeitgeber bei ihren Lohnangeboten die Dauer der Arbeitslosigkeit berücksichtigen und bei Bewerbern mit längerer Arbeitslosigkeitsdauer zumindest in der kurzen Frist eine geringere Arbeitsproduktivität unterstellen.[1157]

Der Arbeitsmarkt wird in obigem Beispiel als Markt betrachtet, der den Gesetzen von Angebot und Nachfrage folgt. Aus dieser Perspektive wird jedoch, so Dörre, „von den sozialen Voraussetzungen abstrahiert, die das neoklassische Denken bei den handelnden Subjekten quasi als naturgegeben unterstellt."[1158] Ungeklärt bleibt, welche Ressourcen bei den Akteur_innen gegeben sein müssen, um auf dem Arbeitsmarkt erfolgreich zu bestehen.[1159]

Die Instrumente, mit denen das so skizzierte Modell im Zuge der Arbeitsmarktreformen seine Wirkung entfalten soll, sind vielfältig: Im Zuge der Reform wurde den Arbeitsverwaltungen weitreichende Handhabe erteilt, die privaten Bereiche der Leistungsbezieher_innen zu durchleuchten. Seit dem Jahr 2005 können die Einkommen eines gemeinsamen Haushaltes mit den Leistungen verrechnet werden. Für Diskussionen sorgt bis in die Gegenwart hinein die Möglichkeit der Arbeitsverwaltungen, unerwünschtes Verhalten mit Sanktionen ahnden zu können.[1160] Erwartet wird von Leistungsbezieher_innen, so Dörre,

---

1157 Ebd., S. 53 f; Welche Verbreitung das neoklassische Modell findet, bewies im Februar 2019 die damalige SPD-Vorsitzende Andrea Nahles, die verlauten ließ, die Hartz-Gesetze überwinden zu wollen. Nicht vorgehsehen waren dabei jedoch höhere Regelsätze, wie die „Zeit" Nahles zitiert: „Wir haben auch eine Verantwortung gegenüber den Menschen, die für wenig Geld jeden Tag zur Arbeit gehen. Wenn wir denen das Gefühl geben, dass sich ihr Einsatz finanziell nicht mehr lohnt, zerstören wir jede Motivation." Ohne Autor_innenangabe: „Nahles will Hartz IV überwinden". Online abrufbar unter: https://www.zeit.de/news/2019-02/06/nahles-will-hartz-iv-ueberwinden-190206-99-869898?utm_referrer=https%3A%2F%2Fwww.google.de%2F, zuletzt geprüft am 01.02.2021.

1158 Dörre, Bewährungsproben, S. 25.

1159 Vgl. Ebd.

1160 Vgl. Ebd., S. 26 ff.

> dass sie bereit sind, ihren Wohnort für die Aufnahme einer Arbeit zu wechseln und dass sie unterhalb ihres Lohnniveaus und ihrer Qualifikation arbeiten. Als zumutbar gilt jede Arbeit, zu der Erwerbslose körperlich, geistig und seelisch in der Lage sind. Da die Ablehnung von Beschäftigungsangeboten Sanktionen zur Folge haben kann, sind die Betroffenen gezwungen, allenfalls minimale Ansprüche an die Entlohnung und die Qualität ihrer Arbeit zu stellen. Eine Vielzahl von Neuregelungen setzt bei der Kontrolle der Aktivitäten von Erwerbslosen an. Letztere müssen üblicherweise mit ihren Fallmanagern eine Eingliederungsvereinbarung abschließen. In dieser Vereinbarung zwischen Arbeitssuchenden und Behörde wird schriftlich festgehalten, was Einzelne tun müssen, um in Arbeit zu kommen. Die Vereinbarungen reichen von der Zahl der Bewerbungen bis zu den Meldeterminen bei der Arbeitsmarktbehörde. Halten sich Erwerbslose nicht an die Vereinbarungen, kann die Behörde Sanktionen verhängen (zum Beispiel Kürzung des Leistungsbezugs).[1161]

Dabei existieren verschiedene Möglichkeiten, um Beschäftigungslose in unbesetzte Stellen zu steuern. Über ein Kundenprofil werden Leistungsbezieher_innen einer bestimmten Gruppe zugeordnet. So benötigen hochqualifizierte Gruppen keine oder nur geringe Förderung, während Erwerbslose mit einem geringen Qualifikationsniveau stärkere Unterstützung bei der Arbeitssuche erhalten.[1162] Die Bandbreite der Fördermaßnahmen umfasst etwa Weiterbildungs- und Vermittlungsmaßnahmen, mit deren Hilfe Leistungsbezieher_innen ihre Vermittlungshemmnisse beheben sollen. Hierzu zählen beispielsweise Bewerbungstrainings, die häufig von Trägerorganisationen angeboten werden.[1163]

Vor dem Hintergrund des dieser Untersuchung zugrundeliegenden Prekaritätskonzepts der Bewährungsproben handelt es sich bei den umfassenden Arbeitsmarktreformen, die zu Beginn des Jahrtausends in Deutschland verabschiedet wurden, um die Durchsetzung neuer Prüfungsformate, die disziplinierend auf die Beschäftigungslosen wirken:[1164]

> Als Quasi-Unternehmer ihres eigenen Arbeitsvermögens sollen sich die Leistungsbezieher mehr oder minder eigenverantwortlich in die Lage versetzen, reguläre Arbeit zu finden oder zumindest ihre Situation zu verbessern. Um den Anreiz für Eigenaktivitäten zu erhöhen, soll der Status des oder der Langzeitarbeitslosen

1161 Ebd., S. 28.
1162 Vgl. Ebd., S. 29.
1163 Vgl. Marquardsen, Aktivierung, S. 262 ff.
1164 Vgl. Dörre, Prekarität, S. 397.

> bewusst ‚ungemütlich' gehalten werden. Schon weil in dieser Ausrichtung eine Passivitätsvermutung mitschwingt, wird die über Auswahlprüfungen vollzogene Statuszuweisung seitens der Arbeitslosen überwiegend als Stigmatisierung wahrgenommen.[1165]

Die Auswahlprüfungen des Arbeitsmarktregimes bestimmen den Status der Arbeitslosen sowohl innerhalb des Bezugssystems als auch im Übergang zu einer neuen Tätigkeit. Eines ihrer Merkmale sind ihre fehlenden Gerechtigkeitsprinzipien. Zwar setzen sich die Akteur_innen in aller Regel für eine Verbesserung ihrer Lage ein, sie bemühen sich jedoch häufig um Tätigkeiten, die „teilweise auf eine Qualifizierung für Auswahlprüfungen, die oberhalb der Respektabilitätsschwelle und damit außerhalb des Regimes strenger Zumutbarkeit angesiedelt sind."[1166] Auch, wenn sie die Bewährungsproben der Arbeitsverwaltungen für ungerecht halten, sind sie gezwungen, sich diesen auszusetzen.[1167]

Die Prüfungen ähneln Kraftproben, die eine gewisse Form der Selbstdisziplinierung verlangen, um sie bestehen zu können. Dörre differenziert in diesem Zusammenhang verschiedene Typen unter den Arbeitslosen: So nehmen „‚Um-jeden-Preis- Arbeitend[e]'"[1168] jede Gelegenheit wahr, die ein Leben „unterhalb einer Schwelle der Respektabilität"[1169] verhindert. Der zweite Typus kann mit Dörre als „‚Als ob Arbeitend[e]'"[1170] bezeichnet werden. Obwohl diese Leistungsbezieher_innen arbeiten möchten, geben sie sich mit Ersatztätigkeiten wie beispielsweise Ein-Euro-Jobs zufrieden, um auf diese Weise zumindest scheinbar geltenden Normalitätsstandards zu entsprechen.[1171] Die kleinste Gruppe umfasst den Typus der „Nicht-Arbeiterinnen"[1172], die eine heterogene Gruppe bilden. Trotz unterschiedlicher Lebensentwürfe ist ihnen gemeinsam, dass sie keine Erwerbsarbeit

1165 Ebd.
1166 Ebd.
1167 Vgl. Ebd., S. 397.
1168 Ebd.
1169 Ebd.
1170 Ebd.
1171 Vgl. Ebd.
1172 Dörre, Bewährungsproben, S. 182.

mehr aufnehmen wollen, stattdessen stehen andere Tätigkeiten und Interessen im Vordergrund ihres Alltags.[1173]

In der Arbeits- und Industriesoziologie sowie in der Armutsforschung gelten die „Gesetze für moderne Dienstleistungen am Arbeitsmarkt“ mehrheitlich als sozialpolitische Zäsur[1174], die verheerende gesellschaftliche Folgen mit sich brachte. So resümiert der Armutsforscher Christoph Butterwegge nach zehn Jahren Hartz-IV ernüchtert:

> Selbst wenn die größere Krisenresistenz der deutschen Volkswirtschaft auf die Agenda-Politik zurückgehen sollte, ist der Preis, den unterprivilegierte Bevölkerungsteile dafür auch in konjunkturell guten Zeiten zahlen müssen, zu hoch. Das rigidere Arbeitsmarktregime erhöhte den Druck auf die Erwerbslosen, aber auch auf die Belegschaften, Betriebsräte und Gewerkschaften, niedrigere Löhne und schlechtere Arbeitsbedingungen zu akzeptieren.[1175]

Gesellschaftliche Probleme haben seitdem zugenommen, während der soziale Zusammenhalt stetig erodierte. Die Agenda 2010 und die Hartz-Reformen stehen, so Butterwegge, maßgeblich „für den Trend zur Ökonomisierung, Kommerzialisierung und Entsolidarisierung unserer Gesellschaft.“[1176]

8.2 SPHERICON als postfordistisches Arbeitshaus

Wie noch zu zeigen sein wird, extrapolieren Dystopien Ideologien und gesellschaftliche Tendenzen, um auf mögliche Gefahren in der Zukunft aufmerksam zu machen. Wie ich nachfolgend zu zeigen versuchen werde, ist die Idee eines Schulungscenters, wie es in Zelters Roman unter postfordistischen Vorzeichen dargestellt wird, jedoch keineswegs neu. Die soziale

---

1173 Vgl. Ebd.

1174 Vgl. z. B. Butterwegge, Christoph: *Armut in einem reichen Land. Wie das Problem verharmlost und verdrängt wird*, vierte aktualisierte Auflage. Campus: Frankfurt / New Yorck 2016; Scherschel, Karin (Hrsg.): *Neue Prekarität. Die Folgen aktivierender Arbeitsmarktpolitik – europäische Länder im Vergleich*. Campus: Frankfurt am Main 2012.

1175 Butterwegge, Christoph: *Gerhard Schröders Agenda 2010. Zehn Jahre unsoziale Politik*. Analysen, herausgegeben von der Rosa-Luxemburg-Stiftung. Berlin 2013, S. 18. Online abrufbar unter: https://www.rosalux.de/fileadmin/rls_uploads/pdfs/Analysen/Analysen_Agenda.pdf, zuletzt geprüft am 01.02.2021.

1176 Ebd.

Position von Arbeitslosen kann mit Castel innerhalb der „Zone der Fürsorge“[1177] lokalisiert werden. Diese Zone, so Dörre bezugnehmend auf Castels Modell, erfüllt in den westlichen Kapitalismen die Funktion der gesellschaftlichen Regelung, „wie Rechte und Pflichten, Arbeitsanreize und Arbeitszwang zueinander in Beziehung gesetzt werden.“[1178] Dies geschieht sowohl mittels sozial geförderter Tätigkeiten als auch spezifischer Disziplinarmaßnahmen. Auf diese Weise, so Dörre, sollen „Müßiggang und Faulenzerei bekämpft und der gesellschaftliche Zwang, seinen Lebensunterhalt durch eine legale Erwerbsarbeit verdienen zu müssen“[1179], sichtbar umgesetzt werden. Mit Blick auf Untersuchungen Foucaults weist Dörre darauf hin, dass die „Zone der Fürsorge“ historisch auf Institutionen gründet, die im Europa des 17. Jahrhunderts mit der Unterbringung von Beschäftigungslosen beauftragt waren.[1180] So schreibt Foucault über die sozioökonomische Funktion des französischen *Hôpital général*:

> [Z]um ersten Mal ersetzt man die rein negativen Ausschlußmaßnahmen durch eine Internierungsmaßnahme; der Arbeitslose wird nicht mehr verjagt oder bestraft; man nimmt sich seiner auf Kosten der Nation und zu Lasten seiner persönlichen Freiheit an. Implizit ergibt sich zwischen ihm und der Gesellschaft ein System von Verpflichtungen: er hat einen Anspruch, ernährt zu werden, muß aber den physischen und moralischen Zwang der Internierung auf sich nehmen.[1181]

In Zeiten des ökonomischen Aufschwungs wird die repressive Funktion, durch die die Erwerbslosen von der tätigen Bevölkerung separiert werden sollen, „durch eine neue Nützlichkeit ergänzt“[1182]:

> Es geht nicht mehr darum, die Arbeitsscheuen einzusperren, sondern darum, den Eingesperrten Arbeit zu geben und sie so in den Dienst der allgemeinen Prosperität zu stellen. Folgende Alternative stellt sich klar: billige Arbeitskräfte in den Zeiten der Vollbeschäftigung und der hohen Löhne; in Zeiten der Arbeitslosigkeit

---

1177 Vgl. Castel, Metamorphosen, S. 361.

1178 Dörre, Bewährungsproben, S. 26.

1179 Ebd.

1180 Vgl. Ebd.

1181 Foucault, Michel: *Wahnsinn und Gesellschaft. Eine Geschichte des Wahns im Zeitalter der Vernunft*, 10. Auflage. Suhrkamp: Frankfurt am Main 1973, S. 82.

1182 Ebd., S. 85.

jedoch Resorption der Müßiggänger und Schutz der Gesellschaft gegen Agitation und Aufstände.[1183]

Das fiktive Schulungscenter SPHERICON in Zelters Roman erfüllt eine ganz ähnliche Funktion, wie sie von Foucault für die Arbeitshäuser des 17. Jahrhunderts analytisch beschrieben wurde. Dabei erinnert es an Jeremy Benthams Entwurf mit dem Titel „Outline of a Work Entitled Pauper Management Improved" (1798), in dem der Autor ein privatwirtschaftlich geführtes System von Arbeitshäusern skizziert:

The whole body of the burdensome poor to be maintained and employed, in a system of Industry houses, upon a large scale, distributed over the face of the country as equally as may be, with each a portion of land [...] at least sufficient for the maintenance of its own population. Utmost number of paupers that would remain to be provided for in the proposed order of things say five hundred thousand: – number to a house two thousand: – number of houses two hundred an fifty."[1184]

Johanna Hofbauer hat wesentliche Aspekte von Benthams Entwurf herausgearbeitet, in dem disziplinierende Maßnahmen benannt werden, mit denen die Unbeschäftigten zu produktivem Verhalten erzogen werden sollen. Benthams Arbeitshaus, so die Autorin, „sollte eine räumlich soziale Einheit bilden, dessen Beziehungen zur Außenwelt sorgfältig überwacht werden mussten [...]."[1185] Mit der äußeren Abschirmung sollten die Insassen in verschiedene Gruppen eingeteilt werden, „um die Verbündung ‚gefährlicher Subjekte' zu vermeiden."[1186] Das Arbeitshaus sollte zudem das Prinzip der panoptischen Überwachung[1187] nutzen. Die Insassen sollten sich auf

---

1183 Ebd.

1184 Bentham, Jeremy: *Outline of a work entitled Pauper management improved: to be filled up, and the work published in one volume octavo, as soon as a sufficient number of the communications solicited in Vol. xxix. No. 167, of the Annals of agriculture have been obtained.* Volume 1. [n.p.], [1798]. *The Making Of The Modern World*, S. 3

1185 Hofbauer, Johanna: „Fleiß, Arbeitsamkeit, Betriebsamkeit – Zur Herausbildung moderner Arbeitstugenden". In: Bohmann, Gerda / Hofbauer, Johanna / Schülein, Johann August (Hrsg.): *Sozioökonomische Perspektiven. Texte zum Verhältnis von Gesellschaft und Ökonomie.* Facultas: Wien 2014, S. 161.

1186 Ebd.

1187 Benthams Panopticon, das der subtilen Überwachung im Strafvollzug dienen sollte, wird von Foucault wie folgt beschrieben: „[...] an der Peripherie ein ringförmiges Gebäude; in der Mitte ein Turm, der von breiten Fenstern

diese Weise „jederzeit dem anonymen Blick eines Überwachungsorgans ausgesetzt fühlen“[1188], was ihnen ein selbstkontrollierendes Verhalten auferlegte.[1189] Um die Unbeschäftigten jedoch nicht nur zur Arbeit zu zwingen, „sondern das Arbeitsgebot zum Arbeitswillen zu machen“[1190], konzipierte Bentham ein Belohnungssystem, das auf finanzieller Entlohnung beruhte und produktives Verhalten honorierte.[1191] Sollte in Benthams Arbeitshaus jedoch die Gesamtheit der Armen untergebracht werden[1192], kann das postfordistische Maßnahmencenter SPHERICON in Zelters Roman als Teil „gouvermentale[r] Prekarisierungstechnologien“[1193] beschrieben werden. Da die Gruppe der Prekarisierten intern differenziert ist, werden deren Problemlagen im Postfordismus an Spezialkräfte übergeben.[1194] Mit Blick auf Arbeitslose hat sich etwa gegenwärtig eine ganze Weiterbildungsbranche herausgebildet, die, so Oliver Machart, „als outgesourceter Zulieferbetrieb eines reduzierten Wohlfahrtstaates fungiert.“[1195]

---

durchbrochen ist, welche sich nach der Innenseite des Ringes öffnen; das Ringgebäude ist in Zellen unterteilt, von denen jede durch die gesamte Tiefe des Gebäudes reicht; sie haben jeweils zwei Fenster, eines nach innen, das auf die Fenster des Turm gerichtet ist, und eines nach außen, so daß die Zelle auf beiden Seiten von Licht durchdrungen wird. Es genügt demnach, einen Aufseher im Turm aufzustellen und in jeder Zelle einen Irren, einen Kranken, einen Sträfling, einen Arbeiter oder einen Schüler unterzubringen. Vor dem Gegenlicht lassen sich vom Turm aus die kleinen Gefangenensilhouetten in den Zellen des Ringes genau ausnehmen. Jeder Käfig ist ein kleines Theater, in dem jeder Akteur allein ist, vollkommen individualisiert und ständig sichtbar. Die panoptische Anlage schafft Raumeinheiten, die es ermöglichen, ohne Unterlaß zu sehen und zugleich zu erkennen.“ Foucault, Michel: *Überwachen und Strafen. Die Geburt des Gefängnisses*, 15. Auflage (= suhrkamp taschenbuch 2271). Suhrkamp: Frankfurt am Main 2015, S. 256 ff.

1188 Hofbauer, Fleiß, S. 161.

1189 Vgl. Ebd.

1190 Ebd.

1191 Vgl. Ebd.

1192 Vgl. Ebd., S. 162.

1193 Machart, Oliver: *Die Prekarisierungsgesellschaft. Politik und Ökonomie im Zeichen der Prekarisierung*. Transcript: Bielefeld 2013, S. 47.

1194 Vgl. Machart, Prekarisierung, S. 47 f.

1195 Vgl. Ebd., S. 48.

Ungeachtet dieser sozialpolitischen Differenzierungen können einige wesentliche Disziplinarfunktionen SPHERICONS, das ähnlich den Plänen Benthams als privatwirtschaftlich organisiertes System von Arbeitshäusern[1196] angelegt ist, benannt werden: Im Mittelpunkt der Schulungseinrichtung stehen Selbstoptimierungsübungen[1197] sowie die permanente Arbeit an der eigenen Biografie[1198]. Zudem werden die Arbeitslosen als kostengünstige Produktivkräfte eingesetzt, indem sie den Strom für das Schulungscenter auf Fahrradergometern erzeugen.[1199] Eine wesentliche Funktion der Maßnahme besteht darin, die Teilnehmer_innen im Sinne des postfordistischen Paradigmas der Selbstverantwortung zu der Einsicht „*Wir haben falsch gelebt. Falsch!*“[1200] zu erziehen, wodurch die vermeintliche Schuld der Arbeitslosigkeit einseitig in die Hände der Leistungsbezieher_innen gelegt wird, obwohl besetzbare Arbeitsplätze in Zelters Dystopie kaum noch vorhanden sind.[1201] Das Lebensrecht eines Individuums ist dabei vollständig mit dessen Produktivität verbunden, wodurch Beschäftigungslosigkeit mit einer besonders ausgeprägten Form „diskriminierender Prekarität“ einhergeht: „Keine Freiheit, keine Menschenwürde, keine Gemeinschaft, kein gar nichts ohne Arbeit“[1202], erklärt Trainer Fest der Protagonistin Karla am Ende der Handlung, um ihr ihre aussichtslose Lage vor Augen zu führen und ihren Widerstand gegen das dystopische Arbeitsmarktregime zu brechen.

1196 Vgl. Zelter, Schule, S. 205.
1197 Vgl. z.B. Ebd., S. 5.
1198 Vgl. z.B. Ebd., S.65 ff.
1199 Als Regionalleiter Noske SPHERICON zu Prüfungszwecken einen Besuch abstattet, stellt er Überlegungen an, das System der Nutzbarmachung der Unbeschäftigten zukünftig effizienter zu gestalten: „Und dies ist nur der Anfang... Die Energiegewinnung ließe sich laufend steigern... Nicht nur hier, an dieser Schule... Auch überall sonst... Acht Millionen Arbeitslose... Acht Millionen... Irgendwann keine Unzahl, keine Schreckenszahl mehr... sondern eine Energiezahl... Acht Millionen mal 180 Watt... Rechnen Sie es aus... Rechnen Sie... Regimenter der Ergometer in gewaltigen Hallen...“ Vgl. Ebd., S. 185.
1200 Ebd., S. 12.
1201 Vgl. z.B. Ebd., S. 76.
1202 Ebd., S. 188.

Ihre sozioökonomische Wertlosigkeit wird den Teilnehmer_innen der Maßnahme bereits vor ihrer Abfahrt mit Bussen in das abgelegene[1203] Schulungscenter deutlich vor Augen geführt. Wie Tiere werden die Arbeitslosen vom Personal SPHERICONS vor den Gepäckluken hin- und hergetrieben.[1204] Die auffälligen Fahrzeuge der Arbeitsagentur dienen dabei auch als „Abschreckbilder“[1205] für all jene, die sich noch in gesicherten bzw. vom Abstieg bedrohten Zonen der Arbeitsgesellschaft befinden: Als ob es sich bei den Fahrzeugen um „ein gefährliches Omen“[1206] oder „eine ansteckende Krankheit“[1207] handelt, werden die Leistungsbezieher_innen aus dem „Inneren vorbeifahrender Autos“[1208] angestarrt. Infolge ihres Aufenthaltes verschwinden sie jedoch nicht nur aus dem gesellschaftlichen Blickfeld, sondern auch aus den Arbeitslosenstatistiken, wo sie für die Zeit ihrer Teilnahme an SPHERICON als beschäftigt gelten.[1209] Eine signifikante Funktion des Schulungscenters besteht somit in der Separation der Arbeitslosen von der Mehrheitsgesellschaft, gleichzeitig dient es als subtile Drohung auf die arbeitende Bevölkerung, um sie zu produktivem Verhalten anzuregen.

Ähnlich wie es Bentham in seinem Entwurf vorsah, werden die Arbeitslosen sowohl räumlich von der Gesellschaft separiert als auch innerhalb des Schulungscenters nach bestimmten Kriterien voneinander getrennt. Als Grundlage hierfür dienen Bewerber_innenvideos und Lebensläufe[1210] sowie soziale Differenzkategorien:

> Jeder Schlafraum ist ein eigener Ansatz, ein eigenes Vorgehen, eine eigene Gruppe. Jede Gruppe ist sorgsam, nach reichlicher Überlegung, zusammengestellt: nach Alter, nach Geschlecht, nach Bildungsgraden und Persönlichkeitsprofilen. Zusammengesetzt nach einem eigenen Computerprogramm des Schulpsychologen – Dr. Lichtenstein. Auch er erhebt sich mit der Andeutung eines Grußes. Eine Gruppe ist ein Team – Trainingsteam, Lernteam, Bewerberteam -, das von einem Trainer begleitet wird. Bis in die Mahlzeiten hinein… [1211]

1203 Vgl. Ebd., S. 17.
1204 Vgl. Ebd., S. 11.
1205 Ebd., S. 16.
1206 Ebd., S. 13.
1207 Ebd.
1208 Ebd.
1209 Vgl. Ebd., S. 76.
1210 Vgl. Ebd., S. 8.
1211 Ebd., S. 32.

Die Zusammenstellung der Teams erinnert an das Vorgehen der realen Arbeitsverwaltungen, mittels eines Kundenprofils die Beschäftigungslosen in bestimmte Fallgruppen einzuteilen. Ähnlich wie das gegenwärtige Arbeitsmarktregime besitzt das Schulungscenter in Zelters Dystopie weitreichende Befugnisse, um in das Privatleben und die Freiheiten der Trainees einzugreifen. Ein ganzer Katalog an Disziplinarmaßnahmen zielt darauf ab, die Teilnehmer_innen im Sinne des postfordistischen Arbeitsmarktregimes zu produktiven Arbeitssubjekten zu erziehen. Jeder Tag, den die Arbeitslosen im Schulungscenter verbringen, „soll exakt die Belastungen eines Arbeitstages simulieren. [...] Von der ersten Sekunde des Aufstehens, bis zur letzten Minute vor der Bettruhe."[1212] Freizeit ist nicht vorgesehen, dafür aber *„Zeit zum Tun, Zeit zum Machen, Zeit zum Verbessern, Zeit zum neu Anfangen...*"[1213]. Selbst Heimfahrten am Wochenende sind nur in absoluten Ausnahmesituationen vorgesehen.[1214] Zudem regelt die Schulordnung die privaten Belange der Teilnehmer_innen. Zugelassen sind pro Person nur ein Koffer oder eine Tasche. Die Teilnehmer_innen sollen zudem „angemessene (d.h. dunkle) Kleidung tragen"[1215]. Ähnlich wie die Sammelunterkünfte in Khiders Roman „Ohrfeige" weist das fiktive Schulungscenter im Sinne Goffmans Merkmale einer „Totalen Institution" auf. Diese können mit Goffman wie folgt benannt werden:

> 1.Alle Angelegenheiten des Lebens finden an ein und derselben Stelle, unter ein und derselben Autorität statt. 2. Die Mitglieder der Institution führen alle Phasen ihrer täglichen Arbeit in unmittelbarer Gesellschaft einer großen Gruppe von Schicksalsgenossen aus, wobei allen die gleiche Behandlung zuteil wird und alle die gleiche Tätigkeit gemeinsam verrichten müssen. 3. Alle Phasen des Arbeitstages sind exakt geplant, eine geht zu einem bestimmten Zeitpunkt in die nächste über, und die ganze Folge der Tätigkeiten wird von oben durch ein System expliziter formaler Regeln und durch einen Stab von Funktionären vorgeschrieben. 4. Die verschiedenen erzwungenen Tätigkeiten werden in einem einzigen rationalen Plan vereinigt, der angeblich dazu dient, die offiziellen Ziele der Institution zu erreichen.[1216]

1212 Ebd., S. 91.
1213 Ebd., S. 28.
1214 Vgl. Ebd., S. 91.
1215 Ebd., S. 10.
1216 Goffman, Institution, S. 17.

Das Kernstück des arbeitsmarktpolitischen Disziplinarapparates bilden dabei dessen Bestrafungs- und Überwachungsvorkehrungen, die zugleich eine eindeutige Bezugnahme auf Foucaults Gouvermentalitätsstudien offenbaren: „Jede dritte oder vierte Nacht wurde ein Trainee geweckt, in das Büro der Schulleitung geführt und in simulierten Vorstellungsgesprächen befragt – in stundenlangen Verhören; gemäß der autobiografischen Vorgaben in den eingereichten Lebensläufen.“[1217] Auch der E-Mailverkehr wird durch das Personal kontrolliert und führt im Falle opportunistischen Fehlverhaltens zu Strafen.[1218] Dem Freiheitspostulat SPHERICONS stehen zudem räumliche Sicherheitsvorkehrungen gegenüber, die jedoch uneindeutig ausfallen und so zu Mutmaßungen unter den Teilnehmer_innen führen:

> Die nächtlichen Flüstergespräche mutmaßen bis in den Halbschlaf hinein: beispielsweise über den Zaun, der die Schule umgibt. Ob er nachts wohl geladen ist? Mit welcher Voltzahl er geladen ist? Natürlich ist er nicht geladen! Warum sollte er geladen sein? Vor einer Woche sah man Handwerker mit Leitern an dem Zaun. Was das zu bedeuten habe? Es hat nichts zu bedeuten! Wozu dann das Flutlicht? Die Masten des Flutlichts befinden sich gar nicht auf dem Campus, sondern stehen außerhalb des Geländes... Neben dem Versandhaus für Staubsauger... Oder Fragen bezüglich der Pforte: Ob sie wohl nachts besetzt ist? Natürlich ist sie besetzt! Mit welchem Mechanismus die Innen- und Außentür geöffnet wird?[1219]

SPHERICON legt nicht offen, inwieweit die Arbeitslosen Gefangene des Schulungscenters sind, was zu Vermutungen unter den Schulungsteilnehmer_innen über mögliche Repressionsmaßnahmen führt. Dabei ist weniger entscheidend, ob die oben genannten Vorkehrungen tatsächlich existieren, als vielmehr ihre unsichtbare disziplinierende Kraft, die durch die Spekulationen der Arbeitslosen ausgelöst wird. Die Funktionen und Auswirkungen subtiler Überwachungsmaßnahmen auf das Individuum hat Foucault in seiner Analyse des Panoptismus ausführlich beschrieben:

> Derjenige, welcher der Sichtbarkeit unterworfen ist und dies weiß, übernimmt die Zwangsmittel der Macht und spielt sie gegen sich selber aus; er internalisiert das Machtverhältnis, in welchem er gleichzeitig beide Rollen spielt; er wird zum Prinzip seiner eigenen Unterwerfung.[1220]

1217 Ebd., S. 113 f.
1218 Vgl. Ebd., S. 144.
1219 Ebd., S. 73 f.
1220 Foucault, Überwachen, S. 260.

Damit die Überwachungsmaßnahmen Wirkung zeigen, verfügt das Schulungscenter über ein umfangreiches Bestrafungs- und Anreizsystem, das innerhalb SPHERICONS über sogenannte „Bonus Coins" gesteuert wird. Soll Fleiß in Benthams Entwurf finanziell entlohnt werden, scheinen die Kriterien für gewünschtes bzw. unerwünschtes Verhalten in Zelters Dystopie bisweilen vollkommen willkürlich:

> Drei Mengen von Coins werden je nach Bericht des zuständigen Trainers ausgegeben: *Premium Coins* (100 Coins pro Woche), *Advanced* (80 Coins), *Basic* (60 Coins). *Premium*, das bedeutet ein extra an Münzen für Süßigkeiten, Zigaretten und sonstige Artikel. *Basic* bedeutet eine harte, lange Woche nur mit dem Nötigsten, eine Woche ohne Nachtisch, ohne Eier, ohne Zigaretten. In der ersten Woche erhielten einige Trainees noch die höchste, die *Premium*-Menge. In der zweiten Woche kein einziger mehr. Zumindest keiner aus Apollo. Die Mehrzahl wurde auf *Advanced* heruntergestuft, einige sogar auf *Basic*. Heruntergestuft. In den Worten des Stellvertretenden Schulleiters: *Downcoined*. Heruntergemünzt. Münzdegradiert. In der dritten Woche erlangen dann einige Trainees wieder Premium. Nach welchen Maßstäben die Einstufung der Trainees erfolgt, danach mutmaßen sie immer wieder neu: nach den schulischen Leistungen (Hausaufgaben und Mitarbeit) oder nach dem allgemeinen Erscheinungsbild eines Trainees, nach seiner Ausstrahlung und Zuversicht. Sicher auch nach dem Grad der Betätigung im Gym. Oder aber die Entscheidungen Fests sind ganz wahllos und willkürlich. Um einzelne Trainees zu warnen, aufzurütteln oder anzutreiben.[1221]

Die einzelnen Einstufungen „*Advanced*", „*Basic*" und „*Premium*", über die die Teilhabe- und Konsumrechte der Teilnehmer_innen wie Tarife in einem Mobilfunkvertrag festgelegt werden, sind vor diesem Hintergrund als euphemistisch zu betrachten. Drohend über den Teilnehmer_innen SPHERICONS steht der Verlust des Sozialleistungsbezugs als letztmögliche Sanktionsmaßnahme. Als zwei Arbeitslose während eines Zwischenhalts auf dem Weg in das Maßnahmencenter die Flucht ergreifen, wird der Vorfall vermerkt, „[j]eder weitere Anspruch der Bundesagentur ist verwirkt. Ab jetzt stehen sie außerhalb jedweder Obhut. Ihre Namen und Daten werden zum Löschen freigegeben."[1222] Die Herausnahme aus dem Leistungsbezug durch die Arbeitsagentur führt auf direktem Wege in die „Zone der Entkopplung", wie Robert Castel sie in seinen Untersuchungen skizziert hat. In Zelters Dystopie bedeutet dies, dass die Arbeitslosen ihr Existenzrecht

1221 Zelter, Schule, S. 72 f.
1222 Vgl. Ebd., S. 16.

verwirkt haben. Das Primat der Produktivität ist in „Schule der Arbeitslosen“ somit auf die Spitze getrieben, denn Arbeit und Lebensrecht sind untrennbar miteinander verbunden.

Die hier genannten Disziplinarmaßnahmen, die dem „*System*“[1223] SPHERICON zugrundeliegen, beruhen zusammenfassend auf der internen und externen Abschottung bzw. Unterteilung der Arbeitslosen, einer abschreckenden Wirkung auf die arbeitende Bevölkerung, Anreizen und Sanktionen sowie panoptischer Überwachungsmaßnahmen. Mit Foucault können diese Methoden als kleinteiliges Machtgefüge beschrieben werden, das anstelle von „Gewalt/Beraubung“[1224] auf das Prinzip von „Milde/Produktion/Profit“[1225] setzt: „[U]m aus den Körpern das Maximum an Zeit und an Kräften herauszuholen“[1226], schreibt Foucault, „werden die komplexen Methoden der Zeiteinteilung, der kollektiven Dressuren, der Übungen, der zugleich globalen und detaillierten Überwachung eingesetzt.“[1227] Durch Abschottung und Einteilung der Arbeitslosen werden mögliche Aufstände und solidarische Bündnisse unterbunden.[1228]

8.3 *Job Attack*: Bewährungsproben des Arbeitsmarktregimes

Der Aufenthalt in dem im letzten Abschnitt beschriebenen Schulungscenter, das in Zelters Dystopie den zentralen Handlungsort darstellt, wird maßgeblich durch Prüfungen und Konkurrenzsituationen bestimmt, die die Teilnehmer_innen der Maßnahme absolvieren müssen, wobei sie der permanenten Evaluation durch das Personal SPHERICONS ausgesetzt sind. Im Vordergrund steht hier die beständige Arbeit an der eigenen Biografie[1229], Selbstoptimierungsübungen, die auf körperliche Fitness und Konzentrationsfähigkeit abzielen[1230], sowie überwachte Freizeitaktivitäten[1231],

1223 Ebd., S. 27.
1224 Foucault, Überwachen, S. 281.
1225 Ebd.
1226 Ebd., S. 282.
1227 Ebd.
1228 Vgl. Ebd.
1229 z. B. Zelter, Schule, S. 55 ff.
1230 z. B. Ebd., S. 5.
1231 z. B. Ebd., S. 95 ff.

die sich wiederum positiv auf das Bewerbungsverhalten der Arbeitslosen auswirken sollen. Die ständige Überprüfung, Sanktionierung und Kontrolle des Maßnahmenverhaltens greift Tendenzen der postfordistischen Arbeitsgesellschaft auf, die vor allem vonseiten der (Arbeits-)Soziologie kritisiert werden. „Wie Benthams Kontrollarchitektur“[1232], schreibt beispielsweise Bröckling, zielt „das 360° Feedback auf eine Verkettung von ‚gesteigerter Tauglichkeit‘[1233] (Foucault) und ‚vertiefter Unterwerfung‘[1234], doch anders als die Disziplinaranstalten werden hier die Autonomie des Individuums und die Spielräume seines Handelns nicht systematisch beschnitten, sondern erweitert und als Ressource nutzbar gemacht.“[1235] Der Evaluierte tut, so Bröckling weiter, „was gemessen, und unterlässt, was vom Bewertungsraster nicht erfasst wird. Die Feedbacks schaffen so erst die Wirklichkeit, die sie zu bewerten vorgeben“[1236].

Im Laufe der Handlung wird jedoch zusehends deutlich, dass die Bewerbungsbemühungen der Arbeitslosen ins Leere zielen, da Arbeitsplätze in der dystopischen Textwelt kaum mehr vorhanden sind. Die eigentliche Arbeit ist die Suche nach Arbeit geworden: Ein Arbeitsloser, so gibt Schulleiter von Brinkmann zu verstehen, „leistet fortwährende Sucharbeit. Wenn man will, auch Fahndungsarbeit. Letztendlich trägt er mit seiner – oft aussichtslosen – Arbeit die Arbeit anderer. Dies ist die Arbeitsteilung unserer Zeit.“[1237] Die Bewährungsprobe für die Teilnehmer_innen der Maßnahme besteht somit einzig darin, durch das erfolgreiche Durchlaufen der verschiedenen Prüfungen ihren Status innerhalb der „Zone der Fürsorge“ zu erhalten, wodurch wiederum die Arbeitsplätze des Schulungspersonals und der Arbeitsvermittler_innen erhalten bleiben. Der Roman hebt auf diese Weise hyperbolisch die Absurdität der Praktiken des realen Arbeitsmarktregimes hervor, die häufig nur auf winzige Positionsverbesserungen der Beschäftigungslosen abzielen. Um das ausweglose Prozedere zu überstehen, verhalten sich die Arbeitslosen ähnlich wie die eingangs mit Dörre beschriebenen „Als-Ob-Arbeiter“,

1232 Bröckling, Selbst, S. 240.
1233 Focault, Überwachen, S. 177.
1234 Ebd.
1235 Bröckling, Selbst., S. 241.
1236 Ebd.
1237 Zelter, Schule, S. 34.

die sich mit sozial geförderten Tätigkeiten zufriedengeben, um die Fassade der Normalität aufrechtzuerhalten. Exemplifizieren lässt sich diese Beobachtung vor allem anhand der Disziplinarmaßnahme des „*Biografisch[en] Arbeiten[s]*“[1238], bei dem die Teilnehmer_innen SPHERICONS dazu angehalten werden, so Matthies, „sich unter Absehung jedes Wahrheitskriteriums wie auch jedes subjektiven Willens in fiktiven Lebensläufen neu zu entwerfen.“[1239] In ihrer „‚fiktiven Fiktionalität‘ “[1240] werden die Figuren in Zelters postfordistischer Dystopie buchstäblich zu „Als-Ob-Intrepreneuren“[1241], so die Autorin weiter:

> Dass die geforderte Handlung sich an unternehmerischen Erfolgsbiographien orientiert, insofern als Universitätsabschlüsse an Eliteeinrichtungen, aufsehenerregende Karrieren in multinationalen Konzernen und exklusive Hobbies in den fiktiven Lebensentwürfen der Figuren den stets zu überbietenden Normalfall darstellen, verweist auf die maßlosen Anforderungen der Arbeitswelt und zugleich auf die Unmöglichkeit, diesen jemals vollständig zu genügen.[1242]

Erst zum Ende der Handlung, als innerhalb SPHERICONs eine Stelle als Trainer besetzt werden soll[1243], richten sich die Bemühungen der Arbeitslosen auf eine tatsächliche Positionsverbesserung. Das Prüfungsformat, in dem ausschließlich Männer gegeneinander antreten, während weibliche Teilnehmer_innen lediglich als deren Bewunderinnen auffallen,[1244] gleicht einer TV-Castingshow und nimmt deutliche Züge der Kraftprobe an. Gefragt sind infolge des Auswahlverfahrens kaum mehr spezifisch-fachliche Qualifikationen, als vielmehr ein umfassendes Ensemble von Persönlichkeitsmerkmalen und Kompetenzen, wie sie dem postfordistischen Idealsubjekt des „unternehmerischem Selbst“ entsprechen: „Mit allen Mitteln moderner Bewerbung“[1245], schwärmt Schulleiter von Brinkmann,

> sprachlich, psychologisch, literarisch, grafisch, akustisch... Das allgemeine Bewerbungsniveau sei beeindruckend gewesen. Jede einzelne Bewerbung habe

1238 Ebd., S. 122.
1239 Matthies, Spielbälle, S. 194.
1240 Ebd.
1241 Ebd.
1242 Ebd., S. 195.
1243 Vgl. Zelter, Schule, S. 125.
1244 Vgl. Ebd., S. 174.
1245 Ebd., S. 193.

> man der strengsten Überprüfung unterworfen. Nur die allerüberzeugendsten Bewerber seien für die Vorstellungsgespräche ausgewählt worden. Man habe den Bewerbern hier alles abverlangt. Sie auf Herz und Nieren geprüft. Wie auch auf Witz und Schlagfertigkeit. Und andere Fertigkeiten. Die Fähigkeit öffentlich aufzutreten. In einem Kreuzverhör jagender Fragen zu bestehen. Musische Fähigkeiten. Rhetorische Fähigkeiten. Hypnotische Fähigkeiten. Durchhaltevermögen. Zähigkeit. Durchschlagskraft. Willenskraft. Flexibilität. Toleranz. Auch Frustrationstoleranz. Und all das nicht nur bei einer einzigen Gelegenheit, sondern bei vielen Gelegenheiten, in einer ganzen Serie von Auftritten, in einem Trommelfeuer der Öffentlichkeit, der Hindernisse und der Einwände; in einem zermürbenden Auswahlverfahren, in dem nur ein Bewerber übrig blieb.[1246]

Allein die Aufzählung „Hypnotisch[er] Fähigkeiten" verweist hyperbolisch auf die Absurdität der Anforderungen, die an das „unternehmerische Selbst" gestellt werden. In Zelters Roman, so Matthies, „bleibt der Zwang zur Bewährung ein allegorisches Moment, welches in einer stetigen Steigerung gegen Ende des Romans eine Übertragung in die Wirklichkeit erfährt."[1247] Eine Fortführung dessen ist das Computerspiel *Jobquest*, das nur vordergründig als Unterhaltungsmedium erscheint, in Wirklichkeit aber selbst eine Disziplinarmethode darstellt. Daneben existiert in Zelters Roman auch eine TV-Produktion, die innerhalb des Schulungscenters permanent ausgestrahlt wird.[1248] Diese zeigt „die ewige Suche nach Arbeit, mit wechselnden Protagonisten, die auf abenteuerlichsten Wegen nach Arbeit suchen und sie am Ende auch finden."[1249] Geht es im Computerspiel darum, eine „Arbeitsstelle zu erobern"[1250], so wird in dessen Nachfolger *Job Attack*, so Matthies weiter, „die Eroberung als interaktive Konkurrenzpraktik trainiert".[1251] Bei diesem Spiel, so erklärt die Erzählinstanz,

> geht es nicht nur darum, eine Arbeitsstelle zu erobern, sondern sie einem anderen wegzunehmen. Die Spieler spielen im Intranet oder Internet. Sie spielen gegeneinander. Oder in Allianzen gegen Dritte. Auf abenteuerlichsten Wegen horchen oder spähen sie Stelleninhaber aus, knacken Passwörter, schauen in fremde E-Mails hinein, suchen nach den geringsten Unaufmerksamkeiten und Schwachstellen,

1246 Ebd., S. 193 f.
1247 Matthies, Spielbälle, S. 196.
1248 Vgl. Ebd.
1249 Zelter, Schule, S. 43.
1250 Ebd., S. 93.
1251 Matthies, Spielbälle, S. 196.

> pirschen sich an eine anvisierte Stelle heran. [...] Irgendwann drücken sie auf den entscheidenden Knopf: ‚*Job Attack*'.[1252]

Das Prinzip der Kraftprobe tritt in der Computersimulation unverhüllt zu Tage; die Auswahlprüfungen entbehren jeder Gerechtigkeitsvorstellung, die durch ein eindeutiges Prüfungsformat gedeckt wäre. Einzig die stärksten Bewerber_innen können, auch mit unlauteren Mitteln, eine Anstellung erlangen. Dass es sich bei *Job Attack* keineswegs bloß um ein Unterhaltungsmedium handelt, sondern das gewünschte Verhalten der Arbeitslosen bei ihrer Stellensuche simuliert, verdeutlicht Trainer Fest bereits im ersten Handlungsabschnitt des Romans:

> Eroberung von Arbeit gegenüber Verteidigung von Arbeit. Letzteres ist bei Weitem das Leichtere. Im Vergleich zur Sucharbeit ist die gefundene Arbeit nur noch eine milde Form der Nacharbeit. Reine Absicherung. Verteidigungsmaßnahmen, Befestigungsarbeiten... Alle Mittel der Arbeitssuche sind deshalb erlaubt. Nicht nur erlaubt, sondern in letzter Instanz notwendig. [...] Nerven aus Stahl. Angriffslust. Die Überwindung gewaltiger Bollwerke. Das Anrennen gegen ständige Hindernisse. Das Kapern unzugänglicher Plattformen. Ein Wiederhineinkommen in davon rudernde Boote.[1253]

Ähnlich wie in den sozialen Romanen des Naturalismus gilt in Zelters Dystopie das darwinistische Prinzip des Überlebens des Stärkeren, worauf auch die Kampfrhetorik des Trainers hindeutet. Dass dieser Ideologie nicht zu entgehen ist, obwohl sie ins Leere zielt, wird im letzten Handlungsabschnitt des Romans deutlich. Das Arbeitsmarktregime erweist sich hier als übermächtig. Die mehr oder weniger erfolgreich durchlaufene Bewährungs- bzw. Kraftprobe führt für kaum eine der Teilnehmer_innen zu einer Positionsverbesserung. Die Arbeitslosen werden kurzerhand nach Freetown im westafrikanischen Sierra Leone gebracht, wo sie ein angebliches „Beachcam[p]"[1254] erwartet. Dabei handelt es sich um eine Anspielung auf den kolonialgeschichtlichen Kontext des Staates. Die britische Kolonie Freetown wurde 1787 gegründet und sollte befreite Sklaven aufnehmen, die dort zu christlichem Verhalten und einem westlichen Lebensstil erzogen werden

---

1252 Zelter, Schule, S. 92.
1253 Ebd., S. 34.
1254 Ebd., S. 199.

sollten.[1255] Die historische Anspielung des Romans verweist darauf, dass die Arbeitslosen nach ihrem Aufenthalt im Schulungscenter keineswegs ein besseres Leben erwartet, sondern sie vielmehr eine erneute Bewährungssituation erwartet. „Schule der Arbeitslosen" folgt somit einer desillusionären Ästhetik, für die Teilnehmer_innen des Schulungscenters besteht keine Aussicht auf Hoffnung, ihrer prekären Lage zu entkommen.

8.4 Postfordistische Dystopie

Die postulierte Hoffnungslosigkeit, die Zelters Roman zugrunde liegt, ist dabei jedoch eng mit den Genrekonventionen der Dystopie verbunden, wie ich in diesem Abschnitt zeigen werde. „Schule der Arbeitslosen" verarbeitet die Kritik an den „Modernen Dienstleistungen am Arbeitsmarkt" literarisch zu einem horrenden Zukunftsszenario, das nur zehn Jahre nach Erscheinen des Romans im Jahre 2016 angesiedelt ist. Der Text folgt dabei den Genrekonventionen der klassischen Anti-Utopie bzw. der Dystopie, wie ich im Folgenden zu skizzieren versuchen werde. Aus Gründen der analytischen Anwendbarkeit[1256] werde ich in diesem Analyseabschnitt der Genredefinition Elena Zeißlers folgen, die dafür plädiert, die Begriffe „Anti-Utopie" und „Dystopie" synonym zu verwenden:

> Anti-Utopie bzw. Dystopie werden hier als eine literarische Form verstanden, die entweder eine alternative Gesellschaft beschreibt, die im Vergleich zur gegenwärtigen sozio-politischen Ordnung negativer erscheint, oder einzelne gesellschaftliche Prozesse in einer solchen Gesellschaft herausgreift. Sie richtet sich gegen bestimmte Tendenzen der gegenwärtigen Gesellschaft des Autors bzw. gegen Bestrebungen gewisser Gruppen, die Gesellschaftsentwicklung in eine unerwünschte Richtung zu lenken.[1257]

Als Idealbeispiel der Utopie gilt Thomas Morus' „Utopia", die Ursprünge des Genres können aber bis hin zu Platon zurückverfolgt werden. Ein Merkmal der Utopie ist es, dass sie sich immer auf die herrschenden politischen und sozialen Verhältnisse bezieht, wodurch sie stark von ihren politischen und

---

1255 Vgl. Everill, Bronwen: *Abolition and Empire in Sierra Leone and Liberia.* Palgrave Mcmillan: New York 2013, S. 1.

1256 Vgl. Zeißler, Elena: *Dunkle Welten. Die Dystopie auf dem Weg ins 21. Jahrhundert.* Tectum: Marburg 2008, S. 17.

1257 Ebd.

historischen Kontexten geprägt ist. Demgegenüber kamen anti-utopische Darstellungen erst im Laufe des 19. Jahrhunderts auf.[1258] Zeißler macht hierfür zwei historische Zäsuren verantwortlich: So zum einen „die Entstehung des konsumfreudigen Kapitalismus“[1259] und des „auf Terror basierenden Totalitarismus“[1260]. Prototypische Darstellungen finden sich in Aldoux Huxleys „Brave New World“ (1932)[1261] und George Orwells „1984“[1262] (1949). Beide Werke bestimmen bis heute maßgeblich die Konventionen des Genres und „warnen vor Staatsgebilden, in denen die Individuen zu willen- und bewußtseinslosen Marionetten werden.“[1263] Mit dem Ende des sozialistischen Ostblocks erlebte die Dystopie eine überraschende Konjunktur.[1264] Dies kann mit Zeißler auf den postfordistischen Gesellschaftsumbau, den Terrorismus sowie die „Negation der Notwendigkeit und Möglichkeit gesellschaftlicher Veränderungen angesichts des proklamierten Endes der Geschichte“[1265] zurückgeführt werden. Aus literaturwissenschaftlicher Perspektive kann auch der Einfluss des Postmodernismus, „der amimetische Formen für sich neu entdeckt hat und so zur Darstellung von Alternativräumen anregt“[1266], für die Beliebtheit des Genres angeführt werden.

Stephan Meyer hat in seiner Untersuchung einige erzählerische Merkmale anti-utopischer Romane benannt. So steht das Kollektiv hier über dem Individuum, um die vorherrschende Gesellschaftsordnung zu stützen. Zudem führt das Primat der Produktivität in letzter Konsequenz zur „Abweisung jedes Lebensgenusses“.[1267] Mittels ideologischer Indoktrination werden die Individuen im Sinne der herrschenden Gesellschaftsordnung geschult, die

---

1258 Vgl. Ebd., S. 15.
1259 Ebd., S. 9.
1260 Ebd.
1261 Orwell, George: *1984*, 32. Auflage. Berlin 2004.
1262 Huxley, Aldous: *Brave New World.* Vintage: London 1994.
1263 Zeißler, Welten, S. 9.
1264 Vgl. Ebd., S. 9.
1265 Ebd., S. 10.
1266 Ebd.
1267 Meyer, Stephan: *Die anti-utopische Tradition. Eine ideen- und problemgeschichtliche Darstellung* (*= Reihe I deutsche Sprache und Literatur*, Bd. 1790). Peter Lang: Frankfurt am Main 2001, S. 35.

bisweilen diktatorische Ansätze erkennen lässt. Die Gesellschaften der Anti-Utopien sind, so Meyer, „von einem Elitekonzept getragen, das einer Partei oder technokratischen Minderheit alle Machtbefugnisse über eine nach Klassen oder Kasten hierarchisch organisierte Gesellschaft zugesteht."[1268] Die herrschende Gesellschaftsordnung trägt dabei häufig Züge einer „säkularisierten Ersatzreligion"[1269]. Gesellschaftliche Felder wie Kunst, Wissenschaft und Medien fungieren als staatliche Propaganda, die durch Zensurmaßnahmen gestützt wird. Eine rigide Sprachpolitik schützt den Staat vor individuellen Gedanken. In allen anti-utopischen Romanen, so der Autor, findet sich ein weitreichendes Bestrafungssystem:[1270]

> So sind alle Bewohner einer totalen Überwachung durch die staatliche Geheimpolizei unterzogen. Auch wird nicht vor Eingriffen in die Psyche und Physis zur Herstellung eines absoluten Gehorsams zurückgeschreckt. Zwang, Manipulation, Folter, Terror und die Liquidierung Andersdenkender werden hier mit offen zur Schau gestellter Brutalität durchgeführt. Gerade dieser Sanktionsapparat läßt einige anti-utopische Romane zu Idealtypen totalitärer Herrschaft werden.[1271]

Analog hierzu wird innerhalb des Schulungscenters SPHERICON der Versuch unternommen, die arbeitslosen Teilnehmer_innen in postfordistische Idealsubjekte, die an Bröcklings „unternehmerisches Selbst" bzw. Voß' und Prognatzs „Arbeitskraftunternehmer" erinnern, umzuerziehen. Die vorherrschende Ideologie des dystopischen Textes ist eine postfordistische Arbeitsauffassung, die quasi-religiöse Züge aufweist und sowohl durch Medien[1272] als auch durch Wissenschaft[1273] und Kunst[1274] propagiert wird. Als zentraler Machthaber in Zelters Roman erscheint das Arbeitsmarktregime, das durch Personalvermittler_innen der Jobcenter[1275] und die Motivationstrainer SPHERICONS[1276] repräsentiert wird. Im Zentrum stehen hier der Trainer Ansgar Fest[1277], der Schulpsychologe Dr.

1268 Ebd., S. 36.
1269 Ebd.
1270 Vgl. Ebd., S. 35 f.
1271 Ebd., S. 36.
1272 Vgl. Ebd., S. 43.
1273 Vgl. z. B. Ebd., S. 87.
1274 Vgl. z. B. Ebd., S. 135.
1275 Vgl. Ebd., S. 7.
1276 Vgl. z. B. Ebd., S. 37.
1277 Vgl. z. B. Ebd., S. 46 f.

Lichtenstein[1278] sowie der Schulleiter Ulrich von Benkdorff[1279]. Die vorherrschende Sprache, die in SPHERICON gesprochen wird, erinnert an postfordistische Management-Literatur und wird ausschließlich im Präsens verwendet,[1280] um die Aufmerksamkeit der Teilnehmer_innen auf Tätigkeiten in der Gegenwart zu lenken. Wie bereits beschrieben, verfügt SPHERICON zudem über ein komplexes Bestrafungssystem,[1281] das an die reale Sanktionspraxis des derzeitigen Arbeitsmarktregimes erinnert.

Neben der Verwendung typischer Motive und Topoi, die die dystopische Textwelt maßgeblich konstituieren, folgt der Text auch in seinem Handlungsaufbau der klassischen Anti-Utopie. „Schule der Arbeitslosen" beginnt im ersten Handlungsabschnitt *in medias res* mit einer kurzen Einführung in die dystopische Welt[1282] durch eine heterodiegetische, nullfokalisierte Erzählinstanz. Geschildert werden grundlegende Aufgaben und Ziele SPHERICONS sowie der Abtransport der Arbeitslosen in das Schulungscenter, wodurch sich die Regeln der Textwelt nach und nach erschließen. Da Dystopien regelhaft eng mit den sozialen und politischen Kontexten der jeweiligen Gegenwart verbunden sind, soll bei diesem Verfahren deutlich werden, dass das Dargestellte vertrauter ist, als zunächst anzunehmen ist.[1283]

Im Mittelpunkt von Zelters Erzählung steht die Figur der arbeitslosen Bankangestellten Karla Maier,[1284] die gemäß der Genrekonventionen der Anti-Utopie als widerständige Außenseiterin in Erscheinung tritt und über künstlerisches Gespür, Sensibilität und einen kritischen Verstand[1285] verfügt, was es ihr ermöglicht, eine eigene Perspektive zu entwickeln, die der herrschenden Ideologie entgegensteht.[1286] Ebenfalls typisch für das Genre ist es, dass die Distanz zur herrschenden Ideologie im zweiten Handlungsabschnitt durch eine aufkeimende Liebe, hier zu dem arbeitslosen Biologen Roland,

1278 Vgl. z. B. Ebd., S. 87.
1279 Vgl. z. B. Ebd., S. 31.
1280 Vgl. z. B. Ebd., S. 69.
1281 Vgl. z. B. Ebd., S. 72.
1282 Vgl. Ebd., S. 5 ff.
1283 Vgl. Zeißler, Welten, S. 29.
1284 Vgl. Zelter, Schule, S. 56 ff.
1285 Vgl. z. B. Ebd., S. 58.
1286 Vgl. Zeißler, Welten, S. 29 f.

ins Rollen gebracht wird.[1287] In Dystopien steht die Liebesbeziehung dem autoritären Regime positiv entgegen und wird, so Zeißler, als „höchster Ausdruck einer privaten Regung dem grausamen, unpersönlichen Staat gegenübergestellt."[1288]

Die Außenseiterfigur Karla tritt gemäß der Genrekonventionen nun für all das ein, was der dystopische Staat zu unterbinden versucht: „Handlungs- und Denkfreiheit, Privatsphäre, Individualität, Liebe, persönliche und kollektive Geschichte oder auch Naturerlebnisse."[1289] Umso vernichtender erscheint nach dem Widerstand der Protagonistin die Reaktion der machthabenden Institutionen in der dritten Phase der Handlungsentwicklung:[1290] Karla wird räumlich isoliert und von Roland, der mittlerweile seinen Widerstand aufgegeben hat, getrennt.[1291] Dabei wird sie endlosen Kreuzverhören durch das Personal des Schulungscenters unterzogen.[1292] Die Gespräche zwischen den Machthabern und der Außenseiterfigur erfüllen in der Dystopie eine erklärende Funktion. In diesem Handlungsabschnitt werden die wahren Ziele des Regimes offenbart. Obwohl die Außenseiterfigur moralisch im Recht ist, kann sie sich gegenüber dem Ordnungssystem sprachlich nicht behaupten, was dessen Macht abermals verdeutlicht.[1293] In Zelters Roman äußert sich dies in langen Passagen direkter Rede, in denen Karlas Widerstand von dem Schulpsychologen Dr. Lichtenstein und dem Trainer Fest gebrochen werden soll. Erscheint SPHERICON zu Beginn des Romans noch als freiwillige Maßnahme,[1294] zeigt sich in diesen Abschnitten des Textes die ganze Verachtung des Arbeitsmarkregimes gegenüber den Unbeschäftigten.[1295] Anstatt nach ihrem dreimonatigen Aufenthalt in SPHERICON nach Hause zurückkehren zu dürfen, wird Karla mit den anderen Teilnehmer_innen nach Sierra Leone gebracht.[1296] Gemäß den

1287 Vgl. Zelter, Schule, S. 116.
1288 Zeißler, Welten, S. 30.
1289 Ebd.
1290 Vgl. Ebd.
1291 Vgl. Zelter, Schule, S. 159.
1292 Vgl. Ebd., S. 144 ff.
1293 Vgl. Zeißler, Welten, S. 29.
1294 Zelter, Schule, S. 6.
1295 Vgl. Zelter, Schule, S. 144 ff.
1296 Vgl. Ebd., S. 199 ff.

Genrekonventionen wird das Individuum von dem herrschenden Ordnungssystem besiegt.[1297] Das hier beschriebene Genremuster, das Zelters Dystopie zugrunde liegt, hat sich in den meisten anti-utopischen Romanen etabliert und verweist auf eine gegenseitige Beeinflussung von Form und Inhalt.[1298] Das Genre der Dystopie scheint sich dabei für eine kritische Auseinandersetzung mit den postfordistischen Gesellschaftsprozessen geradezu anzubieten, wie zahlreiche Romane der Gegenwartsliteratur[1299] zeigen. Der Grund hierfür ist vor allem in den disziplinierenden Aspekten der gegenwärtigen Arbeitswelt zu suchen. Eine Besonderheit von Zelters Roman ist in diesem Zusammenhang dessen Fokus auf Arbeitslosigkeit, die in aktuellen Prekaritätsromanen eher am Rande dargestellt wird. Wie im literarhistorischen Teil meiner Untersuchung kurz ausgeführt, hatte das Thema vor allem in der Literatur der Neuen Sachlichkeit Konjunktur. Anders aber als etwa die Arbeitslosen in Albert Klaus' „Die Hungernden. Ein Arbeitslosenroman" (1932) zielt „Schule der Arbeitslosen" nicht auf die Darstellung extremer Armut. Viel mehr wird Beschäftigungslosigkeit hier institutionell verwaltet und von der Mehrheitsgesellschaft ferngehalten.

8.5 Postfordistische Poetologie

Die Übermacht des dystopischen Arbeitsmarktregimes äußert sich vor allem in einer vollkommenen Vereinnahmung der Kunst zu ökonomischen Zwecken, die der Text jedoch poetologisch reflektiert. „Schule der Arbeitslosen" folgt einerseits der prominenten These Boltanskis und Chiapellos, dass der postfordistische Kapitalismus jede Form der Künstlerkritik absorbiert und in die ökonomische Sphäre implementiert hat. Andererseits stehen künstlerische Ausdrucksformen, wie zu Beginn ausgeführt, in der dystopischen Literatur immer in den Diensten der Macht: „Im Roman wie im Lebenslauf",[1300] erklärt Trainer Fest den Teilnehmer_innen SPHERICONS als zentrale Stellvertreterfigur des Arbeitsmarktregimes,

---

1297 Vgl. Zeißler, Welten, S. 30.
1298 Vgl. Ebd.
1299 z.B. Zeh, Juli: *Corpus Delicti*. Schöffling & Co: Frankfurt am Main 2009.
1300 Zelter, Schule, S. 67.

geht es nicht um Innerlichkeit oder Befindlichkeit, sondern um Handlung. ‚In einer Tragödie handeln die Figuren nicht, um irgendwelche Charaktere nachzuahmen, sondern um der Handlung willen ziehen sie Charaktere mit ein.' ‚Verstehen Sie das?!' ‚Gleiches gilt für Lebensläufe und Bewerbungen. Wie für alles andere…' ‚Bewerbungen sind fiktiv konstruierte Handlungsgefüge. Kombinatorische Eigenschaftsgebilde. Promiskuitive Transaktionen.' ‚Ein Kohärenzsystem stimmiger Merkmale und Bedeutungsträger.' ‚Kein Innenleben, sondern ein Handlungsleben… Kein Denkleben, sondern ein Ereignisleben… Kein Gute-Absichten-Leben, sondern ein Ergebnisleben…'[1301]

Heimburger verweist vor diesem Hintergrund auf Bezüge zur aristotelischen Poetik. Stehen bei Aristoteles jedoch Idealität und Realität auf der gleichen Stufe, wird in Zelters Dystopie „die Idealität eines perfekten Lebenslaufes eindeutig vor die Realität des Lebens“[1302] gestellt. Aristoteles folgend, ist nicht der Wahrheitsgehalt entscheidend, sondern die innere Stimmigkeit der Erzählung. Die Fähigkeiten der Schulungsteilnehmer_innen werden in SPHERICON daran gemessen, inwiefern sie in der Lage sind, ihren tatsächlichen Lebenslauf literarisch zu bearbeiten und störende Leerstellen auszufüllen.[1303] Dieses Verfahren gleicht den fiktionalisierten Fluchtbiografien in Khiders „Ohrfeige“, die sich die Geflüchteten ausdenken, um eine Aufenthaltserlaubnis in Deutschland zu erhalten. Auch hier geht es weniger um Wahrheit, als um Stimmigkeit innerhalb des Lebenslaufes.

Dabei greift Zelters Roman die poetologischen Anweisungen des Maßnahmencenters auf[1304] und verarbeitet sie metanarrativ:

‚Würde man ein Buch über SPHERICON schreiben, es kämen darin keine wirklichen Menschen vor, auch keine Figuren von Menschen, sondern höchstens Fragmente oder Figmente wechselnder Lebensläufe… Funktionen und Produkte biographischer Entwürfe… Kombinatorischer Konstrukte… Künftige Stelleninhaber… Stellenerobererǃ' Und: ‚Die meisten Figuren bräuchten nicht einmal Namen. Und selbst wenn doch, dann nur, um sie jederzeit austauschen zu können…' Und: „Die Sprache wäre die Sprache von SPHERICON; knapp und kurz, die Sprache von Regieanweisungen. Auf Regieanweisungsknappheit reduzierte Bewegungen und Kommentare. Eine Sprache im ständigen Präsens.'[1305]

1301 Ebd., S. 67 f.
1302 Heimburger, Geister, S. 240.
1303 Vgl. Ebd., S. 241 f.
1304 Vgl. auch Ebd., S. 244.
1305 Zelter, Schule, S. 68 f.

Das von Trainer Fest umrissene poetologische Programm SPHERICONS aufgreifend, ist der überwiegende Teil des Figurenpersonals in Zelters Roman als flache Charaktere angelegt, die nicht einmal namentlich genannt werden.[1306] Auch Passagen direkter Rede sind selten und werden nur dann angewandt, so Heimburger, „wenn die Schüler nichts zu sagen haben und ihre Sprachlosigkeit gegenüber der Dominanz der Lehrer demonstriert werden soll."[1307] Zudem imitiert die Erzählinstanz „die kurzen und prägnant gehaltenen Sätze der Kursleiter, die die gängigen Schlagworte moderner Motivationstrainer reproduzieren"[1308]. Vorherrschend ist in diesen Textpassagen das Präsens, wie es den Teilnehmer_innen empfohlen wird, um ihre Aufmerksamkeit auf produktives Verhalten in der Gegenwart zu richten.[1309]

Unterlaufen wird diese Struktur, „gemessen an den metapoetischen Grundsätzen"[1310] SPHERICONS, überall dort, wo die Erzählinstanz Einblicke in das Innenleben des 1977[1311] geborenen Roland und der 1980[1312] geborenen Karla gewährt.[1313] In diesen Passagen, die im Präteritum erzählt werden und die über einen überwiegend hypotaktischen Satzbau verfügen, beschäftigen sich die beiden Figuren vor allem mit ihrer Vergangenheit, was dem Gebot eines auf die Zukunft gerichteten Denkens widerspricht.[1314] Auffallend ist bei beiden Figuren eine idealisierende Perspektive des vergangenen fordistischen Wirtschaftsmodells:

> Nach dem Abitur war es selbstverständlich, dass Roland Biologie studieren würde. Mit keinem Wort wurde er dazu gedrängt oder davon abgehalten. Nie wurde die Frage gestellt: Wo das alles hinführen solle? Oder warum er nicht etwas anderes studiere? Vielleicht ein Studium, mit dem er später einmal die Apotheke übernehmen könnte. Berufliche Fragen spielten keine Rolle. Nicht einmal die Apotheke. Stundenlang konnte er sich mit seinem Vater über Botanik unterhalten. Oder über Fische. Oder über den Plan einer gemeinsamen Fotoausrüstung, die sich beide kaufen wollten, um Sterne und Himmelskörper zu fotografieren.

1306 Vgl. Heimburger, Geister, S. 244.
1307 Ebd.
1308 Ebd., S. 245.
1309 Vgl. Ebd., S. 244 ff.
1310 Ebd., S. 244.
1311 Vgl. Zelter, Schule, S. 55.
1312 Vgl. Ebd., S. 56.
1313 Heimburger, Geist, S. 244 f.
1314 Vgl. Ebd., S. 245.

> Geld spielte keine Rolle Es herrschte Wohlstand. Kein Reichtum, aber Wohlstand. Er blickte aus den Gesichtern seiner Eltern. Er blickte aus den Gesichtern seiner Freunde...[1315]

Wird in SPHERICON promiskuitives Verhalten explizit gefördert, um die Teilnehmer_innen zu flexiblen Arbeitssubjekten zu erziehen, dominiert in Rolands Kindheit das männliche Normalarbeitsverhältnis: „Die Mutter bettete ihren Sohn samt Freund oder Freundin auf ein kleines Sofa und zog sich in die Küche zurück. Auf einem quietschenden Teewagen brachte sie Säfte aus der Apotheke..."[1316]. Während Rolands Mutter als Hausfrau reproduktive Tätigkeiten organisiert, nimmt Rolands Vater die Rolle des Familienernährers ein: „Der Vater kam zu den Mahlzeiten im weißen Apothekerkittel. Beim Essen berichtete er von den Eigenarten mancher Kunden"[1317]. In ähnlicher Weise erinnert sich Karla an ihre Schulzeit:

> In Gedanken läuft Karla ihren Schulweg. Er führt durch eine mittelalterliche Stadt, auf Kopfsteinpflastern, entlang altehrwürdiger Gebäude und Geschäfte. In ihrer Erinnerung passiert sie den Feinkostladen neben ihrem Elternhaus. Jahrelang hat sie dort Süßigkeiten gekauft. Im Laden stehen drei Verkäufer – wie Apotheker – in weißen Kitteln. Sie stehen hoheitsvoll hinter einer Theke. Auch ohne Kunden. Sie stehen, als wäre alles in bester Ordnung. In huldigenden Gesten grüßen die drei Verkäufer in einer gemeinsamen Verbeugung die Passanten auf der Straße, auch Karla. Ihr Schulweg führt quer durch die Stadt. Die Menschen gehen langsamer als heute – in bedächtigen Bewegungen. Sie gehen, sie grüßen, sie stehen, sie betrachten... Sanftmut begleitet ihre Bewegungen.[1318]

Karlas und Rolands Erinnerungen an eine Zeit zu Beginn des postfordistischen Wirtschafts- und Gesellschaftsumbaus fungieren innerhalb der Narration als Gegenmodell zum autoritären Arbeitsmarktregime. An die Stelle der Forderungen SPHERICONS nach permanenter Flexibilität und Wandelbarkeit der Arbeitssubjekte tritt in den introspektiven Passagen des Romans das fordistische Modell als vermeintlich humane Form des Kapitalismus. In den Erinnerungen beider Figuren stehen in diesem Zusammenhang kaufmännische bzw. pharmazeutische Berufe im Vordergrund, die auf eine literarische

1315 Zelter, Schule, S. 78.
1316 Ebd., S. 77.
1317 Ebd.
1318 Ebd., S. 57.

Tradierung dieser Typen zurückzuführen sind. Der bürgerliche Kaufmann, wie er in der Literatur dargestellt wird, so schreibt Manuel Bauer,

> ist gerade kein klassischer homo oeconomicus, der ausschließlich auf Profitmaximierung bedacht ist, sondern ein Typus, der auch eine soziale Rolle einnimmt, während negativ gezeichnete Kontrastfiguren diesem Zerrbild des wirtschaftlich Handelnden weit näher stehen. Der Kaufmannstand wird idealisiert, weil einer kalten Idealisierung gerade nicht das Wort geredet, sondern beständig das humankaufmännische Antlitz des Wirtschaftens in den Mittelpunkt gerückt wird. Indem einer spezifischen Form des Wirtschaftens eine narrative Huldigung erwiesen wird, lassen sich die Kaufmannsfigur und die Gattung des Kaufmannsromans als Kritik an den längst dominanten modernen Wirtschafsstrukturen sowie Kapitalisierungs- und Industrialisierungsprozessen verstehen. Die Idealisierung des Kaufmanns verfolgt mit konservativer Geste den Zweck, nicht das Wirtschaften per se, sondern dessen moderne Ausprägungen kritisierbar zu machen.[1319]

In den Erinnerungen der beiden Protagonist_innen kommt der Idealisierung der Kaufmannsfigur bzw. des Pharmazeuten eine ganz ähnliche Funktion zu: Sie stehen stellvertretend für den vermeintlichen „Normalzustand“[1320], der sich im Fordismus vor allem aus wirtschaftlichem Wachstum, sozialer Absicherung und einem gewissen Wohlstand ableitet.[1321] Der schrittweise vollzogene postfordistische Gesellschaftsumbau seit den 1970er-Jahren steht demnach in Zelters Roman für einen Prozess erodierender Normalität, wie ihn auch Teile der Arbeits- und Industriesoziologie beschrieben haben. Zelters Roman verharrt somit in einem wehmütigen Rückblick auf einen scheinbar guten Kapitalismus, ohne dabei zu reflektieren, dass Prekarität, wie im theoretischen Teil meiner Studie ausgeführt, bestimmte Gruppen auch im fordistischen Wirtschaftsmodell betroffen hat. Der Blick verengt sich dabei stark auf die beiden Protagonist_innen, die unter privilegierten Verhältnissen aufgewachsen sind.

1319 Bauer, Manuel: *Ökonomische Menschen. Literarische Wirtschaftsanthropologie des 19. Jahrhunderts*. V&R unipress: Göttingen 2016, S. 135 f.

1320 Eichler, Lutz: *System und Selbst. Arbeit und Subjektivität im Zeitalter ihrer strategischen Anerkennung*. Transcript: Bielefeld 2013, S. 173.

1321 Vgl. Ebd., S. 173 f.

8.6 Karla als Gegenentwurf zum „unternehmerischen Selbst"

Auf der Handlungsebene äußert sich die Kritik am postfordistischen Arbeitsmarktregime vor allem über das Verhalten der Außenseiterfigur Karla: Werden Formen radikaler Sozialkritik in Zelters Roman lediglich angedeutet[1322] und scheinen zudem jegliche Formen der organisierten Sozialkritik in der dystopischen Textwelt obsolet geworden, kann Karlas Weigerung, den Anforderungen des Schulungsprogramms nachzukommen, als Form der immanenten Kritik gedeutet werden, der ein hohes Maß an Eigensinn zu Grunde liegt. Die Renitenz der Figur äußert sich in der zweiten Handlungsphase zunächst in einer beginnenden Liebesbeziehung zu dem Biologen Roland. Statt lediglich den Geschlechtsverkehr miteinander zu vollziehen, wie es dem Promiskuitätsgebot SPHERICONS entspricht, führen die beiden Arbeitslosen Gespräche über alle erdenklichen Themen, um sich näher kennenzulernen.[1323] Gemäß den Genrekonventionen der Anti-Utopie liegt das widerständige Moment in diesen Passagen in der Privatheit der beiden Figuren, die dem alles überwachenden und kontrollierenden Machthaber unvereinbar gegenübersteht. In der dritten Handlungsphase wird Karla von Roland und den anderen Teilnehmer_innen aufgrund ihres renitenten Verhaltens getrennt.[1324] Karla gilt fortan als Negativbeispiel einer Arbeitslosen:

> Sie wurde von den Klassenzimmern aus beäugt. Nur sehr flüchtig und aus dem Augenwinkel: Da läuft sie... Das Inbild grundloser Verweigerung... Das Schreckbild eines Inbilds... Nicht so zu enden wie sie... Sie steht mitten im Hof... In der Nähe des blauen Strichs... Bei einbrechender Dunkelheit. Ein ausgelöschter Mensch.[1325]

1322 So wird Karla trotz ihres Verhaltens nicht aus dem Leistungsbezug entlassen, da die Bundesagentur Aufstände fürchtet: „Einen Monat zuvor hätte man sie von der Schule verwiesen – ohne zu zögern – innerhalb einer Stunde – mit allen Konsequenzen, die die Bundesagentur daraus gezogen hätte. Delete! Delete! Seit einiger Zeit aber lag bei der Schulleitung die Weisung der Bundesagentur, bei disziplinarischen Vergehen Trainees einstweilen auf dem Schulgelände zu halten. Es mehrten sich die Fälle marodierender Arbeitsloser, die ziellos durch die Gegen zogen, ohne Status und ohne Plan. Es mehrten sich die Fälle brennender Tankstellen..." Zelter, Schule, S. 159.

1323 Vgl. Ebd., S. 116 f.

1324 Vgl. Ebd., S. 159.

1325 Ebd., S. 160.

Die Protagonistin wird daraufhin in den sogenannten „Verfügungsraum“[1326] umverlegt, der nicht einmal mit einer Toilette ausgestattet ist[1327] – angeblich um sie vor der Aggression der anderen Teilnehmer_innen zu schützen, wie ihr vom Schulungspersonal erklärt wird[1328]. Trotz ständiger Kreuzverhöre und perfider Manipulationsversuche[1329] seitens des Schulungspersonals hält Karla ihren inneren Widerstand weiterhin aufrecht. Die Kraft dafür schöpft sie aus ihren Kindheitserinnerungen:

> Sie lag in Erinnerungen – Erinnerungen an ihr Bett in ihrem Elternhaus – an das Bücherregal über ihrem Bett – an den Raum vor ihrem Fenster – an die Hand ihrer Mutter – auf ihrem Gesicht – als sie in Kinderkrankheiten lag. Sie schritt wieder den Schulweg ihrer Jugend ab, Schritt für Schritt. [...] Sie schwelgte in den geringsten Kleinigkeiten. Selbst in den altmodischen Formen der Autos ihrer Kindheit. In einem Schaufenster las sie den Satz: Alles Schöne entbehrt völlig jeden Zweckes. Sie setzte sich auf eine Parkbank und las ein Buch, in aller Stille, nur die Geräusche einiger Vögel und ein leichter Wind. Sie sah das Gesicht ihrer Mutter, kein Sorgen-, sondern ein Hoffnungsgesicht. Niemals sah sie ihre Mutter ernsthaft besorgt oder enttäuscht...[1330]

Mit der Außenseiterfigur Karla etabliert der Text somit einen Subjektentwurf, der dem postfordistischen „Unternehmerischen Selbst“ diametral gegenübersteht. Während die Kunst bei SPHERICON vollständig von der Ökonomie besetzt ist, steht Karla innerhalb der Narration für eine autonome Kunstauffassung, die jedweder Vereinnahmung und Funktionalität entbehrt. Antagonistisch zum postfordistischen Leistungsprinzip vertritt Karla zudem das Prinzip des Müßiggangs, bei dem Lebensgenuss und Zweckfreiheit des eigenen Handelns im Vordergrund stehen. Karlas Eigensinn, der an Adornos Ausführungen zur Mündigkeit erinnert,[1331] lässt sich, so kann es dem Text implizit entnommen werden, vor allem auf ein stabiles Familienumfeld und eine repressionsfreie Schulzeit zurückführen:

1326 Ebd., S. 177.
1327 Vgl. Ebd., S. 182.
1328 Vgl. Ebd.
1329 z. B. Ebd., S. 178.
1330 Ebd., S. 181 f.
1331 Vgl. Adorno, Theodor W.: „Erziehung zur Mündigkeit“. In: ders.: *Mündigkeit*, S. 145.

> Als Kind konnte sich Karla aufrechtstehend mit geschlossenen Augen fallen lassen, in dem Wissen, dass andere sie auffangen würden. Und sie wurde aufgefangen. Sie hatte nie einen Zweifel daran. Sie machte es immer wieder vor. Im Kindergarten. In der Grundschule. Im Gymnasium. Sie wurde jedes Mal aufgefangen. Nicht nur von ihren Freunden oder Lehrern, sondern auch von Fremden. Manchmal sprach sie Menschen im Park an und fragte.[1332]

In Anlehnung an Adorno erscheint Karla in Zelters Dystopie als selbstdenkendes und handelndes Individuum, dessen Vertrauen in die Umwelt maßgeblich durch sein Umfeld geprägt ist und der „blinden Vormacht aller Kollektive“[1333] widersteht. Gleichzeitig verbleibt die Kritik auf diese Weise zwangsläufig auf einer immanenten Ebene, die allein das Individuum adressiert.

8.7 Arbeitslosigkeit als postfordistisches Hamsterrad

Zelters Text greift den kritischen (arbeitssoziologischen) Diskurs um die „Modernen Dienstleistungen am Arbeitsmarkt“ auf und überführt ihn extrapolativ in ein totalitäres Zukunftsszenario. Der Text folgt dabei sowohl motivisch als auch mit Blick auf seinen Handlungsaufbau und das Figurenpersonal den Genrekonventionen der klassischen Anti-Utopie bzw. Dystopie. Ähnlich den zuvor analysierten Romanen verbleibt „Schule der Arbeitslosen“ jedoch in einer resignativen, desillusionären Haltung. Das Durchlaufen der Bewährungsproben führt für die Protagonist_innen zu keiner Verbesserung ihrer sozialen Position.

Befinden sich die Protagonist_innen der vorangegangenen Textanalysen schon zu Beginn der Handlung in prekären Lebens- und Arbeitsverhältnissen, fokussiert Bilkaus Familienroman „Die Glücklichen“, der im Folgenden im Fokus meiner Analyse stehen wird, den sukzessiven Abstieg aus der urbanen Mittelschicht.

1332 Zelter, Schule, S. 181.

1333 Adorno, Theodor W.: „Erziehung nach Auschwitz“. In: ders.: *Mündigkeit*, S. 95.

9 Kristine Bilkaus Familienroman „Die Glücklichen“ (2017)

„Die Glücklichen“ ist der erste Roman der Journalistin und Schriftstellerin Kristine Bilkau. Die Autorin wurde u. a. im Jahr 2013 mit dem Hamburger Förderpreis für Literatur und literarische Übersetzungen ausgezeichnet. Im Jahr 2015 erhielt sie den Franz-Tumler-Literaturpreis sowie den Klaus-Michael-Kühne-Preis.[1334] Ähnlich den vorangegangenen Romanen, die ich in meiner Studie untersucht habe, verarbeitet die Autorin in ihrer Erzählung auch eigene Prekaritätserfahrungen. Über ihren Beruf als Journalistin, den sie unmittelbar nach dem Platzen der Dotcom-Blase im Jahr 2000 aufgenommen hat, sagt sie im Interview mit dem Onlinemagazin „literatourismus.net“, dass ihre Laufbahn als Journalistin schon mit einem „Krisengefühl“[1335] begonnen hat. Das Gefühl, es ist „alles ganz schwer, es gibt nur ganz wenige Jobs, man muss genau aufpassen, was man macht, bloß nichts falsch machen“[1336] ist, so die Autorin, auf dem Berufsfeld allgegenwärtig. Dies wird sich auch in Zukunft nicht bessern, wie Bilkau vermutet: „Dann kam 2008 die Lehman Brothers Krise, auf die Digitalisierung haben viele auch noch immer keine Antwort gefunden und laborieren herum.“[1337] Mit ihrem Romandebüt geht es ihr darum, „ein bestimmtes Lebensgefühl“[1338] einzufangen, „das vor allem die Generation der heute 30–40 Jährigen betrifft. Sie wurden von ihren Eltern auf ein recht sicheres,

---

1334 Ohne Autor_innenangabe: „Kristine Bilkau“. Online abrufbar unter: https://www.randomhouse.de/Autor/Kristine-Bilkau/p549665.rhd, zuletzt geprüft am 01.02.2021.

1335 Ohne Autor_innenangabe: „Kristine Bilkau im Interview“. Online abrufbar unter: https://literatourismus.net/2015/03/kristine-bilkau-im-interview/, zuletzt geprüft am 01.02.2021.

1336 Ebd.

1337 Ebd.

1338 Ohne Autor_innenangabe: „Kristine Bilkau: Die Autorin zum Buch“. Online abrufbar unter: https://www.randomhouse.de/Kristine-Bilkau-DIe-Autorin-zum-Buch/aid59733.rhd, zuletzt geprüft am 01.02.2021.

unbeschwertes Leben vorbereitet, doch fühlen sie sich alles andere als sicher.“[1339]

Bilkaus Roman „Die Glücklichen“ handelt von einem Paar der urbanen Mittelschicht, das mit seinem gemeinsamen Sohn im Kleinkindalter in einem Szeneviertel in Berlin lebt. Isabell ist Mitte 30 und Cellistin bei einem Musical-Ensemble, während ihr Mann Georg, Ende 30, als Journalist bei einer großen Tageszeitung arbeitet. Problematisch wird es, als Isabells Mutterpause endet und sie ihre Tätigkeit wieder aufnehmen soll. Da ihre Hände aufgrund eines psychischen Leidens zittern, fürchtet sie, den musikalischen Ansprüchen ihres Arbeitgebers nicht gerecht werden zu können. Auch Georg plagen berufliche Sorgen, denn der Verlag der Tageszeitung, bei der er arbeitet, plant infolge digitaler Umstrukturierungsprozesse den baldigen Verkauf des Organs.

Als die Befürchtungen des Paares sich bewahrheiten und beide Protagonist_innen arbeitslos werden, entwickelt sich zwischen ihnen eine ernsthafte Beziehungskrise. Auf subtile Weise geben sie sich gegenseitig die Schuld an ihrem beruflichen Scheitern. Nach und nach muss das Paar seine distinktiven Konsumgewohnheiten aufgeben und beginnt, sich infolgedessen für seinen sozialen Statusverlust zu schämen. Während Georg sich in Ausstiegsfantasien flüchtet, tendiert Isabell dazu, ihre prekäre Lage vor sich und ihrem sozialen Umfeld zu verheimlichen.

Die Suche nach einer neuen Arbeitsstelle gestaltet sich für die Protagonist_innen als schwierig. So kämpft Isabell mit ihrem psychischen Leiden, das ihre Chancen für eine neue Anstellung als Cellistin mindert. Georg dagegen muss sich aufgrund des Stellenmangels mit Arbeitsangeboten auseinandersetzen, die nicht seinem Qualifikationsniveau entsprechen und schlecht bezahlt werden. Die problematische Situation verschlechtert sich, als Georgs Mutter unerwartet stirbt und einen Kredit hinterlässt, dessen Tilgung auf Georg übertragen wird. Der Roman endet zwar mit keiner Verbesserung der prekären Situation des Paares, doch beginnen Georg und Isabell ihre soziale Situation zu akzeptieren, was sie auf einer emotionalen Ebene wieder näher zusammenbringt.

1339 Ebd.

Rezensent_innen des Romans beurteilen ihn größtenteils positiv und heben sowohl den realistischen Schreibstil als auch die sprachlichen Qualitäten der Autorin hervor. So attestiert Björn Hayer in der „Zeit“ dem Text, dass er über eine bloße „soziologische Bestandsaufnahme der Anfang-30er-Generation“[1340] hinausführt. Bilkaus Sprache, so der Rezensent, „erzeugt Nähe, haucht den Protagonisten Individualität und Würde ein. Wir werden zwei starken Persönlichkeiten gewahr, die von den Erdbeben einer spätmodernen Flexibilisierung aller Lebensbereiche geschüttelt werden, am Ende aber gefestigt daraus hervorgehen.“[1341] Auch Maren Keller lobt den Roman, denn „Bilkau gelingt es“[1342], so Keller, „die vagen Verschiebungen, die kaum festzumachenden Verluste und die omnipräsente Angst an präzisen Ereignissen entlang zu erzählen.“[1343] Dies geschieht, so die Rezensentin weiter, „[m]it Sachlichkeit und protokollarischem Ernst.“[1344] Im Gegensatz dazu äußert sich Hans-Peter Kunisch in der „Süddeutschen Zeitung“ kritisch: „Je unwilliger man Isabells bornierter Innenperspektive folgt, desto klarer wird das Problem dieses Romans. Er schildert Krisengefühle, sprachlich gediegen, mit Anteilnahme und Detailfreude ohne den ernsthaften Wunsch, sie zu verstehen.“[1345]

Die Auswahl des Romans für meine Studie zielt auf literarische Prekaritätsdarstellungen im Familien- und Lebenszusammenhang. Er steht dabei dem Genre des Familienromans nahe, dessen Merkmal es ist, gesellschaftliche Erfahrungen im Mikrokosmos der Familie darzustellen. Aus einem geschlechterkritischen, erzähltheoretischen Blickwinkel betrachtet, ist dabei besonders die multiperspektivische Darstellungsweise des Romans

1340 Hayer, Björn: „Das Ende der Behaglichkeit“. Online abrufbar unter: https://www.zeit.de/kultur/literatur/2015-03/kristine-bilkau-die-gluecklichen-roman, zuletzt geprüft am 01.02.2021.

1341 Ebd.

1342 Keller, Maren: „Hallo, ihr prekären Existenzen, dieses Buch ist für euch“. Online abrufbar unter: https://www.spiegel.de/kultur/literatur/kristine-bilkau-die-gluecklichen-a-1023995.html, zuletzt geprüft am 01.01.2021.

1343 Ebd.

1344 Ebd.

1345 Kunisch, Hans-Peter: „Leeres Hemd“. Online abrufbar unter: https://www.sueddeutsche.de/kultur/gegenwartsliteratur-leeres-hemd-1.2465143, zuletzt geprüft am 01.02.2021.

von Interesse, durch die das Geschehen abwechselnd aus Georgs bzw. Isabells Perspektive geschildert wird. Wie zu zeigen sein wird, bleibt in diesem Zusammenhang jedoch fraglich, ob der Roman über individuelle Bewältigungsstrategien prekärer Lebens- und Arbeitsverhältnisse und eine Flucht in das Private der Familie hinausgelangt.

In den folgenden Abschnitten werde ich zunächst kontextualisierend auf spezifische Prekaritätsphänomene eingehen, die auf der Handlungsebene des Romans zum Tragen kommen. Die beiden Protagonist_innen verfügen über ein hohes Maß an kulturellem Kapital und vertreten den Lebensstil der urbanen Mittelschicht, der vor allem in einem distinktiven Konsum- und Freizeitverhalten nach außen sichtbar wird. In diesem Zusammenhang verhandelt „Die Glücklichen“ aus einer thematisch übergeordneten Perspektive die Abstiegsangst der Mittelschicht, um die sich in den letzten Jahren ein reger Diskurs in Deutschland entwickelt hat.[1346] Ein weiterer Aspekt, der nachfolgend beleuchtet werden soll, betrifft die Auswirkungen des sozialen Abstiegs auf das Geschlechter- und Rollenverständnis des Paares, das Fragen der Familien- und Sorgearbeit betrifft.

9.1 Prekarität und Mittelschicht

Die gesellschaftliche Mitte galt in der bundesrepublikanischen Nachkriegszeit, so stellt Nachtwey mit Blick auf ihre sozioökonomische Funktion fest, „als Stabilitätsanker, als Referenzpunkt gesellschaftlicher Normalität, als Integrationsinstanz und nicht zuletzt als Chiffre für soziale Durchlässigkeit und Aufstieg.“[1347] Zu Definitionszwecken scheint mit Nachtwey eine an Max Weber angelehnte Unterscheidung in Besitz- und Erwerbsklassen sinnvoll zu sein, demnach Akteur_innen der sogenannten Mitte vor allem von ihrem Einkommen abhängig sind. Zwar ist Immobilienbesitz bisweilen vorhanden, über ein höheres Maß ökonomischen Kapitals verfügt die Mitte jedoch häufig nicht.[1348] „Zu dieser

---

1346 Vgl. Nachtwey, Abstiegsgesellschaft, S. 147. Vgl. z. B. Breuer, Ingeborg: „Ängste und Sorgen der Mittelschicht“. Online abrufbar unter: https://www.deutschlandfunk.de/soziologie-aengste-und-sorgen-der-mittelschicht.1148.de.html?dram:article_id=415434, zuletzt geprüft am 01.02.2021.

1347 Vgl. Nachtwey, Abstiegsgesellschaft, S. 148.

1348 Vgl. Ebd.

Klasse“[1349], so Nachtwey, „zählen Handwerker und Händler, Kaufleute und Landwirte, also der alte Mittelstand, ebenso wie Beamte sowie Freiberufler und in jüngster Zeit vermehrt qualifizierte Angestellte und Facharbeiter.“[1350] Darüberhinausgehend verfügen Akteur_innen der Mitte meist über ein höheres Maß an kulturellem Kapital und gehen einer qualifizierten Tätigkeit nach, die mit einem gehobenen Einkommen korreliert.[1351]

Infolge postfordistischer Prekarisierungsprozesse, wie ich sie im theoretischen Teil meiner Untersuchung skizziert habe, wird seit einigen Jahren über die Erosion der Mitte als grundlegender Tragpfeiler der Gesellschaft gesprochen,[1352] was vor allem darauf zurückzuführen ist, dass die Mitte nicht auf ökonomische Sicherheiten wie Eigentum oder Vermögen zurückgreifen kann. Ein sozialer Abstieg, der mit der Auflösung sozialer Beziehungen und geringeren Teilhabechancen einhergeht, wird von den Akteur_innen der Mitte häufig als persönliche Krise und Verlust des sozialen Status gedeutet.[1353] Wie Nachtwey feststellt, hat dabei vor allem die Fallhöhe zugenommen. „Fast jeder“[1354], so der Autor exemplifizierend,

> hat in seinem Freundes- oder Bekanntenkreis Menschen mit prekären Jobs oder Personen, die soziale Rückschritte erleiden mussten. [...] Die Beschäftigten in jenen Unternehmen, in denen Kollegen oder Kolleginnen ‚ausgesteuert‘ und durch prekär Beschäftigte ersetzt wurden, empfinden eine prinzipielle Verwundbarkeit.[1355]

Eine Festanstellung gilt vor diesem Hintergrund als Privileg, das selbst bei gesicherten Gruppen mit einer erhöhten Toleranz zur Selbstdisziplinierung einhergeht.[1356] „Ihre Bereitschaft sich ständiger Auswahlprüfungen auszusetzen“[1357], so Dörre, „wächst infolge des Anschauungsunterrichts, den

---

1349 Ebd.
1350 Ebd.
1351 Vgl. Ebd.
1352 Vgl. z. B. Zick, Andreas / Küpper, Beate / Berghan, Wilhelm: *Verlorene Mitte – Feindselige Zustände. Rechtsextreme Einstellungen in Deutschland 2018/19*, herausgegeben für die Friedrich Ebert Stiftung von Franziska Schröter. Dietz: Bonn 2019.
1353 Vgl. Nachtwey, Abstiegsgesellschaft., S. 149.
1354 Ebd., S. 153.
1355 Ebd.
1356 Vgl. Dörre, Macht, S. 396.
1357 Ebd.

prekarisierte Gruppen unfreiwillig leisten. Gerade in Krisenzeiten müssen sich auch Festangestellte mittels besonderer Flexibilisierungsleistungen stets aufs Neue für ihr unbefristetes Arbeitsverhältnis qualifizieren.“[1358]

Mit Cornelia Koppetsch kann darüberhinausgehend eine Spaltung innerhalb der Mittelschicht analytisch differenziert werden. Die Autorin konstatiert in diesem Zusammenhang einerseits einen „kosmopolitischen Teil, der zunehmend sich verbürgerlicht“[1359] und andererseits einen unteren Teil, der seinen drohenden Statusverlust abzuwenden versucht, indem er den „Mittelschichtsstatus der kosmopolitischen Eliten anzunehmen“[1360] geneigt ist. Diesen beiden Teilen untergeordnet ist eine „defensiv[e] Mittelschichtsfraktion“[1361], die um ihr „soziales Überleben“[1362] ringt und „aufsteigende Außenseiter“[1363] als Bedrohung empfindet, was sie für rechte Ideologien empfänglich macht.[1364]

Mit Blick auf Bilkaus Roman ist vor allem der von Koppetsch beschriebene kosmopolitische Teil und die „untere Mittelschicht“ von Interesse, um ein näheres Verständnis der im Text dargestellten Prekaritätsphänomene erlangen zu können. Die Autorin weist dabei vor allem auf die Rolle der Kultur und des Lebensstils hin, über den sich die Mittelschicht definiert:

> Ich glaube auch, dass sich diese Klasse über den kulturellen Status schließt und über das Bildungssystem und dass auch die prekären Beschäftigten innerhalb dieses Milieus Teil dieser Klasse sind, auch wenn sie ökonomisch nicht in dem gleichen Maße an den verschiedenen Formen, des, sagen wir mal, kapitalorientierten Lebensstils, was ja auch mit Konsumform einhergeht, partizipieren. Das heißt, diese Polarisierung findet statt auf Ebene von Kultur. Die Rolle, die Kultur und Lebensstil in dieser Klasse spielen, bezieht sich auch auf das Lebensgefühl derjenigen, die an dem kapitalintensiven Teil des Lifestyles nicht partizipieren können,

1358 Ebd.

1359 Koppetsch, Cornelia: „Der Aufstieg der postindustriellen Mittelklasse. Von der nivellierten zur gespaltenen Mitte“. In: Stahl, Enno / Kock, Klaus / Palm, Hanneliese / Solty, Ingar (Hrsg.): *Literatur in der Klassengesellschaft* (= Literatur und Ökonomie, Bd. 2). Brill / Fink: München / Paderborn 2020, S. 113.

1360 Ebd.

1361 Ebd.

1362 Ebd.

1363 Ebd.

1364 Vgl. Ebd.

> aber wohl in der Kultur bleiben. Also die das Lebensgefühl und den Lifestyle reproduzieren und auch gegen die Regeln normalerweise nicht verstoßen.[1365]

Um die Statusverlustängste dieser Teile der Mittelschicht präziser skizzieren zu können, können mit Olaf Groh-Samberg und Florian R. Hertel hypothetisch grundlegende Bereiche angeführt werden, auf die sich Prekaritätsphänomene disziplinierend auswirken und einen erhöhten Druck auf die Akteur_innen der Mitte ausüben. Zum einen betrifft dies den Bereich der Bildung, der vor allem die Erwartung zu den „‚richtigen elterlichen Bildungsentscheidungen' "[1366] umfasst. Hinzu kommt der Zwang zur permanenten Weiterbildung und Wissensakkumulierung, um im beruflichen Leben standhalten zu können.[1367] „Der Wettlauf um die Bildung"[1368], so die Autoren, „entscheidet gerade für die Mitte über die Fähigkeit zur Statusreproduktion, und er ist zugleich wichtigster Bestandteil der alltagskulturellen Distinktionen und symbolischen Klassenkämpfe."[1369] Die in diesem Abschnitt angeführten mittelschichtsspezifischen Prekaritätsphänomene wirken sich auch auf den Bereich des Familienzusammenhanges aus, wie die Autoren ausführen:

> Der Druck auf Bildungsinvestitionen und Arbeitsleistungen wird nicht zuletzt in der Familie zum Konflikt. Die Unzufriedenheit mit den Möglichkeiten, Familie und Beruf zu vereinbaren, dürften vor allem in der Mitte erheblich sein. Sie werden verschärft durch erhöhte Mobilitätsanforderungen und durch eine Privatisierung der kommunalen Dienstleistungen, die das Alltagsleben von Familien zunehmend erschwert.[1370]

„Wo Selbstverantwortungsforderungen und Wettbewerbsorientierung dominieren"[1371], so stellt Sabine Plonz fest, „wächst die Depression."[1372]

1365 Ohne Autor_innenangabe: „Diskussion". In: Stahl et Al. (Hrsg.), *Klassengesellschaft*, S. 117.

1366 Groh-Samberg, Olaf / Hertel, Florian R.: „Abstieg der Mitte? Zur langfristigen Mobilität von Armut und Wohlstand". In: Burzan, Nicole / Berger, Peter A. (Hrsg.): Dynamiken (in) der gesellschaftlichen Mitte. VS Verlag: Wiesbaden 2010, S. 155.

1367 Vgl. Ebd.

1368 Ebd.

1369 Ebd.

1370 Ebd.

1371 Plonz, Sabine: „Prekarisierung hinter sich lassen, ohne Prekarität zu leugnen". In: In *Das Argument* 55 (4), 2013, S. 566.

1372 Ebd.

Mit Blick auf familiäre Zusammenhänge hat dies mitunter Folgen, die bis weit in das Alltagsleben hineingreifen.[1373] Klenner et al. können dies anhand von vier Unsicherheitsdimensionen veranschaulichen:

- Planungs- und Gestaltungsunsicherheiten des Lebens,
- Unterschreitung historisch gegebener Normalitätsstandards,
- Lebensplanung auf Widerruf sowie
- eingeschränkte Handlungsalternativen, Ohnmachts- und Diskriminierungserfahrungen.[1374]

Prekarität im Lebenszusammenhang erscheint so als eine „Gefährdungs- und Unsicherheitslage“[1375], so die Autor_innen, die „neben der Fragilität der individuellen auch die familiale Lebensführung betreffen kann und die eingeschränkte Handlungsfähigkeit oder gar einen Verlust an Zukunft – möglicherweise für mehrere Personen – mit sich bringt.“[1376]

9.2 Selbstverwirklichung als Prekaritätsfalle der kosmopolitischen Mittelschicht

Die Kleinfamilie, die in Bilkaus Roman im Mittelpunkt der Handlung steht, durchlebt im Laufe der Erzählung einen sozialen Abstieg, der sie aus der Zone der Integration in die Zone der Prekarität führt. Spezifisch auf die Mittelschicht bezogen, kann mit Koppetsch auch von einem Übergang in den unteren Teil dieser sozialen Klasse gesprochen werden. Im ersten Teil der Handlung[1377] schwebt drohend über dem Paar der Verlust der beruflichen Zukunft, der mit arbeitsweltlichen Transformationsprozessen und unsicheren Arbeitsbedingungen korreliert. Im zweiten Teil des Romans[1378] haben sich die Befürchtungen der Protagonist_innen bereits bewahrheitet.

1373 Vgl. Ebd.

1374 Klenner, Christina / Pfahl, Svenja / Neukirch, Sabine / Weßler-Poßberg, Dagmar: „Prekarisierung im Lebenszusammenhang – Bewegung in den Geschlechterarrangements?“. In: *WSI Mitteilungen. Monatszeitschrift des Wirtschafts- und Sozialwissenschaftlichen Instituts in der Hans-Böckler-Stiftung* 66 (8), 2011, S. 418. Online abrufbar unter: https://www.boeckler.de/data/wsimit_2011_08_klenner.pdf, zuletzt geprüft am 01.02.2021.

1375 Ebd.

1376 Ebd.

1377 Vgl. Bilkau, Die Glücklichen, S. 8–138.

1378 Vgl. Ebd., S. 139–303.

Sowohl Georg als auch Isabell werden arbeitslos, was zu unterschwelligen Konflikten zwischen ihnen führt. In zunehmendem Maße fühlen sie sich der Handlungskontrolle über ihre Lebenszusammenhänge beraubt und empfinden Ohnmacht und Scham über den Verlust ihres sozialen Status. Die ökonomischen und sozialen Rahmenbedingungen, die das Prekaritätsnarrativ in Bilkaus Roman konstituieren, sollen im Folgenden skizziert werden.

Die beiden Protagonist_innen organisieren ihren Lebensunterhalt über das traditionelle Zuverdienermodell, bei dem der Mann hauptsächlich die Rolle des Familienernährers einnimmt, während die Frau sich um den Haushalt und die Kinder kümmert, dabei aber in geringerem Maße etwas zum Familieneinkommen beiträgt.[1379] So ist Georg als festangestellter Journalist bei einer Tageszeitung in Vollzeit tätig, während Isabell befristet bei einem Musical-Orchester als Cellistin angestellt ist und einen gewissen Zuverdienst durch abendliche Vorstellungen erzielt, um sich tagsüber um das gemeinsame Kind zu kümmern. Für Frauen hat das Zuverdienermodell dabei den Nachteil, dass sie meist weniger verdienen, über eine nur geringfügige soziale Sicherung verfügen und kaum Weiterbildungs- und Aufstiegschancen haben.[1380] Auf diese Weise sind sie im Wettbewerb um den Erhalt des Status, der signifikant für die gegenwärtige Mittelschicht ist, benachteiligt und auf den Verdienst des Partners angewiesen.

Beide Protagonist_innen sind zudem in Berufen der Kultur- und Kreativwirtschaft tätig, deren Arbeitssubjekte häufig über einen hohen Bildungsstatus verfügen, der mit einer starken künstlerischen Motivation einhergeht. In vielen Fällen, so Alexandra Manske, vermischt sich dies mit „wirtschaftlichen Armutsrisiken und subjektiven Autonomiegewinnen."[1381] Für die kosmopolitischen Mittelschichten der Gegenwart kann dabei eine

1379 Vgl. Dörfler, Sonja: *Elterliche Arbeitsteilung in Österreich und Schweden. Die Entwicklung institutioneller und kultureller Rahmenbedingungen von 1990 bis heute*. Springer VS: Wien 2019, S. 57.

1380 Vgl. Raehlmann, Irene: *Zeit und Arbeit. Eine Einführung*. VS Verlag: Wiesbaden 2004, S. 132.

1381 Manske, Alexandra / Merkel, Janet: „Prekäre Freiheit. Die Arbeit von Kreativen". In: *WSI Mitteilungen. Monatszeitschrift des Wirtschafts- und Sozialwissenschaftlichen Instituts in der Hans-Böckler-Stiftung* 62 (6), 2009, S. 295. Online abrufbar unter: https://www.boeckler.de/data/wsimit_2009_06_manske.pdf.

„Doppelstruktur der ‚erfolgreichen Selbstverwirklichung'"[1382] konstatiert werden, die einerseits mit einem Wunsch nach Selbstverwirklichung und andererseits dem Zwang, ökonomisches Kapital zu akkumulieren, verbunden ist. Dieses ambivalente Verhältnis ist spannungsgeladen und verfügt über Fallstricke, die sich problematisch auf die Lebensplanung der Akteur_innen auswirken können, wie Andreas Reckwitz konstatiert:

> Immer besteht daher das Risiko, dass sich die Waage der Lebensführung zu sehr in die eine oder in die andere Richtung neigt, man zu sehr auf die Seite der Romantik oder auf die Seite der Bürgerlichkeit und des Status rückt, mit den entsprechenden Nachteilen. Es handelt sich gewissermaßen um ein *Romantik-Status-Dilemma*, in dem die neue Mittelklasse steckt. Setzt man zu sehr auf die Selbstverwirklichungskarte und vernachlässigt die Statusinvestition – etwa durch eine entsprechende lustbetonte Studien-, Berufs- und Partnerwahl, durch einen weniger rigiden Umgang mit der Lebenszeit oder eine sentimentale Verbundenheit gegenüber bestimmten Lebensorten –, kann der Preis ein verhältnismäßig ungesicherter sozialer Status sein. Macht man umgekehrt die Statusinvestition zur Hauptaufgabe – etwa durch eine karrieristische Studien-, Berufs- und Partnerwahl, hohe berufliche Ausbeutung und Mobilität – , riskiert man über die Kapitalakkumulation die Kultivierung der Selbstverwirklichungsziele zu vernachlässigen.[1383]

Dieses Dilemma der Mittelschicht zeichnet sich mit Blick auf die beiden Protagonist_innen in Bilkaus Roman deutlich ab. So ist in Isabell der Wunsch nach künstlerischer Selbstverwirklichung stark ausgeprägt, wobei er sich kaum mit den Anforderungen familiärer Sorgearbeit und ökonomischer Zwänge, die mit dem Zuverdienermodell einhergehen, vereinbaren lässt. Nach ihrer Mutterpause kehrt die Protagonistin in eine befristete Tätigkeit als Cellistin zurück, die jedoch permanent von der Kündigung bedroht ist: „Ein kleines schrumpfendes Ensemble sind sie"[1384], berichtet die intern fokalisierte Erzählinstanz, „vor Mattis Geburt waren sie noch zwanzig."[1385] Die Musiker_innen fürchten, dass ihre Verträge nicht verlängert werden, was zu Spannungen, Konkurrenzverhalten und Konflikten zwischen den

---

1382 Reckwitz, Andreas: „Entwertung und Enttäuschung. Zur Produktion negativer Affekte in der spätmodernen Gesellschaft". In: *WestEnd. Neue Zeitschrift für Sozialforschung* 15 (1), 2018, S. 60.
1383 Ebd.
1384 Bilkau, Die Glücklichen, S. 13.
1385 Ebd., S. 14.

Figuren führt.[1386] Dabei entspricht Isabells Tätigkeit, die am ökonomischen Pol des künstlerischen Feldes angesiedelt ist, nicht ihren ursprünglichen musikalischen Ambitionen. Kaum sichtbar spielen die Musiker_innen „in einem mit schwarzem Filz ausgekleideten Graben, verborgen unter der Bühne, wie in einem Tunnel."[1387] Der Vergleich erinnert an Kohlearbeiter und steht in starkem Kontrast zu den künstlerischen Ambitionen der Protagonistin, was darauf verweist, dass ihre Selbstverwirklichungswünsche nicht erfüllt werden.

Isabell befindet sich somit in der prekären Lage, dass sie weder über ein dauerhaft gesichertes Einkommen verfügt, noch dass sie sich mit ihrer Tätigkeit in besonderem Maße identifizieren kann. Die Protagonistin ist sich jedoch über der ökonomischen Notwendigkeit ihres Zuverdienstes für die Kleinfamilie bewusst. Die Angst, dass ihr befristeter Vertrag von ihrem Arbeitgeber nicht verlängert wird, verstärkt sich durch den Umstand, dass ihre Hände beim Cellospielen aufgrund eines psychischen Leidens zu zittern beginnen.[1388] Je mehr sie jedoch gegen die Symptome ankämpft, als desto belastender empfindet sie den Druck, bei den abendlichen Veranstaltungen die geforderten Leistungen erbringen zu müssen. Isabell „spürt das Mitleid und das Erstaunen der anderen, mit jedem Ton"[1389] und spielt „wie unter einer Glasglocke."[1390] Sie hat „den Klang verloren, und die Leichtigkeit."[1391] Die berufliche Situation der Protagonistin ist somit geprägt von dem Kampf um eine Verlängerung ihres Arbeitsvertrages, bei dem sie sich gegen die Konkurrenz ihrer Ensemblekolleg_innen durch herausragende künstlerische Leistungen durchsetzen muss. Das Prüfungsformat der hier beschriebenen Auswahlprüfung ist unklar, und Gerechtigkeitsprinzipien, die beispielweise junge Mütter für eine Weiterbeschäftigung unter besonderen Schutz stellen, sind nicht vorhanden. Keine der Musiker_innen weiß, unter welchen Rahmenbedingungen eine Weiterbeschäftigung erfolgt. Die Bewährungsprobe

1386 Vgl. Ebd., S. 101 f.
1387 Ebd., S. 14.
1388 Vgl. z.B. Ebd., S. 10.
1389 Ebd., S. 17.
1390 Ebd., S. 18.
1391 Ebd.

nimmt auf diese Weise Züge der Kraftprobe an, da keine Institution regulierend auf ihre Rahmenbedingungen einwirkt.

Die Situation der jungen Mutter erschwert sich zusätzlich dadurch, dass sie gemäß der elterlichen Arbeitsteilung, die ihr das Zuverdienermodell abverlangt, zu einem großen Teil die Sorgearbeit für ihren Sohn Matti übernimmt, der sich zum Zeitpunkt der Handlung im Kleinkindalter befindet. Diese Pflichten können mit Dörre als „Auswahlprüfungen des Privaten“[1392] beschrieben werden: „Sie erstrecken sich auf die Verteilung von Reproduktionstätigkeiten, den ‚zweiten Arbeitstag‘ nach der Erwerbsarbeit, den noch immer vorwiegend Frauen zu leisten haben, und sie entzünden sich an Geschlechterkonstruktionen und der Kompatibilität von Lebensstilen.“[1393]

Die psychischen und zeitlichen Anforderungen, die mit den elterlichen Fürsorgepflichten einhergehen, werden in Bilkaus Roman anschaulich geschildert. Isabell hadert vor allem damit, ihre beruflichen Anforderungen und ihre Fürsorgetätigkeit miteinander zu vereinbaren. „Seit es Matti gibt“[1394], so erklärt die Erzählinstanz, „fallen ihr abends die Augen zu“[1395], in ihrer Tätigkeit als Cellistin muss sie aber morgens „wieder hellwach sein.“[1396] Statt mit ihren Kolleg_innen nach Feierabend durch die Nachtclubs der Theater zu ziehen, „wo ihnen die Bühne gehört, wo sie das spielen dürfen, was sie wirklich wollen“[1397], eilt Isabell nach Hause, wo sie „auf den Schlaf warten“[1398] wird und weiß, „dass Matti sie bald rufen wird, selten schafft er mehr als drei oder vier Stunden am Stück ohne aufzuwachen.“[1399] Die Mutterrolle bildet somit einen weiteren Konflikt, der den künstlerischen Selbstverwirklichungsvorstellungen der Protagonistin entgegensteht, da Isabell nicht einmal in ihrer Freizeit ihren musikalischen Ambitionen nachgehen kann. Der konkurrenzbesetzten Auswahlprüfung, die durch die ungewisse Arbeitsplatzsituation konstituiert wird, steht zudem konfligierend entgegen, dass Isabell tagsüber für die abendlichen Konzerte

1392 Dörre, Macht, S. 398.
1393 Ebd.
1394 Bilkau, Die Glücklichen, S. 11.
1395 Ebd.
1396 Ebd.
1397 Ebd.
1398 Ebd.
1399 Ebd., S. 11 f.

auf ihrem Cello üben muss, um das Prüfungsformat der Vertragsverlängerung erfolgreich absolvieren zu können. Da sie sich in dieser Zeit jedoch gleichzeitig um ihren Sohn kümmern muss, kann sie dieser Aufgabe kaum nachkommen: „Sie hebt das Cello vom Boden, setzt sich und beginnt zu spielen. Doch der Klang kommt gegen das Weinen im Kinderzimmer nicht an.“[1400] Die psychischen Belastungen, die aus dem Druck der Bewährungsprobe auf der jungen Mutter lasten, sind für die Protagonistin mitunter unerträglich:

> Denn sie hat es doch selbst schon in den Händen gespürt, wollte zugreifen und packen, wenn Matti sie nicht eine Stunde schlafen ließ, Nacht für Nacht, wenn Georg auf Reisen war und ihr nicht helfen konnte, Schlafentzug öffnet dunkle Gebiete. Sie ließ den Druck an Gegenständen aus, Tritte gegen den Sessel, die dumpf ins Leder stießen, oder gegen den Wäscheständer, der krachend zusammenbrach, wie dumm, einen Wäscheständer zu treten, wie ergiebig auch, weil es Lärm macht.[1401]

Die Erschöpfung der jungen Mutter ist mitunter so groß, dass sie sich in Gewaltfantasien gegenüber ihrem Sohn flüchtet oder ihre inneren Spannungen, die sie aufgrund der aufgebürdeten Verpflichtungen empfindet, an Gegenständen der Wohnung auslässt. Dies geschieht vor allem in Zeiten, in denen ihr Mann Georg geschäftlich auf Reisen ist und sie nicht unterstützen kann. In dieser Konstellation zeigt sich auch die geschlechterspezifische Ungerechtigkeit des Zuverdienermodells, da es Georg als Hauptverdiener der Familie erlaubt ist, seinen Selbstverwirklichungsansprüchen, die mit seinem Beruf als Journalist verbunden sind, nachzugehen.

Tatsächlich ist aber auch Georgs berufliche Situation von Unsicherheiten und Zweifeln geprägt. Galt der Journalismus lange Zeit als Berufsfeld, auf dem ein gesicherter sozialer Status und der Wunsch nach Selbstverwirklichung sich nicht per se ausschließen, hat sich das Berufsfeld in den vergangenen Jahren stark gewandelt. So plagen auch den Protagonisten Zukunftssorgen, die maßgeblich mit geplanten Umstrukturierungsprozessen in seinem Verlagshaus zusammenhängen. Bilkaus Roman greift damit die aktuelle Krise des Journalismus auf: Seit einigen Jahren sieht sich das Berufsfeld mit tiefgreifenden Veränderungen konfrontiert, die vor allem mit

1400 Ebd., S. 33.
1401 Ebd., S. 60.

Digitalisierungsprozessen und dem Aufkommen sozialer Medien in Verbindung stehen. In den vergangenen Jahren hat sich dies in signifikanter Weise auf die Arbeitsbedingungen und die kulturelle Bedeutung des Journalismus in der Gesellschaft ausgewirkt.[1402]

Die Veränderungen des Berufsfeldes werden in Bilkaus Roman vornehmlich in ihren Auswirkungen auf die Arbeitssubjekte geschildert. Längst wird Georgs Tätigkeitsfeld nicht mehr nur von journalistischen Aufgaben bestimmt, vielmehr muss er sich mit Werbekunden herumschlagen,[1403] viele qualifizierte Mitarbeiter_innen seiner Zeitung werden nur noch als studentische Hilfskräfte bezahlt.[1404] Als es zu Serverproblemen in der Redaktion kommt, zeigt sich deutlich, dass das Blatt „technisch hinterher"[1405] hinkt, was Georg als „schlagartige Entblößung ihrer maroden Autorität"[1406] empfindet. Dem Protagonisten wird der „Überdruss bewusst"[1407], den er empfindet. Da Georgs Arbeitgeber nicht ausreichend auf den digitalen Wandel reagiert und die Auflagenzahlen seiner Zeitung sinken, beginnt auch Georgs Selbstidentifikation mit der Rolle des Journalisten zu erodieren.

Ähnlich wie im Fall von Isabell kündigt sich im ersten Teil der Handlung drohend die Entlassung des Protagonisten an. Auch hier kann die Situation als uneindeutige Bewährungsprobe aufgefasst werden, da die Mitarbeiter_innen der Zeitung im Unklaren darüber gelassen werden, wer von ihnen seine Anstellung verlieren wird, wenn es zu Stellenstreichungen innerhalb der Belegschaft kommt. Der erste Teil der Handlung von „Die Glücklichen" ist somit in hohem Maße durch ein soziales Bedrohungsszenario gekennzeichnet, das sich maßgeblich auf die Uneindeutigkeit des postfordistischen Wettkampfprinzips gründet. Die Protagonist_innen entwickeln dabei zunächst nur ein subtiles Unbehagen und leben in der Hoffnung, dass sie ihren Status quo erhalten können.

1402 Vgl. Fähnrich, Birte: „Journalismus im digitalen Zeitalter". Online abrufbar unter: https://www.wissenschaftskommunikation.de/journalismus-im-digitalen-zeitalter-22617/, zuletzt geprüft am 01.02.2021.

1403 Vgl. Bilkau, Die Glücklichen, S. 26 f.

1404 Vgl. Ebd., S. 40.

1405 Ebd., S. 41.

1406 Ebd.

1407 Ebd.

Neben den hier beschriebenen beruflichen Unsicherheiten, die das Paar durchlebt und die vor dem Hintergrund ihrer verantwortungsvollen Elternrolle umso bedrohlicher erscheinen, gestaltet sich darüber hinaus auch ihre Wohnsituation als problematisch, da Georg und Isabell in einem von Gentrifizierungsprozessen betroffenen Szeneviertel in Berlin leben. Gentrifizierung bedeutet, so Antje Schlottmann und Jeannine Wintzer, „einen sozioökonomischen Aufwertungsprozess von Stadtvierteln, der mit gleichzeitiger Verdrängung von einkommensschwachen Bevölkerungsgruppen einhergeht.“[1408] Bezugnehmend auf Untersuchungen Jens Dangschats[1409] kann Gentrifizierung als dreistufiges Modell veranschaulicht werden, wie die Autor_innen verdeutlichen:

> In der Invasionsphase I und II ziehen Kreative wie Künstler, Start-ups oder Studierende (Pioniere) in ein mietgünstiges Viertel und beleben dieses durch Szenetreffs, Künstlerwerkstätten sowie eine wachsende Bar- und Kneipenkultur. Das Quartier wird infolgedessen zum Geheimtip und die Neubelebung verdränge im Zuge steigender Mietkosten statusniedere Bewohner wie Arbeitende, Alte und Personen aus dem Ausland. Gleichzeitig erfolge ein Imagewechsel des Quartiers, der dann wiederum sogenannte Gentrifier, Mitglieder einer städtischen Mittelschicht, anziehe. Sie verdrängen aufgrund größerer wirtschaftlicher Kraft ihrerseits die Pioniere (Phase III der Pioniere, Phase I der Gentrifier).[1410]

Da in den genannten Prozessen Lebensstile eine wichtige Rolle spielen, so kann mit Thilo Eichenberg konstatiert werden,

> entscheidet sich etwa, wo ein Händler einen Naturkostladen eröffnet, ob sich eine alteingesessene Eckkneipe halten kann, oder wer in ein bestimmtes Wohnviertel zieht. Die spezifische Nachfrage der sich ansiedelnden Bevölkerung zieht dabei auch besondere Angebote vor Ort nach sich, etwa Asia-Märkte oder Yoga-Kurse.[1411]

1408 Schlottmann, Antje / Wintzer, Jeannine: *Weltbildwechsel. Ideengeschichte geographischen Denkens und Handelns*. Haupt: Bern 2019, S. 370.

1409 Vgl. z. B. Dangschat, Jens: „Gentrification. Der Wandel innenstadtnaher Wohnviertel“. In: *Kölner Zeitschrift für Soziologie und Sozialpsychologie*, Sonderheft 29, 1988, S. 272–292.

1410 Schlottmann / Wintzer, Weltbildwechsel, S. 370.

1411 Eichenberg, Thilo: *Lebensstil und urbane Segregation. Neukonzeption sozial-räumlicher Analysemethoden und empirische Umsetzung am Beispiel Hamburg*. Dissertation zur Erlangung des Doktorgrades der Philosophie im Fachbereich Sozialwissenschaften der Universität Hamburg. Universität

Isabell und Georg, die zu den alteingesessenen Anwohnern des Stadtviertels zählen, nehmen die tiefgreifenden Veränderungen in ihrer Wohngegend detailliert wahr, obwohl sie selbst in hohem Maße an den distinktiven Konsumgewohnheiten der Bewohner_innen partizipieren. So wurden die Häuser in ihrer Straße über die Jahre „nach und nach herausgeputzt"[1412], das Straßenbild wird von Feinkostläden dominiert, „daneben das kleine Geschäft, in dem es überteuerte, schöne Dinge gibt; Rosenseife aus Portugal, Alpaka-Decken aus Norwegen, Strickpullis einer südfranzösischen Manufaktur."[1413] Die Anwohner_innen kaufen handgemachte Brötchen, „bis vor die Ladentür stehen die Leute Schlange."[1414] Die Beschreibung lebensstilistischer Merkmale der Anwohnerschaft und ihres Konsumverhaltens verweist auf die gut situierte urbane Mittelschicht. Im Laufe der Handlung wird auch das Wohnhaus von Georg und Isabell saniert, was das Gefühl der Protagonist_innen, in sozialer Unsicherheit zu leben, noch einmal verstärkt.[1415]

Aus der latenten sozialen Bedrohungslage, die sich aus der unsicheren Arbeitssituation, ihrer Verantwortung als Eltern und ihrer unsicheren Wohnlage ergibt, entwickelt sich sukzessive ein realer sozialer Abstieg, der das Paar in die Zone der Prekarität führt. Zudem stirbt Georgs Mutter, die einen Kredit hinterlässt, was die Situation noch einmal verschärft.[1416] Infolge des Verlustes ihres sozialen Status, der sich zunächst vor allem durch Einsparungen in ihrem Konsumverhalten bemerkbar macht[1417], fühlen sich die Protagonist_innen mehr und mehr von ihrer sozialen Umgebung ausgeschlossen.[1418] Georg findet bis zum Ende der Handlung keine neue Stelle als Journalist und auch Isabell kann keine neue Anstellung als Cellistin erlangen.[1419] Ähnlich wie in den bereits vorangegangenen Analysen deutscher

---

Hamburg 2010, S. 184. Online abrufbar unter: https://ediss.sub.uni-hamburg.de//volltexte/2010/4777/pdf/lebensstil-und-urbane-segregation.pdf, zuletzt geprüft am 01.02.2021.

1412 Bilkau, Die Glücklichen., S. 9.

1413 Ebd., S. 9 f.

1414 Ebd., S. 19.

1415 Vgl. z. B. Ebd., S. 128 f.

1416 Vgl. Ebd., S. 291.

1417 Vgl. z. B. Ebd., S. 204.

1418 Vgl. z. B. Ebd., S. 200 f.

1419 Vgl. Ebd., S. 295 ff.

Prekaritätsromane scheitern die Protagonist_innen an den Bewährungsproben, die ihnen ihre berufliche und private Situation auferlegt. Wie in den folgenden Abschnitten meiner Analyse zu zeigen sein wird, versucht Bilkaus Roman jedoch einer desillusionären Perspektive zu entgehen, indem er die Bewältigung prekärer Lebens- und Arbeitsverhältnisse auf die Privatsphäre überträgt.

9.3 Prekarität im familiären Mikrokosmos – „Die Glücklichen“ als Familienroman

Die Prekaritätserfahrungen der Figuren sind in Bilkaus Roman in hohem Maße auf den familiären Mikrokosmos konzentriert, der sich infolge des sozialen Abstiegs des Paares und der damit einhergehenden Beziehungskrise aufzulösen droht. Die Fokussierung des Romans auf das Private der Familie rückt „Die Glücklichen“ in die Nähe des im 19. Jahrhundert populär gewordenen Familienromans. Heide Lutosch konstatiert als maßgebliches Charakteristikum des Genres die Positionierung der Romanfamilie als „‚Spiegel‘ der Gesellschaft, als ‚Wiederholung‘ des übergeordneten Gemeinwesens im Kleinen als ‚Mikrokosmos‘ im strukturgleichen Makrokosmos des gesellschaftlich-geschichtlichen Ganzen‘ “[1420]. Der Familienroman verhandelt dabei häufig soziale Fragen und entsteht oft in Zeiten, die von politischen Restriktionen gekennzeichnet sind. Als populäre Beispiele können hier etwa Theodor Fontanes (1819 – 1898 „Effi Briest“[1421] (1894) oder Thomas Manns (1875 – 1955) „Buddenbrooks“[1422] (1901) genannt werden.[1423] Aber auch in den sozialen Romanen des Naturalismus wurde das Genre vielfach aufgegriffen. So z. B. in Zolas „Das Glück der Familie Rougon“[1424] (1871) oder in Max Kretzers Roman „Die Verkommenen“,

1420 Lutosch, Heide: *Ende der Familie – Ende der Geschichte. Zum Familienroman bei Thomas Mann, Gabriel García Márquez und Michel Houellebecq.* Bielefeld: Aisthesis Verlag: Bielefeld 2007, S. 9.

1421 Fontane, Theodor: *Effi Briest.* Boerverlag: Tegernsee 2020.

1422 Mann, Thomas: *Buddenbrooks*, 57. Auflage. Fischer: Frankfurt am Main 2008.

1423 Vgl. Müller, Silke / Wess, Susanne: *Studienbuch Neuere deutsche Literaturwissenschaft 1720–1848*, 2. Auflage. Königshausen und Neumann: Würzburg 1999, S. 81.

1424 Zola, Émile: *Das Glück der Familie Rougon.* Rütten und Loening: Berlin 1981.

den ich im literarhistorischen Teil meiner Studie bereits exemplarisch angeführt habe. So ist es mit Sigrid Löffler Aufgabe der Familienromane, „das große gesellschaftliche Ganze abzubilden“[1425], was ihnen aber nur „im Bilde des Privaten und Intimen, also der Familie“[1426] gelingt, wie die Autorin konstatiert.

Ähnlich wie Zelters „Schule der Arbeitslosen“ folgt Bilkaus Roman implizit der Vorstellung, dass prekäre Lebens- und Arbeitsverhältnisse mit „einer Erosion des *männlichen Normalarbeitsverhältnisses* bei gleichzeitiger Ausweitung *atypischer Beschäftigungsformen*“[1427] gleichzusetzen sind. Die fordistische Vergangenheit erscheint dementsprechend als Sehnsuchtsort, die in den introspektiven Erinnerungen der Protagonist_innen häufig der prekären Gegenwart der Textwelt positiv gegenübergestellt wird. Dabei handelt es sich jedoch nicht um den Versuch eines analytischen Verstehens sozioökonomischer Gegebenheiten als vielmehr um einen wehmütig in die Vergangenheit gerichteten Blick, der untrennbar mit den Kindheitserinnerungen der Figuren verbunden ist und dadurch in hohem Maße auf der Ebene subjektiver Empfindungen verbleibt. „Vor allem im romantisierenden Rückblick“[1428], so Stefan Wellgraf,

> steht Fordismus für ein Lebensmodell, das mit gesicherten Arbeitsplätzen, stabilen Familienverhältnissen und relativem Wohlstand assoziiert wird. Das fordistische Zukunftsversprechen wurde zwar historisch nie vollständig eingelöst und war in vielerlei Hinsicht schon zu seiner Zeit anachronistisch. Dennoch prägt das damit verbundene Ideal von Normalität auch über die historische Epoche des Fordismus hinaus kulturelle Vorstellungen von Zukunft. In neoliberalen Zeiten, in denen Arbeits- und Lebensverhältnisse als besonders prekär wahrgenommen werden, erlebt es derzeit wieder eine eigentümliche Renaissance.[1429]

1425 Löffler, Sigrid: „Geschrumpft und gestückelt, aber heilig. Familienromane I: Sie haben überlebt, aber von ihrem Ende können sie noch lange zehren. Anmerkungen zur immergrünen Gattung der Generationen-Saga“. In: *Literaturen 5 (6)*, 2005, S. 25.

1426 Ebd.

1427 Motakef, Prekarisierung, S. 7.

1428 Wellgraf, Stefan: „Cruel Optimism. Träume am Ende der Zukunft”. In: *Hamburger Journal für Kulturanthropologie* 5 (3), 2019, S. 46. Online abrufbar unter: https://journals.sub.uni-hamburg.de/hjk/article/view/1434, zuletzt geprüft am 01.02.2021.

1429 Ebd.

Die von Wellgraf angeführte „eigentümliche Renaissance“ kann auch mit Blick auf Bilkaus Roman konstatiert werden. So stellt sich Isabell etwa bildhaft vor, wie das Leben in ihrem Stadtteil in früheren Zeiten ausgesehen haben muss,

> als es einen Milchmann gab, einen Kaufmannsladen, einen Kohlehändler, und als im Winter Eisblumen an den Fenstern wuchsen. Die Augen der Floristin glänzten, als würde sie sich und ihren Laden einfach nur wunderbar finden. Sie trug eine weiße Baumwollschürze mit einer Spitzenbordüre am Ausschnitt.[1430]

Die Aufzählung der einzelnen Geschäfte suggeriert eine Ordnung, die den sozialen und ökonomischen Erosionsprozessen der prekären Gegenwart mit ihren arbeitsweltlichen Auflösungserscheinungen antithetisch entgegengestellt wird. Nicht ökonomische Interessen stehen bei der Blumenverkäuferin in Isabells Vorstellung im Vordergrund, sondern die Selbstidentifikation mit ihrer Tätigkeit, was von der intern fokalisierten Erzählinstanz durch ihre „glänzenden Augen“ und die Beschreibung ihres äußeren Erscheinungsbildes sprachlich hervorgehoben wird. Demgegenüber zeichnet sich der reale Blumenladen in Isabells Nachbarschaft durch überteuerte Preise aus. Nicht die bloße Freude an der Arbeit steht hier im Vordergrund, sondern das Streben nach ökonomischem Gewinn:

> Auf einem Tisch neben der Kasse standen kleine Töpfe, darin Pflanzen mit gelben Blüten, Butterblumen, wie lange hatte sie keine mehr gesehen, *Scharfer Hahnenfuß, 3 Euro*, stand auf einem Schild, das an einem Stäbchen in der Erde eines der Töpfe steckte, so hießen sie also unter Floristen. Als Kind hatte sie Butterblumen auf Kuhwiesen oder auf Deichen, wo Schafe grasten, gepflückt und achtlos wieder fallen lassen oder einer Kuh unters Maul gehalten.[1431]

Die Erinnerungspassagen des Romans beziehen sich, wie in dem exemplarisch angeführten Textausschnitt, meist auf die Kindheit der Protagonist_innen.[1432] Die Familie wird auf diese Weise zum generationenübergreifenden Bezugspunkt für die Figuren, an dem sie die postfordistischen Transformationsprozesse der letzten Jahrzehnte emotional evaluieren. In „Die Glücklichen“ sind dabei die Spuren der fordistischen Vergangenheit stets sichtbar, dabei jedoch immer im Verfall begriffen, was vor allem in der Beschreibung

1430 Bilkau, Die Glücklichen, S. 21.
1431 Ebd.
1432 Vgl. z. B. Ebd., S. 37.

von Räumen und Gebäuden[1433] an der Textoberfläche ersichtlich wird. So besaßen Georgs Eltern einen Elektroladen, den die Mutter des Protagonisten nach dem Tod ihres Mannes als Wohnraum nutzt. Die Beschreibung des Geschäfts ist in hohem Maße semantisiert und verweist auf den Niedergang des alten Mittelstandes:

> Die blassgelben Plastikbuchstaben *Radio und Fernsehen* an der Fassade sind schmutzig und an den Metallrändern verrostet. Über der Tür baumelt die Plakette mit dem feierlichen Hinweis *40 Jahre*, *1961 bis 2001*, ein Lorbeerkranz umschließt die Jahreszahlen.[1434]

Der Elektroladen, den Georgs Eltern noch während der kurzen Periode des sogenannten Wirtschaftswunders eröffnet haben, erscheint wie aus der Zeit gefallen. Die Jahreszahlen „*1961 bis 2001*“ verweisen auf das flächendeckende Aufkommen von Elektronik-Discountern, die kleinere Elektronikhändler nach und nach aus dem wirtschaftlichen Leben verdrängt haben. Der Roman folgt in der sentimentalen Beschreibung ökonomischer Erosionsprozesse einer „kapitalistisch[en] Mythologie der Nachkriegszeit“[1435], die einen „‚freundlichen Kapitalismus‘“[1436] und „Wohlstand für alle“[1437] propagierte, wie mit Seeßlen und Metz konstatiert werden kann. „Vor allem Radio- und Fernsehtechniker, Kraftfahrzeugmechaniker, Elektroinstallateure sowie Sanitär- und Heizungstechniker“[1438], so Abelshauser,

> profitierten von dem 1956 mit Macht einsetzenden Konsumboom. Durch Steuervergünstigungen noch gefördert, wuchsen die Durchschnittseinkommen der Selbstständigen entsprechend. Gleichzeitig beschleunigte die Hochkonjunktur den Strukturwandel im Einzelhandel und im Handwerk und stabilisierte dadurch die Position des Mittelstandes zusätzlich.[1439]

In gleichem Maße wie Georg den ökonomischen Verfall des Mittelstandes beklagt, der sich maßgeblich aufgrund staatlicher Unterstützungsmaßnahmen herausbilden konnte, folgt die Figur postfordistischen Prinzipien, die

---

1433 Vgl. z. B. Ebd., S. 39.
1434 Ebd., S. 45.
1435 Seeßlen / Metz, (Sur)realismus, S. 88.
1436 Ebd.
1437 Ebd.
1438 Abelshauser, Wirtschaftsgeschichte, S. 330.
1439 Ebd.

das Gebot individueller Verantwortung zur obersten Maxime erheben. So erinnert sich der Protagonist, dass sein Vater sich bis zum Schluss „mit störrischer Überzeugung gegen das Ende des Geschäfts gewehrt“[1440] hatte. Georg wirft ihm das individuelle Unvermögen vor, nicht früh genug auf die neuen Anforderungen des Marktes reagiert zu haben:

> Er hätte nur einmal durch einen Elektrodiscounter spazieren müssen, fünf Stockwerke erkunden, ein Meer von Fernsehern, Musikanlagen und endlose Bahnen von Waschmaschinen, Kühlschränken, Geschirrspülern und anderen Haushaltsgeräten durchwandern müssen. Dann hätte er die ganze Fülle des Angebots zu Kampfpreisen gesehen und sofort verstanden, dass er von nun an besser keine großen Warenmengen mehr bestellte.[1441]

Die Perspektive des Protagonisten folgt somit dem postfordistischen Gebot der „Selbstverantwortung“, wo das Gelingen oder Scheitern eines Lebensentwurfes einzig von der eigenen Fähigkeit abhängig ist, sich flexibel und anpassungsfähig auf sozioökonomische Veränderungen einzustellen. Diesem Paradigma entsprechend, bezieht auch Georg sein eigenes berufliches Scheitern auf individuelle Dispositionen, die ihm eine vorausschauende Berufswahl versagt haben: „Der Vorsatz, *er* würde, anders als sein Vater, aber *wirklich* alles richtig machen, war so rührend wie ein digital durchgenudeltes Thema, das ihn am Morgen darauf auf Papier anstrahlt.“[1442] Georg beginnt, sich in Anbetracht der arbeitsweltlichen Transformationsprozesse des journalistischen Berufsfeldes als „[z]u spät geborenen“[1443] zu empfinden. Sehnsüchtig blickt er zurück in jene Zeiten, in denen das Tätigkeitsfeld ein sicheres Einkommen und aussichtsreiche Zukunftsaussichten versprochen haben:

> Zu spät um an seinen Beruf glauben zu dürfen, ohne Angst vor Zahlen und Umstrukturierungen. Wie gut hatten die alten Kollegen es noch. Sie strahlten diese Sicherheit aus, den richtigen Job gewählt zu haben. Im Sommer ging‘s ins eigene Landhaus, Provence oder Toskana, und die Rente war auch komfortabel. Er fühlt sich jeden Tag ein wenig kleiner.[1444]

1440 Bilkau, Die Glücklichen, S. 269.
1441 Ebd., S. 272.
1442 Ebd., S. 271.
1443 Ebd., S. 123.
1444 Ebd.

Das Gefühl, seine prekäre Lage selbst verschuldet zu haben, ist bei dem Protagonisten allgegenwärtig. Als Georgs und Isabels Sommerurlaub infolge ihres Arbeitsplatzverlustes kleiner ausfällt als in den Jahren zuvor, empfindet Georg dies als „Gradmesser“[1445] für seinen sozialen Abstieg: „Der billige Urlaub ist ein Blick in den Spiegel oder eine tagelange Vergegenwärtigung der begrenzten Möglichkeiten.“[1446] In ihrem Urlaub spitzt sich der Beziehungskonflikt zwischen dem Paar zu, wodurch sich auch der Familienzusammenhang aufzulösen droht.[1447]

Berufliches Gelingen, Wohlstand und der familiäre Zusammenhalt sind in „Die Glücklichen“ eng miteinander verknüpft und gelten für die Protagonist_innen als Indikator für ein gelungenes Leben. Zwischen den anachronistischen Wünschen, Werten und Vorstellungen des Paares und den Gegebenheiten des wettbewerbsorientierten und flexiblen Kapitalismus offenbart sich dabei eine Diskrepanz, die zu psychischen Konflikten bei den Figuren führt. Die Konzentration auf das Individuelle und Private einer Familie der kosmopolitischen Mittelschicht, deren Leben durch die Bedingungen des Marktes aus den Fugen gerät, versperrt dem Roman gleichzeitig einen analytischen Blick, der gesellschaftliche Zusammenhänge in ihrer Komplexität zu erfassen versucht. Weder werden Prekaritätserfahrungen der unteren sozialen Klassen thematisiert, noch zum sozialen Abstieg des Paares in gesellschaftliche Relation gesetzt.

9.4 Multiperspektives Erzählen

Die Betonung des Subjektiven und Privaten in Bilkaus Roman wird noch einmal durch die interne Fokalisierung der jeweiligen Erzählinstanzen verstärkt, die stark auf die mentalen Prozesse der Protagonist_innen ausgerichtet sind. Diese Passagen werden zumeist in transponierter Figurenrede wiedergegeben, die zwischen einem mimetischen und einem diegetischen Modus angesiedelt ist, sodass die jeweilige Erzählinstanz hinter den Aussagen erkennbar bleibt. Eine Besonderheit des Romans ist in diesem

---

1445 Ebd., S. 157.
1446 Ebd.
1447 Vgl. Ebd., S. 156.

Zusammenhang die multiperspektivische Darstellung des Geschehens, die Möglichkeiten zur Transdifferenz eröffnet, wie Angela Walz feststellt:

> Zunächst bietet es eine Reihe von Positionen an, von denen aus die Subjekte über sich selbst, die Welt und andere Menschen nachdenken und einen Sinn zu erkennen versuchen. Diese Positionen können Ähnlichkeit haben, sie können aber auch einander widersprechen und sich so weit voneinander unterscheiden, dass ein gegenseitiges Verstehen ausgeschlossen ist.[1448]

Das Konzept der Multiperspektivität verweist auf den subjektiven Charakter von Wahrnehmungen, die Einsicht also, so Nünning und Nünning, dass „die Perspektive eines jeden wahrnehmenden Subjekts begrenzt ist und daß durch eine multiperspektivische Betrachtungsweise einer Sache ‚unser Begriff von dieser Sache, unsere Objektivität' umfassender und vielschichtiger werden"[1449]. Die Unterschiede in den Wahrnehmungen literarischer Figuren sind nicht zuletzt mit Blick auf Differenzkategorien wie Klasse, Geschlecht oder Ethnie von Interesse. So fragt die geschlechterkritische Narratologie mit Blick auf multiperspektivische Darstellungsverfahren „nach den bedeutungskonstituierenden Wechselbeziehungen zwischen den verschiedenen Perspektiven eines Textes"[1450]. Die multiperspektivische Darstellung der Textwelt und die damit verbundene Gegenüberstellung unterschiedlicher Sichtweisen kann auch im Hinblick auf eine erzählerische Gestaltung der Beziehung zwischen den Geschlechtern gestaltet sein.[1451] Dieser Aspekt ist auch für die Untersuchung von „Die Glücklichen" von Interesse, da das Zuverdienermodell, über das Georg und Isabell ihren

---

1448 Walz, Angela: *Erzählstimmen verstehen. Narrative Subjektivität im Spannungsfeld von Trans/Differenz am Beispiel zeitgenössischer britischer Schriftstellerinnen* (= Erlangen Studien zur Anglistik und Amerikanistik, Bd. 7.) Lit Verlag: Münster 2005, S. 62 f.

1449 Nünning, Ansgar / Nünning, Vera: „Von‚der' Erzählperspektive zur Perspektivenstruktur narrativer Texte: Überlegungen zur Definition, Konzeptualisierung und Untersuchbarkeit von Multiperspektivität". In: *Multiperspektivisches Erzählen: Zur Theorie und Geschichte der Perspektivenstruktur im englischen Roman des 18.–20. Jahrhunderts.* WVT: Trier 2000, S. 3.

1450 Allrath, Gabi/ Surkamp, Carola: „Erzählerische Vermittlung, unzuverlässiges Erzählen, Multiperspektivität und Bewusstseinsdarstellung." In: Nünning / Nünning (Hrsg.): *Erzähltextanalyse*, S. 160.

1451 Vgl. Ebd., S. 165.

Lebenszusammenhang strukturieren, Abhängigkeiten und Verpflichtungen zwischen den Protagonist_innen konstituiert, die sich auch in den unterschiedlichen Wahrnehmungsweisen und Empfindungen der Figuren niederschlagen. So ist die Präsentation der mentalen Vorgänge Georgs häufig durch einen parataktischen Satzbau und den Verzicht auf gefühlsbeschreibende Adjektive gekennzeichnet, was ihn über weite Teile der Handlung als eher rationalen und kalkulierenden Denker in Erscheinung treten lässt. Der Roman folgt dabei zugleich einem stereotypen Geschlechterbild, demnach Männer weniger von ihren Emotionen beherrscht seien als Frauen: „Hegemoniale Männlichkeit"[1452] so Robert W. Connel, „bezieht einen Teil ihrer Vorherrschaft aus dem Anspruch, die Macht der Vernunft zu verkörpern, und somit die Interessen der Gesamtgesellschaft zu verkörpern."[1453] Diese auf das gesellschaftliche Gemeinwohl bezogene geschlechterstereotype Haltung zeigt sich anhand des Protagonisten auch im Kleinen der Familie. Georg ringt im Laufe der Handlung um Möglichkeiten, die prekäre Lage der Familie zu verbessern, ohne sie jedoch mit seiner Frau Isabell zu besprechen:

> Die Anstellung ließe sich nicht mit Isabells und seinem Lebenskonzept vereinbaren. Die Redaktion liegt zu weit außerhalb, das Pendeln wäre zu teuer bei der Bezahlung. Sie müssten dort leben. Er stellt es sich vor: Dort, in einer beliebigen Kleinstadt, in einem kleinen Haus zu wohnen, das höchstwahrscheinlich einen Spottpreis an Miete kosten würde. Eine Möglichkeit, die ihnen theoretisch offensteht.[1454]

Dem binären Geschlechterkonzept entsprechend, tritt Isabell in der erzählerischen Introspektion als ungleich emotionaler in Erscheinung, was sprachlich in einem hypotaktischen Satzbau und einer Betonung ihrer Sehnsüchte und Ängste zum Ausdruck kommt. Dabei spielt sie auch mit dem Gedanken, infolge der Beziehungskrise Georg zu verlassen und einen Neuanfang zu wagen:

> Es ist wie ein Sog zu etwas Vertrautem hin, Matti, wir zwei, du und ich, ein Verlangen, es zu versuchen, ein Überfluss an Liebe und Sehnsucht, in dem sie Matti

---

1452 Connel, Robert W.: *Der gemachte Mann. Konstruktion und Krise von Männlichkeit*, dritte Auflage. VS Verlag: Wiesbaden 2006, S. 185.
1453 Ebd.
1454 Bilkau, Die Glücklichen, S. 179.

> ertränken wird. Sie weiß doch, dass es zu nichts Gutem führen wird, sie kann ja nicht einmal sagen, wovon sie in ein paar Monaten leben will.[1455]

In dem exemplarisch angeführten Abschnitt kommt das ökonomische und soziale Abhängigkeitsverhältnis Isabells zu ihrem Mann deutlich zum Vorschein. Ihre Überlegungen, Georg aufgrund der angespannten Lage zu verlassen, laufen ins Leere, da sie nicht weiß, wie sie als alleinerziehende Mutter ihren Lebensunterhalt bestreiten soll. Zudem befürchtet sie, ihr Bedürfnis nach Nähe und Geborgenheit auf ihr Kind zu übertragen. In dieser Darstellung erscheint Georg gemäß dem binären Geschlechterbild als rationales Korrektiv, das den gemeinsamen Sohn vor den Gefühlen der Mutter schützt. Isabell ist auf diese Weise in doppelter Hinsicht, emotional wie finanziell, von ihrem Mann abhängig, was eine Trennung für sie ausschließt.

Auch die subjektiven Auswirkungen der sozialen Abstiegserfahrung unterscheiden sich bei den Protagonist_innen deutlich und werden in „Die Glücklichen" durch die wechselseitige multiperspektivische Darstellung akzentuiert. So fühlt sich Georg im Laufe der Handlung zunehmend als „Versager"[1456], da er seiner Funktion als Familienernährer nicht in gewohntem Maße nachkommen kann. Gleichzeitig wirft er Isabell vor, zu wenig für ihre eigene Arbeitssuche zu leisten. Isabell hingegen überkommt die Angst, als „Sozialhilfemutter"[1457] zu gelten, die nicht in der Lage ist, sich um das Wohl ihres Kindes zu kümmern. Die unausgesprochene Scham der Protagonist_innen voreinander und der damit einhergehende Beziehungskonflikt resultiert maßgeblich aus den unterschiedlichen Wahrnehmungsweisen des Paares und dem Unvermögen, diese dem jeweils anderen zu mitzuteilen. Ein besonderes Spannungsfeld im Alltag der arbeitslosen Protagonist_innen sind Bewerbungsgespräche, die zu keinem Erfolg führen:

> Sie sitzen am Küchentisch, Georgs Gesicht bleibt maskenartig ernst, sie bräuchte einen zugeneigten Blick von ihm, ein Lächeln wäre gut, oder eine winzige Regung als Zeichen, damit sie sich weniger schuldig fühlt. Schuld an etwas, das Georg ihr wortlos vorhält, während er Tee trinkt und ins Leere starrt. Seine Zusage hat sich zerschlagen, ein Anruf ließ sie in Enttäuschung, Wut und Angst zerspringen. Wie

1455 Ebd., S. 227.
1456 Ebd., S. 238.
1457 Ebd., S. 260.

seine Freude konnte Georg auch seine Ernüchterung nicht verbergen. Es sollte nicht sein, sagte er, als hätten sich nicht greifbare Kräfte gegen ihn verbündet.[1458]

Das Paar beginnt, das Verhalten des jeweils anderen als subtile Schuldzuweisung zu interpretieren, was zu einem gegenseitigen emotionalen Rückzug führt. So macht sich Isabell in zunehmendem Maße für Georg „unberührbar“[1459] und auch Georg merkt, „dass er gar keine Lust mehr hatte sie zu sehen.“[1460]. Das Gefühl des persönlichen Versagens ist es auch, das die Beziehungskrise zwischen den Protagonist_innen auslöst und die Stabilität des familiären Zusammenhangs ins Wanken bringt. In ihrer Beschäftigungslosigkeit verhalten sich Georg und Isabell wie die von Dörre beschriebenen „Als-Ob-Arbeiter“, deren Bewältigungsmodus ich bereits in der Analyse zu Zelters Roman „Schule der Arbeitslosen“ angeführt habe. Um die Fassade der Normalität aufrechtzuerhalten und einen strukturierten Arbeitsalltag zu imitieren, nimmt das Paar jede Gelegenheit wahr, um nicht an seine prekäre Lage erinnert zu werden:

Wie ein Paar, das zur Arbeit muss. Georg hält ihr die Tür auf, sie tritt auf die Straße, einen Termin zu haben, egal was, und sei es nur bei der Physiotherapie, gibt dem Vormittag eine Form, sie kann die alten Leute verstehen, die sich entlang ihrer Arztbesuche durch die Woche hangeln. Matti wird in die Kita gehen, wie ein Kind, dessen Eltern zur Arbeit müssen.[1461]

Das Paar wehrt sich gegen die Destrukturierung des Alltags, die mit der Arbeitslosigkeit einhergeht. Der Konflikt löst sich erst auf, als die Protagonist_innen am Ende des zweiten Teils der Handlung ihre soziale Situation akzeptieren und sich gegenseitig ihre Ängste eingestehen:

‚Du wolltest, dass wir in irgendein Kaff ziehen.‘
‚Das war Blödsinn und es tut mir leid. Eigentlich hätte ich längst in der Lage sein sollen, uns *hier* etwas Anständiges zu kaufen.‘
So ein Quatsch, denkt sie, ‚ja ja, sicher, und ich *ich* sollte eigentlich lange in einem Sinfonieorchester spielen.‘[1462]

1458 Ebd., S. 165.
1459 Ebd., S. 153.
1460 Ebd., S. 156.
1461 Ebd., S. 167.
1462 Ebd., S. 296.

Die wechselseitige multiperspektivische Darstellung des Geschehens findet in der direkten Rede zu einer Synthese, die die Versprechen der Ehe auch in schlechten Zeiten gegen den flexiblen Kapitalismus postfordistischer Ausprägung reaktiviert. Mit der gegenseitigen Aussprache der Protagonist_innen und dem Eingeständnis ihrer Ängste und Versagensgefühle können Georg und Isabell ihre prekäre Lage akzeptieren und beginnen sich emotional wieder gegenseitig anzunähern. Auf diese Weise können sie die fordistische Vergangenheit mit ihren traditionellen Familienstrukturen, der sie nachtrauern, zumindest in das Private retten, wobei sich die Lebensumstände der Protagonist_innen nicht verbessert haben. Der familiäre Mikrokosmos wird in Bilkaus Roman derart aus dem gesellschaftlichen Zusammenhang entkoppelt und als autonome Einheit gegen ein Leben in Unsicherheit und Zukunftslosigkeit gesetzt.

9.5 Selbstversorgung und Leugnung

Der Fixierung auf die individuelle Bewältigung prekärer Lebens- und Arbeitsverhältnisse entsprechend sowie dem Unvermögen der Protagonist_innen geschuldet, sich als Akteur_innen innerhalb übergeordneter gesellschaftlicher Prozesse reflektieren zu können, leistet der Roman keine aussagekräftige Kritik an den Gerechtigkeitsprinzipien der Prüfungsformate, die die Figuren im Laufe der Handlung durchlaufen müssen, um ihre Lebens- und Konsumstandards aufrechterhalten zu können. Im Fokus des Romans auf das subjektive Erleben der Figuren verhalten sich Georg und Isabell gegenüber ihrer prekären Lage passiv und werden wie Spielbälle von ihrem sozialen Abstieg erfasst. Werden in Geißlers Roman „Saisonarbeit“ organisierte und immanente Formen der Sozialkritik diskutiert und metafiktional erprobt und zielt Zelters „Schule der Arbeitslosen“ sowie Khiders „Ohrfeige“ und Geißlers „Saisonarbeit“ auf eine (immanente) Kritik sozialpolitischer Institutionen, flüchten sich Georg und Isabell in eskapistische Ausstiegsfantasien bzw. die vollständige Leugnung ihrer sozialen Lage, um ihre Lebensumstände lebbar zu gestalten, wie nachfolgend exemplarisch veranschaulicht werden soll.

Je bedrohlicher Georg seine Arbeitssituation empfindet, desto intensiver beginnt er darüber nachzudenken, ein Leben abseits der Stadt zu führen und sich dort von allen ökonomischen Zwängen unabhängig zu versorgen. Als er für seine Zeitung einen Aussteiger interviewt, der nach einer Firmenpleite auf einem Bauernhof lebt und sich infolgedessen einen selbstversorgenden Lebensstil angeeignet hat, kann sich der Protagonist der Idee in Anbetracht der drohenden Umstrukturierungen seiner Zeitung kaum entziehen:

> ‚Gibt es etwas, das du vermisst, seitdem du hier lebst?‘
> Björn schaut ihn geradewegs an, ‚Freunde nicht. Die Arbeit nicht. Das Nachtleben auch nicht.‘ Er überlegt weiter. ‚Du merkst, ich kann dir nur sagen, was ich nicht vermisse. Im Prinzip vor allem – dieses allgegenwärtige Vergleichen. Mich mit den anderen, und umgekehrt. Das bin ich los. Und daraus ergibt sich der Rest.‘
> ‚Was meinst du mit *Rest*?‘
> ‚Daraus ergibt sich, dass ich mir nichts mehr kaufen muss. Um dem Vergleich standzuhalten.‘[1463]

Zwar misstraut Georg diesem „Zauber“[1464], dennoch kann er sich „von dem Verlangen, genauso zu leben, nicht losmachen.“[1465] Mit der Figur des im Arbeitsleben gescheiterten Aussteigers greift der Roman die gegenwärtigen Minimalismus- und Selbstversorgerdiskurse auf, die einen möglichst konsumarmen und autarken Lebensstil als Gegenentwurf zum Leistungsdruck des postfordistischen Kapitalismus propagieren[1466]: „Die grüne Variante der Luxese“[1467], so Seeßlen und Metz,

> leben die ‚Lohas‘, die Personen, die einen ‚Lifestyle of Health und Sustainability‘ pflegen, die mithin an Gesundheit und Nachhaltigkeit dessen interessiert sind, was sie konsumieren. Das Marketing hat diesen Konsumententyp längst entdeckt und spricht ihn sehr gezielt an. Es sind in aller Regel eher Besserverdienende, die gern in Bio-Läden einkaufen und Urlaub auf dem Bauernhof machen. Gewissermaßen eine Hardcore-Variante der Lohas bilden die ‚Lovos‘ (‚Lifestyle of Voluntary Simplicity‘). Diese Gruppe sucht nicht mehr nur einen (oft durchsichtigen) Kompromiss zwischen Konsumlust und Umweltbewusstsein, sondern verlangt nach eindeutigen Wirkungen, die zumindest partiellen Konsumverzicht bedeuten […].[1468]

1463 Ebd., S. 94.
1464 Ebd., S. 92.
1465 Ebd.
1466 Siehe z. B. Hehn, Svea / Hehn, Arist: *Achtsamkeit in Beruf und Alltag*, 2. Auflage. Haufe: Freiburg 2018.
1467 Seeßlen / Metz, (Sur)realismus, S. 197.
1468 Ebd.

Dieser Rückzug aus der Konsumgesellschaft kann, wenn er unter prekären Bedingungen geschieht, auch als immanente Kritik gewertet werden, mit denen sich Individuen dem System der permanenten Auswahlprüfungen entziehen. Prekarität wird auf diese Weise zu einem attraktiven Lebensmodell umgedeutet, wobei der Glaube an die Veränderbarkeit gesellschaftlicher Strukturen, beispielsweise durch den kollektiven Zusammenschluss in gewerkschaftlichen Zusammenhängen, keine Rolle spielt. Georg beginnt sich im Laufe der Handlung obsessiv mit einem selbstversorgenden Lebensstil zu beschäftigen, was auf das Gefühl der Ohnmacht und der Handlungsunfähigkeit verweist, die mit prekären Lebenslagen einhergehen: „Jetzt wieder ein Browserfenster zu öffnen und auf die Suche zu gehen, ob jemand da draußen mehr weiß über ihre Zukunft als sie hier drinnen, verbietet er sich. Stattdessen schaut er sich Landhäuser in Italien an, Toskana, Kalabrien."[1469] Georg sehnt sich „nach einem Ort, den ihm niemand wegnehmen wird"[1470], und malt sich in seiner Fantasie ein autarkes Leben in der Natur aus:

> Mit schweren Stiefeln stapft er zu einem Schuppen, um eine Axt zu holen und Holz zu hacken. Dort, in diesem Leben, ist er geübt im Holzhacken. Er hat einen gutmütigen Hund dabei, der Matti überragt, wie ein großer Bruder. Vor der offenen Hintertür steht Isabell auf der Treppe.[1471]

Die eskapistischen Fantasien des Protagonisten offenbaren den Wunsch nach einem einfachen und sorglosen Leben außerhalb kapitalistischer Lebens- und Arbeitszusammenhänge. Zugleich reaktivieren sie ein traditionelles Geschlechterbild: Georg tritt in seinen Vorstellungen eindeutig als männlicher Familienernährer in Erscheinung, der geschlechtlich konnotierte Tätigkeiten wie Holzhacken außerhalb der häuslichen Sphäre übernimmt, während seine Frau Isabell sich um Haushalt und Kind kümmert, was in dem Textausschnitt dadurch angedeutet wird, dass sie auf ihren Mann „auf der Treppe" wartet.[1472] Zwar kann Georg seine Vorstellungen von einem autarken Leben schon aus ökonomischen Gründen nicht erfüllen,

---

1469 Bilkau, Die Glücklichen, S. 114 f.
1470 Ebd., S. 237.
1471 Ebd., S. 238.
1472 Vgl. dazu: Lenz, Thomas: *Konsum und Modernisierung. Die Debatte um das Warenhaus als Diskurs um die Moderne.* Transcript: Bielefeld 2011, S. 139.

da er nicht über die finanziellen Mittel verfügt, um ein Grundstück für sich und seine Familie zu erwerben[1473], er beginnt jedoch damit, das Prinzip des Konsumverzichts auf den Familienalltag zu übertragen, um unnötige Ausgaben einsparen zu können:

> Fondrente ruhen lassen, Lebensversicherung auch, nur den Sparvertrag für Matti nicht anrühren. Auf Kino, Restaurantbesuche, Lieferservice und diese dämliche Biokiste verzichten, im Sommer Zucchini, Zucchini, Zucchini, jede Woche, eine größer als die nächste, im Winter monatelang Rotkohl, bis drei, vier, lila Köpfe in der Speisekammer herumrollen. Kein Biowein mehr, keine Milch aus der gläsernen Molkerei, keine Brote, Quarkspeisen oder Käsesorten aus Manufakturen oder Werkstätten.[1474]

Die Bewältigung der Bewährungsprobe, die der Arbeitsplatzverlust den Protagonist_innen abverlangt, besteht bei Georg darin, den Lebensstandard der Familie herunterzusetzen. Dabei handelt es sich um ein Arrangement, dem sich Isabell entschieden widersetzt, was zu weiteren Konflikten zwischen dem Paar führt.

Während Georg in seinen Ausstiegsfantasien Zuflucht sucht, beginnt Isabell ihren sozialen Statusverlust zu leugnen. Schon das Vermittlungsgespräch bei ihrer Sachbearbeiterin des Arbeitsamtes empfindet sie als demütigend:

> So ein Gespräch hatte sie vor einiger Zeit schon geführt, mit einer Frau, jünger als sie, die still und ratlos ihren Bildschirm ansah, um dann muffig diverse Umschulungen vorzuschlagen, an deren Sinn sie womöglich selbst nicht glaubte, doch etwas anderes konnte diese Frau ihr nicht bieten, wie auch?“[1475]

Anders als der Protagonist in Khiders „Ohrfeige“ begegnet Isabell der Sachbearbeiterin nicht mit einem Akt der Selbstermächtigung, sondern versucht ihren sozialen Status über habituelle und lebenstilistische Merkmale zu demonstrieren. So zieht sich die Protagonistin für das Gespräch einen „Glockenrock“[1476] an und nimmt die „teuerste Handtasche“[1477] mit, die sie besitzt, „um klarzustellen, dass sie hier nichts verloren“[1478] hat.

1473 Vgl. Bilkau, Die Glücklichen, S. 29 f.
1474 Ebd., S. 199 f.
1475 Ebd., S. 167.
1476 Ebd.
1477 Ebd.
1478 Ebd.

Anders als Georg, der die Bewährungsprobe der Arbeitslosigkeit mit einer Form des romantisierten Konsumverzichts durchzustehen versucht, verfällt Isabell in einen Kaufrausch. Obwohl das Paar unter finanziellen Schwierigkeiten leidet, geht die Protagonistin in einem überteuerten Feinkostladen ihres Stadtviertels für die Familie einkaufen. In ihren Einkaufkorb legt sie „getrocknete Wildfeigen und ein Glas Rosenkandis“[1479], zudem „Biohonig mit Lavendelblüten, Pfefferschokolade, Maronenaufstrich, den Georg mag, und das noch und das noch und das noch, ohne auf die Preise zu achten, ohne Summen im Kopf zu addieren“[1480]. Der unterschiedliche Umgang der Protagonist_innen mit der Bewährungsprobe der Arbeitslosigkeit ist auf diese Weise deutlich geschlechtlich markiert und verweist auf eine Differenzierung zwischen Konsum- und Produktionssphäre, die sich vor allem in den Geschlechterdiskursen zu Beginn des 20. Jahrhunderts herausgebildet hat.[1481] Gemäß der geschlechterstereotypen Darstellung der Figuren erscheint Isabell als unbeherrscht, während Georg der prekären Situation asketisch begegnet und seiner Frau Vorschriften darüber zu machen beginnt, wofür sie das gemeinsame Geld ausgeben darf.[1482]

Wie im vorigen Abschnitt bereits ausgeführt, kommt das Paar zum Ende des Romans durch die gegenseitige Aussprache zu einer Einigung. Damit einher geht auch das gegenseitige Einverständnis, die gegenwärtige Situation zu akzeptieren und sich auf das „Glück im Kleinen“ zu beschränken, wie es in populären Achtsamkeitsdiskursen zur Bewältigung von Prekaritätserfahrungen empfohlen wird. Dabei geht es darum, mittels Meditations- und Entspannungstechniken den gegenwärtigen Moment und die damit zusammenhängenden Gefühle zu akzeptieren, ohne sie zu bewerten oder ihnen mit innerem Widerstand zu begegnen. Damit, so Solty und Stahl in ähnlichem Zusammenhang, fügen sich die Romanfiguren

> hervorragend ein in die verschiedenen individuellen Bewältigungsstrategien, die sich aus der zunehmenden Ökonomisierung aller Lebensbereiche ergeben. Während die öffentlichen Gemeingüter privatisiert werden, privatisieren die Mittelklassen die Utopie als individuelle Nische. So hat sich etwa in den urbanen,

---

1479 Ebd., S. 187.
1480 Ebd.
1481 Vgl. dazu z. B. Lenz, Konsum, S. 138 ff.
1482 Vgl. Ebd., S. 217.

> gutausgebildeten und einkommensstärkeren Mittelklassen eine auf Entschleunigung abzielende und dem Zen-Buddhismus entspringende Achtsamkeitskultur (D.I.Y., Yoga, etc.) herausgebildet, deren Wirksamkeit anhand des Booms von Zeitschriften wie *Landlust*, *Flow* oder *Happiness* abgelesen werden kann.[1483]

Bilkaus Roman schreibt auf diese Weise das postfordistische Paradigma der Selbstverantwortung fort und verbleibt auf der Ebene einer realistischen Zustandsbeschreibung von Prekaritätserfahrungen der kosmopolitischen Mittelschicht, die keinen Gegendiskurs akzentuiert oder erzählerische Alternativkonstruktionen anbietet. Anders als in Zelters „Schule der Arbeitslosen“, Geißlers „Saisonarbeit“ oder Khiders „Ohrfeige“, versucht der Roman dabei einer desillusionären Ästhetik zu entgehen. Das Scheitern der Protagonist_innen an den ihnen aufgebürdeten Bewährungsproben wird als Chance für eine innere Wandlung verstanden: „Er hat gedacht“[1484], so die intern fokalisierte Erzählinstanz aus der Perspektive Georgs, „sich den Anspruch auf Sicherheit verdient zu haben. Doch es gibt keinen Anspruch auf Sicherheit.“[1485] Georg ist nun „über seine verletzte Eitelkeit“[1486] hinweg. Der Protagonist sieht „keine Alternative, und er will sie auch nicht.“[1487] Der Verlust der Zukunftsperspektive ist in Bilkaus Roman ein zentrales Narrativ, das Bourdieu bereits in den 1990er-Jahren als signifikant für prekäre Lebenslagen beschrieben hat:

> Prekarität hat bei dem, der sie erleidet, tiefgehende Auswirkungen. Indem sie die Zukunft überhaupt im Ungewissen läßt, verwehrt sie den Betroffenen gleichzeitig jede rationale Vorwegnahme der Zukunft und vor allen Dingen jedes Mindestmaß an Hoffnung und Glauben an die Zukunft, das für eine vor allem kollektive Auflehnung gegen eine noch so unerträgliche Gegenwart notwendig ist.[1488]

Dieser Zukunftslosigkeit wird ein Leben im Hier und Jetzt entgegengesetzt. Anstatt sozialstaatliche Unterstützungsmaßnahmen einzufordern oder Wut über den Umstand zu empfinden, dass er als erfahrener Journalist kaum

---

1483 Stahl, Enno / Solty, Ingar: „Am Puls der Zeit“. Online abrufbar unter: https://www.jungewelt.de/artikel/333610.am-puls-der-zeit.html, zuletzt geprüft am 01.02.2021.

1484 Bilkau, Die Glücklichen, S. 292.

1485 Ebd.

1486 Ebd.

1487 Ebd.

1488 Bourdieu, Gegenfeuer, S. 108.

Chancen auf dem Arbeitsmarkt hat, interpretiert Georg seinen sozialen Abstieg als etwas Positives, indem er seinen Arbeitsverlust als „Schicksalsschlag“ umdeutet, der der eigenen Persönlichkeitsentwicklung dienlich ist. Wirkten die Figuren zu Beginn der Handlung noch wie aus der Zeit gefallen, da ihre Werte und Vorstellungen kaum mit den Anforderungen des postfordistischen Kapitalismus zu vereinbaren waren, vollziehen sie am Ende eine Wandlung, die sie durch ihre neu gewonnene Anspruchslosigkeit als ideale Arbeitssubjekte des Postfordismus erscheinen lässt.

9.6 Postfordistische Desillusionsästhetik

Bilkaus Roman „Die Glücklichen“ hebt sich somit vor allem dadurch von den in meiner Studie untersuchten Texten ab, dass die Figuren in ihrer Ohnmacht und Handlungsunfähigkeit keinen Versuch unternehmen, ihrem sozialen Scheitern etwas entgegenzusetzen. Wie in Geißlers „Saisonarbeit“, Khiders „Ohrfeige“ oder Zelters „Schule der Arbeitslosen“ ist am Ende des Romans keine Zukunftsperspektive für die Protagonist_innen in Sicht, da sie die Bewährungsproben ihrer Lebenszusammenhänge nicht bestanden haben. Anstatt aber wie in den genannten Texten die Protagonist_innen in Ratlosigkeit zurückzulassen oder sie in noch schlechtere soziale Verhältnisse zu entlassen, wendet Bilkaus Roman das Prekaritätsnarrativ positiv, indem er es anthropologisiert: Nicht die Veränderungen und Gegebenheiten des Marktes sind dafür verantwortlich, dass sich Georg und Isabell in prekären Lebens- und Arbeitsverhältnissen befinden, so der Tenor des Romans, vielmehr erscheint das Leben als diskontinuierliches Auf und Ab, das es zu akzeptieren gilt. Die Ideologie der Akzeptanz erscheint in „Die Glücklichen“ umso problematischer, als dass sie an keiner Stelle des Romans erzählerisch angezweifelt wird, wie es beispielsweise durch eine ironische Erzählhaltung möglich wäre. Stattdessen erscheint der Roman als realistische Zustandsbeschreibung der Abstiegsangst der kosmopolitischen Mittelschicht. Bilkaus Familienroman ist somit zugleich ein Desillusionsroman, bei dem die Desillusionierung der Protagonist_innen zu einem inneren Wandel führt, der den Erfordernissen des Marktes entspricht.

10 Resümee und Ausblick

In der vorliegenden Studie habe ich zu zeigen versucht, dass eine literatur- und kulturwissenschaftlich ausgerichtete Untersuchung literarischer Prekaritätsnarrative einer Fokuserweiterung bedarf. Die Auswahl des Textkorpus orientierte sich an der Kritik des arbeits- und industriesoziologischen Prekaritätsdiskurses, die vor allem vonseiten der Geschlechter- und Migrationsforschung geäußert wird. Demnach kann Prekarität nicht mit der Auflösung des männlichen Normalarbeitsverhältnisses infolge postfordistischer Transformationsprozesse seit den 1970er-Jahren gleichgesetzt werden. Prekarität ist entgegen dieser Auffassung vielmehr ein gesamtgesellschaftliches Phänomen, das in hohem Maße auch marginalisierte Gruppen betrifft, die sich schon im Fordismus häufig in prekären Lebens- und Arbeitsverhältnissen befunden haben. Betrachtet man die deutschsprachige Gegenwartsliteratur aus dieser Perspektive, wird mit Blick auf die Texte deutlich, dass Prekaritätsphänomene dort anhand unterschiedlicher sozialer Mikrokosmen verhandelt werden. So stehen in Khiders Roman „Ohrfeige" Erfahrungen der sozialen Ohnmacht und Handlungsunfähigkeit in engem Zusammenhang mit Migrationsphänomenen und ethnischen Konstruktionen, während Geißlers „Saisonarbeit" die prekäre Lage der Protagonistin aus einer explizit weiblichen Perspektive schildert. Diesen beiden Romanen, die vorrangig minorisierte Gruppen in den Vordergrund rücken, stehen mit Zelters Roman „Schule der Arbeitslosen" und Bilkaus „Die Glücklichen" Texte gegenüber, die Abstiegserfahrungen von Protagonist_innen verhandeln, die eher der Mittelschicht zuzuordnen sind. Das Korpus meiner Untersuchung bildet vor diesem Hintergrund exemplarisch ein vielschichtiges Panorama gegenwartsliterarischer Darstellungen ab, das Prekaritätsphänomene mit Blick auf verschiedene soziale Kontexte berücksichtigt.

Wird Prekarität als gesamtgesellschaftliches Phänomen unter einer intersektional orientierten Perspektive verstanden, erweist sich das Prekaritätskonzept der Bewährungsproben als äußerst leistungsfähig, da es seinen Fokus zum einen makroperspektivisch auf gesellschaftliche Zusammenhänge richtet, andererseits die subjektive Perspektive der Akteur_ innen nicht aus dem Blick verliert. In diesem Konzept, das ursprünglich auf Überlegungen Ève Chiapellos und Luc Boltanskis beruht, befinden sich die Arbeitssubjekte in den postfordistischen Gesellschaften des Westens in permanenten Auswahlprüfungen, ohne dass sie jemals wissen können, unter welchen Bedingungen sie eine Verbesserung ihrer sozialen Position erreichen können. Selbst gesicherte Statusgruppen befinden sich demnach im permanenten Kampf um eine Aufrechterhaltung ihrer sozialen Position. Die prekäre Lage ungesicherter Gruppen ständig vor Augen, neigen sie dazu, sich zu disziplinieren, um den Anforderungen der Arbeitswelt gerecht werden zu können. Eine Kritik der sozialen Verhältnisse ist aus dieser Perspektive immer auch eine Kritik an den Gerechtigkeitsvorstellungen der Prüfungsformate, die unter postfordistischen Bedingungen meist unklar bleiben. Diese Kritik kann zum einen auf immanenter Ebene erfolgen, indem die Akteur_innen die Auswahlprüfungen durch eigensinniges Handeln zu unterlaufen versuchen und beispielsweise bei der Beantragung sozialstaatlicher Leistungen bürokratische Vorgaben umgehen. Andererseits können die Prüfungsformate im Sinne einer organisierten Sozialkritik durch gewerkschaftliche Aktivitäten angefochten werden. Formen der radikalen Sozialkritik gehen bisweilen mit kollektiven Gewaltexzessen einher und lehnen das politische System als Ganzes ab.

Mit Blick auf Prekaritätsverhandlungen der Gegenwartsliteratur lassen sich Bewährungsproben bzw. synonym dazu Auswahlprüfungen als handlungsleitendes Erzählmuster feststellen. Ähnlich wie in russischen Zaubermärchen, die strukturalistisch von dem Philologen Vladimir Propp untersucht wurden, müssen die Protagonist_innen der Prekaritätsromane eine Reihe von Prüfungen durchstehen, um eine mögliche Verbesserung ihrer Situation herbeiführen zu können. Den Ausgangspunkt der Prekaritätserzählungen bildet dabei zumeist eine Situation, die die soziale Existenz der Protagonist_innen bedroht. Ihre Aufgabe besteht nun darin, diese Bedrohung abzuwenden und ihre soziale Position zu verbessern bzw. den Status Quo aufrecht zu erhalten. In diesem Zusammenhang ist von einer gegenseitigen Beeinflussung arbeitssoziologischer und literarischer Diskurse auszugehen, deren Untersuchung jedoch nicht im Fokus meiner Studie stand. Hierfür bieten sich zukünftige, narratologisch und diskursorientierte Studien an.

Für einen vergleichenden Überblick werde ich im Folgenden auf zentrale Gemeinsamkeiten der Prekaritätsromane eingehen. Ein signifikantes Merkmal besteht dabei im Scheitern der Protagonist_innen nach dem Durchlaufen der jeweiligen Bewährungsproben. So wird in Abbas Khiders Roman „Ohrfeige" die Leidensgeschichte eines jungen Geflüchteten geschildert, der aus dem Irak nach Deutschland flieht, dort festgenommen wird und dem streng reglementierten Asylverfahren unterworfen wird. Der Kampf um die Anerkennung der deutschen Staatsbürgerschaft stellt sich für den Protagonisten als langwierige Prüfungssituation heraus. Über Monate und Jahre bleibt er im Unklaren darüber, ob sein Asylantrag von den zuständigen Behörden anerkannt wird oder ob er in sein Heimatland abgeschoben wird. Die Bewährungssituationen werden umfassend geschildert und beinhalten u.a. die Unterbringung in Sammelunterkünften, das Anhörungsverfahren, bei dem die Geflüchteten ihren Wunsch, in Deutschland leben und arbeiten zu dürfen, stichhaltig begründen müssen. Zwar gelingt es dem Protagonisten zunächst mittels einer erfundenen Fluchtbiografie einen positiven Asylbescheid zu bekommen, kurz nach den Anschlägen des 11. Septembers wird dieser aber von den Behörden widerrufen. Resigniert verlässt der Protagonist auf illegalem Wege Deutschland, um sich in Finnland erneut der Bewährungsprobe des Asylsverfahrens auszusetzen, wie das Ende der Handlung nahelegt.

Auch die Protagonist_innen in Joachim Zelters dystopischem Roman „Schule der Arbeitslosen" befinden sich in den Fängen bürokratischer Strukturen und Institutionen. Durch permanente Selbstoptimierungs- und Disziplinarmaßnahmen sollen sie durch die Arbeitsagentur zu idealen Arbeitnehmer_innen erzogen werden, um künftig auf dem Arbeitsmarkt bestehen zu können. Um dieses Ziel zu erreichen, werden sie auf scheinbar freiwilliger Basis in ein abgelegenes Schulungscenter gebracht, wo sie permanenter Überwachung und Schikanen seitens des Personals ausgesetzt sind. Der dystopische Roman extrapoliert die Bedingungen, unter denen Beschäftigungslose gegenwärtig im Hartz-IV-Bezug leben müssen. Die Bewährungsproben des dystopischen Schulungscenters zielen dabei auf eine Steigerung der Konkurrenzfähigkeit durch Techniken der Disziplinierung und Sanktionierung bei unerwünschtem Verhalten. Ein Kernstück der Auswahlprüfungen stellt in Zelters Roman die permanente Arbeit an den fiktionalisierten Lebensläufen der Teilnehmer_innen dar. Doch die Bewährungsprobe des dystopischen Arbeitsmarktregimes läuft ins Leere, da in Zelters Roman keine Arbeitsplätze mehr vorhanden sind. Am Ende der Handlung stehen die Arbeitslosen dort, wo sie angefangen haben, ohne ihre soziale Position verbessern zu können. Über die Arbeitsagentur werden sie nach Sierra Leone gebracht, wo sie sich neuen Auswahlprüfungen des Arbeitsmarktregimes aussetzen müssen.

Ebenfalls um Arbeitslosigkeit dreht sich Kristine Bilkaus Roman „Die Glücklichen", der von einem Paar mittleren Alters handelt, das der urbanen Mittelschicht zugeordnet werden kann. Zusammen mit ihrem Sohn im Kleinkindalter leben sie in einem gentrifizierten Berliner Stadtviertel. Nachdem die Protagonist_innen beinahe zeitgleich ihre Arbeit verlieren, entwickelt sich zwischen ihnen eine ernsthafte Beziehungskrise, die durch den Verlust ihres sozialen Status ausgelöst wird. Die Bewährungssituationen, die das Paar durchstehen muss, fokussieren im ersten Teil der Handlung vor allem den Kampf um die Aufrechterhaltung ihres Beschäftigungsstatus. So ringt die Protagonistin Isabel, die Cellistin in einem Musicalorchester ist, mit dem psychisch bedingten Zittern ihrer Hände. Da sie nur über einen befristeten Vertrag bei ihrem Arbeitgeber angestellt ist, kann sie die von ihr verlangten Arbeitsleistungen nicht mehr erbringen. Ihr Ehemann Georg, der als Journalist bei einer großen Tageszeitung tätig ist, fürchtet, Opfer von Umstrukturierungsprozessen auf dem journalistischen Feld zu werden. Dazu kommen Anforderungen aus dem Sorge- und Familienzusammenhang, die das Paar zusätzlich belasten und ebenfalls als Bewährungsprobe aufgefasst werden können. Im zweiten Teil der Handlung haben Georg und Isabel bereits ihre Arbeit verloren und müssen sich in Bewerbungsgesprächen für eine neue Stelle qualifizieren. Es kommt jedoch zu keiner Verbesserung ihrer Lage, sämtliche Bewerbungsbemühungen laufen ins Leere. Auch hier bleibt die Zukunft der Protagonist_innen ungewiss.

In Heike Geißlers Roman „Saisonarbeit" sieht sich eine freiberufliche Schriftstellerin und Übersetzerin aufgrund von Geldnöten gezwungen, für einige Monate in einem Warenlager des globalen Großkonzerns Amazon zu arbeiten. Der Text schildert die Unsicherheiten und Entfremdungserfahrungen, die mit ihrer Tätigkeit zusammenhängen. Dabei muss die namenlose Protagonistin verschiedene Bewährungssituationen überstehen, die mit dem Einstellungsverfahren beginnen und sich als permanente Konkurrenz- und

Disziplinarsituationen fortführen. So werden die Saisonarbeiter_innen durch das Unternehmen überwacht und wissen nicht, ob sie Chancen auf eine Verlängerung ihres Vertrages haben. Ähnlich wie in den vorangegangenen Texten bleibt auch die berufliche Zukunft der Protagonistin am Ende des Romans im Unklaren. Nach ihrer Saisontätigkeit steht sie beruflich dort, wo sie angefangen hat. Sie kehrt in ihre prekäre Freiberuflichkeit zurück, ohne eine gesicherte Perspektive erlangt zu haben. Ihre Freiberuflichkeit ist von erneuten Bewährungssituationen gekennzeichnet, die sich aus einer Vielzahl unbezahlter Tätigkeiten ergeben.

Eine zentrale Gemeinsamkeit der vier von mir untersuchten Prekaritätsromane liegt somit im Scheitern bzw. einer ungewissen Zukunft der Protagonist_innen am Ende der Erzählungen. Diese beginnen dabei zumeist hoffnungsvoll mit der Aussicht auf eine soziale Positionsverbesserung. Häufig sind die Protagonist_innen gut ausgebildet und verfügen wie in Geißlers „Saisonarbeit" oder Bilkaus „Die Glücklichen" über ein hohes Maß an kulturellem Kapital. Im Falle von Khiders „Ohrfeige" oder Zelters „Schule der Arbeitslosen" scheint zu Beginn eine reale Chance auf eine Besserung der prekären Lage zu bestehen. Aufgrund fehlender Gerechtigkeitsprinzipien der jeweiligen Prüfungsformate gleicht der Kampf um ein besseres Leben jedoch einem Glücksspiel, bei dem allein der oder die Stärkere sich durchzusetzen vermag. Die Bewährungsproben nehmen somit Züge von Kraftproben an, wodurch sich erzählökonomisch betrachtet Spannungen ergeben, die das soziale Überleben der Protagonist_innen in den Fokus rücken. Entgegen dem postfordistischen Paradigma der Selbstverantwortung, das den Erfolg oder Misserfolg einer Arbeitsbiografie einseitig in die Hände der Arbeitssubjekte legt, gleichen die Protagonist_innen in den Prekaritätsromanen Spielbällen, die jeglicher Handlungskontrolle über ihre Lebens- und Arbeitszusammenhänge beraubt sind. Vielfach werden die psychischen Auswirkungen prekärer Lebens- und Arbeitsverhältnisse fokussiert. Der Kampf um eine Verbesserung der sozialen Situation wird als ebenso zermürbend wie diskriminierend geschildert. Dabei stehen Ohnmachtserfahrungen, Schamgefühle und der Verlust der Zukunftsperspektive im Vordergrund. So hadern beispielsweise Bilkaus Protagonist_innen in „Die Glücklichen" mit dem Verlust ihres symbolischen Kapitals. Dies geht zugleich mit dem Verlust gewohnter Konsumgepflogenheiten einher, die das Paar als Angehörige der urbanen Mittelschicht ausweisen. In Khiders Roman „Ohrfeige" fühlen sich die Geflüchteten von der Mehrheitsgesellschaft abgeschnitten und bangen permanent um ihr Aufenthaltsrecht. Heike Geißlers Protagonist_in in „Saisonarbeit" fühlt sich in Anbetracht der eintönigen Arbeit in der Lagerhalle und der strengen Überwachungsmaßnahmen ihrer Autonomie beraubt. Die Protagonistin in Zelters „Schule der Arbeitslosen" wird von den anderen Schulungsteilnehmer_innen isoliert und ständigen Verhören durch das Schulungspersonal ausgesetzt.

Mit Blick auf konkrete Handlungen der Protagonist_innen der Romane, die als ungerecht erlebten Prüfungssituationen anzufechten oder zu bekämpfen, dominieren in den Prekaritätsromanen immanente Formen der Sozialkritik. Gewerkschaftliche Organisationsformen oder radikale Ausbrüche, die sich gegen die fehlenden Gerechtigkeitsprinzipien der Bewährungsproben richten, werden allenfalls angedeutet, spielen aber keine nennenswerte Rolle in den Texten. So erkennen die Protagonist_innen zwar mehrheitlich, dass sie nicht selbstverschuldet in ihre prekäre Lage geraten sind, es geht ihnen aber vor allem darum, die Bewährungssituationen, die sie zu durchlaufen haben, lebbar zu gestalten bzw. die jeweiligen Prüfungsformate zu unterlaufen. So geben sich beispielsweise die Geflüchteten in Khiders Roman gegenseitig Hinweise darüber, wie sie mittels fiktionalisierter Fluchtbiografien die Asylgerichte davon überzeugen können, ihnen eine positive Aufenthaltserlaubnis zu erteilen. In Zelters Roman „Schule der Arbeitslosen" brechen die beiden Protagonist_innen kurzzeitig die Regeln des dystopischen Schulungscenters und gehen eine unerwünschte Liebesbeziehung miteinander ein. Weitergehende Überlegungen stellt die Erzählinstanz in „Saisonarbeit“ an, als sie darüber nachdenkt, welche kollektiven Formen des Widerstandes möglich wären, um den repressiven Arbeitsbedingungen bei Amazon auf kollektiver Ebene etwas entgegenzusetzen. Letztlich kommt sie jedoch zu dem Schluss, dass eine kollektive Form des Protestes kaum erfolgsversprechend ist, da die Mitarbeiter_innen zu austauschbar für das Unternehmen sind. Eine Sonderstellung nimmt hier Bilkaus Roman ein. Die beiden Protagonist_innen unternehmen keinen Versuch, sich den ihnen aufgebürdeten Bewährungssituationen zu widersetzen. Stattdessen verharren sie in Ausstiegsfantasien bzw. der Leugnung ihrer prekären Lage. Seinem desillusionären Ende versucht der Roman dadurch zu entgehen, dass die erfolglose Arbeitssuche von Georg und Isabel als inneres Wandlungserlebnis dargestellt wird, was sie als Paar wieder einander näher bringt. Der Roman folgt auf diese Weise populären Achtsamkeitsdiskursen, die Bedürfnislosigkeit und ein Leben im Hier und Jetzt proklamieren.

In allen vier Texten spielen staatliche Institutionen eine bedeutende Rolle, die vor allem hinsichtlich ihrer disziplinierenden Funktionen dargestellt werden. Sind es bei Khider vor allem Institutionen der Asylbehörden, deren Willkür und strukturellem Rassismus die Geflüchteten ausgesetzt sind, ist es in Geißlers „Saisonarbeit" sowie in Zelters „Schule der Arbeitslosen" das Arbeitsmarktregime, dessen gesetzliche Grundlage die „Modernen Dienstleistungen am Arbeitsmarkt" (Hartz-IV) bilden. So werden die Figuren in Geißlers Roman durch die Arbeitsagentur in die prekären Tätigkeitssegmente gesteuert. Die Erzählinstanz proklamiert wiederholt ihre Angst vor den bürokratischen Überwachungs- und Sanktionierungsmethoden sozialstaatlicher Institutionen, die sie als so groß empfindet, dass sie selbst die entfremdete Arbeit in der Lagerhalle in Kauf nimmt. Der Roman „Schule der Arbeitslosen" bezieht sich hinsichtlich seines Sujets direkt auf den postfordistischen Sozialstaat und lässt die Arbeitsverwaltungen als dystopischen Aggressor in Erscheinung treten. In „Die Glücklichen" erscheint die Arbeitsagentur hingegen ratlos, die Protagonistin scheint als Musikerin kaum vermittelbar. Sozialstaatliche Institutionen sind in den Prekaritätsromanen somit mehr oder weniger präsent und beeinflussen aufgrund ihrer Möglichkeiten, den Protagonist innen unter bestimmten Auflagen die soziale Existenz versagen zu können, maßgeblich deren Handlungen.

Die Romane sind in diesem Zusammenhang häufig interdiskursiv mit populären sozialwissenschaftlichen Diskursen verschränkt. Besonders deutlich wird dies in Zelters Roman „Schule der Arbeitslosen", der eindeutige Bezüge zu Foucaults Gouvernementalitätsstudien aufweist und auf gegenwärtige Selbstoptimierungs- und Rationlisierungsstrategien, wie sie in Bröcklings „Das unternehmerische Selbst" beschrieben werden, hyperbolisch verweist. Geißlers „Saisonarbeit" kontextualisiert anhand zahlreicher intertextueller Einschübe, die sich als direkte Zitate beispielsweise auf sozialwissenschaftliche und neoliberalismuskritische Texte beziehen, die prekären Arbeitsbedingungen, denen die Protagonistin des Romans in ihrer Saisontätigkeit bei Amazon ausgesetzt ist. Demgegenüber erscheint Bilkaus „Die Glücklichen" von populären Selbstoptimierungs- und Achtsamkeitsdiskursen beeinflusst, wie das Ende des Romans nahelegt. Khiders „Ohrfeige" versucht, durch sein groteskes Spiel mit den Fluchtbiografien der Figuren Uneindeutigkeiten zu schaffen, die den starren behördlichen Strukturen und rechtspopulistischen Argumentationsmustern, wie sie etwa im Narrativ vom „Wirtschaftsflüchtling“ zu finden sind, durch ein hohes Maß an Subjektivität zuwiderlaufen.

Eine deutliche Gemeinsamkeit der untersuchten Romane ist es zudem, dass die Autor_innen in Interviews und Essays häufig Auskunft über eigene Prekaritätserfahrungen äußern, die mit in die Romane eingeflossen sind. Am stärksten ist dies bei Khiders und Geißlers Romanen der Fall, die in hohem Maße autobiografisch geprägt sind. So geriet Geißler, die ebenfalls wie ihre Protagonistin als freiberufliche Schriftstellerin und Übersetzerin tätig ist, vor einigen Jahren tatsächlich in finanzielle Schwierigkeiten und sah sich gezwungen, in einer Leipziger Lagerhalle des Online-Versandhändlers Amazon als Saisonkraft zu arbeiten. Die Erfahrungen, die die Autorin dort sammeln konnte, sind mit in den Roman eingeflossen. Auch „Ohrfeige” weist zahlreiche Parallelen zum Leben des Autors auf. Wie der junge Geflüchtete in seinem Roman, floh auch Khider aus dem Irak nach Deutschland und lebte dort in einer Sammelunterkunft für Geflüchtete. In ähnlicher Weise geben auch Bilkau und Zelter Hinweise darauf, dass eigene Prekaritätserfahrungen in die Texte eingeflossen sind. Wie ihr Protagonist Georg sammelte auch Bilkau Erfahrungen auf dem Feld des Journalismus, das sie laut eigener Aussagen aufgrund digitaler Transformationsprozesse als prekär ansieht. Zelter hangelte sich von einem Literaturstipendium zum nächsten und musste dabei unsichere Zeiten durchstehen, die ihn an seiner Autorenexistenz zweifeln ließen. In diesem Kontext wären weitere Untersuchungen wünschenswert, die die Autor_inneninstanz von Prekaritätsnarrativen mit Blick auf autobiografische Elemente weiter in den Fokus rücken, dies nicht zuletzt vor dem Hintergrund weitreichender Transformationen des literarischen Feldes, dessen soziale Sicherungsinstanzen in den letzten Jahrzehnten mehr und mehr erodiert sind, wodurch prekäre Lebens- und Arbeitsverhältnisse in diesem Tätigkeitsfeld zugenommen haben.

Literaturhistorisch lassen sich die Texte jenen Verhandlungen prekärer Lebens- und Arbeitsverhältnisse zuordnen, die eine desillusionäre Perspektive auf die soziale Welt vertreten. Anders als im sozialen Roman des Vormärz oder der proletarisch-revolutionären Arbeiteriteratur der Weimarer Republik, wie sie beispielsweise von den Schriftsteller_innen des BPRS produziert wurde, wird hier nur sehr eingeschränkt von der Veränderbarkeit des Sozialen ausgegangen. Vielmehr verharren die Romane in Ratlosigkeit und Resignation ohne entsprechende Gegendiskurse zu aktivieren. Zwar erscheinen postfordistische kapitalistische Strukturen als Objekt der Kritik, wie etwa in Geißlers und Zelters Texten, das letztendliche Scheitern der Protagonist_innen an den jeweiligen Bewährungssituationen lässt aber kaum Auswege erkennen. Die Figuren agieren dabei meist atomisiert und vor allem auf ihr eigenes soziales Überleben innerhalb der Prüfungssituationen bedacht. Auch eine Übereinstimmung mit der Literatur der Arbeitswelt, wie sie von den Mitgliedern des Werkkreises Literatur der Arbeitswelt und der Gruppe 61 in den 1960er- und 1970er-Jahren in Westdeutschland produziert wurde, scheint nur teilweise zuzutreffen. Anders als in dieser sozial-realistischen Literatur, die auf Reflektion und gesellschaftliche Diskussion abzielte, stehen bei den Prekaritätsromanen der Gegenwartsliteratur häufig nicht die Authentizität des Dargestellten im Vordergrund, vielmehr ist sie sich der Problematik der Wirklichkeitsdarstellung wie etwa in den Texten Khiders und Geißlers bewusst und reflektiert diese erzählerisch. Der Prekaritätsroman der Gegenwartsliteratur steht dabei in der Nähe des naturalistischen sozialen Romans und des Angestelltenromans bzw. Arbeitslosenromans der Weimarer Republik. Mit naturalistischen Prekaritätsnarrativen hat er vor allem seinen Fokus auf Konkurrenz und das Überleben des Stärkeren gemeinsam, das sich in der Gegenwartsliteratur aus den jeweiligen Bewährungssituationen konstituiert. Anders als der soziale Roman des Naturalismus möchte er jedoch keine Gesetzmäßigkeiten der sozialen Welt aufzeigen, da seine Perspektive vor allem auf das Innenleben des prekären Subjektes gerichtet ist. Die Fokussierung auf den Privatbereich verbindet ihn mit neusachlichen Prekaritätsdarstellungen, wie sie beispielsweise von Fallada oder Keun geschrieben wurden. Auch diese folgen häufig einer desillusionären Darstellungsweise und enden, etwa wie in Keuns „Das kunstseidene Mädchen" oder Falladas „Kleiner Mann was nun?", mit keiner Verbesserung der sozialen Position der Protagonist_innen.

Mit einem weiten Blick auf ihren postfordistischen Kontext kann konstatiert werden, dass die gegenwärtigen Prekaritätsromane Vetreter eines kapitalistischen Realismus sind, der gar nicht mehr von der Veränderung der bestehenden Verhältnisse ausgeht. Vielmehr ergeben sich die atomisierten Protagonist_innen ihrem sozialen Schicksal und verharren ratlos in ihrer prekären Lage. Ein zentrales Merkmal der Texte ist ihre Utopielosigkeit. „Der Neoliberalismus“[1489], so Seeßlen und Metz,

> der als ‚Heilslehre‘ des Kapitalismus begann, als große Erzählung von Erfolg, Glück und Frieden, hat, als er sich vielleicht radikaler verwirklichte als ursprünglich gedacht, alle seine Versprechungen gebrochen und die meisten von ihnen in ihr exaktes Gegenteil verkehrt. Aus der Utopie eines freien Marktes, der wirklich alles regelt, der der Menschheit Glück, Gerechtigkeit, Frieden und immerwährenden Fortschritt bringt, wurde ein apokalyptisches Desaster, in dem das Weitermachen sich nicht mehr durch Hoffnungen, sondern nur noch durch Ängste erklärt. Nicht die Gier, sondern die Angst wurde zur eigentlichen Triebkraft der Transformation. Nicht die Hoffnung macht sie alternativlos, sondern die Erschöpfung.[1490]

Der Realismus der Romane wird dabei mit Blick auf poetologische Aspekte häufig unterlaufen. So erscheint „Saisonarbeit“ als modifizierte Form des Industrieromans, wie er beispielsweise durch Günter Wallraff in den 1960er- und 1970er Jahren populär wurde. Ein Unterschied zu Wallraff besteht jedoch darin, dass die Autorin nicht aus einem aufklärerischen Impetus und unter falscher Identität in der Leipziger Lagerhalle von Amazon tätig wurde, um ihre Erlebnisse anschließend als Tatsachenbericht zu veröffentlichen. Vielmehr entstand die Idee zu ihrem Roman erst während ihrer Tätigkeit, die sie aus einer prekären Lebenslage heraus angenommen hatte. Dabei bezeugt die Autorin in Interviews zwar häufig die Authentizität des Dargestellten, diese wird im Roman jedoch metafiktional gebrochen. Die Protagonistin, die konsequent in der „Sie”-Form als Rezipient_in angesprochen wird, ist dabei in gewisser Weise einer doppelten Prekarität ausgesetzt, die sowohl auf einer inhaltlichen als auch auf einer erzählerischen Ebene stattfindet. Zum einen ist sie Spielball unsicherer Lebens- und Arbeitsverhältnisse, zum anderen besitzt die Erzählinstanz die Macht, das Geschehen der Textwelt jederzeit nach ihren Vorstellungen verändern zu können. Anders jedoch als das Unternehmen Amazon, steht die Erzählinstanz der Protagonistin wohlwollend gegenüber. Durch ihre Möglichkeit, in die Geschehnisse der Handlung eingreifen zu können, eröffnet sich ein Möglichkeitsraum, in dem die Protagonistin widerständige Handlungen auf der Ebene immanenter Kritik erproben kann. Obwohl der Roman desillusionorisch endet,

1489 Metz / Seeßlen, (Sur)realismus, S. 54.
1490 Ebd.

schafft er durch das Spiel mit eindeutigen Realitätsbezügen einerseits und eindeutigen Fiktionalitätssignalen andererseits Distanz zum Geschehen, die zur kritischen Reflektion postfordistischer Arbeitswelten einlädt.

In ähnlicher Weise verfährt auch Khiders „Ohrfeige“, der ebenso wie „Saisonarbeit“ die Echtheit des Dargestellten in Frage stellt, indem er die Rahmenhandlung des Romans am Ende auflöst und die Geschehnisse als Drogenrausch Karims entlarvt. Unklar bleibt, inwiefern die Fluchtgeschichte der Protagonisten, die er einer Sachbearbeiterin der Ausländerbehörde erzählt, tatsächlich der Realität der Textwelt entspricht. Auf diese Weise distanziert sich der Autor deutlich von der sogenannten „Gastarbeiterliteratur“ der 1970er-Jahre, die ähnlich der Literatur der Arbeitswelt einen möglichst hohen Grad an Authentizität erzeugen wollte. Ähnlich wie Geißler gibt auch Khider zahlreiche Hinweise in Interviews darauf, dass seine realen Erfahrungen in den Text eingeflossen sind. Nach Angaben des Autors werden diese jedoch verfremdet, um Distanz zum Geschehen aufzubauen. Khiders Poetologie verweist dabei auf den Konstruktionscharakter der Realität. Die Fluchtgeschichten der Figuren erscheinen häufig grotesk und laufen den Vorgaben der deutschen Asylgesetzgebung zuwider. Bei genauerem Hinsehen offenbaren sich jedoch hinter den Fluchtgeschichten prekäre Lebenslagen, die untrennbar im Kontext sozioökonomischer Nöte und psychischer Traumata betrachtet werden müssen. Wie „Saisonarbeit“ eröffnet auch „Ohrfeige“ erzählerisch einen Möglichkeitsraum, in dem Fluchtnarrative erprobt werden können. Dabei stellt der Roman die starren Vorgaben deutscher Asylgesetzgebung in Frage, deren gesetzliche Grundlagen wenig Spielraum für individuelle Schicksale lassen.

Demgegenüber ist Joachim Zelters „Schule der Arbeitslosen” einer dystopischen Darstellungsweise verpflichtet, die den Erzählkonventionen des Genres folgt, welche in hohem Maße von Orwells „1984” oder Huxleys „Brave New World” beeinflusst sind. Ähnlich wie in den genannten Romanen werden die zu erwartenden Folgen gesellschaftlicher Entwicklungen und Ideologien hyperbolisch in die Zukunft projiziert, wodurch vor möglichen Entwicklungen in der Gegenwart gewarnt werden soll. Dabei ist dem Genre eine desillusionäre Ästhetik schon immanent, da das machthabende Regime am Ende über das Individuum siegt. Der Roman thematisiert auch die Vereinnahmung der Kunst durch den postfordistischen Kapitalismus, was sich beispielsweise sprachlich anhand der Erzählinstanz aufzeigen lässt, die populäre Management- und Selbstoptimierungsratgeber nachahmt. Auch die fiktionalisierten Lebensläufe der Schulungsteilnehmer_innen folgen poetologischen Vorgaben. Ein wesentliches Merkmal des Genres liegt dabei in der Figurenkonzeption, die dem machthabenden, oft totalitären Regime ein widerständiges Individuum entgegenstellt, das die herrschende Ideologie anzweifelt. In Zelters Roman betrifft dies die Protagonistin Karla, die sich dem Zwang zur Produktivität verweigert, wofür sie jedoch mit Sanktionen seitens des Schulungscenters bestraft wird.

Anders als in Zelters dystopischem Roman, der individuellen Empfindungen in Anbetracht des übermächtigen Arbeitsmarktregimes keinen Platz einräumt, folgt Bilkaus „Die Glücklichen“ dem Genre des Familienromans, das das Private der Familie in den Mittelpunkt stellt. Der Roman ist dabei einer realistischen Erzählweise verpflichtet, die stark auf das Innenleben der Protagonist_innen ausgerichtet ist. Die fordistische Vergangenheit ihrer Kindheit erscheint als Sehnsuchtsort der Protagonist_innen, während die Gegenwart des Romans im Zerfall begriffen ist, was beispielsweise durch stark semantisierte Gebäude und Räume dargestellt wird. Eine Besonderheit von Bilkaus Roman ist dessen multiperspektivische Darstellungsweise, bei der abwechselnd die Gedanken und Erlebnisse der Protagonistin und ihres Mannes geschildert werden. Auf diese Weise werden geschlechtliche Differenzen, die sich aus der elterlichen Arbeitsteilung ergeben, akzentuiert. Während die Protagonistin sich vor allem um das Wohl ihres Kindes sorgt, kämpft ihr Mann Georg als Familienernährer damit, eine neue Arbeitsstelle zu finden. Anders als in den anderen in meiner Studie untersuchten Romanen liefert der Text dabei keine Hinweise auf eine distanzierende Betrachtungsweise, sondern bleibt eng am Innenleben der Protagonist_innen und ihrem sozialen Abstieg.

Anhand der vier exemplarisch untersuchten Romane „Schule der Arbeitslosen“, „Die Glücklichen“, „Saisonarbeit“ und „Ohrfeige“ lässt sich konstatieren, dass die Gegenwartsliteratur Prekaritätsphänomene auch auf einer breiten gesellschaftlichen Ebene verhandelt, die verschiedene soziale Klassen, Geschlechterkonstruktionen und Migrationsphänomene mit einbezieht. Prekarität erscheint mit Blick auf die in dieser Studie untersuchten Texte als gesamtgesellschaftliches Phänomen, das durch sozialpolitische Vorgaben und gewinnorientierte Unternehmen erzeugt wird. Dass der Themenkomplex prekärer Lebens- und Arbeitsverhältnisse in der Gegenwartsliteratur derzeit Konjunktur hat, zeigt ein Blick auf aktuelle Titel. Dabei fällt vor allem auf, dass häufig Themen verhandelt werden, die Benachteiligungen aufgrund der sozialen Klasse oder der Ethnie betreffen. So berichtet etwa der Journalist und Autor Christian Baron in seinem autobiografischen Roman „Ein Mann seiner Klasse"[1491] (2020) im Gefolge von Eribons „Rückkehr nach Reims“ (2009), Édouard Louis „Das Ende von Eddy“[1492] (2014) und Annie Ernaux‘ „Der Platz“[1493] (1983) von einer Kindheit in Armut, die mit Gewalterfahrungen durch den alkoholkranken Vater nach dem frühen Tod der Mutter einherging. Baron schildert seinen Weg aus der sogenannten „Unterschicht“ in die Mittelschicht und wie schwierig es ist, die eigenen habituellen Schranken zu überschreiten. In eine ähnliche Richtung geht auch Deniz Ohdes autobiografischer Roman „Streulicht"[1494] (2020), der von Rassismuserfahrungen und dem problematischen Weg einer Bildungsaufsteigerin aus dem westdeutschen Arbeiter_innenmilieu berichtet. Die beiden genannten Romane stellen das subjektive Erleben von Benachteiligungen und Chancenungleichheiten in den Fokus. Als Prekaritätsromane sind sie dabei auch als Kritik an den Gerechtigkeitsvorstellungen der jeweiligen Prüfungsformate zu lesen. Ein Aufstieg in ein anderes Milieu ist nicht ohne weiteres möglich, wenn man nicht über die notwendigen Ressourcen verfügt, lautet der Tenor der Texte.

Andere Romane, wie beispielsweise Anna Sperks ebenfalls autobiografisch geprägter Roman „Die Hoffnungsvollen"[1495] (2017), stellen beispielsweise die prekären Verhältnisse an deutschen Universitäten in den Fokus. So hangelt sich in Sperks Text eine Ethnologin von einer befristeten Wissenschaftsstelle zur nächsten und muss feststellen, dass die prekäre Tätigkeit mit ihrer Rolle als Mutter nahezu unvereinbar ist. Einen breiteren gesellschaftlichen Blick nimmt Thorsten Nagelschmidts Roman „Arbeit"[1496] (2020) ein, der prekäre Arbeitskräfte am Rande des Berliner Nachtlebens in den Fokus stellt. So geht es beispielsweise um einen Türsteher, dessen Arbeitszeiten

1491 Baron, Christian: *Ein Mann seiner Klasse*. Ullstein: Berlin 2020.
1492 Louis, Édouard: *Das Ende von Eddy*. Fischer: Frankfurt am Main 2019.
1493 Ernaux, Annie: *Der Platz*. Suhrkamp: Frankfurt am Main 2020.
1494 Ohde, Deniz: *Streulicht*. Suhrkamp: Frankfurt am Main 2020.
1495 Sperk, Anna: *Die Hoffnungsvollen*. Mitteldeutscher Verlag: Halle 2017.
1496 Nagelschmidt, Thorsten: *Arbeit*. Fischer: Frankfurt am Main 2020.

mit seinen familiären Pflichten unvereinbar sind. Auch Drogendealer und Flaschensammler gehören zum Figurenpersonal des Romans, der explizit Prekaritätserfahrungen der unteren sozialen Klassen thematisiert. Zudem sind mit Carolin Amlingers Untersuchung „Schreiben“[1497] (2021) und dem Essayband „Brotjobs und Literatur“[1498] (2021) jüngst Texte erschienen, die sich den ökonomischen Bedingungen literarischer Arbeiten annehmen.

Ein weiterer Aspekt, der häufig im Zusammenhang mit prekären Lebens- und Arbeitsverhältnissen von den Sozialwissenschaften untersucht wird und im öffentlichen Diskurs thematisiert wird, betrifft das Phänomen einer weltweiten Ausbreitung neurechter Ideologien, die in Deutschland vor allem durch die Partei „Alternative für Deutschland“ (AfD) Verbreitung finden. Dörre sieht vor dem Hintergrund seiner Studien soziale Wechselwirkungen zwischen Disziplinierung und Abstiegsängsten als eine der treibenden Kräfte neurechter Bewegungen:

> Solche Zusammenhänge lassen sich nur bestreiten, wenn man die Wirkung von Prekarisierungsprozessen auf das Phänomen unsicherer Beschäftigungsverhältnisse beschränkt und Prekarität auf eine sozioökonomische Lage reduziert, die unabhängig von verhaltenssteuernden Habitusformen existiert. Eine solche Sichtweise ignoriert, dass die „Zonen“ der Arbeitsgesellschaft sich zueinander wie ein System kommunizierender Röhren verhalten. Dies nicht nur, weil die Abstiegsängste formal integrierter Gruppen einen wesentlichen Kristallisationspunkt von Prekarität bilden, sondern vor allem, weil der disziplinierende Druck, der von den Entkoppelten und Prekariern ausgeht, die pathologischen Seiten moderner Arbeitsformen durch Steigerung von Leistungsdruck und Selbstdisziplinierung mit erzeugt. Zudem liefern die neuen ‚gefährlichen Klassen‘ vermeintlichen Modernisierungsgewinnern eine Distinktionsfolie. Diejenigen, die das Leiden am Erfolg unduldsam und intolerant werden lässt, begegnen den prekarisierten Unterschichten mit Ekel und Abscheu. Auf diese Weise erzeugt die Existenz von sozialen Gruppen am unteren Ende der sozialen Hierarchie auf Seiten der Integrierten kollektive Reaktionen, die ressentimentgeleitet sind und der Legitimation sozialer Ausgrenzung dienen. Für alle Gruppen gilt indessen ein Befund. Je weniger die Disziplinierung durch den Markt dem Einzelnen auflösbar erscheint,

---

1497 Amlinger, Carolin: Schreiben. *Eine Soziologie literarischer Arbeit* (= taschenbuch wissenschaft 2363). Suhrkamp: Berlin 2021.

1498 Balint, Iuditha / Dathe, Julia / Schadt, Kathrin / Wenzel, Christoph (Hrsg.): *Brotjobs und Literatur*. Verbrecher Verlag: Berlin 2021.

desto eher tendiert er dazu, Statuskonkurrenzen mittels fremdenfeindlicher oder neorassistischer Klassifikationen auszutragen.[1499]

Auch in der Gegenwartsliteratur werden neurechte Ideologien thematisiert und häufig zu sozioökonomischen Entwicklungen in Bezug gesetzt. So handelt etwa Ingo Schulzes „Die rechtschaffenen Mörder"[1500] (2020) von einem Dresdner Buchhändler, der infolge der deutschen Wiedervereinigung, Digitalisierungsprozessen und gesteigerter Konkurrenz einen sozialen Abstieg erleidet. Dem Protagonisten wird vorgeworfen, an fremdenfeindlichen Ausschreitungen beteiligt gewesen zu sein. Auch Michael Wildenhains „Das Singen der Sirenen"[1501] (2017) thematisiert Zusammenhänge zwischen Prekaritätserfahrungen und aufkeimendem Rechtsextremismus. Dabei steht ein Paar im Mittelpunkt der Handlung, das in den 1990er- Jahren der militanten Antifa-Szene angehörte. Als ein Neo-Nazi nach einem Angriff von der Protagonistin Sabrina niedergeschossen wird, ziehen sie sich ins Private zurück. Währen der Protagonist seine Dissertation schreibt, arbeitet sie fortan als prekär angestellte Lageristin. Im Folgenden gerät das Paar in eine Beziehungskrise und der Protagonist Jörg beobachtet seine Frau und den gemeinsamen Sohn auf einer Pegida-Demonstration in Dresden.

Der Rechtsruck in der deutschen Gesellschaft hat dabei längst auch einen Teil des literarischen Feldes erfasst. So sorgte der Schriftsteller Uwe Tellkamp 2018 bei einer Diskussion zum Thema Meinungsfreiheit für einen Skandal, als er behauptete, dass Geflüchtete in die Sozialsysteme eingewandert seien.[1502] Auch die Autorin Monika Maron machte mit fragwürdigen Aussagen im Umkreis neurechter Gruppen Schlagzeilen, worauf der

---

1499 Dörre, Klaus: „Prekarisierung und Rechtspopulismus". In: *Wiso Diskurs. Juni 2017 Rechte Orientierungen bei Arbeitnehmerinnen und Arbeitnehmer*. Dokumentation im Auftrag der Friedrich-Ebert-Stiftung, S. 32. Online abrufbar unter: http://library.fes.de/pdf-files/asfo/04550.pdf, zuletzt geprüft am 01.02.2021.

1500 Schulze, Ingo: *Die rechtschaffenen Mörder*. Fischer: Frankfurt am Main 2020.

1501 Wildenhain, Michael: *Das Singen der Sirenen*. Klett Cotta: Stuttgart 2017.

1502 Vgl. Ohne Autor_innenangabe: „Die meisten kommen her, um in die Sozialsysteme einzuwandern". Online abrufbar unter: https://www.welt.de/kultur/article174378830/Uwe-Tellkamp-ueber-Fluechtlinge-Die-meisten-kommen-her-um-in-die-Sozialsysteme-einzuwandern.html, zuletzt geprüft am 01.02.2021.

Fischer-Verlag sich weigerte, weiterhin Bücher von ihr zu publizieren.[1503] Maron fiel u .a. dadurch negativ auf, dass sie bedauerte, dass Männern die Ernährerrolle in der deutschen Gesellschaft aberkannt worden sei: „Ich denke, dass die Mannfindung des neuen Mannes noch nicht beendet ist. Er wird sich seiner Männlichkeit wieder besinnen."[1504] Die Wiederaneignung von Männlichkeit ist ein zentraler Topos neurechter Strömungen, wie er beispielsweise von dem Verleger Götz Kubitschek und der AfD bedient wird.[1505]

Nicht nur aufgrund der genannten Verwobenheiten mit politischen und ideologischen Entwicklungen wird das Thema Prekarität auch zukünftig, so ist zu vermuten, in der Gegenwartsliteratur aktuell bleiben. Mit der weltweiten pandemischen Ausbreitung des Covid-19-Virus, das Anfang 2020 zunächst in China für hohe Infektionszahlen sorgte, sind langwierige wirtschaftliche Schäden zu erwarten, die eine Zunahme prekärer Lebens- und Arbeitsverhältnisse vermuten lassen. So wurde beispielsweise in Deutschland von März 2020 bis April 2020 zum Schutz der Bevölkerung vor weiteren Ansteckungen das wirtschaftliche Leben in weiten Teilen heruntergefahren. Diese Maßnahmen wiederholten sich im November 2020, als ein erneuter „Lockdown" von der Bundesregierung ausgerufen wurde. Die Auswirkungen auf die Arbeitswelt sind bereits jetzt spürbar, wie Motakef und Christine Wimbauer in einem Blog-Beitrag des Zentrums für interdisziplinäre Geschlechterstudien der Humboldt-Universität Berlin konstatieren:

> Durch die COVID-19-Pandemie bricht nun die Wirtschaftsleistung ein und die ohnehin bestehende Spaltung zwischen prekärer und sicherer Beschäftigung

1503 Vgl. „Kein Platz für Maron". Online abrufbar unter: https://www.sueddeutsche.de/kultur/monika-maron-fischer-trennung-verlag-1.5081858, zuletzt geprüft am 01.02.2021.

1504 Ohne Autor_innenangabe: „Was Monika Maron gegen das Gendern hat". Online abrufbar unter: https://www.spiegel.de/kultur/literatur/monika-maron-im-talk-spiegel-talk-spitzentitel-gegen-das-gendern-a-0ad8b0ae-8419-4a0b-b009-bd26a958044d, zuletzt geprüft am 01.02.2021.

1505 Vgl. hierzu z. B.: Schutzbach, Franziska: „‚Ich kann euch alle haben'. Maskulinitätsideologien und Rechtsnationalismus. Online abrufbar unter: https://geschichtedergegenwart.ch/ich-kann-euch-alle-haben/, zuletzt geprüft am 01.02.2021.

> wird – trotz staatlicher Hilfen – vergrößert. Während manch gut bezahlte Wissensarbeiter*innen geschützt im Homeoffice sein können und einige wenige sogar das Privileg haben, dies als Entschleunigung zu erleben, verstärken sich die Unsicherheiten von prekär Beschäftigten. Auch diese sind heterogen: Seit Ausbruch der Pandemie melden viele Unternehmen Kurzarbeit an und/oder entlassen bereits Personal. Mit wenigen Ausnahmen wie Lebensmittelgeschäften sind im Einzelhandel die Läden geschlossen. Mittelfristig dürften viele Menschen ihre Arbeit verlieren. Für andere prekär Beschäftigte zeichnet sich eine Arbeitsverdichtung ab: Wer etwa Lebensmittel produziert und verkauft, wer unter Personalknappheit in Pflege- und Krankenhäusern arbeitet oder in anderen für die Daseinsvorsorge relevanten Organisationen, erfährt derzeit eine symbolische Anerkennung als ‚systemrelevant'. Unter prekären Bedingungen halten diese Beschäftigten – häufig Frauen – sprichwörtlich den Laden am Laufen. Prekär und unterbezahlt bleiben sie dennoch. Prekäre Beschäftigung wird zudem weiter nachgefragt und ausgebaut. Durch die weitreichenden Einreiseverbote sogar innerhalb der EU werden händeringend Erntehelfer*innen gesucht. In Zeiten, in denen Menschen zuhause bleiben müssen, übernehmen – ebenfalls unter prekären Bedingungen – wiederum Arbeiter*innen, die über digitale Plattformen wie Amazon und Deliveroo vermittelt werden, einen Großteil der Versorgung.[1506]

Die negativen ökonomischen Auswirkungen der Pandemie treffen in hohem Maße auch den Kulturbetrieb. Vor allem Theaterhäuser und freie Kulturschaffende sind betroffen. Hierfür hat die deutsche Bundesregierung das Programm "Neustart Kultur" ins Leben gerufen, wofür 1 Milliarde Euro bereitgestellt wurde. Auf der Internetpräsenz der Bundesregierung heißt es dazu etwa: „Ob Theater, Club oder Literaturhaus – sie sollen mit Hygienekonzepten wiedereröffnen können."[1507] Die notwendigen Maßnahmen der Bundesregierung betreffen dabei auch Lesungen von Autor_innen, die ihnen als Einnahmequelle dienen.[1508]

1506 Motakef, Mona / Wimbauer, Christine: „Wie durch ein Brennglas – Prekäre Arbeits- und Lebensverhältnisse vor und während der COVID-19-Pandemie". Online abrufbar unter: https://genderblog.hu-berlin.de/brennglas-covid-19/, zuletzt geprüft am 01.02.2021.

1507 Ohne Autor_innenangabe: „Informationen für Kultur- und Medienschaffende". Online abrufbar unter: https://www.bundesregierung.de/breg-de/themen/coronavirus/corona-kultur-1735378, zuletzt geprüft am 01.02.2021.

1508 Vgl. z. B.: Ohne Autor_innenangabe: „Corona-Krise: Diese Hilfen gibt es im Literaturbetrieb". Online abrufbar unter: https://www.mdr.de/kultur/corona-krise-hilfe-fuer-literaturbetrieb-100.html, zuletzt geprüft am 22.021.2021.

Die längerfristigen wirtschaftlichen Folgen der Pandemie sind derzeit nicht absehbar, es ist aber davon auszugehen, dass sie beträchtliche Ausmaße annehmen werden, die beispielsweise mit denen der Finanzkrise von 2008 zu vergleichen sind. So schreibt Joachim Ragnitz:

> Die aktuelle Corona-Pandemie hat die Wirtschaft weltweit in eine tiefe Rezession gestürzt. So dürfte das Bruttoinlandsprodukt im Jahr 2020 in Deutschland um rund 5½% niedriger ausfallen als im Vorjahr. Aktuell vorliegende Konjunkturprognosen gehen zwar von einer allmählichen Erholung aus, so dass das Vorkrisenniveau des Bruttoinlandsprodukts gegen Ende des Jahres 2021 wieder erreicht werden wird (Projektgruppe Gemeinschaftsdiagnose 2020). Dies basiert aber auf der Annahme, dass ein zweiter flächendeckender Lockdown des wirtschaftlichen und gesellschaftlichen Lebens vermieden werden kann, was sich inzwischen als unzutreffend herausgestellt hat. Selbst dann muss man aber davon ausgehen, dass die Krisenfolgen auch langfristig noch spürbar sein werden. Es ist erstaunlich, dass die langfristigen Krisenfolgen in Politik, Öffentlichkeit und auch in der Wissenschaft bislang kaum thematisiert werden.[1509]

Abzuwarten bleibt, wie die Gegenwartsliteratur auf die kommenden wirtschaftlichen und gesellschaftlichen Herausforderungen reagieren wird. „Wie durch ein Brennglas verschärfen sich also derzeit Ungleichheiten, die auch schon vor der Pandemie bekannt waren, und neue entstehen“[1510], stellen Motakef und Wimbauer fest und fordern eine Politik der Enprekarisierung, die mit umfassenden sozialen Sicherungen einhergeht.[1511] Vor diesem Hintergrund besteht auch die Möglichkeit einer Repolitisierung der Gegenwartsliteratur, wie sie von Teilen des literarischen Feldes seit längerem gefordert wird. Zukünftige literarische Verhandlungen prekärer Lebens- und Arbeitsverhältnisse könnten in diesem Falle utopische Gegendiskurse akzentuieren und Möglichkeitsräume schaffen, die auf der Veränderung der sozialen Welt bestehen, statt einer desillusionären Ästhetik anzuhängen. Wie ich mit meiner Untersuchung gezeigt habe, bedarf dabei auch die literatur- und kulturwissenschaftliche Forschung, die sich mit literarischen Phänomenen der postfordistischen Lebens- und Arbeitswelt beschäftigt,

1509 Ragnitz, Joachim: „Langfristige wirtschaftliche Auswirkungen der Corona-Pandemie“. In: *ifo Schnelldienst* 73 (11), 2020, S. 25. Online abrufbar unter: https://www.ifo.de/DocDL/sd-2020-11-ragnitz-langfristige-auswirkungen-corona.pdf, zuletzt geprüft am 01.02.2021.

1510 Motakef / Wimbauer, Brennglas.

1511 Vgl. Ebd.

einer Neuausrichtung. Mit dem in dieser Studie verwendeten sozialwissenschaftlichen Prekaritätskonzept, das auf eine gesamtgesellschaftliche Analyse arbeits- und lebensweltlicher Erosionen abzielt, können die Texte in einem größeren sozialen Kontext betrachtet und um intersektionale Perspektiven erweitert werden. Gleichzeitig wird anhand der Ergebnisse meiner Studie die Notwendigkeit ersichtlich, bei der Analyse die literarischen Darstellungsmittel postfordistischer Prekaritätsdarstellungen in den Blick zu nehmen, um sie in ihren literarturhistorischen und diskursiven Dimensionen stärker erfassen zu können.

11 Literaturverzeichnis

Forschungsliteratur

Abelshauser, Werner: *Deutsche Wirtschaftsgeschichte seit 1945*, Originalausgabe, Sonderauflage für die Landeszentralen für politische Bildung. C. H. Beck: München 2004.

Adler, Hans: „Literatur und Sozialkritik. Versuch einer historischen Spezifikation des sozialen Romans". In: ders. (Hrsg.): *Der deutsche soziale Roman des 18. und des 19. Jahrhunderts* (= Wege der Forschung, Bd. 630). Wissenschaftliche Buchgesellschaft: Darmstadt 1990, S. 280–307.

ders.: *Soziale Romane im Vormärz*. Wilhelm Fink Verlag: München 1980.

Adorno, Theodor W.: „Erziehung nach Auschwitz". In: ders.: *Erziehung zur Mündigkeit. Vorträge und Gespräche mit Helmut Becker 1959–1969*, herausgegeben von Gerd Kadelbach (= suhrkamp taschenbuch 11). Suhrkamp: Frankfurt am Main 1971, S. 88–104.

ders.: „Erziehung zur Mündigkeit". In: ders.: *Erziehung zur Mündigkeit. Vorträge und Gespräche mit Helmut Becker 1959–1969*, herausgegeben von Gerd Kadelbach (= suhrkamp taschenbuch 11). Suhrkamp: Frankfurt am Main, S. 133 – 147.

ders.: „Standort des Erzählers im zeitgenössischen Roman". In: ders.: *Noten zur Literatur. Theodor W. Adorno. Gesammelte Schriften*, herausgegeben von Rolf Tiedemann, Band 11, 6. Auflage (= suhrkamp taschenbuch wissenschaft 1711). Suhrkamp: Frankfurt am Main 2017, S. 41–48.

ders.: „Was bedeutet: Aufarbeitung der Vergangenheit" In: ders.: *Erziehung zur Mündigkeit. Vorträge und Gespräche mit Helmut Becker 1959 – 1969*, herausgegeben von Gerd Kadelbach (= suhrkamp taschenbuch 11). Suhrkamp: Frankfurt am Main, S. 10–28.

Alain, Ehrenberg: *Das Unbehagen in der Gesellschaft*. Suhrkamp: Berlin 2011.

Allrath, Gabi / Surkamp, Carola: „Erzählerische Vermittlung, unzuverlässiges Erzählen, Multiperspektivität und Bewusstseinsdarstellung." In: Nünning, Vera / Nünning, Ansgar (Hrsg.): *Erzähltextanalyse und Gender Studies* (Sammlung Metzler, Bd. 344). Metzler: Stuttgart / Weimar 2004, S. 143–179

Anz, Thomas: „Das Spiel ist aus? Zur Konjunktur und Verabschiedung des ‚postmodernen' Spielbegriffs". In: Habers, Henk (Hrsg.): *Postmoderne Literatur in deutscher Sprache: eine Ästhetik des Widerstands?* Rodopi: Amsterdam / Atlanta 2000, S. 15–34.

Apicella, Sabrina: *Amazon in Leipzig. Von den Gründen, (Nicht) zu streiken. Studie im Auftrag der Rosa-Luxemburg-Stiftung* (= Studie 09/2016). Berlin 2016.

Bal, Mieke: *Narratology: Introduction to the Theory of Narrative. Third Edition.* University of Toronto Press: Toronto / Buffalo / London 2009.

Balint, Iuditha: „Einleitung I. Was ist literarische Ökonomik? Wesensbestimmung und Entwicklung einer Methode". In: Balint, Iuditha / Zilles, Sebastian (Hrsg.): *Literarische Ökonomik.* Wilhelm Fink: Paderborn 2014, S. 9–16.

dies.: *Erzählte Entgrenzungen. Narrationen von Arbeit zu Beginn des 21. Jahrhunderts* (= Szenen/Schnittstellen, Bd. 4). Wilhelm Fink: Paderborn 2017.

Basseler, Michael: „Methoden des New Historicism und der Kulturpoetik". In: Nünning, Vera / Nünning, Ansgar (Hrsg.). *Methoden der literatur- und kulturwissenschaftlichen Textanalyse.* Metzler: Stuttgart / Weimar 2010, S. 225–249.

Bauer, Manuel: *Ökonomische Menschen. Literarische Wirtschaftsanthropologie des 19. Jahrhunderts.* V&R unipress: Göttingen 2016.

Beck, Ulrich: „Fremde – Ambivalenz als Existenz." In: Schubert, Venanz (Hrsg.): *Fremde. Migration und Asyl.* EOS Verlag: St. Ottilien 1999, S. 47–65.

Becker, Sabine: Bürgerlicher Realismus. *Literatur und Kultur im bürgerlichen Zeitalter 1848–1900.* Francke (= UTB 2369): Tübingen / Basel 2003.

Boewe, Jörn / Schulten, Johannes: *Der lange Kampf der Amazon-Beschäftigten. Labor des Widerstandes: Gewerkschaftliche Organisierung im Onlinehandel* (= Analysen, Nr. 24), herausgegeben von der Rosa-Luxemburg-Stiftung. Berlin 2015.

Boltanski, Luc / Chiapello, Ève: *Der neue Geist des Kapitalismus*, herausgegeben von Franz Schultheis (= édition discours, Bd. 38.). UVK: Konstanz 2006.

Booth, Melanie / Dörre, Klaus / Haubner, Tine / Marquardsen, Kai / Scherschel, Karin / Schierborn, Karen: „Bewährungsproben für die

Unterschicht: Wirkungen aktivierender Arbeitsmarktpolitik". In: Best, Heinrich / Holtmann, Everhard (Hrsg.): *Aufbruch der entsicherten Gesellschaft. Deutschland nach der Wiedervereinigung*. Campus: Frankfurt am Main / New Yorck 2012, S. 347–368.

Boumans, Elke / Ünal, Arif: *Die geteilte Menschenwürde. Flüchtlingsalltag und soziale Arbeit nach der Änderung des Grundrechts auf Asyl*. IKO-Verlag: Frankfurt 1997.

Bourdieu, Pierre: „Prekarität ist überall". In: ders.: *Gegenfeuer*, herausgegeben von Franz Schultheis und Louis Pinto (= édition discours, Bd. 37). UVK: Konstanz 2004, S. 107–116.

Brandmaier Maximiliane / Friedmann, Lisa: *Menschenrechtsbasierte soziale Arbeit in Sammelunterkünften. Widersprüche – Handlungsgrenzen – Handlungsmöglichkeiten*. V&R: Göttingen 2019.

Brinkman, Ulrich / Dörre, Klaus / Röbenack, Silke.: *Prekäre Arbeit. Ursachen, Ausmaß, soziale Folgen und subjektive Verarbeitungsformen unsicherer Beschäftigungsverhältnisse* (gemeinsam mit Klaus Kraemer und Frederic Speidel), herausgegeben vom Wirtschafts- und sozialpolitischen Forschungs- und Beratungszentrum der Friedrich-Ebert-Stiftung Abteilung Arbeit und Sozialpolitik. Bonn 2006.

Brogi, Susanna / Freier, Carolin / Freier-Otten, Ulf / Hartosch, Katja.: „Arbeit und ihre Repräsentation". In: dies. (Hrsg.): *Repräsentationen von Arbeit. Transdisziplinäre Analysen und künstlerische Produktionen* (= Gesellschaft der Unterschiede, Bd. 11), S. 9–31.

Brüns, Elke: „Szenarien des Sozialen. Armut und Exklusion in der Gegenwartsliteratur". In: Hellström, Martin/ Platen, Edgar (Hrsg.): *Armut: Zur Darstellung von Zeitgeschichte in deutschsprachiger Gegenwartsliteratur* (VII) (= Perspektiven. Nordeuropäische Studien zur deutschsprachigen Literatur und Kultur, Band 10). Lucidium: München 2012, S.10–20.

dies.: „Einleitung. Plädoyer für einen *social turn* in der Literaturwissenschaft". In: dies. (Hrsg.): *Ökonomien der Armut. Soziale Verhältnisse in der Literatur*. Wilhelm Fink: München 2008, S. 7–21.

dies.: „Der Social Turn – Keiner unter vielen?" In: Stiemer, Haimo / Büker, Dominik / Sanchino Martinez, Esteban (Hrsg.): *Social turn? Das Soziale in der gegenwärtigen Literatur(wissenschaft)*. Velbrück: Weilerswist 2017, S. 15–29.

Castel, Robert: *Die Krise der Arbeit. Neue Unsicherheiten und die Zukunft des Individuums*. Hamburger Edition: Hamburg 2011.

ders.: *Die Metamorphose der sozialen Frage. Eine Chronik der Lohnarbeit*, herausgegeben von Franz Schultheis (= édition discours, Bd. 44). UVK: Konstanz 2008.

Chilese, Viviana: „Menschen im Büro: Zur Arbeitswelt in der deutschen Gegenwartsliteratur“. In: Cambi, Fabrizio (Hrsg.): *Gedächtnis und Identität. Die deutsche Literatur nach der Vereinigung*. Königshausen und Neumann: Würzburg 2008, S. 293–304.

Claßen, Ludger: „Konjunkturen und Konflikte. Die Literatur der Arbeitswelt im Ruhrgebiet seit 1945“. In: Kift, Dagmar / Palm, Hanneliese (Hrsg.): *Arbeit – Kultur – Identität. Zur Transformation von Arbeitslandschaften in der Literatur. Tagungsband. Symposium des Fritz-Hüser-Instituts und des LWL-Industriemuseums 23.-25. März 2006* (= Schriften des Fritz-Hüser-Instituts für deutsche und ausländische Arbeiterliteratur, Bd. 15.). Klartext: Essen, S. 103–114.

Connel, Robert W.: *Der gemachte Mann. Konstruktion und Krise von Männlichkeit*, 3. Auflage. VS Verlag: Wiesbaden 2006.

Dangschat, Jens S: „Gentrification. Der Wandel innenstadtnaher Wohnviertel“. In: *Kölner Zeitschrift für Soziologie und Sozialpsychologie*, Sonderheft 29, 1988, S. 272–292.

Dembski, Tanja: *Paradigmen der Romantheorie zu Beginn des 20. Jahrhunderts. Lucács, Bachtin und Rilke*. Königshausen & Neumann: Würzburg 2000.

Dernburg, Heinrich: *Pandekten. Zweiter Band*. Verlag von H. W. Müller: Berlin 1886.

Döhring, Diether: *Sozialstaat*. Fischer: Frankfurt am Main 2004.

Dörfler, Sonja: *Elterliche Arbeitsteilung in Österreich und Schweden. Die Entwicklung institutioneller und kultureller Rahmenbedingungen von 1990 bis heute*. Springer VS: Wien 2019.

Dörre, Klaus / Scherschel, Karin / Booth, Melanie / Haubner, Tine / Marquardsen, Kai / Schierhorn, Karin.: *Bewährungsproben für die Unterschicht? Soziale Folgen aktivierender Arbeitsmarktpolitik* (= International Labour Studies – Internationale Arbeitsstudien, Bd. 3). Campus: Frankfurt am Main / New Yorck 2013.

Dörre, Klaus / Haubner, Tine: „Landnahme durch Bewährungsproben – Ein Konzept für die Arbeitssoziologie“. In: Dörre, Klaus / Sauer, Dieter / Wittke, Volker (Hrsg.): *Kapitalismustheorie und Arbeit. Neue Ansätze soziologischer Kritik* (= International Labour Studies – Internationale Arbeitsstudien, Bd.1), Campus: Frankfurt am Main 2012, S. 63–106.

Dörre, Klaus: „Prekarisierung und Geschlecht. Ein Versuch über unsichere Beschäftigung und männliche Herrschaft in nachfordistischen Arbeitsgesellschaften“. In: Aulenbacher,Brigitte / Funder, Maria / Völker, Susanne / Jacobsen, Heike (Hrsg.): *Arbeit und Geschlecht im Umbruch der modernen Gesellschaft. Forschung im Dialog* (= Geschlecht & Gesellschaft, Bd. 40). VS: Wiesbaden 2007, S. 285–301.

Eichler, Lutz: *System und Selbst. Arbeit und Subjektivität im Zeitalter ihrer strategischen Anerkennung*. Transcript: Bielefeld 2013.

Emmerich, Wolfgang: „Die Literatur der DDR“. In: o. Hrsg.: *Deutsche Literaturgeschichte. Von den Anfängen bis zur Gegenwart*. 8., aktualisierte und erweiterte Auflage. Metzler: Stuttgart/Weimar 2013, S. 515–555.

Erdbrügger, Torsten / Probst, Inga: „Arbeit als Narration – Zur Einleitung“. In: Erdbrügger, Torsten / Nagelschmidt, Ilse / Probst, Inga (Hrsg.): *Arbeit als Narration. Ein interdisziplinärer Werkstattbericht*. Klartext: Essen 2015, S. 7–23.

Erdbrügger, Torsten: „Von welcher Arbeit erzählt die Literatur(wissenschaft)?“. In: Erdbrügger, Torsten / Nagelschmidt, Ilse / Probst, Inga (Hrsg.): *Arbeit als Narration. Ein interdisziplinärer Werkstattbericht*. Klartext: Essen 2015, S. 115–132.

Fähnders, Walter: *Avantgarde und Moderne 1890–1933*, 2. Auflage. Metzler: Stuttgart / Weimar 2010.

Faure, Marie-Noëlle: „Von der Chamissoliteratur zur Ankunftsliteratur – interkulturelle Literatur und Neubestimmung des Deutschseins.“ In: Warakomska, Anna / Öztürk, Mehmet (Hrsg.): *Man hat Arbeitskräfte gerufen, ... es kamen Schriftsteller. Migranten und ihre Literaturen*. Peter Lang: Frankfurt am Main 2015, S. 41–56.

Fisher, Mark: *Kapitalistischer Realismus ohne Alternative?* VSA: Hamburg 2013.

Foucault, Michel: Üb*erwachen und Strafen. Die Geburt des Gefängnisses*, 15. Auflage (= suhrkamp taschenbuch 2271). Suhrkamp: Frankfurt am Main 2015 ders.: *Wahnsinn und Gesellschaft. Eine Geschichte des Wahns im Zeitalter der Vernunft*, 10. Auflage. Suhrkamp: Frankfurt am Main 1973.

Freise, Matthias: *Slawistische Literaturwissenschaft. Eine Einführung*. Narr Verlag: Tübingen 2012.

Gebhardt, Lisette: *„Nach Einbruch der Dunkelheit." Zeitgenössische japanische Literatur im Zeichen des Prekären*. EB-Verlag Dr. Brandt: Berlin 2010.

Geißler, Rainer: *Die Sozialstruktur Deutschlands. Zur gesellschaftlichen Entwicklung mit einer Bilanz zur Vereinigung*, 5. Auflage. VS Verlag: Wiesbaden 2008.

Goffman, Erving: *Asyle. Über die soziale Situation psychiatrischer Patienten und anderen Insassen*. Suhrkamp: Frankfurt am Main 1973.

Greenblatt, Stephen: „Grundzüge einer Poetik der Kultur". In: ders.: *Schmutzige Riten. Betrachtungen zwischen Weltbildern*. Wagenbach: Berlin 1991, S. 107–122.

Greimas, Algirdas Julien: *Strukturale Semantik. Methodologische Untersuchungen*. Friedrich Viehweg+Sohn: Braunschweig 1971.

Groh-Samberg, Olaf / Hertel, Florian R.: „Abstieg der Mitte? Zur langfristigen Mobilität von Armut und Wohlstand". In: Burzan, Nicole / Berger, Peter A. (Hrsg.): *Dynamiken (in) der gesellschaftlichen Mitte*. VS Verlag: Wiesbaden 2010, S. 137–157.

Gymnich, Marion: „Konzepte literarischer Figuren und Figurencharakterisierung". In: Nünning, Vera / Nünning, Ansgar (Hrsg.): *Erzähltextanalyse und Gender Studies* (= Sammlung Metzler, Bd. 344). Metzler: Stuttgart / Weimar 2004, S. 122–42.

Haas, Tobias: *Die politische Ökonomie der Energiewende. Deutschland und Spanien im Kontext multipler Krisendynamiken in Europa*. Springer VS: Wiesbaden 2017

Hallet, Wolfgang: „Methoden kulturwissenschaftlicher Ansätze: *Close Reading* und *Wide Reading*". In: Nünning, Vera / Nünning, Ansgar (Hrsg.). *Methoden der literatur- und kulturwissenschaftlichen Textanalyse*. Metzler: Stuttgart / Weimar 2010, S. 293–315.

Hardtke, Thomas / Kleine, Johannes / Payne, Charlton: „Niemandsbuchten und Schutzbefohlene. Flucht-Räume und Flüchtlingsfiguren in der deutschsprachigen Gegenwartsliteratur". In: dies. (Hrsg.): *Niemandsbuchten und Schutzbefohlene* (= Deutschsprachige Gegenwartsliteratur und Medien, Bd. 22). V&R unipress: Göttingen 2017, S. 9–20.

Hark, Sabine / Völker, Susanne: „Feministische Perspektiven auf Prekarisierung: Ein ‚Aufstand auf der Ebene der Ontologie' ". In: Manske, Alexandra / Pühl, Katharina (Hrsg.): *Prekarisierung zwischen Anomie und Normalisierung. Geschlechtertheoretische Bestimmungen* (= Schriftenreihe der Sektion Frauen- und Geschlechterforschung in der deutschen Gesellschaft für Soziologie, Bd. 28). Westfälisches Dampfboot: Münster 2010, S. 26–47.

Haunschild, Axel: „Vorwort". In: Vedder, Günther / Pieck, Nadine / Schlichting, Brit / Schubert, Andrea / Krause, Florian (Hrsg.): *Befristete Beziehungen. Menschengerechte Gestaltung von Arbeit in Zeiten der Unverbindlichkeit.* Rainer Hammp Verlag: München / Mering 2014, S. 3–5.

Heidegen, Michael: *Inszenierungen eines Affekts: Scham und ihre Konstruktion in der Literatur der Moderne.* V&R: Göttingen 2013.

Heimburger, Susanne: *Kapitalistischer Geist und literarische Kritik. Arbeitswelten in deutschsprachigen Gegenwartstexten.* edition text + kritik: München 2010.

Heintz, Günter: „Einleitung". In: ders. (Hrsg.) *Texte der proletarisch-revolutionären Literatur Deutschlands 1919 – 1933* (= Universalbibliothek Nr. 9707). Reclam: Stuttgart 1980, S. 5–38.

Hellström, Martin / Platen, Edgar: „Vorwort". In: dies. (Hrsg.): *Armut: Zur Darstellung von Zeitgeschichte in deutschsprachiger Gegenwartsliteratur* (VII) (= Perspektiven. Nordeuropäische Studien zur deutschsprachigen Literatur und Kultur, Band 10). Lucidium: München 2012, S. 7–9.

Hempel, Dirk / Künzel, Christine: „Einleitung". In: Hempel, Dirk / Künzel, Christine (Hrsg.): *Denn wovon lebt der Mensch? Literatur und Wirtschaft.* Peter Lang: Frankfurt am Main 2009, S. 9–18.

Hofbauer, Johanna: „Fleiß, Arbeitsamkeit, Betriebsamkeit – Zur Herausbildung moderner Arbeitstugenden". In: Bohmann, Gerda / Hofbauer, Johanna / Schülein, Johann August (Hrsg.): *Sozioökonomische Perspektiven. Texte zum Verhältnis von Gesellschaft und Ökonomie.* Facultas: Wien 2014, S. 157–182.

Hepp, Rolf: „Einleitung oder das Drama des Prekären". In: Hepp, Rolf, Riesinger, Robert / Kergel, David (Hrsg.): *Verunsicherte Gesellschaft.*

Prekarisierung auf dem Weg in das Zentrum. Springer: Wiesbaden 2016, S. 1–34.

Herrmann, Leonhard / Horstkotte, Silke: *Gegenwartsliteratur. Eine Einführung*. Metzler: Stuttgart 2016.

Hirseland, Andreas / Kerschbaumer, Lukas: „Wege aus Langzeitarbeitslosigkeit und Hartz IV-Bezug – was sich aus Fallgeschichten lernen lässt". In: Rauch, Angela / Tophoven, Silke (Hrsg.): *Integration in den Arbeitsmarkt. Teilhabe von Menschen mit Förder- und Unterstützungsbedarf*. Kohlhammer: Stuttgart 2020, S. 214–232.

Jameson, Fredric: *The Political Unconscious: Narrative as a Socially Symbolik Act*. Cornell University Press: London 1981.

Jungwirth, Ingrid / Scherschel, Karin: „Ungleich prekär – zum Verhältnis von Arbeit, Migration und Geschlecht". In: Manske, Alexandra / Pühl, Katharina (Hrsg.): *Prekarisierung zwischen Anomie und Normalisierung. Geschlechtertheoretische Bestimmungen* (= Schriftenreihe der Sektion Frauen- und Geschlechterforschung in der deutschen Gesellschaft für Soziologie, Bd 28). Westfälisches Dampfboot: Münster 2010, S. 110–132.

Jünke, Claudia: „Kulturwissenschaft und Erzähltheorie. Zur Kulturkritik in Juan Goytisolos *Señas de identidad*". In: Jünke, Claudia / Zaiser, Rainer / Geyer, Paul: *Romanistische Kulturwissenschaft?* Königshausen & Neumann: Würzburg 2004, S. 255–276.

Kim, Jeong-Yong: *Das Groteske in den Stücken Ödön von Horváths*. Peter Lang: Frankfurt am Main / Bern / Bruxelles / New York / Oxford / Warszawa / Wien 1995.

Köhler, Erich: *Das 19. Jahrhundert II*, herausgegeben von Henning Krauß und Dietmar Rieger. Kohlhammer: Stuttgart 1987.

Koppetsch, Cornelia: „Der Aufstieg der postindustriellen Mittelklasse. Von der nivellierten zur gespaltenen Mitte". In: Stahl, Enno / Kock, Klaus / Palm, Hanneliese / Solty, Ingar (Hrsg.): *Literatur in der Klassengesellschaft* (= Literatur und Ökonomie, Bd. 2). Brill / Fink: München / Paderborn 2020, S. 108–116.

Koschorke, Albrecht: *Wahrheit und Erfindung. Grundzüge einer allgemeinen Erzähltheorie*. Fischer: Frankfurt am Main 2012.

Kostenzer, Caterina: *Die literararische Reportage. Über eine hybride Form zwischen Journalismus und Literatur*. Studienverlag: Innsbruck 2009.

Kronawitter, Ernst: *Führen ohne Druck. Erfolgreiches Bankgeschäft ohne Zielvorgaben und vertriebsabhängige Vergütungen.* Springer: Wiesbaden 2013.

Kunkel-Razum, Kathrin / Scholze-Stubenrecht, Werner / Werme, Matthias: *Duden. Deutsches Universalwörterbuch*, herausgegeben von der Dudenredaktion. Dudenverlag: Mannheim 2007.

Lahn, Silke / Meister, Jan Christoph: *Einführung in die Erzähltextanalyse.* Metzler: Stuttgart 2016.

Liepitz, Alain: „Demokratie nach dem Fordismus". In *Das Argument* 33 (6), 1991, S. 677–694.

Lorey, Isabel: *Die Regierung der Prekären* (es kommt darauf an, Bd. 14). Turia + Kant: Wien 2012.

Lorke, Christopher: *Armut im geteilten Deutschland. Die Wahrnehmungen sozialer Randlagen in der Bundesrepublik und in der DDR.* Campus: Frankfurt am Main 2015.

Lukács, Georg: *Die Theorie des Romans.* Luchterhand: München 1965.

Lutosch, Heide: *Ende der Familie – Ende der Geschichte. Zum Familienroman bei Thomas Mann, Gabriel García Márquez und Michel Houellebecq.* Bielefeld: Aisthesis Verlag: Bielefeld 2007.

Machart, Oliver: *Die Prekarisierungsgesellschaft. Politik und Ökonomie im Zeichen der Prekarisierung.* Transcript: Bielefeld 2013

Manske, Alexandra / Pühl, Katharina: „Zur Einleitung". In: dies. (Hrsg.): *Prekarisierung zwischen Anomie und Normalisierung. Geschlechtertheoretische Bestimmungen* (= Schriftenreihe der Sektion Frauen- und Geschlechterforschung in der deutschen Gesellschaft für Soziologie, Bd 28). Westfälisches Dampfboot: Münster 2010, S. 7–S. 23.

Matthies, Annemarie: „Defizitmeldungen, Desillusionierungen und Dekonstruktionen. Der kritische Blick auf die Arbeitswelt in der Gegenwartsliteratur". In: Brogi, Susanna / Freier, Carolin / Freier-Otten, Ulf / Hartosch, Katja (Hrsg.): *Repräsentationen von Arbeit. Transdisziplinäre Analysen und künstlerische Produktionen* (= Gesellschaft der Unterschiede, Bd. 11), S. 331–346.

dies.: *Spielbälle. Neuverhandlungen der Arbeitswelt im Medium Literatur.* Herbert von Halem Verlag: Köln 2017.

Menger, Michaela: *Der literarische Kampf um den Arbeiter. Populäre Schemata und politische Agitation im späten Roman der Weimarer Republik*. De Gruyter: Berlin 2016.

Metz, Markus / Seeßlen, Georg: *Kapitalistischer (Sur)realismus. Neoliberalismus als Ästhetik* (= Kapital&Krise, Bd. 5). Bertz+Fischer: Berlin 2018.

Meyer, Stephan: *Die anti-utopische Tradition. Eine ideen- und problemgeschichtliche Darstellung (= Reihe I deutsche Sprache und Literatur*, Bd. 1790). Peter Lang: Frankfurt am Main 2001.

Motakef, Mona: *Prekarisierung*. Transcript: Bielefeld 2015.

Müller-Funk, Wolfgang: *Die Kultur und ihre Narrative. Eine Einführung*. Springer: Wien 2002.

Müller, Silke / Wess, Susanne: *Studienbuch Neuere deutsche Literaturwissenschaft 1720–1848*, 2. Auflage. Königshausen und Neumann: Würzburg 1999.

Nachtwey, Oliver: *Die Abstiegsgesellschaft. Über das Aufbegehren in der regressiven Moderne*, 6. Auflage (= edition suhrkamp, Bd. 2682). Suhrkamp: Frankfurt am Main 2017.

Nieragden, Göran: *Figuren im Roman. Eine narratologische Systematik am Beispiel von David Lodges ‚Changing Places' und Ian McEwans ‚The Child in Time'*. WVT: Trier 1995.

Nünning, Ansgar / Nünning, Vera: „Von‚der' Erzählperspektive zur Perspektivenstruktur narrativer Texte: Überlegungen zur Definition, Konzeptualisierung und Untersuchbarkeit von Multiperspektivität". In: dies. (Hrsg.) *Multiperspektivisches Erzählen: Zur Theorie und Geschichte der Perspektivenstruktur im englischen Roman des 18.–20. Jahrhunderts*. WVT: Trier 2000, S. 3–38.

dies.: „Von der feministischen Narratologie zur gender-orientierten Erzähltextanalyse". In: dies. (Hrsg.): Erzähltextanalyse und Gender Studies (Sammlung Metzler, Bd. 344). Metzler: Stuttgart / Weimar 2004, S. 1–32.

Nünning, Ansgar: „Wie Erzählungen Kulturen erzeugen. Prämissen, Konzepte und Perspektiven für eine kulturwissenschaftliche Narratologie." In: Strohmaier, Alexandra (Hrsg.): *Kultur – Wissen – Narration. Perspektiven transdisziplinärer Erzählforschung für die Kulturwissenschaften*. Transcript: Bielefeld 2013, S. 15–54.

Ohne Autor_innenangabe.: „Diskussion". In: Stahl, Enno / Kock, Klaus / Palm, Hanneliese / Solty, Ingar (Hrsg.): *Literatur in der Klassengesellschaft*

(= Literatur und Ökonomie, Bd. 2). Brill / Fink: München / Paderborn 2020, S. 117–129.

Opitz, Michael / Opitz-Wiemers, Carola: „Tendenzen in der deutschsprachigen Gegenwartsliteratur seit 1989". In o. Hrsg.: *Deutsche Literaturgeschichte. Von den Anfängen bis zur Gegenwart.* 8., aktualisierte und erweiterte Auflage. Metzler: Stuttgart / Weimar 2013, S. 669–756.

Osteen, Mark / Woodmansee, Martha: „Taking account of the New Economic Criticism. An historical introduction". In: dies. (Hrsg.): *The New Economic Criticism. Studies at the intersection of literature and economics.* Routledge: London / New York 1999, S. 3–50.

Pankau G., Johannes: *Einführung in die Literatur der Neuen Sachlichkeit*, herausgegeben von Gunter E. Grimm und Klaus Michael-Bogdal. WBG: Darmstadt 2010.

Pieper, Tobias: *Die Gegenwart der Lager. Zur Mykrophysik der Herrschaft in der deutschen Flüchtlingspolitik.* Westfälisches Dampfboot: Münster 2008.

Pilz, Frank: *Der Sozialstaat. Ausbau – Kontroversen – Umbau* (= Schriftenreihe, Bd. 452). bpb: Bonn / Berlin 2004.

Preisinger, Alexander: „‚Der ganze Haufen las sich wie eine Zeitrafferreise in Richtung Desillusionierung.' Kapitalismuskritik als diskursive Formation am Beispiel des Genres Praktikantenroman". In: Brogi, Susanna / Freier, Carolin / Freier-Otten, Ulf / Hartosch, Katja (Hrsg.): *Repräsentationen von Arbeit. Transdisziplinäre Analysen und künstlerische Produktionen* (= Gesellschaft der Unterschiede, Bd. 11), S. 415–432.

ders.: *Neoliberale Ökonomie erzählen. Eine narratologisch-diskursanalytische Untersuchung der Kapitalismuskritik in der deutschsprachigen Literatur der 2000er Jahre* (=Diskursivitäten, Bd. 20). Synchron: Heidelberg 2015.

Probst, Inga: „Überwindet Arbeit alles oder wird sie überwunden? Narrative der Arbeit – aktuelle Forschungsperspektiven". In: Erdbrügger, Torsten / Nagelschmidt, Ilse / Probst, Inga (Hrsg.): *Omnia vincit labor? Narrative der Arbeit – Arbeitskulturen in medialer Reflexion* (= Literaturwissenschaft, Bd. 32). Frank & Timme: Berlin 2013, S. 17–48.

Raehlmann, Irene: *Zeit und Arbeit. Eine Einführung.* VS Verlag: Wiesbaden 2004.

Reckwitz, Andreas: „Entwertung und Enttäuschung. Zur Produktion negativer Affekte in der spätmodernen Gesellschaft“. In: *WestEnd. Neue Zeitschrift für Sozialforschung* 15 (1), 2018, S. 45–66.

Röhnert, Jan: „‚Gleichzeitig unkonzentriert, aber auch bereit, sich irgendwo zu fixieren‘. Gegenwartsdiskurse in der deutschsprachigen Gegenwartsliteratur“. In: Di Rosa, Valentina / Röhnert, Jan (Hrsg.): *Im Hier und Jetzt. Konstellationen der Gegenwart in der deutschsprachigen Literatur seit 2000*. Böhlau: Köln 2019, S. 9–S. 40.

Ruf, Werner: *Der Islam. Schrecken des Abendlands. Wie sich der Westen sein Feindbild konstruiert*, 2. Auflage. PapyRossa: Köln 2014.

Scherschel, Karin: „Menschenrechte, Citizenship und Geschlecht – Prekarität in der Asyl- und Fluchtmigration“. In: Völker, Susanne / Amacker, Michèle (Hrsg.): *Prekarisierungen. Arbeit, Sorge und Politik*. Beltz Juventa: Weinheim / Basel 2015, S. 94–110.

Schlottmann, Antje, Wintzer, Jeannine: *Weltbildwechsel. Ideengeschichte geographischen Denkens und Handelns*. Haupt: Bern 2019.

Schmid, Wolf: *Elemente der Narratologie*. De Gruyter: Berlin / Boston 2014.

Schnell, Ralf: „Deutsche Literatur nach 1945“. In: o. Hrsg.: *Deutsche Literaturgeschichte. Von den Anfängen bis zur Gegenwart*. 8., aktualisierte und erweiterte Auflage. Metzler: Stuttgart/Weimar 2013, S. 483–507.

Schößler, Franziska: *Drama und Theater nach 1989. Prekär, interkulturell, intermedial*. Wehrhahn: Erlangen 2013.

dies.: *Femina Oeconomica: Arbeit, Konsum und Geschlecht. Von Goethe bis Händler* (= Literatur – Kultur – Ökonomie, Bd. 1). Peter Lang: Frankfurt am Main / Bern / Bruxelles / New York / Oxford / Warszawa / Wien 2017.

dies.: *Literaturwissenschaft als Kulturwissenschaft. Eine Einführung*. Francke: Tübingen 2006.

Schramm, Moritz: „Ironischer Realismus. Selbstdifferenz und Wirklichkeitsnähe bei Abbas Khider“, in: Fauth, Sören R. / Parr, Rolf (Hrsg.): *Neue Realismen in der Gegenwartsliteratur*. Wilhelm Fink: Köln 2016, S.71–84.

Schreiber, Dominik: *Narrative der Globalisierung. Gerechtigkeit und Konkurrenz in faktualen und fiktionalen Erzählungen*. Wiesbaden: Springer 2015.

Schröder, Susanne: „Ausländer- und Asylrecht in Deutschland, der Schweiz und Österreich“. In: Machleidt, Wielant / Heinz, Andreas: *Praxis der interkulturellen Psychiatrie und Psychotherapie. Migration und psychische Gesundheit*. Urban & Fischer: München 2011, S. 171– 180.

Schultheis, Franz: „Précarité und Prekarität: Zur Thematisierung der sozialen Frage des 21. Jahrhunderts im deutsch-französischen Vergleich“. In: Busch, Michael / Jeskow, Jan / Stutz, Rüdiger (Hrsg.): *Zwischen Prekarisierung und Protest: Die Lebenslagen und Generationsbilder von Jugendlichen in Ost und West*. Transcript: Bielefeld 2010, S. 243–S. 274.

Schütz, Erhard: „Literatur – Museum der Arbeit?“ In: Kift, Dagmar / Palm, Hanneliese (Hrsg.): *Arbeit – Kultur – Identität. Zur Transformation von Arbeitslandschaften in der Literatur. Tagungsband. Symposium des Fritz-Hüser-Instituts und des LWL-Industriemuseums 23.-25. März 2006* (= Schriften des Fritz-Hüser-Instituts für deutsche und ausländische Arbeiterliteratur, Bd. 15.). Klartext: Essen, S. 13–32.

ders.: *Romane der Weimarer Republik* (= UTB 1387). Fink: München 1986.

Schwingel, Markus: *Pierre Bourdieu zur Einführung*. 3 Auflage. Junius: Hamburg 2000.

Şölçün, Sargun: „Literatur der türkischen Minderheit“. In: Chiellino, Carmin. (Hrsg.): *Interkulturelle Literatur in Deutschland. Ein Handbuch*. Metzler: Stuttgart / Weimar 2000, S. 135–152.

Sommer, Roy: „Methoden strukturalistischer und narratologischer Ansätze“ In: Nünning, Vera / Nünning, Ansgar (Hrsg.). *Methoden der literatur- und kulturwissenschaftlichen Textanalyse*. Metzler: Stuttgart / Weimar 2010, S. 91–108.

Stahl, Enno: „Der Sozial-Realistische Roman“. In: ders.: *Diskurspogo. Literatur und Gesellschaft*. Verbrecher Verlag. Berlin 2013, S. 17–29.

ders.: „Kneipen-Jobber und Kulturschaffende. Pseudo-dokumentarische Lebens- und Arbeitsentwürfe in der deutschen Gegenwartsliteratur“. In: ders.: *Diskurs-Pogo. Über Literatur und Gesellschaft*. Verbrecher Verlag: Berlin 2013, S. 57–68.

Standing, Guy: *Prekariat. Die neue explosive Klasse*. Unrast: Münster 2015.

Stein, Peter: „Vormärz“. In: o. Hrsg.: *Deutsche Literaturgeschichte. Von den Anfängen bis zur Gegenwart*, 8., aktualisierte und erweiterte Auflage. Metzler: Stuttgart / Weimar 2013, S. 241–294.

Steiner, Jens: „Variationen der Unfreiheit. Arbeit in der Gegenwartsliteratur“. In: *Metamorphosen. Magazin für Literatur und Kultur* 15 (3), S. 6–S. 14.

Stephan, Inge: „Literatur der Weimarer Republik“. In: o. Hrsg.: *Deutsche Literaturgeschichte. Von den Anfängen bis zur Gegenwart.* 8., aktualisierte und erweiterte Auflage. Metzler: Stuttgart / Weimar 2013, S. 391–454.

Stephan, Robert Paul / Ludwig-Mayerhofer, Wolfgang: „Atypische Beschäftigung“. In: *Gesellschaft – Wirtschaft – Politik* 64, 2014, S. 379–394.

Stockinger, Claudia: *Das 19. Jahrhundert. Zeitalter des Realismus*, herausgegeben von Iwan-Michelangelo D`Aprile. Akademie-Verlag: Berlin 2010.

Stöckmann, Ingo: *Naturalismus. Lehrbuch Germanistik.* Metzler: Stuttgart / Weimar 2011.

Suderland, Maja: „Habitus und Literatur: Literarische Texte in Bourdieus Soziologie“. In: Hrsg. Alexander Lenger, Alexander / Schneickert, Christian / Schumacher, Florian (Hrsg.): *Pierre Bourdieus Konzeption des Habitus. Grundlagen, Zugänge, Forschungsperspektiven.* Springer: Wiesbaden 2013, S. 325–346.

Täubig, Vicky: *Totale Institution Asyl: empirische Befunde zu alltäglichen Lebensführungen in der organisierten Desintegration.* Juventa: Weinheim 2009.

Tommek, Heribert: *Der lange Weg in die Gegenwartsliteratur. Studien zur Geschichte des literarischen Feldes in Deutschland von 1960 bis 2000* (= Studien und Texte zur Sozialgeschichte der Literatur, Bd. 140). De Gruyter: Berlin / München / Boston 2015.

Uecker, Matthias: *Wirklichkeit und Literatur. Strategien dokumentarischen Schreibens in der Weimarer Republik.* Peter Lang: Oxford / Bern / Berlin / Bruxelles / Frankfurt am Main / New York / Wien 2007.

Vogt, Jochen: *Aspekte erzählender Prosa*, 11. aktualisierte Auflage. Wilhelm Fink: München 2014.

von Rotz, Ruth: „Zur Darstellung des Identitätsfindungsprozesses in Patrick Kokontis‘ Erzählung ‚Entgleisungen‘“. In: Käser, Rudolf / Schappach, Beate (Hrsg.): *Krank geschrieben. Gesundheit und Krankheit im Diskursfeld von Literatur, Geschlecht und Medizin.* Transcript: Bielefeld 2014, S. 313–336.

Voß, Günter G.: „Subjektivierung von Arbeit und Arbeitskraft. Die Zukunft der Beruflichkeit und die Dimension Gender als Beispiel". In: Aulenbacher / Funder, Maria / Völker, Susanne / Jacobsen, Heike (Hrsg.): *Arbeit und Geschlecht im Umbruch der modernen Gesellschaft. Forschung im Dialog* (= Geschlecht & Gesellschaft, Bd. 40). VS: Wiesbaden 2007, S. 97–113.

Walz, Angela: *Erzählstimmen verstehen. Narrative Subjektivität im Spannungsfeld von Trans/Differenz am Beispiel zeitgenössischer britischer Schriftstellerinnen* (= Erlangen Studien zur Anglistik und Amerikanistik, Bd. 7.) Lit Verlag: Münster 2005.

Wasilewski, Sandra: „Fremdheit, Macht, Rationalität. Interkulturelle Kommunikation in behördlichen Strukturen". In: *Arbeitskreis Ethnologie und Migrations (Hrsg): Migration – Bürokratie – Alltag. Ethnographische Studien im Kontext von Institutionen und Einwanderung*, LIT: Berlin 2008, S. 37–66.

Wellershoff, Dieter: „Fiktion und Praxis". In: ders.: *Essays, Aufsätze, Marginalien. Werke. Band 4*. Kiepenheuer & Witsch: Köln 1997, S. 202–217.

Willems, Gottfried: *Geschichte der deutschen Literatur. Band 4. Vormärz und Realismus*. Böhlau-Verlag: Köln / Weimar / Wien 2014.

Zeißler, Elena: *Dunkle Welten. Die Dystopie auf dem Weg ins 21. Jahrhundert*. Tectum: Marburg 2008

Zima, Peter Václav: *Entfremdung. Pathologien der postmodernen Gesellschaft*. Francke: Tübingen 2014.

Internetquellen

Adams, Lisa J.: „‚Eine Abrechnung mit unserer Ideologie der Arbeit. Interview mit Joachim Zelter'". Online abrufbar unter: https://lisajadams.wordpress.com/2017/09/06/eine-abrechnung-mit-unserer-ideologie-der-arbeit/, zuletzt geprüft am 01.02.2021.

Amlinger, Carolin: „AutorIn sein: schriftstellerische Arbeitsidentitäten im gegenwärtigen deutschen literarischen Feld". In: *Schwiezerische Gesellschaft für Soziologie: Swiss Journal of Sociology* 43 (2), 2017, S. 401–421. Online abrufbar unter: https://halbwahrheiten.philhist.unibas.ch/fileadmin/user_upload/halbwahrheiten/Amlinger_Being_an_Author_Literary_Identities_of_Work_in_the_Contemporary_German_Literary_Field_2017.pdf, zuletzt geprüft am 01.02.2021.

Arnold, Heinz Ludwig: „Der verbrannte Beweis". Online abrufbar unter: https://www.spiegel.de/spiegel/print/d-42645600.html, zuletzt geprüft am 01.02.2021.

Berthold, Norbert / Sascha von Berchem: *Arbeitsmarktpolitik in Deutschland. Seit Jahrzehnten in der Sackgasse (= Kleine Handbibliothek, Bd. 36).* Stiftung Marktwirtschaft: Berlin 2005. Online abrufbar unter: https://www.stiftung-marktwirtschaft.de/uploads/tx_ttproducts/datasheet/KHB36_Arbeitsmarktpolitik-in-Deutschland.pdf, zuletzt geprüft am 01.02.2021.

Butterwegge, Christoph: *Gerhard Schröders Agenda 2010. Zehn Jahre unsoziale Politik*. Analysen, herausgegeben von der Rosa-Luxemburg-Stiftung. Berlin 2013. Online abrufbar unter: https://www.rosalux.de/fileadmin/rls_uploads/pdfs/Analysen/Analysen_Agenda.pdf, zuletzt geprüft am 01.02.2021.

Dörre, Klaus: „Prekarisierung und Rechtspopulismus". In: *Wiso Diskurs. Juni 2017 Rechte Orientierungen bei Arbeitnehmerinnen und Arbeitnehmer*. Dokumentation im Auftrag der Friedrich-Ebert-Stiftung, S. 32. Online abrufbar unter: http://library.fes.de/pdf-files/asfo/04550.pdf, zuletzt geprüft am 01.02.2021.

ders.: „Prekarität als Konzept kritischer Gesellschaftsanalyse – Zwischenbilanz und Ausblick". In: *Ethik und Gesellschaft. Ökumenische Zeitschrift für Sozialethik* 8 (2), 2014, S. 1–27. Online abrufbar unter: http://www.ethik-und-gesellschaft.de/ojs/index.php/eug/article/view/2-2014-art-1, zuletzt geprüft am 01.02.2021.

ders.: „Prekarität und Macht. Disziplinierung im System der Auswahlprüfungen". In: *WSI Mitteilungen. Monatszeitschrift des Wirtschafts- und Sozialwissenschaftlichen Instituts in der Hans-Böckler-Stiftung* 64 (8), 2011, S. 394–S. 401. Online abrufbar unter: https://www.boeckler.de/data/wsimit_2011_08_doerre.pdf, zuletzt geprüft am 01.02.2021.

Drees, Jan: „Der bitterfelder Weg zu Amazon". Online abrufbar unter: https://www.lesenmitlinks.de/saisonarbeit/, zuletzt geprüft am 01.02.2021.

ders.: „Frau Professor packt aus". Online abrufbar unter: https://www.freitag.de/autoren/jan-drees/frau-professor-packt-aus, zuletzt geprüft am 01.02.2021.

Dükert, Ronald: „‚Ich stelle der Folter eine sprachliche Form entgegen.'" Online abrufbar unter: https://www.cicero.de/kultur/abbas-khider-auberginenrepublik-ich-stelle-der-folter-eine-sprachliche-form-entgegen/53874, zuletzt geprüft am 09.12.2020.

Eichenberg, Thilo: *Lebensstil und urbane Segregation. Neukonzeption sozial-räumlicher Analysemethoden und empirische Umsetzung am Beispiel Hamburg*. Dissertation zur Erlangung des Doktorgrades der Philosophie im Fachbereich Sozialwissenschaften der Universität Hamburg. Universität Hamburg 2010. Online abrufbar unter: https://ediss.sub.uni-hamburg.de//volltexte/2010/4777/pdf/lebensstil-und-urbane-segregation.pdf, zuletzt geprüft am 01.02.2021.

Encke, Julia: „Vom Warten wird man immer blöder". Online abrufbar unter: https://www.faz.net/aktuell/feuilleton/buecher/fluechtlingsroman-vom-warten-wird-man-immer-bloeder-14030679.html, zuletzt geprüft am 04.02.2020.

Erdbrügger, Torsten / Probst, Inga: „Arbeitsplätze, die neuste Literatur betreffend. Von den (Stahl-)Hütten in die (Glas-)Paläste. Online abrufbar unter: https://gegenblende.dgb.de/artikel/++co++509a0560-9337-11e3-8223-52540066f352, zuletzt geprüft am 01.02.2021.

Fähnrich, Birte: „Journalismus im digitalen Zeitalter". Online abrufbar unter: https://www.wissenschaftskommunikation.de/journalismus-im-digitalen-zeitalter-22617/, zuletzt geprüft am 01.02.2021.

Friedrich, Sebastian: „Der schlechteste Chef der Welt". Online abrufbar unter: https://www.freitag.de/autoren/der-freitag/der-schlechteste-chef-der-welt-feiert-amazon-wird-25, zuletzt geprüft am 01.02.2021.

Gebhardt, Lisette: „Nach Murakami. Neue Literatur aus Japan". In: *Literaturkritik.de* 20 (6), 2018. Online abrufbar unter: https://literaturkritik.de/nach-murakami-neue-literatur-aus-japan,24543.html, zuletzt geprüft am 01.02.2021.

Geißler, Cornelia: „‚Saisonarbeit' von Heike Geißler: Was eine Lageristin bei Amazon erlebt hat". Online abrufbar unter: https://www.berliner-zeitung.de/kultur/literatur/-saisonarbeit--von-heike-geissler--was-eine-lageristin-bei-amazon-erlebt-hat-452680, zuletzt geprüft am 01.02.2021.

Gumz, Alexander: „Entfremdete Arbeit reloaded". Online abrufbar unter: https://www.zeit.de/kultur/literatur/2014-11/heike-geissler-saisonarbeit-buch, zuletzt geprüft am 01.02.2021.

Hans-Böckler-Stiftung (Hrsg.): *Die „Hartz Reform“ und ihre Folgen. Forschungsimpulse für eine innovative und sozial gerechte Arbeitsmarktpolitik*. Düsseldorf 2006. Online abrufbar unter: https://www.boeckler.de/pdf/p_hartz_reform.pdf, zuletzt geprüft am 01.02.2021.

Hartz, Peter et al.: *Moderne Dienstleistungen am Arbeitsmarkt. Bericht der Kommission*. 2002. Online abrufbar unter: http://www.sozialpolitik-aktuell.de/tl_files/sozialpolitikaktuell/_Politikfelder/Arbeitsmarkt/Dokumente/hartzteil1.pdf, zuletzt geprüft am 01.02.2021.

Hayer, Björn: „Das Ende der Behaglichkeit“. Online abrufbar unter: https://www.zeit.de/kultur/literatur/2015-03/kristine-bilkau-die-gluecklichen-roman, zuletzt geprüft am 01.02.2021.

Heinrich, Kaspar: „Man wird ja wohl noch durchdrehen dürfen“. Online abrufbar unter: https://www.spiegel.de/kultur/literatur/ohrfeige-autor-abbas-khider-bloss-nicht-der-musterimmigrant-sein-a-1074666.html, zuletzt geprüft am 01.02.2021.

Hohlfeld, Thomas: *Strategien der Ausschaffung. Eine Archäologie der Flüchtlingsbürokratie (Über die Illusion des Rechtsstaates und die Aufkündigung der Humanität*. Inauguraldissertation zur Erlangung eines Grades eines Doktors der Philosophie. Freie Universität: Berlin 2005. Online abrufbar unter: https://refubium.fu-berlin.de/bitstream/handle/fub188/12782/00_0_Titel_Inhalt_Hohlfeld.pdf?sequence=1&isAllowed=y, zuletzt geprüft am 01.02.2021.

Hoppe, Verena: „Armut – Perspektiven in Kunst und Gesellschaft“. Online abrufbar unter: https://www.hsozkult.de/event/id/termine-15867, zuletzt geprüft am 01.02.2021.

Huuthanen, Matti: „Warum Finnland bei Flüchtlingen als paradiesisch gilt“. Online abrufbar unter: https://www.welt.de/politik/ausland/article147080120/Warum-Finnland-bei-Fluechtlingen-als-paradiesisch-gilt.html, zuletzt geprüft am 01.02.2021.

Kahlefendt, Nils: „Im Bauch von Amazon“. Online abrufbar unter: https://www.deutschlandfunk.de/erfahrungsbericht-im-bauch-von-amazon.700.de.html?dram:article_id=302261, zuletzt geprüft am 01.02.2021.

Kämmerlings, Richard: “‘In Ostdeutschland schauen sie, als wünschten sie einem den Tod‘ “. Online abrufbar unter: https://www.welt.de/kultur/literarischewelt/article161768218/In-Ostdeutschland-schauen-sie-als-wuenschten-sie-einem-den-Tod.html, zuletzt geprüft am 01.02.2021.

Kaspar, Heinrich: „Abbas Khider im Interview. ‚Ich habe um mich herum eine Mauer gebaut' ". Online abrufbar unter: https://www.tagesspiegel.de/kultur/abbas-khider-im-interview-ich-habe-eine-mauer-um-mich-herum-gebaut/12927824.html, zuletzt geprüft am 01.02.2021.

ders.: „Wir sollten nicht plötzlich alles in Frage stellen". Online abrufbar unter: http://www.planet-interview.de/interviews/abbas-khider/48826/, zuletzt geprüft am 01.02.2021.

Keller, Maren: „Hallo, ihr prekären Existenzen, dieses Buch ist für euch". Online abrufbar unter: https://www.spiegel.de/kultur/literatur/kristine-bilkau-die-gluecklichen-a-1023995.html, zuletzt geprüft am 01.02.2021.

Kessler, Florian: „Endstation Amazon". Online abrufbar unter: http://www.sueddeutsche.de/kultur/autorin-heike-geissler-endstation-amazon-1.2209553 [09.11.2014], zuletzt geprüft am 29.10.2020.

ders.: „Lassen Sie mich durch, ich bin Arztsohn!" Online abrufbar unter: https://www.zeit.de/2014/04/deutsche-gegenwartsliteratur-brav-konformistisch, zuletzt geprüft am 01.02.2021.

Klenner, Christina / Pfahl, Svenja/Neukirch, Sabine / Weßler-Poßberg, Dagmar: „Prekarisierung im Lebenszusammenhang – Bewegung in den Geschlechterarrangements?". In: *WSI Mitteilungen. Monatszeitschrift des Wirtschafts- und Sozialwissenschaftlichen Instituts in der Hans-Böckler-Stiftung* 66 (8), 2011, S. 416–422. Online abrufbar unter: https://www.boeckler.de/data/wsimit_2011_08_klenner.pdf, zuletzt geprüft am 01.02.2021.

Klute, Hilmar: „Kein Platz für Maron". Online abrufbar unter: https://www.sueddeutsche.de/kultur/monika-maron-fischer-trennung-verlag-1.5081858, zuletzt geprüft am 01.02.2021.

Kohlstadt, Michael: „Abbas Khider und die Liebe zur Sprache der Deutschen". Online abrufbar unter: https://www.derwesten.de/kultur/abbas-khider-und-die-liebe-zur-sprache-der-deutschen-id8762981.html, zuletzt geprüft am 01.02.2021.

Kunisch, Hans-Peter: „Leeres Hemd". Online abrufbar unter: https://www.sueddeutsche.de/kultur/gegenwartsliteratur-leeres-hemd-1.2465143, zuletzt geprüft am 01.02.2021.

Littig, Beate / Spitzer, Markus: *Arbeit neu. Erweiterte Arbeitskonzepte im Vergleich. Literaturstudie zum Stand der Debatte um erweiterte Arbeitskonzepte*. Arbeitspapier 229, herausgegeben von der Hans-Böckler-Stiftung.

Düsseldorf 2011. Online abrufbar unter: https://www.boeckler.de/pdf/p_arbp_229.pdf, zuletzt geprüft am 01.02.2021.

Löffler, Sigrid: „Geschrumpft und gestückelt, aber heilig. Familienromane I: Sie haben überlebt, aber von ihrem Ende können sie noch lange zehren. Anmerkungen zur immergrünen Gattung der Generationen-Saga". In: *Literaturen* 5 (6), 2005, S. 18–26.

Mangold, Ijoma: „Ein guter Burger". Online abrufbar unter: https://www.zeit.de/2016/06/ohrfeige-abbas-khider, zuletzt geprüft am 01.02.2021.

Manske, Alexandra/Merkel, Janet: „Prekäre Freiheit. Die Arbeit von Kreativen". In: *WSI Mitteilungen. Monatszeitschrift des Wirtschafts- und Sozialwissenschaftlichen Instituts in der Hans-Böckler-Stiftung* 62 (6), 2009, S. 295–301. Online abrufbar unter: https://www.boeckler.de/data/wsimit_2009_06_manske.pdf, zuletzt geprüft am 01.02.2021.

Marquardsen, Kai: „Was ist ‚Aktivierung' in der Arbeitsmarktpolitik?" In: *WSI-Mitteilungen. Monatszeitschrift des Wirtschafts- und Sozialwissenschaftlichen Instituts in der Hans-Böckler-Stiftung* 60 (5), 2007, S. 259–265. Online abrufbar unter: https://www.wsi.de/data/wsimit_2007_05_marquardsen.pdf, zuletzt geprüft am 01.02.2021.

Motakef, Mona / Wimbauer, Christine: „Wie durch ein Brennglas – Prekäre Arbeits- und Lebensverhältnisse vor und während der COVID-19-Pandemie". Online abrufbar unter: https://genderblog.hu-berlin.de/brennglas-covid-19/, zuletzt geprüft am 01.02.2021.

Neyses, Heidi: „Spitzenforschung und Nachwuchsförderung an der Uni Trier". Online abrufbar unter: https://idw-online.de/de/news?print=1&id=293683, zuletzt geprüft am 01.02.2021.

Plonz, Sabine: „Prekarisierung hinter sich lassen, ohne Prekarität zu leugnen". In: In *Das Argument* 55 (4), 2013, S. 560–572. Online abrufbar unter: http://www.sabine-plonz.de/fileadmin/media/downloads/aufsaetze/DA303_Prekarisierung.pdf, zuletzt geprüft am 01.02.2021.

Ohne Autor_innenangabe: „23. und 24. März 2000. Lissabon. Schlussfolgerungen des Vorsitzes". Online abrufbar unter: http://www.europarl.europa.eu/summits/lis1_de.htm, zuletzt geprüft am 01.02.2021.

Ohne Autor_innenangabe: „Abbas Khider im Interview". Online abrufbar unter: https://literatourismus.net/2016/02/abbas-khider-im-interview/, zuletzt geprüft am 01.02.2021.

Ohne Autor_innenangabe: „Abkommen über die Rechtsstellung der Flüchtlinge vom 28. Juli 1951“. Online abrufbar unter: https://www.unhcr.org/dach/wp-content/uploads/sites/27/2017/03/GFK_Pocket_2015_RZ_final_ansicht.pdf, zuletzt geprüft am 01.02.2021.

Ohne Autor_innenangabe: „Armutsgefährdungsquote in Deutschland nach Geschlecht im Jahr 2019“. Online abrufbar unter: https://de.statista.com/statistik/daten/studie/436178/umfrage/armutsgefaehrdungsquote-in-deutschland-nach-geschlecht/, zuletzt geprüft am 01.02.2021.

Ohne Autor_innenangabe: „Artikel 16a. Asylrecht“. Online abrufbar unter: https://www.70jahregrundgesetz.de/70jgg-de/das-grundgesetz/artikel-1-19/asylrecht-1606808, zuletzt geprüft am 01.02.2021.

Ohne Autor_innenangabe: “Asylgesetz (AsylG). § 16 Sicherung, Feststellung und Überprüfung der Identität“. Online abrufbar unter: https://www.gesetze-im-internet.de/asylvfg_1992/__16.html, zuletzt geprüft am 01.02.2021.

Ohne Autor_innenangabe: „Asylgesetz (AsylG). § 47 Aufenthalt in Aufnahmeeinrichtungen“. Online abrufbar unter: https://www.gesetze-im-internet.de/asylvfg_1992/__47.html, zuletzt geprüft am 01.02.2021.

Ohne Autor_innenangabe: „Biografie“. Online abrufbar unter: http://www.abbaskhider.com/seiten/biografie.html, zuletzt geprüft am 01.02.2021.

Ohne Autor_innenangabe: „Corona-Krise: Diese Hilfen gibt es im Literaturbetrieb“. Online abrufbar unter: https://www.mdr.de/kultur/corona-krise-hilfe-fuer-literaturbetrieb-100.html, zuletzt geprüft am 01.02.2021.

Ohne Autor_innenangabe: „Die meisten kommen her, um in die Sozialsysteme einzuwandern“. Online abrufbar unter: https://www.welt.de/kultur/article174378830/Uwe-Tellkamp-ueber-Fluechtlinge-Die-meisten-kommen-her-um-in-die-Sozialsysteme-einzuwandern.html, zuletzt geprüft am 01.02.2021.

Ohne Autor_innenangabe: „Fakten, Zahlen und Argumente“. Online abrufbar unter: https://www.proasyl.de/thema/fakten-zahlen-argumente/, zuletzt geprüft am 01.02.2021.

Ohne Autor_innenangabe: „Informationen für Kultur- und Medienschaffende“. Online abrufbar unter: https://www.bundesregierung.de/breg-de/themen/coronavirus/corona-kultur-1735378, zuletzt geprüft am 01.02.2021.

Ohne Autor_innenangabe: „Interview mit Didier Eribon. Wir erleben eine Art Aufstand der unteren Schichten“ Online abrufbar unter: https://www.faz.net/aktuell/feuilleton/debatten/franzoesischer-bestseller-autor-didier-eribon-im-interview-15813024.html, zuletzt geprüft am 01.02.2021.

Ohne Autor_innenangabe: „Joachim Zelter. Bücher/Texte“. Online abrufbar unter: http://joachimzelter.de/bucher-4/, zuletzt geprüft am 01.02.2021.

Ohne Autor_innenangabe: „Kristine Bilkau“. Online abrufbar unter: https://www.randomhouse.de/Autor/Kristine-Bilkau/p549665.rhd, zuletzt geprüft am 01.02.2021.

Ohne Autor_innenangabe: „Kristine Bilkau: Die Autorin zum Buch“. Online abrufbar unter: https://www.randomhouse.de/Kristine-Bilkau-DIe-Autorin-zum-Buch/aid59733.rhd, zuletzt geprüft am 01.02.2021.

Ohne Autor_innenangabe: „Kristine Bilkau im Interview“. Online abrufbar unter: https://literatourismus.net/2015/03/kristine-bilkau-im-interview/, zuletzt geprüft am 01.02.2021.

Ohne Autor_innenangabe: „Linker Populismus. Kritisches Schreiben für die Masse? Rundtischgespräch mit Input-Vortrag und Statements. Reihe: Richtige Literatur im Falschen“ Online abrufbar unter: https://www.rosalux.de/veranstaltung/es_detail/news_39060/linker-populismus-kritisches-schreiben-fuer-die-masse/, zuletzt geprüft am 01.02.2021.

Ohne Autor_innenangabe: „Man muss Glück haben.“ Online abrufbar unter: https://www.fnp.de/kultur/man-muss-glueck-haben-1-10597540.html, zuletzt geprüft am 01.02.2021.

Ohne Autor_innenangabe: „Manifest“. Online abrufbar unter: https://www.kanak-attak.de/ka/about/manif_deu.html, zuletzt geprüft am 01.02.2021.

Ohne Autor_innenangabe: „Menschen wie wir“. Online abrufbar unter: https://www.deutschlandfunkkultur.de/abbas-khider-ohrfeige-menschen-wie-wir.970.de.html?dram:article_id=348573, zuletzt geprüft am 01.02.2021.

Ohne Autor_innenangabe: „Nahles will Hartz IV überwinden“. Online abrufbar unter: https://www.zeit.de/news/2019-02/06/nahles-will-hartz-iv-ueberwinden-190206-99-869898?utm_referrer=https%3A%2F%2Fwww.google.de%2F, zuletzt geprüft am 01.02.2021.

Ohne Autor_innenangabe: „Regierungserklärung Agenda 2010“. Online abrufbar unter: http://gerhard-schroeder.de/2003/03/14/regierungserklarung-agenda-2010/, zuletzt geprüft am 01.02.2021.

Ohne Autor_innenangabe: „Richtige Literatur im Falschen? Schriftsteller – Kapitalismus – Kritik“. Online abrufbar unter http://lfbrecht.de/wp-content/uploads/2015/01/Richtige_Literatur_web.pdf, zuletzt geprüft am 01.02.2021.

Ohne Autor_innenangabe: „The Art of Reportage“. Online abrufbar unter: https://www.lettre-ulysses-award.org/about/Art_of_Reportage.html, zuletzt geprüft am 01.02.2021.

Ohne Autor_innenangabe: „Was Monika Maron gegen das Gendern hat“. Online abrufbar unter: https://www.spiegel.de/kultur/literatur/monika-maron-im-talk-spiegel-talk-spitzentitel-gegen-das-gendern-a-0ad8b0ae-8419-4a0b-b009-bd26a958044d, zuletzt geprüft am 01.02.2021.

Opaschowski, Horst W.: „‚Arbeiten wie die Eltern‘ – fest angestellt und mit geregeltem Feierabend. Die Jobnomaden sind eine Legende“. Online abrufbar unter: https://www.stiftungfuerzukunftsfragen.de/en/newsletter-forschung-aktuell/172b/, zuletzt geprüft am 01.02.2021.

Preisinger, Alexander: „Ökonomie als Poetologie. Der literarische Realismus des Neuen Kapitalismus“. In: *Literaturkritik.de* 11 (5), 2009. Online abrufbar unter: https://literaturkritik.de/id/13089, zuletzt geprüft am 01.02.2021.

Rabe, Jens-Christian: „Die Schule der Arbeitslosen. Zum Bewerber abgerichtet“. Online abrufbar unter: *https://www.sueddeutsche.de/karriere/die-schule-der-arbeitslosen-zum-bewerber-abgerichtet-1.547699*, zuletzt geprüft am 01.02.2021.

Ragnitz, Joachim: „Langfristige wirtschaftliche Auswirkungen der Corona-Pandemie“. In: *ifo Schnelldienst* 73 (11), 2020, S. 25–30. Online abrufbar unter: https://www.ifo.de/DocDL/sd-2020-11-ragnitz-langfristige-auswirkungen-corona.pdf, zuletzt geprüft am 01.02.2021.

Schütz, Erhard: „Niemand kann sich freuen wie ein guter Arbeiter“. Online abrufbar unter: http://publikationen.ub.uni-frankfurt.de/frontdoor/index/index/year/2011/docId/11024, zuletzt geprüft am 01.02.2021.

Seils, Eric / Höhne, Jutta: „Einkommensarmut in Deutschland erreicht neuen Höchststand. Eine Kurzauswertung aktueller Daten des Mikrozensus 2017“. In: *Wirtschafts- und Sozialwissenschaftliches Institut der Hans-Böckler-Stiftung. Policy Brief WSI, Nr. 26, 08/2018*. Online abrufbar unter: https://www.boeckler.de/pdf/p_wsi_pb_26_2018.pdf, zuletzt geprüft am 01.02.2021.

Stahl, Enno / Solty, Ingar: „Am Puls der Zeit“. Online abrufbar unter: https://www.jungewelt.de/artikel/333610.am-puls-der-zeit.html, zuletzt geprüft am 01.02.2021.

Ungerer, Klaus: „Schlimme, fette Welt. Arbeitslosenabwicklung: Joachim Zelter erzählt vom Elend“. Online abrufbar unter: https://www.faz.net/aktuell/feuilleton/buecher/rezensionen/belletristik/schlimme-fette-welt-1412753.html, zuletzt geprüft am 01.02.2021.

Vennemann, Kevin: „Arbeit und Selbst im Zeitmeer. Heike Geisslers ‚Saisonarbeit‘. Online abrufbar unter: https://www.merkur-zeitschrift.de/2020/01/27/arbeit-und-selbst-im-zeitmeer-heike-geisslers-saisonarbeit/, zuletzt geprüft am 01.02.2021.

Vogel, Sabine: *Jenseits der Prekarität. Materialien für politische Bildung und linke Politik,* herausgegeben von der Rosa-Luxemburg-Stiftung. Berlin 2015. Online abrufbar unter: https://www.rosalux.de/publikation/id/3919/jenseits-der-prekaritaet/, zuletzt geprüft am 01.02.2021.

von Raden, Wolfert: „‚Die fremde Sprache bedeutet Freiheit‘“. Online abrufbar unter: https://www.eurozine.com/die-fremde-sprache-bedeutet-freiheit/, zuletzt geprüft am 01.02.2021.

Vuković-Reif, Mirjana: *Erzählen über das Elend. Armut in der Literatur von Autorinnen des Vormärz.* Dissertation zur Erlangung des Doktors der Philosophie am Fachbereich Philosophie und Geisteswissenschaften der Freien Universität Berlin: 2019. Online abrufbar unter: https://refubium.fu-berlin.de/bitstream/handle/fub188/25271/Dissertation_Vukovic_Reif.pdf?sequence=1&isAllowed=y, zuletzt geprüft am 01.02.2021.

Wellgraf, Stefan: „Cruel Optimism. Träume am Ende der Zukunft”. In: *Hamburger Journal für Kulturanthropologie* 5 (3), 2019, S. 39–50. Online abrufbar unter: https://journals.sub.uni-hamburg.de/hjk/article/view/1434, zuletzt geprüft am 01.02.2021.

Wortmann, Thomas: Eine andere Literaturgeschichte der Moderne“. In: *Literaturkritik.de* 21 (5), 2019. Online abrufbar unter: https://literaturkritik.de/eine-andere-literaturgeschichte-moderne-franziska-schoessler-folgt-konnex-literatur-oekonomie-geschlecht-texten-1800-bis-2000,25553.html [08.04.2019], zuletzt geprüft am 01.02.2021.

Zelter, Joachim: „Kann man denn davon leben? Über Literaturpreise als notdürftige Antwort auf die Lebensfragen der Schriftsteller." In: *Literaturblatt für Baden und Württemberg* 14 (4), 2006, S. 8–9. Online abrufbar unter: https://joachim-zelter.de/preise-2/, zuletzt geprüft am 01.02.2021.

Primärliteratur

Bentham, Jeremy: *Outline of a work entitled Pauper management improved: to be filled up, and the work published in one volume octavo, as soon as a sufficient number of the communications solicited in Vol. xxix. No. 167, of the Annals of agriculture have been obtained. Volume 1.* [n.p.], [1798]. The Making Of The Modern World.

Bilkau, Kristine: *Die Glücklichen*, 3. Auflage. Luchterhand: München 2015.

Fallada, Hans: *Kleiner Mann, was nun?* Anaconda: Köln 2018.

Geißler, Heike: *Saisonarbeit*. Spector Books: Leipzig 2014.

Kästner, Erich: *Fabian. Die Geschichte eines Moralisten*. Ullstein: Berlin 1959.

Khider, Abbas: *Ohrfeige*. btb: München 2016.

Kracauer, Siegfried: *Die Angestellten. Aus dem neuesten Deutschland*. Suhrkamp: Frankfurt am Main 1971.

Zelter, Joachim: *Schule der Arbeitslosen*. Klöpfer & Meyer: Tübingen 2006.

Zola, Émile: „Der Experimentalroman". In: Brauneck, Manfred / Müller, Christine (Hrsg.): *Naturalismus. Manifeste und Dokumente zur deutschen Literatur 1880 – 1900*. Metzler: 1987, S. 87–97.

Erwähnte Literatur

Forschungsliteratur

Amlinger, Carolin: Schreiben. *Eine Soziologie literarischer Arbeit* (= taschenbuch wissenschaft 2363). Suhrkamp: Berlin 2021.

Aulenbacher, Brigitte: „Die soziale Frage neu gestellt – Gesellschaftsanalysen der Prekarisierungs- und Geschlechterforschung". In: Castel, Robert / Dörre, Klaus (Hrsg.): *Prekarität, Abstieg, Ausgrenzung. Die soziale*

Frage am Beginn des 21. Jahrhunderts. Campus: Frankfurt am Main / New Yorck 2009, S. 65–77.

Barkhausen, Jochen: „Ökonomische Metaphern in der englischen Literatur der Aufklärung“. In: Stemmler, Theo (Hrsg.): *Ökonomie. Sprachliche und literarische Aspekte eines 2000 Jahre alten Begriffs*. Gunter Narr: Tübingen 1985, S. 69–83.

Balint, Iuditha / Dathe, Julia / Schadt, Kathrin / Wenzel, Christoph (Hrsg.): *Brotjobs und Literatur*. Verbrecher Verlag: Berlin 2021.

Barner, Wilfried: „Das Jahrzehnt der Ungleichzeitigkeiten und der langgezogenen ‚Tendenzwende‘: Literarisches Leben im Westen.“ In: ders. (Hrsg.): *Geschichte der deutschen Literatur von 1945 bis zur Gegenwart*, zweite erweiterte Auflage. Beck: München 2006, S. 583–597.

Bertschik, Julia: „‚Junge Talente‘. Über Jobs und Müßiggang in der Gegenwartsliteratur“. In: Kift, Dagmar / Palm, Hanneliese (Hrsg.): *Arbeit – Kultur – Identität. Zur Transformation von Arbeitslandschaften in der Literatur. Tagungsband. Symposium des Fritz-Hüser-Instituts und des LWL-Industriemuseums 23.-25. März 2006* (= Schriften des Fritz-Hüser-Instituts für deutsche und ausländische Arbeiterliteratur, Bd. 15.). Klartext: Essen, S. 69–84.

Biondi, Franco / Schami, Rafik: „Literatur der Betroffenheit. Bemerkungen zur Gastarbeiterliteratur“. In: Schaffernicht, Christian (Hrsg.): *Zu Hause in der Fremde. Ein bundesdeutsches Ausländerlesebuch*. Verlag Atelier im Bauernhaus: Fischerhude 1981, S. 124–135.

Blaschke, Bernd: „‚McKinseys Killerkommandos. Subventioniertes Abgruscheln‘ Kleine Morphologie (Tool Box) zur Darstellung aktueller Wirtschaftsweisen im Theater“. In: Bähr, Christine / Schößler, Franziska (Hrsg.): *Ökonomie im Theater der Gegenwart. Ästhetik, Produktion, Institution*. Transcript: Bielefeld 2009, S. 209–224.

Bönig, Jürgen: „Narrative der Arbeit in Museen.“ In: Erdbrügger, Torsten / Nagelschmidt, Ilse / Probst, Inga (Hrsg.): *Arbeit als Narration. Ein interdisziplinärer Werkstattbericht*. Klartext: Essen 2015, S. 63–76.

Bourdieu, Pierre: *Die männliche Herrschaft*, 2. Auflage (= suhrkamp taschenbuch wissenschaft 2031). Suhrkamp: Frankfurt am Main 2013.

Bourdieu, Pierre et al.: *Das Elend der Welt. Zeugnisse und Diagnosen alltäglichen Leidens an der Gesellschaft*, herausgegeben von Franz Schultheis und Louis Pint (= édition discours, Bd. 9). UVK: Konstanz 2002.

Butterwegge, Christoph: *Armut in einem reichen Land. Wie das Problem verharmlost und verdrängt wird*, 4. aktualisierte Auflage. Campus: Frankfurt / New Yorck 2016.

Colin, Nicole / Schößler, Franziska: „Das nennen Sie Arbeit? Der Produktivitätsdiskurs und seine Ausschlüsse. Einleitung." In: dies. (Hrsg.): *Das nennen Sie Arbeit? Der Produktivitätsdiskurs und seine Ausschlüsse*. Synchron: Heidelberg 2013, S. 7–28.

Eribon, Didier: *Rückker nach Reims*. Lizenzausgabe für die Bundeszentrale für politische Bildung: Bonn 2016.

Franz. Wolfram: *Arbeitsmarktökonomik*, 7 Auflage. Springer: Heidelberg / London / New Yorck 2009.

Günther, Herbert: *Sprache als Schlüssel zur Integration. Sprachförderung aus pädagogischer Sicht*. Beltz: Weinheim 2011.

Han, Byung-Chul: *Agonie des Eros*. Matthes und Seitz: Berlin 2012.

Haunschild, Axel: „Erzählungen wider Willen. Arbeitsnarrative in den Wirtschaftswissenschaften und in der Arbeitswissenschaft. In: Erdbrügger, Torsten / Nagelschmidt, Ilse / Probst, Inga (Hrsg.): *Arbeit als Narration. Ein interdisziplinärer Werkstattbericht*. Klartext: Essen 2015, S. 77–88.

Hehn, Svea / Hehn, Arist: *Achtsamkeit in Beruf und Alltag*, zweite Auflage. Haufe: Freiburg 2018.

Hess, Sabine / Kasparek, Bernd (Hrsg.): *Grenzregime. Diskurse, Praktiken, Institutionen in Europa*. Transcript: Bielefeld 2010.

Hilpert, Stefan: „‚Das ist doch keine Arbeit.' The Negotiation of Work in Christian Petzold's *Die Beischlafdiebin*". In: Brogi, Susanna / Freier, Carolin / Freier-Otten, Ulf / Hartosch, Katja (Hrsg.): *Repräsentationen von Arbeit. Transdisziplinäre Analysen und künstlerische Produktionen* (= Gesellschaft der Unterschiede, Bd. 11), S. 433–446.

Hoofacker, Gabriele: *Avaritia radix omnium malorum. Barocke Bildlichkeit um Geld und Eigennutz in Flugschriften, Flugblättern und benachbarter Literatur der Kipper- und Wipperzeit (1620–1625)* (= Beiträge zur Literaturwissenschaft und Bedeutungsforschung, Bd. 19). Peter Lang: Frankfurt am Main / Bern / New York / Paris.

Jubany, Olga: *Screening Asylum in a Culture of Disbelief. Truths, Denials and Skeptical Borders*. Palgrave Macmillan: Hampshire 2017.

Keller, Berndt / Seifert, Hartmut (Hrsg.): *Atypische Beschäftigung. Flexibilisierung und soziale Risiken*. edition sigma: Berlin 2007.

Kift, Dagmar: „Über die Klassengrenzen hinweg. Arbeiterkultur im Ruhrbergbau der 1950er Jahre“. In: Kift, Dagmar / Palm, Hanneliese (Hrsg.): *Arbeit – Kultur – Identität. Zur Transformation von Arbeitslandschaften in der Literatur. Tagungsband. Symposium des Fritz-Hüser-Instituts und des LWL-Industriemuseums 23.-25. März 2006* (= Schriften des Fritz-Hüser-Instituts für deutsche und ausländische Arbeiterliteratur, Bd. 15.). Klartext: Essen, S. 115–134.

Kraemer, Klaus: „Prekarisierung – jenseits von Stand und Klasse?“ In: Castel, Robert / Dörre, Klaus: *Prekariat, Abstieg, Ausgrenzung. Die soziale Frage am Beginn des 21. Jahrhunderts. Campus:* Frankfurt am Main / New Yorck 2009, S. 241–252.

Lehmann, Hans Thies: „Die Gegenwart des Theaters“. In: Fischer-Lichte, Erika / Kolesch, Doris / Weiler, Christel (Hrsg.): *Transformationen. Theater der neunziger Jahre* (= Recherchen, Bd. 2). Theater der Zeit Verlag: Berlin 1999, S. 13–26.

Lenz, Thomas: *Konsum und Modernisierung. Die Debatte um das Warenhaus als Diskurs um die Moderne*. Transcript: Bielefeld 2011.

Lewis, Jane: „Auf dem Weg zur >Zwei-Erwerbstätigen<-Familie“. In: Leitner, Sigrid / Ostner, Ilona / Schratzenstaller, Margit (Hrsg.): *Wohlfahrtsstaat und Geschlechterverhältnis im Umbruch. Was kommt nach dem Ernährermodell?* (= Jahrbuch für Europa- und Nordamerikastudien, Bd. 7). VS Verlag für Sozialwissenschaften: Wiesbaden 2004, S. 62–84.

Luxemburg, Rosa: „Die Akkumulation des Kapitals. Ein Beitrag zur ökonomischen Erklärung des Imperialismus“. In: *Rosa Luxemburg. Gesammelte Werke*. Band 5: *Ökonomische Schriften*. Karl Dietz Verlag: Berlin 1985, S. 6–411.

Meier, Albert: „Realismus als Unterhaltung. Romane der Generation Praktikum“. In: Hellström, Martin/ Platen, Edgar (Hrsg.): *Armut: Zur Darstellung von Zeitgeschichte in deutschsprachiger Gegenwartsliteratur* (VII) (= Perspektiven. Nordeuropäische Studien zur deutschsprachigen Literatur und Kultur, Band 10). Lucidium: München 2012, S. 161–166.

Mein, Georg / Schößler, Franziska (Hrsg.): *Tauschprozesse. Kulturwissenschaftliche Verhandlungen des Ökonomischen*. Transcript: Bielefeld 2005.

Öchsner, Florian: „Subjekte der Arbeit in der Gegenwartsliteratur. Enno Stahls *Diese Seelen* und Wilhelm Genazinos *Das Glück in glücksfernen Zeiten*“. In: Brogi, Susanna / Freier, Carolin / Freier-Otten, Ulf / Hartosch,

Katja (Hrsg.): *Repräsentationen von Arbeit. Transdisziplinäre Analysen und künstlerische Produktionen* (= Gesellschaft der Unterschiede, Bd. 11), S. 347–364;

Opitz-Wiemers, Carola: „‚Ich kann nur Postbote' Jakob Heins *Herr Jensen steigt aus* als Roman einer Desillusionierung". In: Hellström, Martin/ Platen, Edgar (Hrsg.): *Armut: Zur Darstellung von Zeitgeschichte in deutschsprachiger Gegenwartsliteratur* (VII) (= Perspektiven. Nordeuropäische Studien zur deutschsprachigen Literatur und Kultur, Band 10). Lucidium: München 2012, S. 167–176.

Osterkamp, Barbara: *Arbeit und Identität. Studien zur Erzählkunst des bürgerlichen Realismus*. Königshausen und Neumann: Würzburg 1983.

Otte, Max: „Fiktion und Realität im Finanzwesen". In: Künzel, Christine / Hempel, Dirk (Hrsg.): *Finanzen und Fiktionen. Grenzgänge zwischen Literatur und Wirtschaft*. Campus: Frankfurt am Main / New Yorck 2011, S. 27–43.

Priddat, Birger: „Ökonomie als Produktion von Literatur? Wissen und Nichtwissen im Literatur-Ökonomie Spannungsfeld". In: Balint, Iuditha / Zilles, Sebastian (Hrsg.): *Literarische Ökonomik*. Wilhelm Fink: Paderborn 2014, S. 159–175.

Reckwitz, Andreas: *Die Erfindung der Kreativität. Zum Prozess gesellschaftlicher Ästhetisierung* (= suhrkamp taschenbuch wissenschaft 1995). Suhrkamp: Frankfurt am Main 2012.

Rommel, Thomas: *Das Selbstinteresse von Mandeville bis Smith. Ökonomisches Denken in ausgewählten Texten des 18. Jahrhunderts. Ökonomisches Denken in ausgewählten Texten des 18. Jahrhunderts*. Winter: Heidelberg 2006.

Scherschel, Karin: „Prekäres Leben, prekäre Forschungslage – Zur Notwendigkeit einer integrierenden Perspektive auf Fluchtmigration". In: Altenhain, Claudio / Danilina, Anja / Hildebrandt, Erik / Kausch, Stefan / Müller, Annekathrin / Roscher, Tobias (Hrsg.): *Von ‚neuer Unterschicht' und ‚Prekariat'. Gesellschaftliche Verhältnisse und Kategorien im Umbruch. Kritische Perspektiven auf aktuelle Debatten*. Transcript: Bielefeld, S. 77 – 91.

dies. (Hrsg.): *Neue Prekarität. Die Folgen aktivierender Arbeitsmarktpolitik – europäische Länder im Vergleich*. Campus: Frankfurt am Main 2012.

Sennet, Richard: *Der flexible Mensch. Die Kultur des neuen Kapitalismus*. Siedler: München 2000.

Stahl, Enno / Solty, Ingar: *Richtige Literatur im Falschen. Schriftsteller – Kapitalismus – Kritik*. Verbrecher Verlag: Berlin 2016.

Uerlings, Herbert / Trauth, Nina / Clemens, Lukas (Hrsg.): *Armut. Perspektiven in Kunst und Gesellschaft*. Primus: Darmstadt 2011.

Unger, Thorsten: „Arbeit, Arbeitslosigkeit und Arbeitsverweigerung in der proletarischen Literatur der Weimarer Republik am Beispiel von Rudolf Braunes *Der Kampf auf der Kille* und ausgewählter Arbeiterlyrik." In: Kift, Dagmar / Palm, Hanneliese (Hrsg.): *Arbeit – Kultur – Identität. Zur Transformation von Arbeitslandschaften in der Literatur. Tagungsband. Symposium des Fritz-Hüser-Instituts und des LWL-Industriemuseums 23.-25. März 2006* (= Schriften des Fritz-Hüser-Instituts für deutsche und ausländische Arbeiterliteratur, Bd. 15.). Klartext: Essen, S. 37–54.

Vogel, Berthold: *Wohlstandskonflikte. Soziale Fragen, die aus der Mitte kommen*. Hamburger Edition: Hamburg 2009

Vogl, Joseph: *Das Gespenst des Kapitals*. Diaphanes: Zürich 2010.

von Braun, Christina: *Der Preis des Geldes. Eine Kulturgeschichte*. Aufbau: Berlin 2012.

Vöing, Nerea: „Zwischen Affirmation und Leerstelle. Richard Sennets Theorem des ‚Drift' in der Gegenwartsliteratur". In: Brogi, Susanna / Freier, Carolin / Freier-Otten, Ulf / Hartosch, Katja (Hrsg.): *Repräsentationen von Arbeit. Transdisziplinäre Analysen und künstlerische Produktionen* (= Gesellschaft der Unterschiede, Bd. 11), S. 365–382

Voß, Gerd-Günter / Pongratz, Hans-Jürgen: „Der Arbeitskraftunternehmer. Eine neue Grundform der Ware Arbeitskraft?" In: *Kölner Zeitschrift für Soziologie und Sozialpsychologie* 50 (1), 1998, S. 131–158.

Wiedemann, Konrad: *Arbeit und Bürgertum. Die Entwicklung des Arbeitsbegriffs in der Literatur Deutschlands an der Wende zur Neuzeit*. Winter: Heidelberg 1979.

Wunderlich, Werner (Hrsg.): *Der literarische homo oeconomicus. Vom Märchenhelden zum Manager. Beiträge zum Ökonomieverständnis in der Literatur*. Haupt: Bern / Stuttgart 1989.

Zick, Andreas / Küpper, Beate / Berghan, Wilhelm: *Verlorene Mitte – Feindselige Zustände. Rechtsextreme Einstellungen in Deutschland 2018/19*, herausgegeben für die Friedrich-Ebert-Stiftung von Franziska Schröter. Dietz: Bonn 2019.

Internetquellen

Bartelheimer, Peter: „Unsichere Erwerbsbeteiligung und Prekarität“, in: *WSI-Mitteilungen. Monatszeitschrift des Wirtschafts- und Sozialwissenschaftlichen Instituts in der Hans-Böckler-Stiftung* 64 (8), S. 386–393. Online abrufbar unter: https://www.wsi.de/data/wsimit_2011_08_bartelheimer.pdf, zuletzt geprüft am 01.02.2021.

Breuer, Ingeborg: „Ängste und Sorgen der Mittelschicht“. Online abrufbar unter: https://www.deutschlandfunk.de/soziologie-aengste-und-sorgen-der-mittelschicht.1148.de.html?dram:article_id=415434, zuletzt geprüft am 01.02.2021.

Primärliteratur

Alberti, Conrad: *Wer ist der Stärkere? Ein sozialer Roman aus dem modernen Berlin. Erster Band.* Wilhelm Friedrich: Leipzig 1888.

Albrecht, Jörg: *Beim Anblick des Bildes vom Wolf.* Wallstein Verlag: Göttingen 2012.

ders.: *Die Alten und die Jungen. Sozialer Roman. Erster Band.* Wilhelm Friedrich: Berlin 1889

Ammaniti, Niccolò: *Wie es Gott gefällt.* Fischer: Frankfurt am Main 2008.

Aston, Louise: *Aus dem Leben einer Frau.* Hoffmann und Campe: Hamburg 1847.

Auster, Paul: *Sunset Park.* Rowohlt: Reinbek 2014.

Avalone, Silvia: *Marina Bellezza.* Klett-Cotta: Stuttgart 2014.

Balzac, Honoré de: *Verlorene Illusionen. Roman aus der Provinz.* dtv: München 2017.

Baron, Christian: *Ein Mann seiner Klasse.* Ullstein: Berlin 2021.

Biondi, Franco: *Die Tarantel.* Verlag Atelier im Bauhaus: Fischerhude 1982.

Braun, Volker: *Machwerk oder das Schichtbuch des Flick von Lauchhammer.* Suhrkamp: Frankfurt am Main 2008.

Braune, Rudolf: *Das Mädchen an der Orga Privat.* Glotzi Verlag: Frankfurt am Main 2002.

Bredel, Willi: *Maschinenfabrik N&K*. Verlag Neues Leben: Berlin 1977.

ders.: *Rosenhofstrasse. Roman einer Hamburger Arbeiterstrasse*. Oberbaumverlag: Berlin 1974.

Bröger, Karl: *Die Ferienmühle*. Schaffstein: Köln 1959.

Christ, Sebastian: *... und wünschen Ihnen für die Zukunft alles Gute! Ein Leben als Praktikant*. Goldmann: München 2009.

Çırak, Zehra: *Der Geruch von Glück*. Schiler: Berlin 2011.

Engelke, Gerrit: *Das Gesamtwerk: Rhythmus des neuen Europa*. List: München 1960.

Ernaux, Annie: *Der Platz*. Suhrkamp: Frankfurt am Main 2020.

Flaubert, Gustave: *Lehrjahre des Herzens*. Winkler: München 1979.

Fontane, Theodor: *Effi Briest*. Boerverlag: Tegernsee 2020.

Fuchs, Gerd: *Beringer und die lange Wut*. Rowohlt: Reinbek bei Hamburg 1976.

Fust, Boris: *Zwölf Stunden sind kein Tag. Der Praktikanten-Roman*. Piper: München / Zürich 2008.

Genazino, Wilhelm: *Das Glück in glücksfernen Zeiten*. DTV: München 2011.

ders.: *Abschaffel. Roman-Trilogie*. Hanser: München 2012.

Gösweiner, Friederike: *Traurige Freiheit*. Literaturverlag Droschl: Graz / Wien 2016.

Grün, Max von der.: *Irrlicht und Feuer*. Rohwolt: Reinbek bei Hamburg 1985.

ders.: *Männer in zweifacher Nacht*, 4. Auflage. Luchterhand: Darmstadt/ Neuwied 1985.

ders.: *Stellenweise Glatteis*, zehnte Auflage. Luchterhand: Darmstadt/Neuwied 1982.

ders.: *Zwei Briefe an Pospischiel*, 3. Auflage. Luchterhand: Darmstadt / Neuwied 1982.

Güney, Dal: *Wenn Ali die Glocken läuten hört*. Edition der 2: Berlin 1979.

Händler, Ernst-Wilhelm: *Wenn wir sterben*. Fischer: Frankfurt am Main 2002.

Hauptmann, Gerhart: *Vor Sonnenaufgang*. Anaconda: Köln 2018.

Heidsieck, Émmanuelle: *Notre aimable clientèle*. Denoël: Paris 2005; Heidsieck, Émmanuelle: *Il risque de pleuvoir*. Le Seuil: Montrouge 2008.

Hein, Christoph: *Weiskerns Nachlass*. Suhrkamp: Frankfurt am Main 2012.

Hein, Jakob: *Herr Jensen steigt aus*. Piper: München 2009.

Henriks, Markus: *Copy Man. Ein Praktikantenroman*. Eichborn: Frankfurt am Main 2009.

Hessel, Franz: *Heimliches Berlin*. Suhrkamp: Frankfurt am Main 1982.

Huxley, Aldous: *Brave New World*. Vintage: London 1994.

Itoyama, Akiko: *Nīto. Kadokawa Shoten*: Tokyo 2005.

Jung, Franz: *Gequältes Volk. Ein oberschlesischer Industrieroman*. Edition Nautilus: Hamburg 1987.

Keller, Gottfried: *Der grüne Heinrich*. Artemis und Winkler: Düsseldorf / Zürich 2000.

Kessel, Martin: *Herrn Brechers Fiasko*. Berliner Verlag: Berlin 2007.

Keun, Irmgard: *Das kunstseidene Mädchen*. Ullstein: Berlin 2017.

Keun, Irmgard: *Gilgi – Eine von uns*. Ullstein: Berlin 2018.

Kisch, Robert: *Möbelhaus. Ein Tatsachenroman*. Droemer: München 2015.

Klaus, Albert: *Die Hungernden. Ein Arbeitslosenroman*. Der Bücherkreis: Berlin 1932.

Körner, Wolfgang Hermann: *Katt im Glück*. Luchterhand: Darmstadt / Neuwied 1973.

Kretzer, Max: *Die Betrogenen*. Berliner Sitten-Roman, 8. Auflage. List: Leipzig 1925.

ders.: *Die beiden Genossen. Sozialer Roman*, 5. Auflage. List: Leipzig 1925.

ders.: *Die Verkommenen. Berliner Sittenroman*, 14. Auflage. Elischer: Leipzig 1919.

ders.: *Im Sturmwind des Sozialismus*. Hilger: Leipzig/Berlin 1907.

Krey, Franz: *Maria und der Paragraph. Verlag Neuer Kurs: Berlin 1972.*

Kuhn, Kevin: *Hikikomori*. Bloomsbury: Berlin 2012.

Kuhn, Helmut: *Gehwegschäden*. Heyne: München 2014.

Kisch, Robert: *Möbelhaus. Ein Tatsachenroman*. Droemer: München 2015.

Lersch, Heinrich: *Hammerschläge. Eine Auswahl*, herausgegeben von Wilhelm Froneman. Schaffstein: Köln 1965.

Lottmann, Joachim: *Der Geldkomplex*. Kiepenheuer & Witsch: Köln 2009.

Louis, Édouard: *Das Ende von Eddy*. Fischer: Frankfurt am Main 2019.

Ludwig, Martin H.: *Arbeiterliteratur in Deutschland*. Metzler: Stuttgart 1976.

Mann, Thomas: *Buddenbrocks*, 57. Auflage. Fischer: Frankfurt am Main 2008.

Marchwitza, Hans: *Schlacht vor Kohle*. Verlag Tribüne: Berlin 1980.

ders.: *Sturm auf Essen*. Tribüne: Berlin 1960.

Melle, Thomas: *3000 Euro*. Rowohlt: Reinbek bei Hamburg 2016.

Michiko Flašar, Milena: *Ich nannte ihn Krawatte*. Klett-Sprachen: Berlin 2014.

Murgia, Michaela: *Camilla im Callcenterland*. Klaus Wagenbach: Berlin 2012.

Nagelschmidt, Thorsten: *Arbeit*. Fischer: Frankfurt am Main 2020.

Natsuo, Kirino: *Metabola. Asahi* Shinbunsha: Tokyo 2007.

Neukrantz, Klaus: *Barrikaden am Wedding. Roman einer Straße aus den Berliner Maitagen 1929*. Oberbaumverlag: Berlin 1978.

Oelckers, Theodor: *Fürst und Proletarier. Ein Roman aus der Gegenwart*. 2 Bände. Otto Klemm: Leipzig 1846.

Ohde, Deniz: *Streulicht*. Suhrkamp: Frankfurt am Main 2020.

Orwell, George: *1984*, 32. Auflage. Berlin 2004.

Otto-Peters, Louise: *Schloß und Fabrik. Erste vollständige Ausgabe des 1846 zensierten Romans*. Leipzig: Leipziger Kommissions- und Großbuchhandelsgesellschaft: 1996.

Peltzer, Ulrich: *Teil der Lösung*. Fischer: Frankfurt am Main 2016.

Peter, Jens Jacobson: *Niels Lyhne*, 5. Auflage. Insel-Verlag: Frankfurt am Main 1990.

Richartz, Walter E.: *Büroroman*. Diogenes: Zürich 1998.

Röggla, Kathrin: *Wir schlafen nicht*. Fischer: Frankfurt am Main 2004.

Runge, Erika: *Bottroper Protokolle*, fünfte Auflage. Suhrkamp: Frankfurt am Main 1970.

Scharang, Michael: *Charly Traktor*. Luchterhand: Darmstadt / Neuwied 1985.

Scheinhardt, Saliha: Schmerzensklänge. Roman aus der Türkei. Brandes und Apsel: Frankfurt am Main 2008.

Schlinkert-Galinski, Martha: *Der Schatten des Schlotes*. Grenzland-Verlag: Aachen 1947.

Schönstedt, Walter: *Kämpfende Jugend. Roman der arbeitenden Jugend*. Oberbaumverlag: Berlin 1976.

Schulze, Ingo: *Die rechtschaffenen Mörder*. Fischer: Frankfurt am Main 2020.

Sobe, Michael: *Winter ganz unten*. Das neue Berlin: Berlin 2007.

Sperk, Anna: Die Hoffnungsvollen. Mitteldeutscher Verlag: Halle 2017.

Stahl, Enno: *Diese Seelen*. Verbrecher Verlag: Berlin 2008.

ders.: *Sanierungsgebiete*. Verbrecher Verlag: Berlin 2019.

ders.: *Spätkirmes*. Verbrecher Verlag: Berlin 2017.

Steeruwitz, Marlene: *Jessica, 30*. Fischer: Frankfurt am Main 2004.

Struck, Karin: *Klassenliebe*, 18. Auflage. Suhrkamp: Frankfurt am Main 1992.

Tergit, Gabriele: *Käsebier erobert den Kurfürstendamm*. Schöffling & Co: Frankfurt am Main 2016.

Viebig, Clara: *Kinder der Eifel*. Rhein-Mosel-Verlag: Briedel / Mosel 1998.

dies.: *Das Weiberdorf*. Droemer Knaur: München 1984.

Vlautin, Willy: *Lean On Pete. BtB: Berlin 2010*.

von Goethe, Johann Wolfgang: *Wilhelm Meisters Lehrjahre*, 10. Auflage. dtv: München 2004.

von Steinaecker, Thomas: *Das Jahr in dem ich aufhörte mir Sorgen zu machen und anfing zu träumen*, 2. Auflage. Fischer: Frankfurt am Main 2012.

von Sternberg, Alexander: *Paul*. Hahnsche Verlagsbuchhandlung: Leipzig 1845.

Wallraff, Günter: *Ganz unten. Mit einer Dokumentation der Folgen*. KiWi: Köln 1988.

ders.: *Wir brauchen dich. Als Arbeiter in deutschen Industriebetrieben*. Rütten und Loening: München 1967.

Weber, Anne: *Gold im Mund*. Fischer: Frankfurt am Main 2013.

Wildenhain, Michael: *Das Singen der Sirenen*. Klett Cotta: Stuttgart 2017.

Willkomm, Ernst: *Eisen, Gold und Geist*. Kollmann: Leipzig 1843.

ders.: *Weisse Sclaven oder die Leiden des Volkes*. Kollmann: Leipzig 1845.

Zaimoglu, Feridun: *Isabel*. Fischer: Frankfurt am Main 2015.

ders.: *Kanak Sprak. 24 Misstöne vom Rande der Gesellschaft*. Rotbuch Verlag: 1995.

Zeh, Juli: *Corpus Delicti*. Schöffling & Co: Frankfurt am Main 2009.

Zola, Émile: *Das Glück der Familie Rougon*. Rütten und Loening: Berlin 1981.

Literatur – Kultur – Ökonomie
Literature – Culture – Economy

Herausgegeben von / Edited by
Christine Künzel, Axel Haunschild, Birger P. Priddat,
Thomas Rommel, Franziska Schößler und / and Yvette Sánchez

Vol. 1 Franziska Schößler: Femina Oeconomica: Arbeit, Konsum und Geschlecht in der Literatur. Von Goethe bis Händler. 2017.

Vol. 2 Yvette Sánchez (Hrsg.): Business-Fiktionen und Management-Inszenierungen. 2018.

Vol. 3 Manuel Pombo: Trueques discursivos entre Literatura y *Management.* 2019.

Vol. 4 Franziska Jekel / Anna-Katharina Krüger / Myriam-Naomi Walburg (eds.): Writing (for) the Market. Narratives of the Global Economy. 2020.

Vol. 5 Ulrich Fritsche / Roman Köster / Laetitia Lenel (eds.): Futures Past. Economic Forecasting in the 20th and 21st Century. 2020.

Vol. 6 Lucas Alt: Genuss und Arbeit im Angestelltenroman. Von Irmgard Keun bis Elfriede Jelinek. 2021.

Vol. 7 Silke Schmidt: Narrative Change Management in American Studies. A Pragmatic Reading. 2021.

Vol. 8 Kurt Hahn / Marita Liebermann (Hrsg.): Finanznarrative als Krisennarrative. Literarische und filmische Modellierungen *kapitaler* Erschütterungen in der Romania. 2021.

Vol. 9 Aileen Behrendt / Nicholas Courtman (eds.): Writing the Economic Subject in Modern Western Europe. Representation, Contestation, Critique. 2021.

Vol. 10 Till Mischko: Prekarität in deutschsprachigen Romanen der Gegenwart. 2022.

Vol. 11 Mara Ruth Wesemüller: Kooperationen im Theater. Institutioneller Wandel der freien darstellenden Künste. 2022.

www.peterlang.com

www.ingramcontent.com/pod-product-compliance
Ingram Content Group UK Ltd.
Pitfield, Milton Keynes, MK11 3LW, UK
UKHW041826290926
8980IPUK00002B/95